비전공자를 위한

통계방법론

양혁승 저

오래

머리말

본서는 통계학 비전공자들이 어렵게만 느끼던 통계방법론을 보다 수월하게 이해할 수 있도록 돕기 위해 쓴 책이다. 각종 통계분석기법을 관통하는 공통원리를 독자들이 직관적으로 또한 통합적으로 이해할 수 있도록 쉽게 풀어서 소개한다.

실증연구를 통해 이론을 검증해가는 실증학문(positive discipline)은 통계분석기법을 공통으로 활용한다. 만학도로서 유학을 떠나 석·박사과정을 밟은 저자에게는 필수적으로 수강해야 하는 통계관련 과목들이 한편으로는 심리적 여유와 자신감을 가져다 주었지만, 다른 한편으로는 저자를 힘들게 하기도 하였다. 개별 통계분석기법에서 이용되는 수리적 논리들을 그 자체로서 이해하는 데는 별 어려움이 없었지만, 다양한 통계분석기법들의 기저에서 일관되게 흐르는 통합적 원리가 무엇인지, 통계분석기법들과 실증연구의 가설검증이 어떻게 연계되는지 초기에는 감을 잡기 어려웠다.

많은 통계학 교재를 접하면서 가장 아쉬웠던 점은 대부분의 통계학 교재들이 초보자들이 자주 걸려 넘어지는 부분들의 맥을 짚어서 뚫어주지 못한다는 점이었다. 그러다 보니 통계학을 이해하는 데 불필요한 시간과 에너지를 소모할 뿐 아니라, 배우고도 막상 활용하려고 하면 어려움을 겪는 경우를 자주 보았다.

저자가 본 교재를 출간하기로 마음 먹은 이유는 통계학을 배우는 비전공자들이 무엇을 어려워하고 무엇에서 걸려 넘어지는지, 어느 부분의 맥을 뚫어주면 혼선을 넘어설 수 있는지 알기 때문이다. 즉, 통계를 처음 접하는 학생들이나 통계를 배우기는 했지만 시간이 지나면서 파편적 통계지식들이 실타래처럼 얽혀 그것을 통합적으로 활용할 엄두를 내지 못하는 학생들에게 유사한 경험을 한 저자가 그 실타래를 풀어주기에 유리한 위치에 있다고 생각했다. 통계의 기본원리를 중심으로 개별 통계기법들을 하나의 끈으로 엮어주는 통합적 틀을 제시해줌으로써 비전공자들이 통계를 보다 쉽게 이해할 수 있으리라는 확신이 들었다. 그리고 그 통합적 틀을 가지고 지난 수년 동안 연세대학교 경영대학 대학원생들과 MBA과정을 밟고 있는 직장인들을 대상으로 가르쳤다. 저자의 강의를 들은 수강생들의 전반적인 반응은 어렵게만 느끼던 통계가 쉬워지고 재미를 느꼈다는 것이었다.

본 교재는 많은 주제들을 모두 포괄하는 완결성에 초점을 맞추기보다는 대학원 석·박사과정에서 훈련받고 있는 학생들이 실증연구를 하는 데 가장 자주 사용하는 통계기법들을 통합적으로 이해할 수 있도록 그것들의 공통원리와 이해의 틀을 제공하는 데 초점을 맞췄다. 본 교재를 통해 다양한 통계분석기법들의 기저에 놓여 있는 공통원리들을 이해한다면 비록 본 교재에서 다루지 않은 통계분석기법이라 하더라도 다른 교재를 통해 그것을 이해하는 데 별 어려움이 없을 것이라 확신한다.

또한 본 교재는 기존 통계학 교재의 구성을 따르지 않았으며, 맥을 잡는 데 크게 중요하지 않거나 오히려 혼선을 일으킬 수 있는 주제들은 과감하게 단순화하였다. 그리고 필요하면 앞에서 다루었던 내용을 뒤에서도 반복함으로써 독자들이 다양한 통계분석기법들에 적용되는 공통원리들에 대한 이해를 다지고 재확인할 수 있도록 하였다.

통계프로그램이 계산해줄 것들을 계산하는 데 매어 통계방법론에 대한 흥미를 잃어버리거나 통계가 어렵다고 포기하는 경우가 많다. 본서에서는 수식을 활용한 계산보다는 통계적 추정의 공통원리가 무엇인지, 이론에 기초한 연구가설과 통계적 가설검증을 어떻게 연계하여 이해할 것인지, 그리고 통계프로그램이 산출해주는 분석결과를 가설검증 차원에서 어떻게 해석하는지 등에 초점을 맞추었다. 그리고 주요 분석기법에 대해 SPSS 통계프로그램 실행방법과 결과해석을 예시함으로써 독자들이 통계방법론과 통계프로그램을 연계하여 실행할 수 있도록 구성하였다. 통계방법론을 어렵다고만 느꼈던 비전공자들이 본 교재를 통해 통계방법론의 재미를 맛볼 수 있기를 바란다.

본 개정판은 초판에서 발견된 오류 및 오탈자와 내용상 미진했던 부분을 보완했다. 개정 작업을 위한 시간을 할애하지 못해 차일피일 미루고 있던 저자를 다그쳐 본 개정판 발간을 독려하고 격려해주신 오래 출판사 황인욱 사장님과 편집진에게 각별한 고마움을 표하는 바이다.

2023년 2월

연세대 신촌교정에서 저 자 씀

차례

제 1 장

통계의 목적

제 1 절 기술통계와 추리통계

통계학은 데이터를 활용하여 사물이나 현상의 본질과 특성을 이해함으로써 올바른 판단과 의사결정을 할 수 있도록 돕기 위해 개발된 데이터분석 방법론이다. 우리는 주변에서 일어나는 여러 가지 현상들에 대한 데이터를 수집하여 분석함으로써 그 현상에 대해 보다 더 정확한 현황을 파악하고, 문제점 및 원인을 규명하며 해결책을 찾아나간다. 데이터에 기반한 분석을 하지 않은 채 개인적으로 경험하거나 관찰한 바에 근거하여 어떠한 결론을 내리게 되면 그 판단에 오류가 발생하게 되고, 결과적으로 효과적인 의사결정을 내리지 못하기 때문에 데이터를 활용한 의사결정의 중요성은 매우 크다.

통계분석은 그 목적에 따라 기술통계(descriptive statistics)와 추리통계(inferential statistics)로 구분된다. 기술통계란 주어진 데이터를 통계량이나 그래프 등을 활용하여 분석함으로써 그 데이터 속에 들어있는 특정 사물과 현상을 요약적으로 정리하는 데 초점이 맞춰져 있다. 예컨대, 주어진 데이터로부터 평균값(mean), 중위수(median), 최빈수(mode), 최대값, 최소값, 범위(range), 분산(variance), 표준편차(standard deviation) 등과 같은 통계량이나 도수분포(frequency distribution), 상대도수분포(relative frequency distribution), 산포도(scatter plot) 등과 같은 그래프를 그려서 그 데이터에 숨겨진 특성들을 요약적으로 이해하는 것이 여기에 해당한다.

반면, 추리통계란 연구자가 관심을 가지고 있는 어떤 모집단(population)의 특성을 규명하는 데 초점이 맞춰져 있는데, 이를 위하여 그 모집단의 부분집합을 표본(sample)으로 추출하여 그 표본으로부터 얻은 데이터를 근거로 해당 모집단의 특성을 추정하는 것이다. 특별히 모집단을 구성하고 있는 개체 수가 너무 많아 모든 개체들을 조사하여 모집단 데이터를 얻기가 현실적으로 어려울 경우 해당 모집단을 대표할 수 있는 표본을 추출하여 그 표본에서 얻은 결과를 가지고 모집단에 속한 개체들의 특성을 유추하게 된다. 예컨대, 선거철이 되면 언론들이 특정 후보자에 대한 유권자들의 지지도를 수시로 발표하는데, 이 때 모든 유권자를 대상으로 지지도를 조사하는 것은 비용과 시간상 거의 불가능하기 때문에 전체 유권자를 대표할 수 있는 일정 수(예, 1,000여 명)의 유권자들을 표본으로 추출하여 그들을 대상으로 조사한 결과를 발표한다. 이 때 중요한 것은 그 표본에 속한 유권자들의 표심을 알아보는 데 목적이 있지 않고, 그들을 통해 전체 유권자들의 표심을 추정하는 데 목적이 있다는 점이다.

요컨대, 기술통계와 추리통계 사이의 근본적 차이를 정리하면 우선 기술통계에서는 표본으로부터 얻은 데이터인지, 아니면 모집단으로부터 얻은 데이터인지 구분하지 않고, 주어진 데이터 속에 들어 있는 개체들의 특성을 요약적으로 정리하는 데 초점이 맞춰진다. 반면, 추리통계에서는 표본으로부터 얻은 데이터를 가지고 모집단의 특성을 추정하기 때문에 모집단과 표본을 명확하게 구분하는 것이 매우 중요하며, 표본 데이터를 가지고 모집단 데이터에서 얻을 수 있는 결과를 추정하는 통계적 기법들이 추리통계의 핵심주제가 된다.

한편, 통계방법론에서 핵심적으로 다뤄지는 것은 추리통계이며, 기술통계는 추리통계를 위한 기초작업을 수행하기 위한 과정이라 이해하면 된다. 많은 학생들이 통계학을 어렵게 생각하는 주원인 중 하나는 바로 기술통계와 추리통계를 혼동하거나, 추리통계와 관련된 개념들을 명확하게 통합적으로 이해하지 못하는 데 있다.

예시 각 예가 기술통계에 해당하는지 아니면 추리통계에 해당하는지 구분하라.

❶ 한 제조업체에서 제조라인별 제품의 불량률을 알아보기 위해 각 라인에서 생산되는 제품을 일정한 시간간격으로 하나씩 추출함으로써 각 라인별로 100개의 제품을 확보하여 분석하려 한다.

풀이 이 경우 각 라인에서 표본을 뽑아 불량률을 계산하여 각 라인에서 생산된 전체 제품의 불량률을 추정하려는 목적이기 때문에 추리통계이다.

❷ 한 학교의 교장 선생님이 최근 10년 동안 1학년 학생들의 과목별 성적을 분석해

서 학생들의 성적변화 추세치를 보려고 한다.

풀이 이 경우 10년 동안 거쳐간 1학년 학생들의 기록된 성적을 분석하는 것이기 때문에 기술통계에 해당한다.

제 2 절 척도와 데이터

1. 척도의 종류

통계분석기법을 활용하려면 연구자가 관심을 가지고 있는 사항에 관한 데이터를 확보해야 하는데, 데이터를 얻기 위해서는 우선 관심사항을 측정하기 위한 척도(scale)가 필요하다. 본 절에서는 연구자가 관심을 가지고 있는 사항을 측정하기 위해 사용하는 척도의 종류와 각각의 척도를 통해 확보한 데이터의 특징이 무엇인지 살펴본다.

무언가를 측정하기 위해 사용하는 척도는 크게 네 가지로 분류되며, 그 중 어떤 척도를 사용하여 측정하였는지에 따라 그 데이터에 포함된 정보의 내용과 사용 가능한 분석기법이 달라진다.

- **명목척도(nominal scale)**: 측정대상의 특성을 단순하게 구분할 목적으로 숫자를 부여하는 척도가 명목척도로서 범주척도(categorical scale)라고도 한다. 예를 들어 성별을 나타낼 때 남성이면 1, 여성이면 0으로 표시한다든지, 서로 다른 직업에 서로 다른 숫자를 부여하여 구분하는 것 등이 이에 해당한다. 명목척도를 사용하여 얻은 데이터는 숫자의 형식을 띠지만 본래 숫자가 담고 있는 '양(量)'의 의미가 아닌, 대상을 단순하게 구분하기 위한 숫자표시로 이해해야 한다. 따라서 명목척도를 사용하여 얻은 데이터로부터는 측정대상들

사이의 순위나 그들간 정도 차이 혹은 크기 차이 등에 관한 정보를 얻을 수 없다.

- **순위척도(ordinal scale)**: 측정대상의 순위를 나타내기 위해 숫자를 사용하는 척도로서 학급에서의 등수(1등, 2등, 3등), 여러 상품에 대한 선호순위(1순위, 2순위, 3순위 등), 소득계층(1분위, 2분위, 3분위 등) 등이 순위척도에 해당한다. 순위척도를 사용하여 얻은 데이터는 명목척도를 사용하여 얻은 데이터의 용도처럼 사물을 구분할 수 있는 정보를 담고 있을 뿐만 아니라, 더 나아가 순위까지 정할 수 있는 정보를 담고 있다. 그러나, 측정대상들 간 정도 차이 혹은 크기 차이가 얼마나 되는지 알 수 있는 정보를 담고 있지는 않다.[1]
- **등간척도(interval scale)**: 측정대상이 보유하고 있는 속성의 정도나 크기를 측정할 수 있도록 동일한 간격을 부여한 척도를 가리킨다. 일반적으로 태도나 만족도 등을 파악하기 위한 설문조사에서 자주 사용하는 5점 척도 혹은 7점 척도 등은 엄밀한 의미에서 일정한 간격을 갖는다고 보기 어렵지만(예컨대, 2점과 3점 간 만족도 차이가 4점과 5점 간 만족도 차이와 그 정도 차이 면에서 정확하게 동일하다고 볼 수 없음), 통상 등간척도로 간주되어 사용된다. 등간척도는 분류에 필요한 정보나 순위를 설정할 수 있는 정보를 모두 가지고 있으며, 더 나아가 두 대상 사이의 보유속성의 양적 차이가 어느 정도인지도 알 수 있는 정보를 담고 있다. 따라서 등간척도로 얻은 숫자는 '양(量)'의 의미를 담아 해석할 수 있고, 등간척도를 사용하여 얻은 데이터는 더하기와 빼기 연산이 가능하다. 그러나 등간척도에서 사용되는 숫자 '0'의 의미를 숫자 자체가 갖는 무(無)의 의미로 해석할 수 없다는 점에서 다음에 소개할 비율척도와 등간척도는 크게 다르다.[2]

---

1 1등과 2등간 점수차와 2등과 3등간 점수차가 그 크기에서 다를 수 있기 때문에 등수간 차이를 크기 차이로 해석하면 안 된다.

2 명목척도, 순위척도, 등간척도 등에서 '0'을 사용하는 경우가 종종 있으나, 그것이 의미하는 바가 무(nothing)를 나타내지는 않는다. 예를 들어, 성별(0, 1)을 구분하는 명목척도에서의 '0'이나, 대상의 순위를 정하는 순위척도에서 0순위의 '0'이나, 혹은 특정한 상품에 대한 만족도를 조사하기 위해 (0, 1, 2, 3, 4)의 5점 등간척도를 사용할 경우 '0'이 의미하는 바가 말 그대로 '무'라는 뜻은 아니다.

• **비율척도**(ratio scale): 측정대상 보유속성의 양적 차이를 알 수 있게 해주는 등간척도의 특성에 더하여 측정대상의 보유속성 사이의 비율계산까지 가능케 하는 척도이다. 비율척도에서는 숫자 '0'이 말 그대로 '무(無)'을 의미한다. 길이를 재는 자나 무게를 재는 저울 등에서 사용하는 숫자가 바로 비율척도에 해당한다. 사람의 만족도 등에 대한 설문조사에서 사용하는 등간척도가 비율척도가 될 수 없는 이유는 만족도 '2'에 체크한 사람 A와 만족도 '4'에 체크한 사람 B가 있다고 할 때 B의 실제 만족도가 A의 실제 만족도보다 정확하게 2배만큼 크다고 얘기할 수 없다는 데 있다. 반면 비율척도로 측정한 데이터에서 두 측정대상 간 2배 차이가 난다면 정확하게 2배만큼의 차이가 존재한다고 얘기할 수 있다. 예컨대, 몸무게 50kg인 사람과 몸무게 100kg인 사람은 몸무게가 정확하게 2배 차이를 보인다. 따라서 비율척도를 사용한 데이터는 덧셈, 뺄셈, 곱셈, 나눗셈 등 사칙연산을 모두 사용하여 분석하더라도 그 결과를 해석하는 데 전혀 문제가 없다.

이상의 설명에서 어느 정도 감을 잡았겠지만, 명목척도부터 비율척도로 한 단계씩 올라갈수록 측정대상에 대한 추가적인 정보가 늘어난다. 따라서 비율척도가 가장 많은 정보를 담고 있는 척도인 반면, 명목척도는 가장 적은 정보를 담고 있는 척도이다. 정보를 많이 담고 있는 고급척도를 그보다 낮은 척도로 전환하는 것은 필요에 따라 얼마든지 가능하지만, 낮은 척도를 고급척도로 전환하는 것은 그에 필요한 정보 부족 때문에 원칙적으로 불가능하다.

한편, 관심을 갖고 있는 변수를 어떤 척도를 사용하여 측정하느냐에 따라 사용할 수 있는 통계분석기법이 달라지는데, 명목척도로 측정하여 얻은 자료는 분류기법으로만 분석할 수 있는 데 반해, 비율척도로 측정하여 얻은 자료는 모든 사칙연산을 자유롭게 활용할 수 있기 때문에 다양한 통계기법들을 사용할 수 있으며 그로부터 풍부한 분석결과를 얻을 수 있다.

2. 데이터의 종류

통계분석에서 사용되는 데이터는 통상 일군(一群)의 개체들(elements)로부터 확보한 변수들(variables)의 관측치들로 구성되어 있다. 여기서 변수란 관심의 대상이 되는 사항을 일컫는 바, 예컨대, 학생들의 지능(IQ)과 학업성취도 사이에 어떠한 관계가 있는지 확인하기 위해 데이터를 수집한다면, 여기에서는 지능(IQ)과 학업성취도가 곧 변수가 된다. 데이터는 변수의 값이 어떤 특성을 갖느냐에 따라 양적 데이터(quantitative data)와 질적 데이터(qualitative data)로 구분되고, 변수들의 관측 시점이 동일한지 다른지에 따라 횡단데이터(cross-sectional data)와 종단데이터(longitudinal data)로 구분된다.

1) 양적 데이터와 질적 데이터

데이터를 구성하는 변수의 값이 어떤 특성을 갖느냐에 따라 양적 데이터와 질적 데이터로 구분된다. 양적 데이터는 키, 몸무게, 가족의 수, 기업의 매출량, 개인의 월 소득, 이직률, 직장만족도 등과 같이 양(量)의 많고 적음을 나타내는 숫자들로 구성되어 있는 데이터를 가리킨다. 등간척도와 비율척도를 사용하여 측정된 데이터가 여기에 해당한다.

반면, 성별, 직업, 취향, 결혼여부 등과 같이 질적 특성을 나타내는 값들로 구성되어 있는 데이터를 가리켜 질적 데이터라 한다. 명목척도와 순위척도를 사용하여 측정된 데이터가 여기에 해당한다. 물론 질적 데이터도 0, 1(예, 0은 여성, 1은 남성) 등과 같은 숫자 형태를 띨 수 있지만, 그 숫자는 양(量)의 많고 적음을 나타낸다기보다는 질적 특성을 구분해주는 기능에 불과하다.

2) 횡단데이터와 종단데이터

데이터는 그것을 구성하는 변수의 값들을 측정한 시점이 어떠하냐에 따라 횡단데이터와 종단데이터로 구분된다. 횡단데이터는 관심의 대상이 되는 변수들을 동일 시점으로 볼 수 있는 시기에 측정하여 얻은 값들로 구성된 데이터를 가리킨다. 따라서 횡단데이터를 사용하여 그 데이터에 포함된 두 변수 사이의 관계를 규명할 경우 해당되는 두 변수 사이에 어느 것이 선(先)이고 어느 것이 후(後)인지 알 수 없기 때문에 엄밀한 인과관계(因果關係)를 규명하기는 어렵다.

반면, 종단데이터는 관심의 대상이 되는 변수들을 일정 시차를 두고 관측하여 얻은 값들로 구성된 데이터를 가리킨다. 특정 변수를 시간의 순서에 따라 일정 기간 동안 관측하여 얻은 값들로 구성된 시계열 데이터(time series data)나 동일한 개체들을 대상으로 일부 변수들(예, 원인변수들)과 또 다른 변수들(예, 결과변수들)의 관측 시점을 달리하여 얻은 데이터 등이 모두 종단데이터로 분류된다. 특별히 원인변수들의 측정시점과 결과변수들의 측정시점을 달리하여 얻은 종단데이터는 시간의 선후가 명확하기 때문에 변수들 사이의 인과관계를 규명하는 데 매우 유용하다.

제 2 장

기술통계

제 1 절 표와 그래프를 이용한 기술통계

기술통계는 확보하고 있는 데이터—그것이 모집단 데이터인지 아니면 표본 데이터인지 구분하지 않음—를 표나 그래프나 통계량을 활용하여 데이터 안에 포함되어 있는 개체들의 특성을 요약적으로 정리하는 데 초점이 맞춰져 있으며, 그 자체로서도 의사결정에 도움을 주지만, 추리통계를 위한 기초적인 데이터 분석방법으로 활용된다. 기술통계에서 활용되는 방법들에 대해서는 많은 독자들이 기본적인 이해를 하고 있기 때문에 지면을 많이 할애하지 않고 간략하게 살펴보기로 한다.

1. 도수분포표, 상대도수분포표, 누적도수분포표

기술통계에서 가장 자주 사용되는 표로는 도수분포표, 상대도수분포표, 누적도수분포표 등이 있다. 우선, 도수분포표란 주어진 데이터를 일정한 간격의 계급(class)으로 구분하고, 각 계급에 속하는 관측치들의 빈도수(frequency)를 정리한 표이다. 도수분포표를 작성할 때는 우선, 관측치 값들의 범위(range: 최대값에서 최소값을 뺀 값)를 확인하고, 관측치들을 구분하기 위한 계급의 수를 정한 후 동일한 크기의 간격으로 계급을 나눈다. 이어 계급별로 관측치들을 분류한 다음 각 계급에 속한 관측치의 수를 계수하여 표로 정리한다.

도수분포표는 계급별 관측치의 개수, 즉 절대도수(absolute frequency)를 기준으로 정리한 표인 데 반해, 상대도수분포표는 계급별 관측치 개수가 전체 관측치 개수에서 차지하는 비율, 즉 상대도수(relative frequency)로 정리한 표이다. 각 계급별 상대도수는 해당 계급의 관측치 개수를 전체 관측치 개수로 나누어 구하며, 상대도수분포표를 통해서는 특정 계급이 전체에서 차지하는 비중이 어느 정도 되는지를 가늠할 수 있다. 상대도수는 확률과 유사한 개념으로서 상대도수들의 전체 합은 1이 된다.

누적도수분포표는 각 계급의 도수를 표시할 때 자체 계급을 포함하여 그보다 작은 계급에 속한 관측치의 수를 모두 합한 누적도수로 정리한 표이다. 조사목적에 따라서는 각 계급별 도수나 상대도수 외에 누적도수를 파악하는 것이 필요한 경우가 있다. 예를 들어, 소득계층별 도수분포표로부터 특정한 소득수준 이하 계층의 규모를 파악하고자 하는 경우가 이에 해당한다.

[표 2.1.1]에 포함된 관측치들을 도수분포표와 상대도수분포표, 그리고 누적도수분포표로 정리해보자.

[표 2.1.1] 40개의 관측치로 이루어진 데이터

14	21	23	21	16	19	22	25	16	16
24	24	25	19	16	19	18	19	21	12
16	17	18	23	25	20	23	16	20	19
24	26	15	22	24	20	22	24	22	20

우선, 도수분포표부터 정리해보자. 이 데이터에서 최대값은 26이고 최소값은 12이기 때문에 관측치의 범위는 14가 된다. 이 데이터를 5개의 계급 수로 나누어 도수분포표를 만든다면, 계급구간은 12~14, 15~17, 18~20, 21~23, 24~26이 될 것이다. 통상 계급구간은 데이터의 최대값에서 최소값을 뺀 값을 계급의 수로

[표 2.1.2] 도수분포, 상대도수분포, 누적도수분포

계 급	도 수	상대도수	누적도수
12~14	2	0.050	2
15~17	8	0.200	10
18~20	11	0.275	21
21~23	10	0.250	31
24~26	9	0.225	40
합 계	40	1.000	

나누어 정한다. 다음으로 각 계급에 속한 관측치 수를 파악하여 도수분포와 상대도수분포, 그리고 누적도수분포를 정리하면 [표 2.1.2]의 두 번째 열과 같다.

이번에는 상대도수분포표를 정리해보자. 각 계급의 도수를 전체 도수로 나눈 값이 상대도수이며, [표 2.1.2]의 세 번째 열(column)이 그렇게 구한 계급별 상대도수를 보여주고 있다. 상대도수는 위 표에서처럼 소수점으로 표시하기도 하고, 백분율로 표시하기도 하는데, 백분율로 표시하려면 소수점으로 표시된 상대도수에 100을 곱하면 된다.

마지막으로 [표 2.1.2]의 네 번째 열(column)은 각 계급의 누적도수를 보여주고 있는 바, 예를 들면, 구간이 18~20인 계급의 누적도수 21은 해당 계급의 도수 11과 그보다 작은 두 계급의 도수 2와 8을 모두 합한 값이다.

2. 그래프

한편, 수치로 표시된 자료를 그래프를 활용하여 시각적으로 제시하는 것이 데이터에 포함된 관측치들 속에 내재되어 있는 경향이나 관계 등을 파악하는 데 효과적일 때가 많다. [표 2.1.2]에 나타나 있는 도수분포와 상대도수분포를 그래프

그림 2.1.1 도수분포와 상대도수분포의 막대그래프

a. 도수분포 막대그래프 b. 상대도수분포 막대그래프

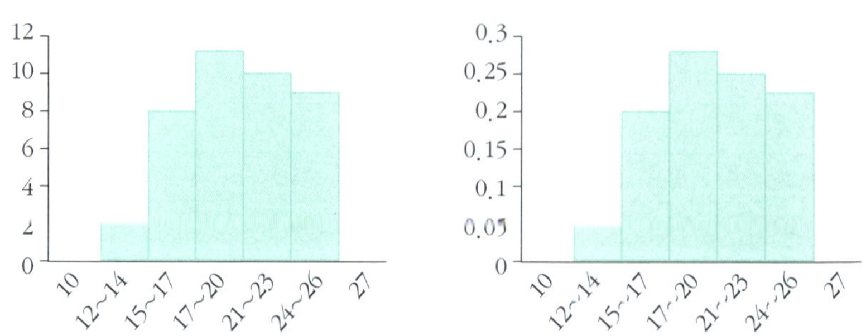

그림 2.1.2 도수분포와 상대도수분포의 꺾은선그래프

a. 도수분포 꺾은선그래프 b. 상대도수분포 꺾은선그래프

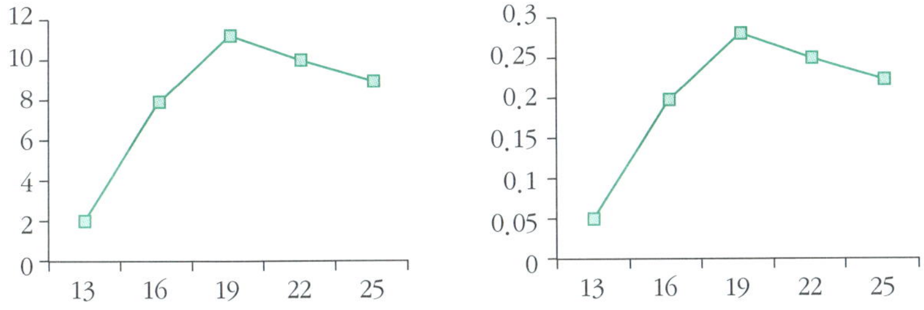

그림 2.1.3 누적도수분포의 꺾은선그래프

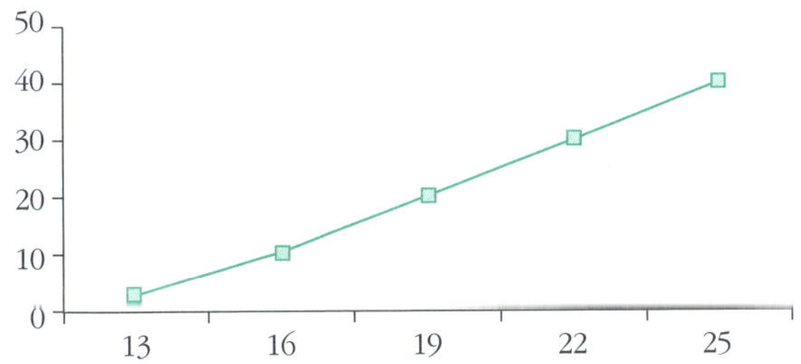

로 나타내고자 할 때 가장 편리하게 사용되는 것이 막대그래프(histogram)와 꺾은선그래프(frequency polygon)이다. 〈그림 2.1.1〉과 〈그림 2.1.2〉는 각각 [표 2.1.2]에 표시된 도수분포와 상대도수분포를 막대그래프와 꺾은선그래프로 나타낸 것이며, 〈그림 2.1.3〉은 누적도수분포를 꺾은선그래프로 나타낸 것이다.

이상의 막대그래프와 꺾은선그래프 외에도 줄기잎그래프, 파이그래프, 두 변수 사이의 관계를 보여주는 산포도 등 다양한 그래프들이 있지만, 여기에서는 생략하기로 한다.

제 2 절 통계량을 이용한 기술통계

관심 있는 변수에 대한 여러 형태의 정보를 담고 있는 데이터로부터 그 데이터를 구성하고 있는 개체들의 특성을 요약적으로 보여주는 대표적 통계량으로는 중심경향성(central tendency)을 나타내는 통계량—평균(mean), 중위수(median), 최빈수(mode) 등—과 관측치들이 흩어져 있는 정도를 나타내는 통계량—범위(range), 분산(variance), 표준편차(standard deviation) 등—이 있다.

1. 중심경향성을 나타내는 통계량

1) 평균

데이터를 요약할 때 연구자들이 1차적으로 보는 대표적인 통계량이 중심경향성을 보여주는 평균, 중위수, 최빈수 등이다. 평균은 해당 데이터에 속한 다양한 개체들의 관측치를 대표하는 통계량으로 가장 널리 사용되며, 산술평균(arithmetic mean)과 가중평균(weighted mean)으로 구분된다. 우선, **산술평균**은 아래 (식 2.2.1)과 같이 해당 변수의 관측된 숫자들을 모두 합한 후 그 숫자들의 총 개수로 나눈 값이다.

$$\text{평균} = \frac{\text{관측된 숫자들의 총합}}{\text{관측된 숫자들의 총수}} = \frac{X_1 + X_2 + X_3 + \cdots + X_n}{n} = \frac{\sum_{i=1}^{n} X_i}{n} \qquad \text{(식 2.2.1)}$$

위 산술평균은 각 관측치에 동일한 기중치 1을 부여하여 계산된 평균이다. 그에 반해, **가중평균**은 다음 (식 2.2.2)와 같이 각 관측치에 그 중요도(혹은 비중)에 따라 서로 다른 가중치를 부여하여 계산한 평균으로서, 각 관측치에 가중치를 곱하여 모두 합한 후 관측치의 개수 대신 가중치의 합으로 나누어 계산한다. 즉, i번째의 관측치를 X_i, 해당 관측치의 가중치를 W_i라 하면, 가중평균을 계산하는 식은 아래와 같다.

$$\text{가중평균} = \frac{X_1 \cdot W_1 + X_2 \cdot W_2 + \cdots + X_n \cdot W_n}{W_1 + W_2 + \cdots + W_n} = \frac{\sum_{i=1}^{n} X_i \cdot W_i}{\sum_{i=1}^{n} W_i} \qquad \text{(식 2.2.2)}$$

예제 3학점 과목 5개를 수강한 학생의 과목별 학점(괄호 안의 숫자는 각 학점에 상응하는 점수를 나타냄)이 아래와 같다. 이 학생의 해당 학기 평균학점을 계산하라.

A0(4.0), B+(3.3), A−(3.7), A+(4.3), B−(2.7)

풀이 이 학생의 평균학점은 다음과 같이 산술평균 공식을 이용하여 구할 수 있다.

평균학점$=(4.0+3.3+3.7+4.3+2.7)/5=18/5=3.6$

예제 3학점 과목 4개와 1학점 과목 2개를 수강한 학생의 과목별 학점(괄호 안의 숫자는 각 학점에 상응하는 점수를 나타냄)이 아래와 같다. 이 대학생의 해당 학기 평균학점을 계산하라.

3학점 과목: A0(4.0), B+(3.3), A−(3.7), A+(4.3)

1학점 과목: B0(3.0), A−(3.7)

풀이 이 학생의 평균학점은 아래와 같이 가중평균 공식을 이용하여 얻을 수 있다.

$$\text{평균학점} = \frac{4.0\times3+3.3\times3+3.7\times3+4.3\times3+3.0\times1+3.7\times1}{3+3+3+3+1+1}$$

$$=52.6/14=3.76$$

2) 중위수

중위수는 데이터를 크기 순서대로 나열했을 때 가운데 위치하는 수를 나타낸다. 중심경향성을 나타내는 통계량으로서 가장 널리 사용되는 평균이 극단적인 관측치가 존재할 경우 그 극단적 관측치에 의해 영향을 크게 받아 중심경향성을 제대로 나타내지 못하는 데 반해, 중위수는 극단적인 관측치에 의해 영향을 받지 않는다는 장점이 있다.

중위수를 계산하기 위해서는 데이터를 작은 것부터 순서대로 배열하거나 혹은 큰 것부터 순서대로 배열한 후 가운데에 위치한 값을 택하면 된다. 크기 순서대로 정리된 n개의 자료에서 중위수의 위치는 아래 (식 2.2.3)과 같이 계산된다.

$$\text{중위수의 위치} = (n+1)/2 \qquad (n\text{: 관측치의 수}) \qquad \text{(식 2.2.3)}$$

위의 공식에서 n이 홀수이면 중위수의 위치가 정수로 명확하게 떨어진다. 아래 예에서 보는 바와 같이 n이 7이면 위 공식에 의해 계산된 결과인 네 번째 숫자 57이 중위수가 된다.

40 45 51 (57) 60 62 100

반면, n이 짝수이면 위 공식에 의해 계산된 중위수의 위치가 정수로 떨어지지 않고 0.5로 끝나게 되는데, 이 경우에는 소수 자리를 제외한 정수부분의 값과 그것보다 1이 더 큰 정수부분의 값에 각각 위치하는 두 숫자를 택하여 합한 후 2로 나눈 값을 중위수로 취한다. 예를 들어 n이 8이면 (식 2.2.3)에 따라 중위수의 위치는 4.5가 된다. 이 때 중위수는 네 번째와 다섯 번째에 있는 두 값을 합한 후 2로 나누어 얻은 값이 된다. 아래 예에서 중위수는 네 번째 숫자 57과 다섯 번째 숫자 60를 합한 후 2로 나누어 얻은 58.5가 된다.

40 45 51 (57) (60) 62 94 100

3) 최빈수

최빈수는 빈도수(frequency)가 가장 많은 관측치를 나타내는 통계량으로서 데이터를 구성하는 개별 관측치들이 아래와 같다면 빈도수가 3회인 57이 최빈수가 된다.

57　40　45　51　57　60　45　57　62　94　100

최빈수의 특성을 보면, 우선 최빈수는 평균과는 달리 소수의 극단적인 값에 의해 영향을 받지 않는다. 그리고 평균과 중위수는 양적 데이터일 경우에 한해 그 값들을 구할 수 있는 데 반해, 최빈수는 양적 데이터 외에 질적 데이터에서도 구할 수 있는 통계량이다. 또한 평균과 중위수는 하나의 값만 존재하는 데 반해, 최다 빈도수를 가진 관측치가 복수로 존재할 수 있기 때문에 최빈수는 하나 이상 존재할 수 있다.

2. 분산도(分散度)를 나타내는 통계량

중심경향성을 나타내는 통계량을 통해 해당 데이터를 대표할 수 있는 값이 무엇인지 알 수 있지만, 그 통계량만으로는 데이터에 포함된 개체들의 포괄적 특성을 드러내기에는 한계가 있다. 데이터의 특성을 좀더 깊이 알려면 중심경향성에 더하여 그 개체들이 어느 정도 넓게 흩어져 있는지를 알 필요가 있다. 두 학급 학생들의 특정 과목 시험점수가 아래와 같다고 가정해보자.

A 학급: 55　60　65　70　75　80　85　90　95
B 학급: 67　69　71　73　75　77　79　81　83

위 두 학급의 평균점수는 75점으로 동일하지만, 평균점수로부터 학생들의 점수가 흩어져 있는 정도는 두 학급이 큰 차이를 보인다. 따라서 중심경향성을 나타내는 통계량만으로는 해당 데이터의 특성을 제대로 드러내지 못하기 때문에 그것을 보완할 수 있는 통계량들이 필요하다. 그러한 통계량들 중에서 데이터에 포함된 개체들의 분산도(dispersion)를 나타내는 대표적인 통계량이 범위, 분산, 표준편차 등이다.

1) 범위

범위(range)란 데이터에 포함된 관측치의 최대값과 최소값 사이의 차이를 나타낸다. 데이터를 구성하는 관측치들이 아래와 같다면 이 데이터의 범위는 최대값 100과 최소값 40의 차이(즉, 100－40)인 60이 된다.

40 45 51 57 60 62 100

범위가 크다는 것은 관측치들의 흩어진 정도가 큰 데이터임을 의미한다. 그러나 이 통계량은 최대값과 최소값, 단 두 개의 관측치에 의해서만 영향을 받기 때문에 모든 관측치들의 분포양태를 제대로 드러내지 못하는 한계를 갖는다. 범위가 안고 있는 이러한 단점을 보완해줄 수 있는 통계량이 분산과 표준편차인 바, 분산도를 측정하기 위해 가장 보편적으로 사용되는 통계량들이다.

2) 분산과 표준편차

데이터에 포함된 개별 관측치가 해당 데이터의 평균으로부터 떨어져 있는 정도를 나타내는 값을 편차(deviation)라 하는데, 편차는 관측치가 평균보다 큰 값일 때에는 양(+)의 값을, 관측치가 평균보다 작은 값일 때에는 음(－)의 값을 갖는다. 따라서 모든 편차의 합은 항상 0이 되기 때문에 편차의 합은 데이터의 분산도를 제대로 나타내지 못한다. 예를 들어, 아래 주어진 두 가지 서로 다른 데이터에서 각 관측치의 편차와 그 합을 구해보자. A 학급과 B 학급 모두 평균이 75이기 때문에 각 학급에 속한 개별 관측치의 편차는 관측치 아래 괄호 속 숫자와 같을 것이며, 각 학급별 편차의 총합은 둘 다 0임을 확인할 수 있을 것이다.

A 학급	55	60	65	70	75	80	85	90	95
편차	(−20)	(−15)	(−10)	(−5)	(0)	(5)	(10)	(15)	(20)

B 학급	67	69	71	73	75	77	79	81	83
편차	(−8)	(−6)	(−4)	(−2)	(0)	(2)	(4)	(6)	(8)

편차가 갖는 이러한 한계를 극복하기 위해 먼저 각각의 편차를 제곱하고 이들 편차 제곱들을 모두 합한 후 관측치 개수(n)로 나눈 통계량을 사용하는데, 그렇게 얻은 통계량이 바로 **분산**(variance)이다. 이를 식으로 나타내면 아래 (식 2.2.4)와 같다.

$$\text{분산} = \frac{(X_1-\overline{X})^2+(X_2-\overline{X})^2+(X_3-\overline{X})^2+\cdots+(X_n-\overline{X})^2}{n}$$

$$= \frac{\sum_{i=1}^{n}(X_i-\overline{X})^2}{n} \qquad \text{(식 2.2.4)}$$

기술통계에서 주어진 데이터의 분산을 구할 경우 개별 관측치 편차의 제곱들을 모두 합한 후 관측치 개수(n)로 나누어 분산을 구한다. 그러나 **추리통계**에서 표본 데이터가 주어지고 그 표본 데이터로부터 모집단의 분산을 가장 잘 대표할 수 있는 표본분산을 구할 경우에는 표본에 포함된 개별 관측치 편차의 제곱들을 모두 합한 후 n이 아닌 $n-1$로 나누어 표본의 분산을 구한다. 그 이유에 대해서는 제3장 4절에서 상세하게 설명한다.

이번에는 위 A학급과 B학급의 분산을 구해보자. 먼저 A학급의 분산은 관측치들의 편차 제곱의 총합이 1,500이고 관측치 개수가 9이기 때문에 166.7이 되고, B학급의 분산은 관측치들의 편차 제곱의 총합이 240이고 관측치 수가 9이기 때문에 26.7이 된다.

표준편차(standard deviation)는 분산의 제곱근을 나타낸다. 분산은 편차의 제곱

값들을 사용하기 때문에 원래 관측치들의 측정단위보다 과도하게 커질 수 있다. 따라서 원래 관측치들과 같은 측정단위로 개체들의 흩어진 정도를 나타내기 위해 분산에 제곱근을 취한 통계량을 자주 사용하는데, 바로 그것이 표준편차이다. 이를 식으로 나타내면 아래 (식 2.2.5)와 같다.

$$\text{표준편차} = \sqrt{\text{분산}} = \sqrt{\frac{\sum_{i=1}^{n}(X_i - \overline{X})^2}{n}} \qquad \text{(식 2.2.5)}$$

표준편차가 작다는 것은 데이터에 포함된 관측치들이 평균 가까이에 집중적으로 분포되어 있고, 평균으로부터 극단적으로 멀리 떨어져 있는 관측치들이 적다는 것을 의미한다. 분산을 구한 앞의 예에서 A 학급과 B 학급 각각의 표준편차를 계산하면, A 학급의 표준편차는 166.7의 제곱근인 12.9가 되고, B 학급의 표준편차는 26.7의 제곱근인 5.2가 된다.

제 3 장

추리통계

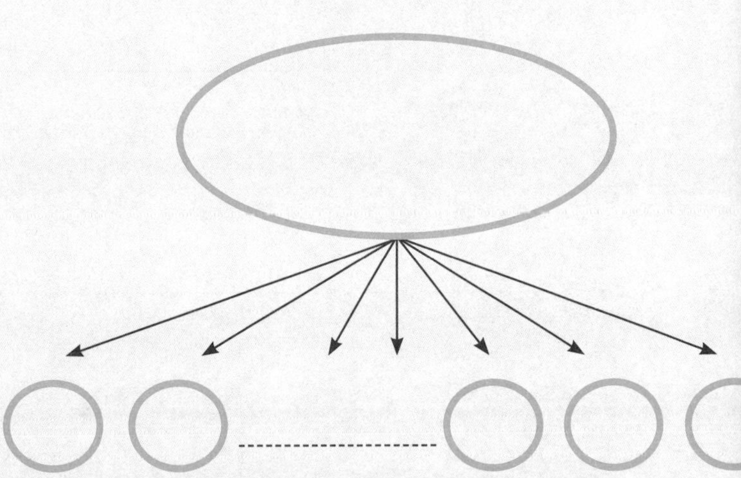

제 1 절 추리통계에서 사용되는 기본개념

1. 모집단과 표본

추리통계에서 가장 기본은 모집단(population)과 표본(sample)을 구분하여 생각하는 것이다. 왜냐하면 추리통계란 표본에서 얻은 결과를 토대로 모집단의 특성—이것을 모집단 모수(population parameter)라 함—을 추정하는 것이기 때문이다. 여기에서 **모집단**은 연구자가 관심을 가지고 있는 연구대상 개체들(elements) 모두를 포함하는 집단이고, **표본**은 모집단을 구성하고 있는 개체들 중에서 일부를 뽑아 만든 모집단의 부분집합이다.

예를 들면, 우리나라 청소년들의 이성교제에 관한 의식이 어떠한지 관심을 가진 연구자가 있다고 하자. 이 경우 우리나라 청소년 모두를 포함하는 집단을 생각해볼 수 있는데, 바로 이 집단을 가리켜 모집단이라 한다. 반면, 모집단에 속한 모든 청소년을 대상으로 설문을 실시하기에는 비용과 시간 등을 고려할 때 현실적으로 어려워 그들 중 무작위로 500명을 뽑았다면 그들로 구성된 집단이 바로 표본이다. 〈그림 3.1.1〉은 모집단과 표본의 관계를 나타낸다.

그림 3.1.1 모집단과 표본

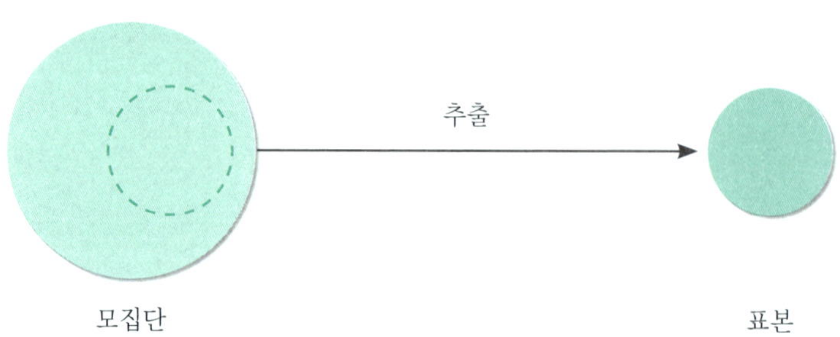

예시 아래 개별 사례에서 모집단과 표본을 구분해보라.

- **사례 1:** 우리나라 초등학교 3학년 학생들의 IQ가 어느 정도인지 보기 위해 3학년 학생 300명을 무작위로 선정하여 그들의 IQ를 측정하였다.
  (모집단 – 초등학교 3학년 학생 전체; 표본 – 무작위로 뽑힌 300명)
- **사례 2:** 한 명품백화점이 고객들의 연령별 분포를 알아보기 위해 계절별로 5일을 택하여 내방고객들의 연령을 조사하였다.
  (모집단 – 해당 명품백화점의 전체 고객; 표본 – 조사를 위해 뽑힌 고객들)
- **사례 3:** 대통령 선거를 앞두고 유권자 1,000명을 대상으로 지지하는 후보자에 대한 전화설문을 실시하였다.
  (모집단 – 전체 유권자들; 표본 – 전화설문 대상이 된 1,000명의 유권자들)
- **사례 4:** 기업체에 근무하는 근로자들의 직장만족도에 영향을 미치는 요인을 규명하기 위해 10개의 기업체에 근무하는 근로자 300명을 대상으로 설문조사를 실시하였다.
  (모집단 – 기업체에 근무하는 전체 근로자들; 표본 – 설문조사 대상자 300명)
- **사례 5:** 한국 기업체에서 인적자원관리 시스템이 기업체의 경영성과에 어떠한 영향을 미치는지 연구하기 위해 250개의 기업체를 대상으로 인적자원관리에 대한 설문을 실시하고, 그 기업체들의 경영성과에 관한 자료를 수집하였다.
  (모집단 – 한국기업체 전체; 표본 – 250개 기업체)

1) 표본의 대표성

모집단으로부터 표본을 추출하는 과정을 **표집**(sampling)이라 한다. 추리통계가 표본에서 얻은 정보를 근거로 모집단의 특성을 추정하는 통계적 추정(statistical inference)을 다루기 때문에 이 추정이 제대로 되기 위한 가장 중요한 전제조건은 모집단을 잘 대표할 수 있는 표본을 확보하는 것이다. 표본의 대표성(representativeness)이란 모집단으로부터 추출된 표본이 모집단을 얼마나 잘 대표하는지를 묻는 개념으로서 모집단을 대표할 수 있는 표본에서 얻은 정보를 사용해야 그 모집단에 대한 추정 혹은 예측이 제대로 이루어질 수 있다. 반면, 표본이 모집단에 대한 대표성을 갖추지 못할 경우 그 표본데이터를 분석하여 얻은 정보가 모집단의 해당 특성을 제대로 추정하지 못하는 결과를 가져온다.

일례로 2010년 6월 2일 치러진 지방선거를 앞두고 많은 여론조사기관들이 선거구별 후보자들에 대한 지지율을 예측하기 위해 표본을 추출하여 여론조사를 실시하였다. 그런데 선거가 끝나고 보니 사전 여론조사의 예측들이 많이 빗나간 것으로 드러났다. 왜 이런 일이 발생했을까?

결론부터 말하면, 표집이 잘못되었기 때문이다. 모집단 유권자들을 제대로 대표할 수 있는 표본을 추출하는 데 실패했던 것이다. 당시 일부 여론조사기관들은 표집을 할 때 집 전화번호부를 기준으로 설문대상자들을 무작위로 뽑아 표본을 만들었던 것으로 알려졌다. 이 경우에는 집에서 집전화를 받을 수 있는 유권자들이 표본에 포함될 확률이 높은 반면, 집전화보다는 주로 휴대전화를 사용하는 유권자들이 표본에 포함될 확률은 그만큼 작아진다. 그 결과 유권자들의 지지율을 예측하기 위한 표본은 선거구 내 유권자 전체를 대표하지 못하는 표본이 되었고, 그러한 표본으로부터 얻은 후보자들에 대한 지지율은 전체 유권자들의 후보자들에 대한 지지율을 제대로 예측하지 못하는 결과를 가져온 것이다.

2) 표집

(1) 무작위 표집

모집단에서 표본을 추출하는 과정을 표집이라 하는데, 표집방법 중 일반적으로 가장 널리 사용되는 것이 무작위 표집(random sampling)이다. 무작위 표집은 모집단에 속한 모든 개별 개체들이 확률적으로 표본에 포함될 가능성을 동일하게 만들어준 후에 그 모집단에서 무작위로(randomly) 개체들을 뽑는 방법이다. 예를 들어, 한 선거구 내 유권자들을 대상으로 선거후보자에 대한 지지율을 예측하고자 할 때 해당 지역 내 전체 유권자에게 일련번호를 부여하고, 표본 크기만큼의 난수(random number)를 생성하여 생성된 난수와 일치하는 일련번호의 유권자들을 표본으로 추출하여 그들을 대상으로 지지도를 조사하는 것을 생각해볼 수 있다.

(2) 층화표집(stratified sampling)

모집단을 구성하고 있는 개체들을 속성에 따라 여러 하위집단—이를 층(層, strata)이라 함—으로 구분한 후 각 층이 모집단에서 차지하는 크기에 비례하도록 각 층별로 일정 수의 개체들을 무작위로 뽑아 표본을 얻는 방법을 층화표집이라 한다. 예를 들어, 한 지역 내 주민들의 생활만족도를 알아보려고 하는 경우 모집단이 너무 커서 단순무작위 표본추출이 어렵다고 판단되면, 모집단을 여러 층으로 나누어 먼저 층별로 표본을 추출한 후 통합하여 전체 표본을 만들 수 있다. 층화표집에서 층을 나누는 기준은 조사목적에 따라 직업별, 소득수준별, 연령대별, 직급별 등 다양한 기준이 사용될 수 있다. 층화표집은 각 층별로 그 안에 속한 개체들이 조사의 목적 측면에서 동질성이 클수록 모집단의 대표성 확보 측면에서 좋은 결과를 기대할 수 있다.

(3) 군집표집(cluster sampling)

군집표집이란 모집단 안에 유사한 많은 군집(群集, cluster)들이 존재한다고 판단되면, 그 군집들 중에서 일정 수의 군집을 무작위로 뽑아 그 군집들을 구성하고 있는 개체들을 모두 표본에 포함하거나 뽑힌 개별 군집 안에서 일정 수의 개체를 무작위로 뽑아 표본을 얻는 방법이다. 예를 들면, 서울시를 구성하고 있는 수백 개의 동(洞)들 중에서 조사의 목적에 따라 일정 수의 동들을 무작위로 뽑아 그 동들에 살고 있는 가구 전체를 표본으로 삼거나, 뽑힌 동들에서 동별로 일정 수의 가구들을 뽑아 그들을 대상으로 조사하는 것을 생각해볼 수 있다. 이 방법을 사용하면 조사하는 데 따른 시간과 경비를 줄이는 데 도움이 될 것이다. 군집표집은 군집들 사이에 유사성이 높아야 모집단의 대표성 확보 측면에서 좋은 결과를 기대할 수 있다.

(4) 편의표집(convenience sampling)

연구주제에 따라 관심대상이 되는 모집단이 설정되고, 그 모집단으로부터 표본을 확보하여 실증연구를 진행하는데, 이 때 무작위 표집을 통해 표본을 확보하기보다는 대부분 접근이 용이한 대상들로 표본을 구성하여 연구를 진행하는 경우가 많다. 이렇게 확보된 표본을 가리켜 편의표본(convenience sample)이라 한다. 엄밀하게 얘기하면, 편의표본은 모집단에 대한 대표성이 확보된 표본이라 보기 어렵다. 따라서 편의표본으로부터 얻은 분석결과를 근거로 모집단의 특성에 대해 추정할 때 왜곡된 추정의 가능성이 그만큼 높다고 볼 수 있기 때문에 신중을 기해야 한다.

2. 통계적 추정

앞에서 언급한 청소년들의 이성교제에 관한 의식조사의 경우 연구자가 무작위로 수백 명의 청소년을 뽑은 이유는 그 표본에서 확보한 설문자료를 분석하여 얻은 결과를 가지고 우리나라 전체 청소년들—모집단—의 이성교제에 관한 의식이 어떠한지 추정하기 위함이다. 이처럼 모집단에서 추출한 표본에서 얻은 자료에 근거하여 모집단에 대한 특성을 추정하는 과정을 **통계적 추정**(statistical inference)이라 한다. 따라서 표본자료를 활용한 통계적 추정을 실시할 때에 연구자는 항상 연구대상의 모집단이 무엇인지 염두에 둬야 한다.

3. 모집단 모수와 표본통계량

우리는 앞에서 통계적 추정이 표본 데이터로부터 얻은 정보에 근거하여 모집단의 어떤 특성을 추정하는 과정임을 알았다. 이러한 통계적 추정을 실시하기 위해서는 우선 연구자가 모집단의 어떤 특성에 대해 관심을 가지고 있는지 명확하게 정해야 하는데, 그것은 연구자의 연구질문(research question)으로부터 나온다. 앞의 예처럼 청소년들의 이성교제에 관한 의식에 대해 관심을 가지고 있다고 할 때 연구자는 추정하고자 하는 바를 구체화해야 한다. 예컨대, "청소년들의 첫 이성교제는 평균 몇 살에 시작할까?" "청소년들이 이성친구와 교제하는 평균기간은 얼마나 될까?" 등이다. 이 때 연구자가 관심을 가지고 추정하고자 하는 바—위 예에서는 '첫 이성교제를 시작하는 나이', '이성친구와 교제하는 평균기간' 등—를 가리켜 **모집단 모수**(population parameter) 혹은 줄여서 **모수**라고 한다.

한편, 모수의 값을 알고자 하면 가장 확실한 방법이 모집단에 속한 모든 청소년들을 대상으로 관심사항에 대해 조사하는 것이겠지만—모집단에 속한 전체 구성원들을 대상으로 조사하는 것을 가리켜 전수조사 혹은 센서스(census)라 함—그에 따른 비용이 크기 때문에 연구자는 모집단으로부터 하나의 표본을 추출하여 그 표본에 속한 청소년들을 대상으로 관심사항에 대해 조사한 후 그것을 바탕으로 모집단 모수의 값을 추정한다. 이 때 모집단의 모수를 추정하기 위해 그에 대응되는 표본 데이터의 통계량(예, 표본에서 얻은 '첫 이성교제를 시작한 평균 나이', '이성친구와 교제하는 평균기간' 등)을 추리통계에서는 **표본통계량**(sample statistic)이라 일컫는다. 따라서 모집단 모수와 표본통계량은 추리통계에서 사용되는 용어이며, 이 두 용어를 활용하여 통계적 추정을 정의하면 통계적 추정이란 표본통계량에 근거하여 모집단 모수를 추정하는 과정이라 할 수 있다.

> 통계적 추정이란 표본통계량에 근거하여 모집단 모수를 추정하는 과정이다.

일반적으로 추리통계에서 가장 보편적으로 다뤄지는 모집단 모수는 관심 있는 변수가 무엇이든 대체로 몇 가지 통계량으로 좁혀지는데, 모집단의 평균, 모집단의 비율, 모집단의 분산, 두 모집단 간 평균의 차이, 두 모집단 간 비율의 차이, 두 모집단 분산의 비율, 두 변수 간 모집단 상관계수, 두 변수 간 모집단 회귀계수 등이 그것이다. 본 교재는 이상의 모집단 모수들을 추정하는 통합적 기본원리와 방법들을 다룬다 (※ 현 시점에서 생소할 수 있는 '회귀계수'가 무엇을 의미하는지 이해하지 못해도 상관없으니 걱정하시 마시라!).

한편, 추리통계에서는 모집단과 표본 사이의 차이를 명확하게 구분함으로써

[표 3.1.1] 본 교재에서 다루게 될 주요 모집단 모수와 각각에 상응하는 표본통계량

	평균	비율	분산	평균차	비율차	분산비	상관계수	회귀계수
모집단 모수	μ	P	σ^2	$\mu_1 - \mu_2$	$P_1 - P_2$	σ_1^2/σ_2^2	ρ_{xy}	β
표본통계량	$\bar{x}$	$\bar{p}$	s^2	$\bar{x}_1 - \bar{x}_2$	$\bar{p}_1 - \bar{p}_2$	s_1^2/s_2^2	r_{xy}	b

혼동을 줄이는데, 통상 모집단 모수와 표본통계량을 표기법으로도 구분한다([표 3.1.1] 참조).

모집단 모수(population parameter)란 연구자가 관심을 갖고 추정하려는 모집단의 일정 통계량을 가리키며, 표본통계량(sample statistic)이란 모집단 모수를 추정하기 위해 사용하는, 모수에 대응되는 표본의 통계량을 가리킨다. 예컨대, 전체 유권자들의 A후보에 대한 지지율이 연구자가 추정하려는 모집단 모수라면, 일정 수의 유권자들로 구성된 표본에서 얻은 A후보에 대한 지지율이 그 모수에 대응되는 표본통계량이 된다.

4. 확률변수(Random Variable)

표본통계량을 활용하여 모집단 모수의 값을 추정하는 추리통계에서 반드시 이해해야 할 개념이 확률변수(random variable)이다. 보통 통계를 공부하는 사람들이 개념적으로 종종 혼동하거나 명확하게 구분하지 못하는 것이 변수(variable)와 확률변수 사이의 구분이다. 우선, 변수란 이미 앞에서 설명한 바와 같이 관심대상 개체들의 일정한 특성으로서 통상 연구자가 연구차원에서 자신이 관심을 갖는 사항을 변수로 설정한다. 예컨대, 우리나라 청소년의 이성교제기간이 어떠한지 연구자가 관심을 갖고 있다면 이 경우 개별 청소년들이 경험한 '이성교제기간'이 하나의 변수가 된다. 또 다른 예로 직장 내 직원들의 직무만족도가 어떠한지 조사한다고 하면 개개인이 느끼는 '직무만족도'가 하나의 변수가 된다. 일반적으로 연구자가 관심을 갖는 변수의 값은 모집단 혹은 표본을 구성하고 있는 개별 개체마다 그 변수에 대한 각자의 고유값을 갖고 있어서 개체들에 따라 변수의 값

이 차이가 난다. 한편, 변수와는 달리 모든 개체들이 동일한 값을 가질 경우 그것을 가리켜 상수(constant)라 한다.

그런가 하면, 확률변수란 실험(experiment)을 통해 나온 결과값을 자신의 값으로 취하는, 주로 추리통계에서 사용되는 특별한 변수이다. 예를 들어, 앞의 청소년 이성교제기간에 관한 조사를 생각해보자. 연구자가 관심을 가지고 있는 변수는 이성교제기간이다. 자, 이제 연구자의 구체적 연구질문이 "청소년들의 평균 이성교제기간은 얼마나 될까?"라고 가정해보자. 이 경우 청소년들의 평균 이성교제기간이 추정하고자 하는 모집단 모수가 된다. 이제 연구자가 청소년 모집단에서 100명의 청소년을 무작위로 뽑아 표본을 만들고 그들의 이성교제기간을 조사한 후 그 표본 데이터로부터 평균 이성교제기간을 계산하면 그것이 표본통계량의 값이 된다.

이 경우 연구자는 실제로 100명의 청소년을 무작위로 뽑아 그들의 이성교제기간 평균값을 구해보기 전에는 그 표본평균값이 얼마일지 알 수 없다. 이처럼 실제로 100명의 표본을 무작위로 뽑는 과정은 그 표본 안에 누가 포함될지 미리 확정되어 있는 것이 아니라 뽑는 과정을 통해 비로소 정해지는 하나의 '실험'이다. 이러한 실험에서는 매번 새롭게 100명의 표본을 뽑을 때마다 표본을 구성하는 개체가 달라질 것이기 때문에 매번 새롭게 뽑힌 100명을 대상으로 이성교제기간을 조사한 후 각각의 표본으로부터 계산해서 나온 평균값도 서로 다를 것이다. 이처럼 개별 실험과정을 통해 뽑힌 표본에서 얻은 이성교제기간의 평균값을 자기의 값으로 취하는 일종의 변수를 생각해볼 수 있는데, 바로 이것이 확률변수이다.

여기에서 100명의 표본을 뽑은 후 그 표본에 속한 개인들의 '이성교제기간 평균값'을 자신의 값으로 취하는 확률변수(random variable)는 개개인의 '이성교제기간'을 자신의 값으로 갖고 있는 변수(variable)와는 완전히 다른 개념이다. 여기서 이성교제기간이라는 변수가 취하는 값은 특정한 실험의 결과로서 얻은 값이 아니라, 청소년들 개개인의 고유값으로서 개별 청소년들을 대상으로 조사해 보면 바로 그 값이 무엇인지 확인할 수 있는 값이다. 그리고 그 변수의 값들은 개인에 따라 달라질 수 있는 값들이다. 그러나 무작위로 뽑힌 청소년 100명의 '이성교제기간의 평균값'은 100명의 청소년을 무작위로 뽑는 표본 추출이라는 실험과정을 거쳐 그들의 이성교제기간을 조사한 후 그것들의 평균값을 계산해야 비로소 얻을 수 있는 실험의 결과값이다. 따라서 확률변수가 취하는 값은 표본을 구성하는 개개인에 딸린 값이 아니라, 100명으로 구성된 표본을 추출하는 실험과정을 거쳐 그 실험의 결과로서 나오는 값이다.

또 다른 예로서 2개의 동전을 동시에 던질 때 나오는 동전 앞면(H)의 개수를 자신의 값으로 취하는 확률변수 X_i를 생각해보자. 이것은 두 개의 동전을 동시에 던지는 '실험'의 결과로서 나오는 값을 자신의 값으로 갖기 때문에 이것 또한 확률변수이다. 이 실험에서 확률변수 X_i가 취할 수 있는 값은 0, 1, 2 중 하나의 값이 될 것이다. 이러한 동전 던지기의 예는 확률변수가 실험의 결과로서 나온 것이라는 개념을 설명하기 위해 일반 통계학 교재에서 가장 빈번하게 사용되는 예들 중 하나인데, 실험과 확률변수의 개념 자체를 이해하도록 돕는 면에서는 매우 유용한 반면 이 예를 통해 이해한 확률변수의 개념을 추리통계에서 사용하는 확률변수의 개념과 잘 연결시켜 이해해야 혼선을 방지할 수 있다. 추리통계에서는 '표본추출' 과정 자체가 하나의 실험이라는 점이 매우 중요한데, 위 동전 던지기 예에서는 2개의 동전을 동시에 던지는 1회의 실험이 곧 추리통계에서 하나의 표본을 추출하는 것에 해당한다고 이해하면 맞다.

변수(variable)와 확률변수(random variable)

변수(variable): 관심대상 개체들이 갖고 있는 일정한 특성으로서 연구자는 자신이 연구차원에서 관심을 갖는 특성을 변수로 설정한다. 통상 실증연구를 위해 연구자가 관심을 갖는 변수는 개체에 따라 그 변수의 값이 달라지며, 실증연구에서 변수는 종속변수, 독립변수, 통제변수, 매개변수, 조절변수 등의 용도로 사용된다.

확률변수(random variable): 실험을 통해 나온 결과값들을 자신의 값으로 취하는 특수한 변수로서 추리통계에서 중요하게 다뤄지는 개념이다. 추리통계에서 확률변수를 논하는 가장 중요한 이유는 무작위 표본추출이라는 일종의 '실험'을 통해 얻은 표본통계량(sample statistic)이 곧 확률변수의 특성을 갖고 있기 때문이다. 확률변수인 표본통계량은 모집단 모수의 값을 통계적으로 추정하는 데 핵심적인 역할을 한다.

확률변수는 이산확률변수(discrete random variable)와 연속확률변수(continuous random variable)로 구분된다. 이산확률변수는 확률변수가 취할 수 있는 값들이 하나 하나 셀 수 있는 값들일 때 일컫는 확률변수이며, 이산확률변수가 취하는 값의 수는 보통 유한(finite)하다. 이산확률변수를 생성하는 실험의 예는 다음과 같다.

- 하루 중 임의로 설정한 시간대(예, 9:00~10:00; 11:30~12:30)에 방문하는 고객의 수
- 공장에서 생산한 완제품 1,000개를 임의로 뽑아 검사했을 때 나오는 불량품의 수
- 한 대학에서 무작위로 한 학기를 선정하여 해당 학기에 개설된 과목들 중에서 수강인원이 20명 미만인 과목의 수
- 2개의 동전을 동시에 던질 때 나오는 동전 앞면의 수
- 2개의 주사위를 동시에 던져 나온 두 수의 차이 값

한편, 연속확률변수는 특정 확률변수가 취할 수 있는 값이 어느 구간에 속한 모든 값으로서 하나 하나 셀 수 없을 때 일컫는 확률변수이며, 일반적으로 연속확률변수가 취하는 값의 수는 무한(infinite)하다. 연속확률변수는 다음과 같은 실험의 예에서 나올 수 있다.

- 1,000명의 직원을 무작위로 뽑아 7점 척도로 측정한 그들의 직무만족도 평균값
- 무작위로 뽑은 유권자 1,000명의 A 후보에 대한 지지율
- 100명의 초등학생을 무작위로 뽑아 그들로부터 얻은 학업성취도와 지능(IQ) 사이의 상관계수
- 지정된 매장에서 임의의 두 고객이 방문한 시점 사이의 시간차

제 2 절 확률변수의 확률분포

1. 확률변수의 확률분포

확률분포(probability distribution)란 어떤 확률변수가 취할 수 있는 모든 가능한 값들과 그것들에 대응하는 확률을 표나 그래프로 표시한 것을 가리킨다. 확률변수는 그것이 취할 수 있는 값과 그 값이 나올 확률이 항상 짝을 이루게 된다. 본 장에서는 확률변수 X를 설정하고, 확률변수 X가 특정한 값 a를 취할 확률을 $P(X=a)$로 표기하기로 하자.

1) 이산확률변수의 확률분포

특정 확률변수가 취할 수 있는 값들이 하나 하나 셀 수 있는 값들일 때 그 확률변수를 이산확률변수라 한다는 점은 이미 앞에서 설명한 바 있다. 예를 들어 3개의 동전을 동시에 던지는 실험에서 실험의 결과로서 나오는 동전 앞면의 개수를 확률변수 X라 할 때 확률변수 X가 취할 수 있는 값들은 {0, 1, 2, 3}으로서 하나 하나 셀 수 있는 값들이기 때문에 이 실험에서의 확률변수 X는 이산확률변수이다. 그리고 H를 동전의 앞면, T를 동전의 뒷면이라 할 때 이 실험에서 3개의 동전이 나타낼 수 있는 모든 경우의 수는 {TTT, TTH, THT, HTT, THH, HTH, HHT, HHH}이다. 이처럼 실험에서 나올 수 있는 모든 경우의 수의 집합을 표본공간(sample space)이라 한다.

그렇다면 위 예에서 이산확률변수 X의 확률분포는 어떤 모양일까? 여기에서 이산확률변수 X가 취할 수 있는 값들은 $X=0$, $X=1$, $X=2$, 혹은 $X=3$이 되며, 각각의 값에 대응하는 확률은 다음과 같다.

$$P(X=0)=P(TTT)=1/8$$

$$P(X=1)=P(TTH)+P(THT)+P(HTT)=3/8$$

$$P(X=2)=P(THH)+P(HTH)+P(HHT)=3/8$$

$$P(X=3)=P(HHH)=1/8$$

따라서 이산확률변수 X의 확률분포는 다음의 (식 3.2.1)이나 [표 3.2.1] 혹은 〈그림 3.2.1〉과 같은 그래프로 표현될 수 있다.

$$P(X_i)\begin{cases} \dfrac{1}{8} & \text{if } X_i=0 \text{ or } 3 \\ \dfrac{3}{8} & \text{if } X_i=1 \text{ or } 2 \end{cases} \qquad \text{(식 3.2.1)}$$

[표 3.2.1] 이산확률변수 X의 확률분포

이산확률변수 X의 값	확 률
0	1/8
1	3/8
2	3/8
3	1/8

그림 3.2.1 이산확률변수 X의 확률분포

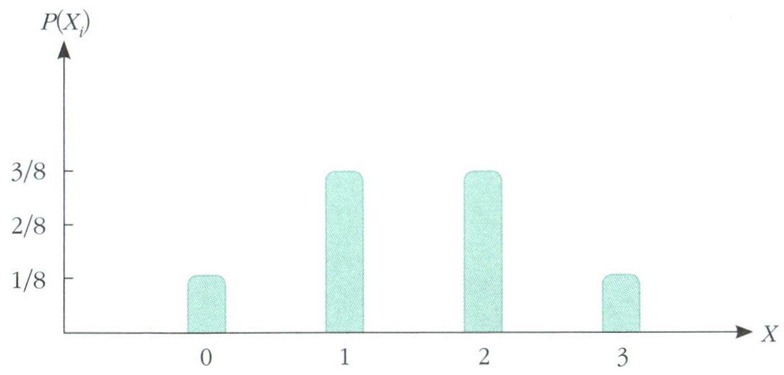

2) 연속확률변수의 확률분포

추리통계에서 주로 사용하게 될 확률변수는 연속확률변수이다. 이미 앞에서 살펴본 바와 같이 연속확률변수는 그것이 취할 수 있는 값이 어느 구간 전체에 걸쳐 있어서 연속확률변수가 어떤 '특정한 값'을 취할 확률을 구하는 것은 별 의미가 없다. 왜냐하면 연속확률변수가 어떤 특정한 값을 취할 확률은 언제나 무한수의 값 중 하나의 값이 나올 확률을 가리키는 것으로서 "1/무한대=0"이 되기 때문이다. 그러나 연속확률변수가 어떤 '구간의 값'을 가질 확률은 의미를 갖게 된다. 예를 들어, "지정된 매장에서 임의의 두 고객 방문시점 사이의 시간차"를 확률변수 X라 할 때 이 확률변수 X가 취할 값이 5분 20초일 확률은 0으로 무의미하지만, 확률변수 X가 1분에서 5분 20초 사이의 값을 가질 확률, 즉 P(1분$\leq X \leq$5분20초)를 계산하는 것은 가능하다.

연속확률변수 X의 확률분포를 확률밀도함수(probability density function)라 일컫고 $f(X)$로 표시하는데, 우리가 앞으로 자주 접하게 될 대표적인 연속확률변수의 확률분포는 정규분포(normal distribution)와 카이제곱 분포(Chi-square distribution), 그리고 F-분포 등이다.

연속확률변수 X의 확률밀도함수 그래프상에서 X가 특정한 값 a를 취할 확률 $f(a)$은 0이 아닌 것으로 나타나지만, 이미 앞에서 언급한 바와 같이 실질적으로는 0이기 때문에 의미가 없다. 따라서 일반적으로 확률밀도함수에서는 연속확률변수 X가 특정한 값을 취할 확률을 구하기보다 일정한 구간의 값을 취할 확률을 구한다.

한편, 모든 연속확률변수의 확률밀도함수는 아래와 같은 몇 가지 공통적 특성을 갖는다.

1. 모든 a값에 대하여 $f(a) \geq 0$이다.
2. 연속확률변수 X가 두 수 a와 b 사이의 값을 가질 확률은 확률밀도함수의 아래 부분 a와 b 사이에 있는 면적과 같다.

$$P(a \le X_i \le b) = \int_b^a f(X_i)dx$$

3. 확률밀도함수 $f(X_i)$ 아래에 있는 전체 면적은 1이다.

$$\int_{-\infty}^{\infty} f(X_i)dx = 1$$

유의사항: 다양한 형태의 확률분포 자체의 세부 특성에 매몰되지 말 것!

통계적 추정에서 어떠한 형태의 확률분포가 어떠한 목적으로 사용되는지도 모른 채 여러 형태의 확률분포에 대해 공부하다 지치곤 한다(사실 대부분의 통계학 교재의 내용구성이 그렇게 되어 있다). 그러나 다양한 확률분포를 배우는 이유가 추리통계에서 모집단 모수를 추정할 때 확률변수의 특성을 갖는 표본통계량의 확률분포가 중요하게 사용되기 때문이라는 점을 명확히 이해할 필요가 있다. 아울러 추리통계에서 어떠한 경우에 어떠한 형태의 확률분포가 사용되는지 먼저 이해한 후에 해당되는 개별 확률분포의 특성을 공부하는 것이 통계학의 미궁에서 벗어날 수 있는 현명한 방법이다.

2. 확률변수의 기대값과 분산

기술통계에서 데이터에 포함된 개체들의 특정 변수에 대한 관측치들이 주어졌을 때 데이터에 포함된 개체들의 해당 변수 값들을 가장 잘 대표할 수 있는 통계량으로 평균에 대해 배웠고, 관측치들이 평균을 중심으로 흩어져 있는 정도를 나타내는 통계량으로 분산에 대해 배웠다. 그렇다면 특정 확률변수에 대한 관측치들이 주어졌을 때 해당 확률변수 값들을 가장 잘 대표할 수 있는 통계량과 그것들이 흩어져 있는 정도를 나타내는 통계량은 무엇이고 어떻게 계산할까? 여기에서 변수의 평균(mean)에 상응하는 것이 확률변수에서는 기대값(expected value)이고, 변수의 분산(variance)에 해당하는 것이 확률변수의 분산(variance)이다.

확률변수 X에 대한 기대값은 특정 변수의 평균과 같은 개념의 통계량으로서

[표 3.2.2] 확률변수 X_i 의 확률분포표와 기대값

X_i	P_i	$X_i \cdot P_i$
10	0.1	1
20	0.2	4
30	0.3	9
40	0.2	8
50	0.1	5
		$E(X)=27$

가중평균을 계산하는 방식을 적용하여 계산하고 $E(X)$로 표시한다. 다만, 차이가 있다면 변수의 가중평균을 구할 때에는 개별 개체 값에 딸린 도수(frequency)를 가중치로 사용하는 데 반해, 확률변수의 기대값을 구할 때에는 개별 값에 딸린 확률(probability)을 가중치로 사용한다. 따라서 확률변수 X가 취할 수 있는 값들과 개별 값에 딸린 확률 P가 주어지면 그것의 기대값은 (식 3.2.2)에 의해 구할 수 있다.

$$E(X_i)=\sum X_i \cdot P_i \qquad \text{(식 3.2.2)}$$

예를 들면, [표 3.2.2]의 첫 두 열이 보여주는 것과 같은 확률분포를 따르는 확률변수 X가 있다고 할 때 확률변수 X의 기대값을 계산해보자. 위 공식을 활용하면, $E(X)=10\times0.1+20\times0.2+30\times0.3+40\times0.2+50\times0.1=27$이 되는바, 세 번째 열이 그것을 보여주고 있다.

확률변수 X의 기대값 $E(X)$을 알면 X의 1차 함수로 표시된 새로운 확률변수의 기대값은 아래와 같은 특성을 이용하여 계산할 수 있다.

- 확률변수 X에 상수 c를 더해서 만든 새로운 확률변수 $X+c$의 기대값은 X의 기대값 $E(X)$에 상수 c를 더한 값과 같다. 즉,

$$E(X+c)=E(X)+c$$

- 확률변수 X에 상수 c를 곱해서 만든 새로운 확률변수 $c \cdot X$의 기댓값은 X의 기대값 $E(X)$에 상수 c를 곱한 값과 같다. 즉,

$$E(c \cdot X)=c \cdot E(X)$$

- 확률변수 X에 상수 c를 곱해주고 상수 d를 더해서 만든 새로운 확률변수 $c \cdot X+d$의 기대값은 X의 기대값 $E(X)$에 상수 c를 곱해주고 이어 상수 d를 더한 값과 같다. 즉,

$$E(c \cdot X+d)=c \cdot E(X)+d$$

- 상수 c의 기대값은 그 자체 값과 같다. 즉,

$$E(c)=c$$

- 두 확률변수 X_1과 X_2의 합으로 만들어진 새로운 확률변수 X_1+X_2의 기대값은 X_1의 기대값과 X_2의 기대값의 합과 같다. 즉,

$$E(X_1+X_2)=E(X_1)+E(X_2)$$

분산은 확률변수의 값을 만들어내는 실험이 반복될 경우 확률변수 X가 취하는 값들이 기대값 $E(X)$을 중심으로 어느 정도로 퍼져 있는지 그 정도를 나타내는 통계량이고, 이미 기술통계에서 확인한 바와 같이 분산의 제곱근은 곧 표준편차가 된다. 확률변수 X의 분산은 아래 (식 3.2.3)을 이용하여 구할 수 있다.

$$Var(X_i)=\sum\{X_i-E(X_i)\}^2 \cdot P_i=E(X_i^2)-E(X_i)^2 \qquad \text{(식 3.2.3)}$$

예를 들어 [표 3.2.2]에 주어진 확률변수 X의 분산을 구해보자. [표 3.2.3]은 위 (식 3.2.3)을 반영하여 단계별 요소값들을 구한 후 최종 분산값을 구한 과정과 결과를 보여준다.

[표 3.2.3] 확률변수 X_i 의 확률분포표와 분산값

X_i	P_i	$X_i \cdot P_i$	$X_i - E(X_i)$	$\{X_i - E(X_i)\}^2$	$\{X_i - E(X_i)\}^2 \cdot P_i$
10	0.1	1	−17	289	28.9
20	0.2	4	−7	49	9.8
30	0.3	9	3	9	2.7
40	0.2	8	13	169	33.8
50	0.1	5	23	529	52.9
		$E(X_i)=27$			$Var(X_i)=128.1$

3. 대표적 확률분포

1) 정규분포와 표준정규분포

가장 기본적이고 대표적인 연속확률변수의 확률분포가 정규분포(normal distribution)이기 때문에 우선 정규분포의 특징부터 살펴보도록 하자. 〈그림 3.2.2〉에서 다양한 모양을 하고 있는 정규분포는 연속확률분포로서 좌우대칭의 특징을 가지고 있다. 정규분포의 중앙에는 해당 확률변수의 기대값이 자리하고 있으며, 기대값을 중심으로 퍼져 있는 정도는 확률변수의 표준편차(standard deviation)에 의해 결정된다. 표준편차가 커질수록 정규분포의 모양이 납작한 모양을 하는 반면, 표준편차가 작을수록 정규분포의 모양은 기대값을 중심으로 더욱더 뾰쪽해진다.

정규분포의 확률밀도함수는 (식 3.2.4)와 같은데, 여기에서 μ는 정규분포를 따르는 확률변수의 기대값을, σ는 확률변수의 표준편차를, π는 3.14159를, e는 2.71829를 나타낸다(※ 확률밀도함수의 수식에 대해 이해하지 못하더라도 전혀 걱정할 필요 없으니, 수식 자체에 매달리지 말 것). 이 확률밀도함수에서 기대값 μ와 표준편차 σ를 제외하고는 모두 상수이기 때문에 이미 〈그림 3.2.2〉에서 확인한 바와 같이 정규분포의 모양—분포의 중심위치와 납작한 정도—을 결정하는 것은 기대

그림 3.2.2 다양한 모양의 정규분포

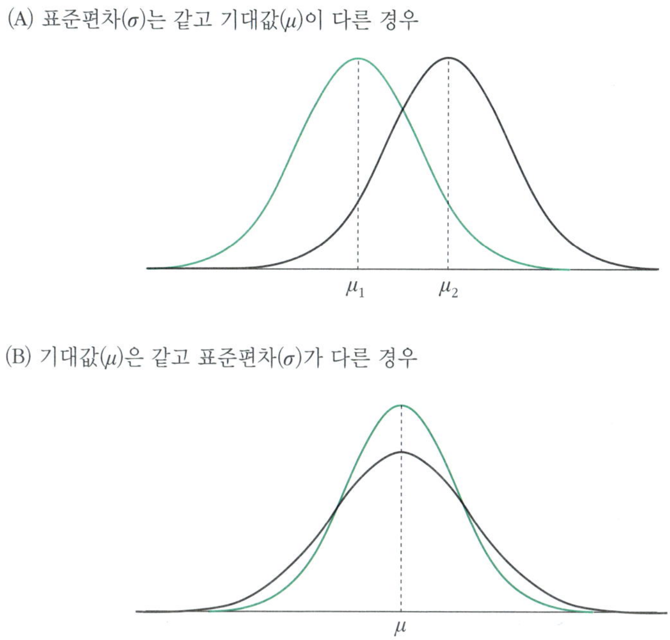

값과 표준편차이다.

$$f(X)=\frac{1}{\sqrt{2\pi\sigma}}e^{-(X-\mu)^2/2\sigma^2} \quad \text{(식 3.2.4)}$$

확률변수 X가 기대값 μ와 분산 σ^2인 정규분포의 특성을 가질 때 $X\sim N(\mu,\sigma^2)$과 같이 표기한다. 예컨대, $X\sim N(0,2^2)$으로 표기되는 정규분포 모양의 확률변수가 있다면, 해당 확률변수의 기대값은 0, 표준편차는 2임을 알 수 있다.

한편, 정규분포는 기대값과 표준편차에 따라 무수히 많은 모양을 띠기 때문에 〈그림 3.2.3〉에 나타난 바처럼 두 정규분포 A와 B상에서 확률변수 X가 일정한 값 a와 b 사이의 값을 가질 확률, 즉 $P(a<X<b)$는 서로 다른 값으로 나타날 것이다. 정규분포 A상에서의 확률보다 정규분포 B상에서의 확률이 더 큰 값일 것

그림 3.2.3 두 정규분포상에서 확률변수 X가 a와 b 사이의 값을 가질 확률

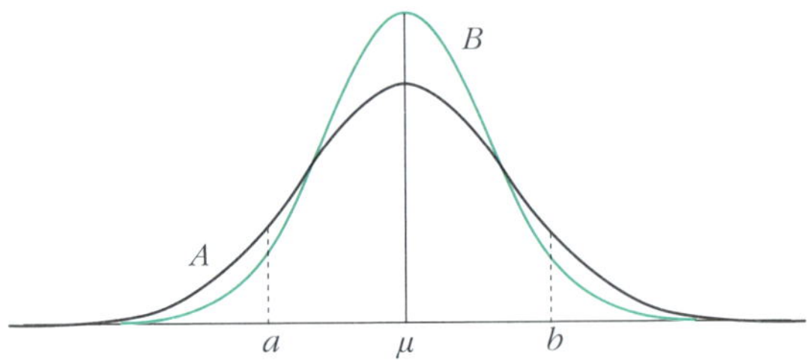

이라는 점은 〈그림 3.2.3〉에서 직관적으로 확인할 수 있다.

그렇다면 정규분포 A와 B상에서 $P(a<X<b)$의 값을 정확하게 구하려면 어떻게 해야 할까? 정규분포 A의 확률밀도함수를 $f_A(X)$, 정규분포 B의 확률밀도함수를 $f_B(X)$라고 간략하게 표시하도록 하자. 물론 확률밀도함수 $f_A(X)$와 $f_B(X)$는 모두 (식 3.2.4)의 형식을 띠게 되며, 그 식에서 표준편차(σ) 값이 다를 뿐이다. 이 경우 정규분포 A와 B상에서 $P(a<X<b)$의 값은 아래와 같이 각각의 확률밀도함수를 적분하여 얻을 수 있는데, 일일이 계산해야 하는 번거로움이 있다.

$$\text{정규분포 } A\text{에서의 확률 } P(a<X<b)=\int_a^b f_A(X)dx$$

$$\text{정규분포 } B\text{에서의 확률 } P(a<X<b)=\int_a^b f_B(X)dx$$

이처럼 다양한 정규분포 확률밀도함수를 일일이 적분해서 확률을 계산하는 번거로움을 줄일 수 있는 방법은 없을까? 가장 좋은 방법은 다양한 모양의 정규분포들을 표준화하는 것인데, 정규분포 모양을 따르는 확률변수 X의 표준화는 (식 3.2.5)와 같이 확률변수 X의 값에서 그것의 기대값 μ을 뺀 후 그것의 표준편차 σ로 나눠줌으로써 이뤄지며, 표준화된 정규분포상의 확률변수를 보통 Z로 표시한다.

$$Z_i=\frac{X_i-\mu}{\sigma} \qquad \text{(식 3.2.5)}$$

위 표준화 공식이 의미하는 바를 보면, 표준화된 확률변수 Z_i는 확률변수 X_i의 값이 기대값(μ)으로부터 표준편차(σ) 몇 단위만큼 떨어져 있는지를 나타낸다. 일례로 X값이 기대값과 같은 값이라면 Z값은 0이 될 것이며, X값이 기대값으로부터 2 표준편차만큼 떨어져 있는 값이라면 표준화된 Z값은 2가 될 것이다. 요컨대, 기대값과 표준편차의 값이 얼마이든 표준화된 확률변수 Z는 확률변수 X의 값이 기대값으로부터 몇 단위 표준편차만큼 떨어져 있는지 그 크기로 표시되기 때문에 Z는 기대값이 0이고, 표준편차가 1인 정규분포, 즉, 표준정규분포 모양을 따르며, $Z \sim N(0,1)$로 표시할 수 있다. 〈그림 3.2.4〉는 정규분포를 표준정규분포로 전환하는 것을 보여준다.

표준정규분포의 확률밀도함수는 기대값 $\mu=0$, 표준편차 $\sigma=1$이기 때문에 (식 3.2.6)과 같다.

그림 3.2.4 정규분포를 표준화한 표준정규분포

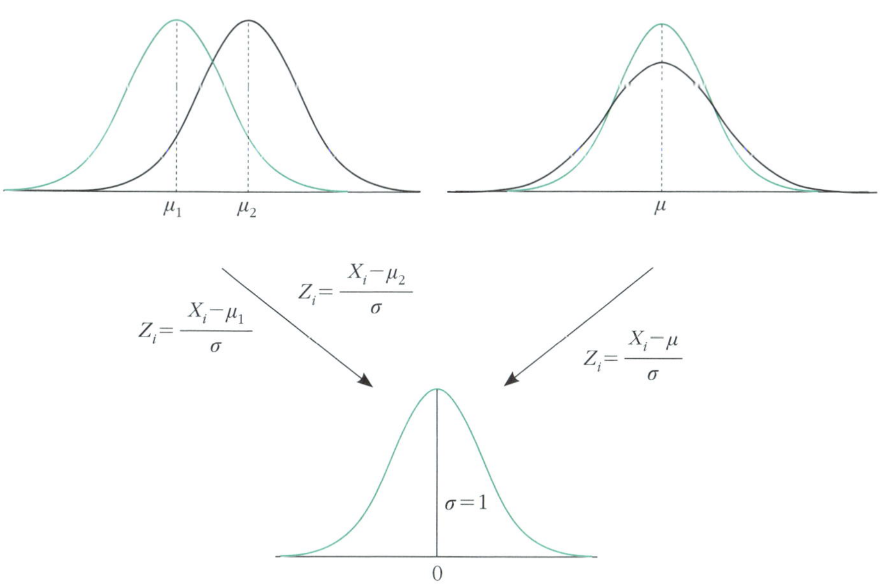

$$f(Z)=\frac{1}{\sqrt{2\pi}}e^{-Z^2/2} \quad \text{(식 3.2.6)}$$

이제 확률변수 X가 일정한 값 a와 b 사이의 값을 가질 확률을 구하는 경우를 생각해보자. 방법은 아래 (식 3.2.7)과 같이 확률변수 X와 경계값 a와 b 모두를 표준화한 후 [부록 1]에 나와 있는 표준정규분포표를 활용하여 쉽게 구할 수 있다.

$$P(a<X<b)=P\left(\frac{a-\mu}{\sigma}<Z<\frac{b-\mu}{\sigma}\right) \quad \text{(식 3.2.7)}$$

예를 들어, 어느 의류매장의 일일 매장 방문고객 수는 평균 150명, 표준편차는 10명인 정규분포 모양을 따른다고 할 때 이 매장에 하루 140명에서 165명의 고객이 방문할 확률은 얼마인지 구해보자. 일일 매장 방문고객 수를 확률변수 X라 표기하고 확률분포에서 구하고자 하는 확률을 그림으로 표시하면 〈그림 3.2.5〉의 색칠한 부분의 면적과 같다. 이 면적을 구하려면 원칙적으로는 확률밀도함수의 적분을 통해 계산해야 하지만, 확률변수 X를 표준화한 후 구하고자 하는 확률을 표준정규분포에서 표시하면 〈그림 3.2.6〉과 같고, 이를 식으로 표시하면 (식

그림 3.2.5 정규분포상에서의 확률 $P(140<X<165)$

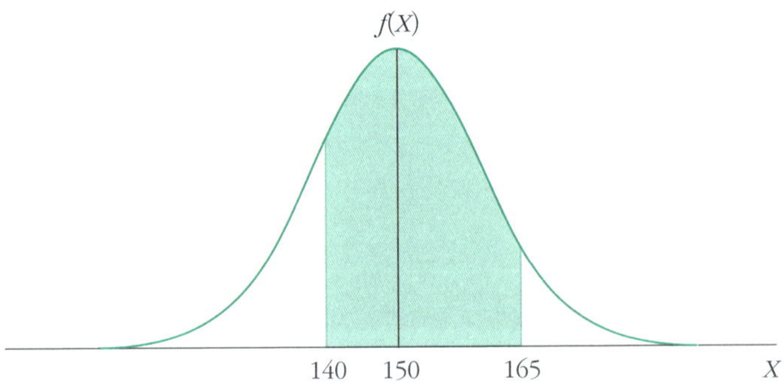

그림 3.2.6 표준정규분포상에서의 확률 $P(-1<Z<1.5)$

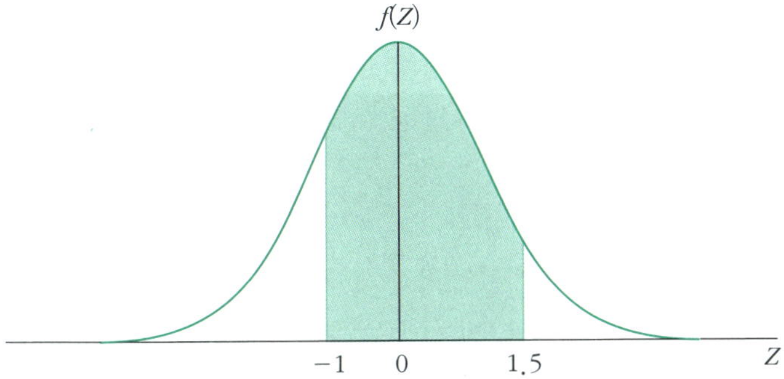

3.2.8)과 같다.

$$P(140<X<165)=P\left(\frac{140-150}{10}<Z<\frac{165-150}{10}\right)$$
$$=P(-1<Z<1.5) \qquad \text{(식 3.2.8)}$$

[부록 1]의 표준정규분포표상에 있는 숫자는 색칠한 부분의 면적을 나타내는 누적확률이기 때문에 Z값이 1.50에 대응하는 누적확률 $P(Z<1.5)$에서 Z값이 −1.00에 상응하는 누적확률 $P(Z<-1.0)$을 빼주면 된다. 그러나 [부록 1]의 표에서 Z값이 −1.00에 대응하는 누적확률을 보여주지 않기 때문에 정규확률분포가 좌우대칭인 점을 활용하면 그 값은 곧 전체 누적확률 1에서 Z값이 1.00에 대응하는 누적확률 $P(Z<1.0)$을 빼준 값과 같다. 이를 정리하여 구하고자 하는 확률을 구하면 아래 (식 3.2.9)가 보여주는 바와 같다.

$$P(-1<Z<1.5)=P(Z<1.5)-P(Z<-1.0)$$
$$=P(Z<1.5)-\{1-P(Z<1.0)\}$$
$$=0.9332-(1-0.8413)=0.7745 \qquad \text{(식 3.2.9)}$$

예시 [부록 1] 표준정규분포표를 활용하여 다음의 확률을 구해보자.

❶ $P(Z \leq 1.96)$

풀이 표에서 1.9의 행과 0.06의 열이 만나는 곳의 값이 0.9750이다. 따라서

$$P(Z \leq 1.96) = 0.9750$$

❷ $P(Z \geq 1.96)$

풀이 표가 나타내는 것은 Z값의 왼쪽 면적이므로 다음과 같이 전환이 가능하다.

$$P(Z \leq 1.96) = 1 - P(Z \leq 1.96) = 1 - 0.9750 = 0.0250$$

❸ $P(Z \leq -1.96)$

풀이 표에서 Z값이 음수인 것은 나와 있지 않다. 표준정규분포가 좌우대칭이기 때문에 $P(Z \leq -1.96)$의 면적은 곧 $P(Z \geq 1.96)$의 면적과 같음을 알 수 있다. 따라서

$$P(Z \leq -1.96) = P(Z \geq 1.96) = 1 - P(Z \leq 1.96) = 1 - 0.9750 = 0.0250$$

2) t-분포

t-분포는 표준정규분포와 같이 좌우대칭이지만, 자유도에 따라 봉우리의 납작한 정도가 달라지는데, 자유도가 작을수록 봉우리가 납작하고(〈그림 3.2.7〉 참조), 자유도가 커질수록 봉우리가 높아져 점차 표준정규분포에 근접하게 된다. [부록 2]에는 모집단 모수를 추정하거나 검증할 때 가장 자주 사용되는 유의수준(α)을 기준으로 t-분포표가 제시되어 있는데, t-분포표는 자유도별로 오른쪽 꼬리부분의 면적에 상응하는 t-값이 나타나 있다.

자유도(degrees of freedom)란 주어진 여건하에서 일련의 개체들 가운데 자유롭게 변할 수 있는 개체의 수를 자유도라 한다. 예를 들어, 일련의 개체 A, B, C, D, E가 있고, 그들의 특정 변수에 대한 평균이 20이라는 사실이 주어져 있을 때 자유도는 얼마

일까? 이 경우 5개의 개체들 중 4개 개체의 값만 알면 나머지 한 개체의 값은 (A+B+C+D+E)/5=20이라는 사실로부터 자동으로 결정되기 때문에 자유도는 4가 된다. 즉, 4개 개체의 값은 자유롭게 변할 수 있지만, 모든 개체의 평균이 20이라는 사실이 알려져 있는 조건에서는 나머지 한 개체의 값은 자동으로 정해지게 되기 때문이다. 이 자유도의 개념은 t-분포, χ^2-분포, F-분포와 깊이 관련되어 있기 때문에 앞으로 배울 모집단 모수의 추정에서 표본통계량이나 검증통계량의 확률분포가 t-분포, χ^2-분포, F-분포 중 어느 하나의 특성을 가질 때 그 때마다 자유도를 접하게 될 것이다.

t-분포표를 활용하여 t-분포의 특성을 갖는 확률변수 t가 일정한 범위의 값을 가질 확률을 구하는 방법은 표준정규분포에서 적용한 원리와 같다. 다만, 추리통계에서 t-분포표는 특정한 유의수준(α)에 상응하는 확률변수 t의 값을 찾을 목적으로 주로 활용되기 때문에 [부록 2]에 제시되어 있는 표는 그 목적에 맞게 구성되어 있다(* 유의수준 α의 의미에 대해서는 제4장 2절에서 상세하게 설명할 것이기 때문에 지금 그것이 무엇을 의미하는지 모른다 해도 걱정하지 말고 그냥 넘어가기 바란다).

이제 [부록 2] t-분포표를 활용하여 일정한 확률값과 연계된 확률변수 t의 값을 찾는 방법에 대해 생각해보자. 예를 들어, 자유도가 30인 t-분포에서 확률변

그림 3.2.7 표준정규분포와 t-분포

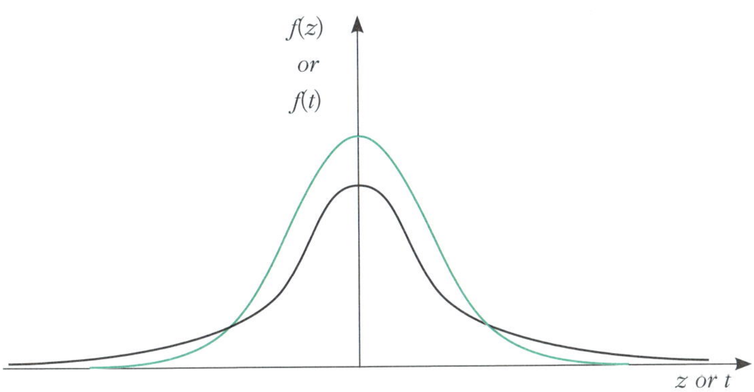

그림 3.2.8 t-분포표와 $t_{0.05,30}$의 값

자유도 (r)	우측꼬리면적$=\alpha$					
	0.10	0.05	⋯	⋯	⋯	0.005
1						
2						
3						
⋮						
30 →		1.697				
⋮						

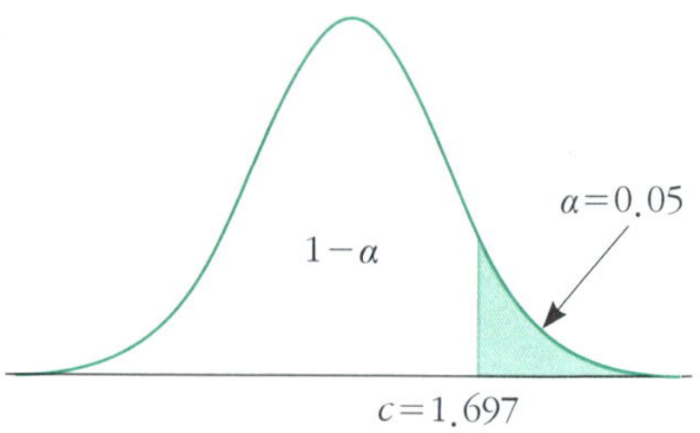

수 t가 특정한 값 c보다 크거나 같은 값이 나올 확률이 0.05가 되게 하는 c값을 찾아보자. 이 문제는 $P(t \geq c)=0.05$가 되게 하는 c값을 찾는 문제이며, 그래프로 표시하면 〈그림 3.2.8〉상의 c값을 찾는 문제이다. 이때 c를 $t_{0.05,30}$로 표시한다. [부록 2]의 t-분포표에서 우측 꼬리부분의 확률이 0.05를 나타내는 열과 자유도가 30인 행이 만나는 지점의 값이 1.697임을 확인할 수 있다. 즉, $t_{0.05,30}=1.697$이다(※ 유의사항: 확률변수 t가 일정한 범위의 값을 가질 확률을 구하는 것 대신 꼬리부분의 확률값과 연계된 확률변수 t의 값을 찾도록 훈련을 하는 이유는 제4장부터 본격적으로 배우게 될 가설검증이나 모집단 모수에 대한 구간추정에서 주로 활용되는 것이 그것들이기 때문이다).

3) 카이제곱분포(χ^2-분포)

카이제곱분포는 대표적으로 모집단의 분산(σ^2)을 추정할 때(제8장 1절 참조) 사용되는 연속확률분포로서 표준정규분포를 따르는 확률변수 Z의 제곱(Z^2)의 합으로 구성되어 있는 확률변수가 카이제곱분포의 특성을 갖는 확률분포를 따른다. 그럼, 모집단에서 확률분포의 모양이 정규분포의 특성을 따르는 특정한 확률변수 X가 있다고 가정해보자. 확률변수 X가 정규분포를 따른다면, 이미 앞에서 설명한 바와 같이 그것에서 모집단 평균을 뺀 후 모집단 표준편차로 나누어 표준화한

그림 3.2.9 자유도의 크기에 따라 변화하는 카이제곱분포

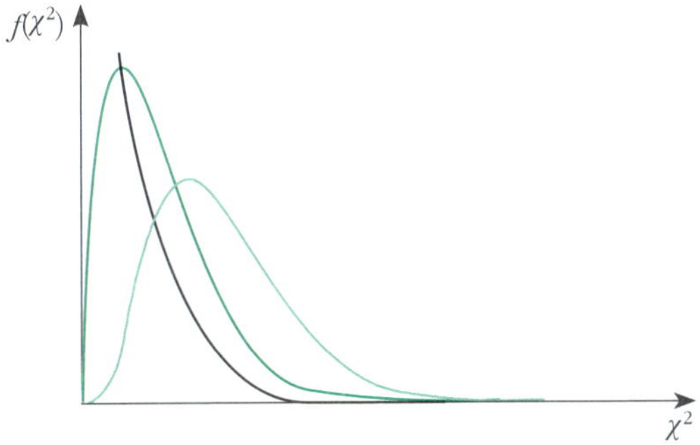

확률변수 $Z=\dfrac{X-\mu}{\sigma}$의 확률분포는 표준정규분포의 특성을 따른다. 그리고, 이처럼 표준정규분포의 특성을 따르는 확률분포에서 임의로 n개를 뽑아 각각을 제곱한 후 합한 통계량 $\chi^2=Z_1^2+Z_2^2+\cdots+Z_n^2$을 생각해볼 수 있는데, 이 새로운 확률변수 χ^2의 확률분포가 바로 카이제곱분포의 특성을 따른다(※ 이상의 설명에 대해서는 그냥 그런가 보다 정도로 이해하고 넘어가도 전혀 문제될 것이 없다).

카이제곱분포(χ^2-분포)는 확률변수 χ^2이 모집단에서 몇 개의 개체를 뽑아 만든 표본의 확률변수인지(즉, n의 값이 무엇인지)에 따라 그 모양이 달라진다. 즉, 카이제곱분포의 모양을 달라지게 하는 것은 자유도이다. 그리고 카이제곱분포의 특성을 따르는 확률변수는 표준정규분포의 특성을 따르는 확률변수를 제곱하여 합한 통계량이기 때문에 카이제곱분포상에서 확률변수 χ^2이 취할 수 있는 값들은 모두 '양(+)'의 값이다. 〈그림 3.2.9〉는 자유도의 크기에 따라 카이제곱분포의 모양이 어떻게 달라지는지를 보여주고 있으며, [부록 3]은 가장 빈번하게 사용되는 자유도별 카이제곱분포표를 보여주고 있다.

이제 [부록 3] χ^2-분포를 활용하여 일정한 확률값과 연계된 확률변수 χ^2의 값을 찾는 방법에 대해 생각해보자. 예를 들어, 자유도가 30인 χ^2-분포에서 확률변수 χ^2이 특정한 값 c보다 크거나 같은 값이 나올 확률이 0.05가 되게 하는 c값을 찾아보자. 이 문제는 곧 $P(\chi^2\geq c)=0.05$가 되게 하는 c값을 찾는 문제이며,

그림 3.2.10 χ^2-분포표와 $\chi^2_{30,0.05}$의 값

자유도	우측꼬리면적 = α					
(r)	0.99	0.975	···	0.05	0.025	0.005
1						
2						
3						
⋮						
30				43.773		
⋮						

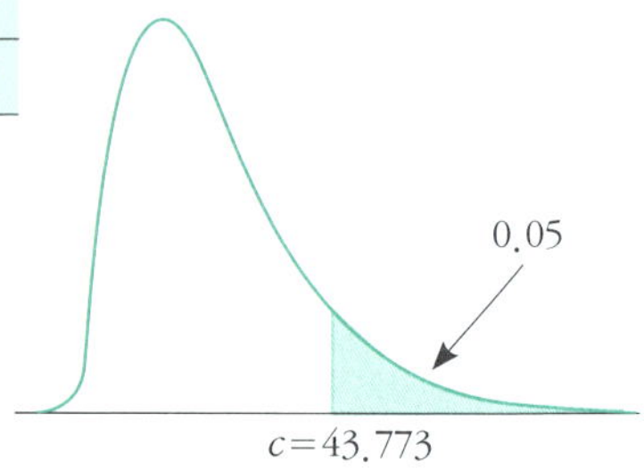

그래프로 표시하면 〈그림 3.2.10〉상의 c값을 찾는 문제이다. 이때 c를 $\chi^2_{30,0.05}$로 표시한다. [부록 3]의 χ^2-분포표에서 우측 꼬리부분의 확률이 0.05를 나타내는 열과 자유도가 30인 행이 만나는 지점의 값이 43.773임을 확인할 수 있다. 즉, $\chi^2_{30,0.05} = 43.773$이다.

4) F-분포

F-분포는 두 개의 모집단 분산을 비교할 때(제8장 2절 참조)와 분산분석을 통해 두 개 이상의 모집단 평균 사이에 유의한 차이가 존재하는지 여부를 검증할 때(제9장 참조) 주로 사용되는 확률분포이다. 이론적으로는 정규분포를 이루면서 각각의 분산이 σ_1^2과 σ_2^2인 두 개의 모집단으로부터 표본크기가 각각 n_1과 n_2인 표본을 추출하여 각각의 표본으로부터 표본분산 s_1^2과 s_2^2을 구한 후 이것들을 조합하여 아래 (식 3.2.10)과 같은 확률변수 F를 만들면 이 확률변수의 확률분포가 F-분포의 특성을 갖는다.

$$F = \frac{s_1^2/\sigma_1^2}{s_2^2/\sigma_2^2} \qquad \text{(식 3.2.10)}$$

그림 3.2.11 분자와 분모의 자유도에 따른 F-분포곡선의 변화 (예시)

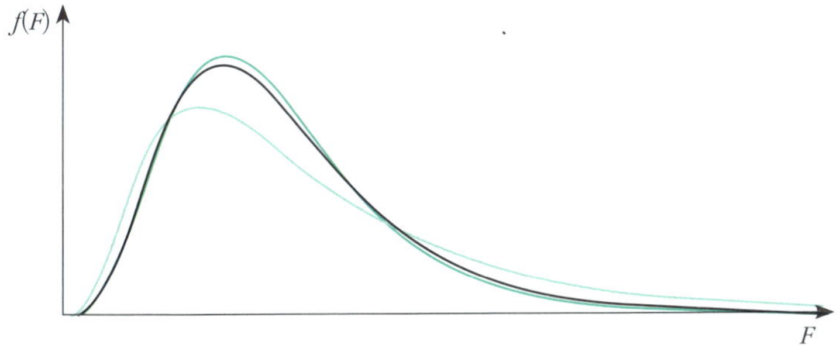

그런데 만약 두 모집단의 분산 σ_1^2과 σ_2^2이 동일하다고 가정할 경우 둘이 서로 상쇄되어 두 표본분산의 비율 $F=s_1^2/s_2^2$만 남게 되는 바, 결과적으로 위 가정하에서는 확률변수 $F=s_1^2/s_2^2$가 F-분포의 특성을 갖는다. 바로 이 특성을 이용하여 두 개의 모집단 분산을 비교하는 가설검증이 이루어진다(※ 유의사항: 두 개의 모집단 분산을 비교하는 가설검증에 대해 여기에서 골머리를 미리 앓을 필요가 전혀 없다. 여기에서는 그냥 확률변수 $F=s_1^2/s_2^2$가 F-분포의 특성을 갖는다는 점을 활용하여 그에 대한 가설검증이 이루어지나 보다 정도로 이해하고 넘어가는 것이 현명하다).

한편, F-분포는 χ^2-분포처럼 좌우비대칭인 확률분포이며, 오른쪽으로 기울면서 분자에 딸린 자유도와 분모에 딸린 자유도에 따라 〈그림 3.2.11〉처럼 그 모양이 달라진다. 이 때 분자의 자유도는 $F=s_1^2/s_2^2$에서 그 분산값이 분자에 쓰인 표본의 크기에서 1을 뺀 n_1-1이 되며, 분모의 자유도는 그 분산값이 분모에 쓰인 표본의 크기에서 1을 뺀 n_2-1이 된다. F-분포의 특성을 갖는 확률변수는 위 (식 3.2.10)에서 본 바와 같이 제곱들의 비율로 만들어진 것이기 때문에 음(−)의 값을 갖지 않고 모두 양(+)의 값을 갖는다.

추리통계에서 [부록 4]에 나와 있는 F-분포표를 자주 사용하게 되는데, 대부분의 경우 분자와 분모의 자유도가 확정되고 나면 그에 상응하는 F-분포에서 특정한 유의수준(α)과 연계된 확률변수 F의 값을 찾을 목적으로 활용된다(※ 유의수준의 의미에 대해서는 제4장 2절에서 상세하게 배우게 될 것이다). 모집단 모수를 추정하거나 검증할 때 가장 자주 사용되는 F-분포표는 $\alpha=0.05$, $\alpha=0.025$, $\alpha=0.01$ 등이어서 [부록 4A], [부록 4B], [부록 4C]는 각각 위 세 가지 유의수준(α)에 해당하는 F-분포표를 보여주고 있다.

예를 들어, 분자의 자유도가 4, 분모의 자유도가 30인 F-분포에서 확률변수 F가 특정한 값 c보다 크거나 같은 값이 나올 확률이 0.05가 되게 하는 c값을 찾는 경우를 생각해보자. 이때, 위에서 얘기한 c를 $F_{0.05,4,30}$로 표시하는데, 이를 그래프로 표시하면 〈그림 3.2.12〉와 같다. 그럼, c값을 구하기 위해 F-분포표를 보자. 오른쪽 꼬리부분의 면적을 나타내는 확률이 0.05이기 때문에 [부록 4A]에 나와 있는 $\alpha=0.05$인 F-분포표를 봐야 한다. 그 분포표에서 분자의 자유도 4와 분모의 자유도 30이 만나는 지점의 값이 2.69이기 때문에 c값, 즉 $F_{0.05,4,30}$의 값은 2.69이다. 이는 곧 분자의 자유도가 4이고, 분모의 자유도가 30인 F-분포에서 확률변수 F가 2.69보다 크거나 같은 값이 나올 확률이 0.05라는 의미이다.

한편, F-분포를 활용한 검증에서는 주로 우측 꼬리부분이 활용되기 때문에 확률변수 F가 특정한 값 c보다 크거나 같은 값이 나올 확률이 0.95나 0.99가 되게 하는 c값—예컨대, $F_{0.95,4,30}$이나 $F_{0.99,4,30}$—은 [부록 4A]나 [부록 4C]에 나타나

그림 3.2.12 $\alpha=0.05$인 F-분포표와 $F_{0.05,4,30}$의 값

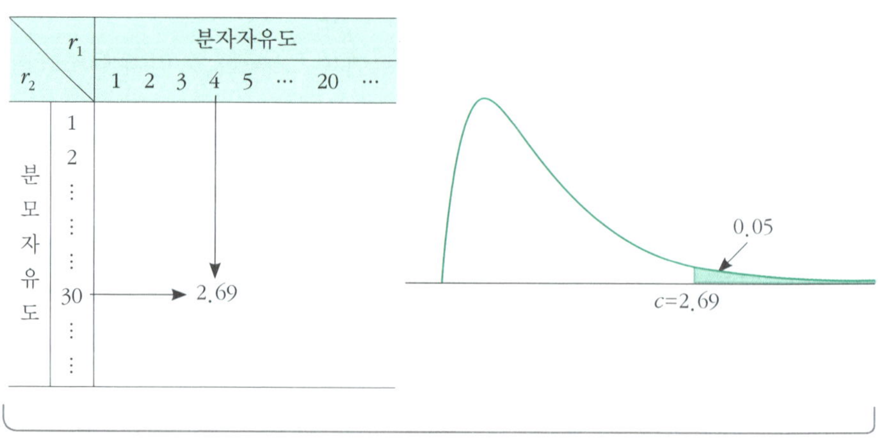

있지 않다. 그러나 그러한 값들을 구해야 할 상황이라면 F-분포의 (식 3.2.11)과 같은 특성을 활용하여 구한다. (식 3.2.11)에서 좌측변의 분자의 자유도는 우측변의 분모의 자유도로, 좌측변의 분모의 자유도는 우측변의 분자의 자유도로 바뀌었다는 점에 유의하라.

$$F_{1-\alpha, n_1-1, n_2-1} = \frac{1}{F_{\alpha, n_2-1, n_1-1}} \quad \text{(식 3.2.11)}$$

예를 들어, 앞에서 분자의 자유도가 4이고, 분모의 자유도가 30인 F-분포에서 확률변수 F가 특정한 값 c보다 크거나 같은 값이 나올 확률이 0.05가 되게 하는 c값, 즉, $F_{0.05,4,30}$의 값이 2.69라는 것을 확인했다. 이번에는 분자의 자유도가 4이고, 분모의 자유도가 30인 F-분포에서 확률변수 F가 특정한 값 c보다 크거나 같은 값이 나올 확률이 0.95가 되게 하는 c값, 즉, $F_{0.95,4,30}$은 무엇인지 찾아보자. 위 (식 3.2.11)에 따르면 먼저 $\alpha=0.05$인 F-분포표에서 분자의 자유도와 분모의 자유도가 뒤바뀐 $F_{0.05,30,4}$의 값을 찾아야 한다. [부록 4A]에서 $F_{0.05,30,4}$의 값이 5.75임을 알 수 있다. 따라서 구하고자 하는 $F_{0.95,4,30}$의 값은 $1/F_{0.05,30,4}=0.174$가 된다.

제 3 절 표본통계량의 표본분포

1. 표본분포(sampling distribution)

추리통계의 핵심인 통계적 추정에서 가장 중요한 개념 중 하나가 바로 표본분포(sampling distribution)이다. 이미 앞에서 정리한 바와 같이 통계적 추정은 연구자가 관심을 가지고 있는 모집단 모수(population parameter: 특정 변수의 모집단 평균, 모집단 비율, 모집단 분산, 두 변수 간 모집단 상관계수, 두 변수 간 모집단 회귀계수 등)의 값을 확률변수의 특성을 갖는 표본통계량(sample statistic: 표본평균, 표본비율, 표본분산, 표본상관계수, 표본회귀계수 등)에 근거하여 확률적으로 추정하는 과정이다. 여기에서 표본분포란 확률변수인 표본통계량의 확률분포로서 통계적 추정 작업이 바로 이 표본분포상에서 행해지기 때문에 그만큼 중요하다(※ Sampling distribution을 '표본분포' 대신 '표집분포'로 번역한 우리말 교재들도 있다).

표본분포를 이해하는 데 있어서 무엇보다도 확률변수(random variable)인 표본통계량의 표본분포를 특정 변수(variable)의 확률분포와 혼동해서는 안 된다. 변수의 확률분포는 해당 변수가 취할 수 있는 모든 값들과 각 개별 값들에 상응하는 상대도수를 나타내는 분포로서 기술통계에서 사용되는 개념이지만, 표본통계량의 표본분포는 표본에서 얻은 표본통계량을 근거로 모집단 모수를 추정하는 추리통계에서 사용되는 개념이다.

표본통계량의 표본분포를 개념적으로 이해하기 위해 전교생이 200명인 어느 학교에서 전체 학생들의 IQ평균이 어느 수준인지 추정할 목적으로 그 중 50명을 표본으로 뽑아 IQ를 측정하는 상황을 가정해보자(※ 전교생이 200명 수준이면 그들 모두를 대상으로 IQ를 측정하는 데 별 무리가 없겠지만, 추리통계의 개념을 이해할 목적으로 이러한 상황을 가정했다). 이 경우 연구자가 관심을 가지고 있는 모집단은 '200명의 전교생'이 될 것이고, 관심을 가지고 있는 변수는 'IQ'이며, 추정하고자 하는 모집단 모수는 '전교생의 IQ평균'이고, 모집단 모수에 대응되는 표본통계량은 '표본에 속한 50명 학생들의 IQ평균'이 될 것이다. 이 맥락에서 표본통계량의 표본분포가 무엇을 의미하는지 생각해보자.

이 경우 연구자가 뽑은 50명의 표본은 200명 중에서 무작위로 50명을 뽑을 때 나올 수 있는 모든 가능한 조합(굳이 수학적으로 표현하자면 ${}_{200}C_{50}$) 중 하나에 해당할 것이다. 그리고 실제 모집단 모수—이 경우 전교생의 IQ평균—에 대한 통계적 추정은 50명으로 구성된 표본에서 얻은 표본통계량—이 경우 표본에 속한 학생들의 IQ평균—을 활용하여 이루어진다.

이제 표본통계량의 표본분포 개념을 제대로 이해하기 위해서 상상력을 발휘해

그림 3.3.1 표본통계량의 표본분포를 이해하기 위한 가상적 표본추출

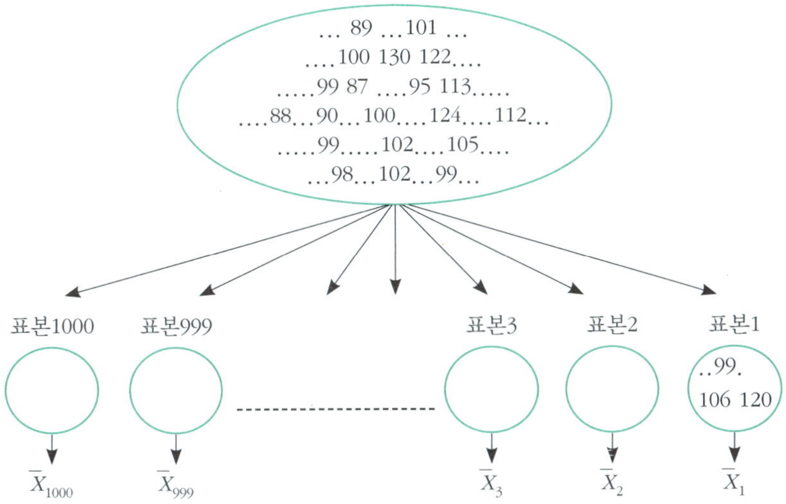

보자. 실제로는 연구자가 하나의 표본만을 확보하여 그로부터 계산한 표본통계량 값을 가지고 모집단 모수 값을 추정하지만, 개념적으로는 대표성 있는 표본을 반복적으로 추출하여 각각의 표본으로부터 표본통계량 값을 계산하는 상황을 머리 속에 상상할 수 있을 것이다. 〈그림 3.3.1〉에서는 1,000회를 반복하여 표본을 추출하고 각각의 표본에서 표본평균값을 구하는 상황을 상정하였는데, 이 가상적 경우에는 표본평균값이 1,000개가 될 것이다.

그럼 1,000개의 표본평균값의 상대도수분포표(즉, 확률분포표)를 머리 속에 그릴 수 있겠는가? 만약 1,000회를 넘어서서 ${}_{200}C_{50}$회까지 반복한다면? 횟수를 많이 하면 할수록 보다 더 정확한 확률분포를 확보할 수 있을 것이다. 이렇게 해서 그려진 〈그림 3.3.2〉과 같은 표본평균값의 확률분포가 바로 표본통계량의 표본분포다. 요컨대, 표본통계량의 표본분포는 표본통계량이 취할 수 있는 모든 값들의 확률분포를 나타낸다.

그림 3.3.2 표본통계량(예, 표본평균)의 표본분포

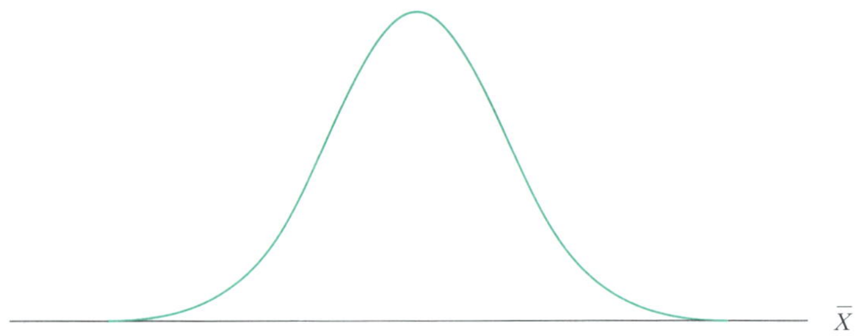

표본분포(sampling distribution)

추리통계에서 매우 중요한 개념으로서 통계적 추정을 위해 사용되는 표본통계량의 확률분포를 가리킨다. 즉, 특정 표본통계량의 표본분포는 해당 표본통계량이 취할 수 있는 모든 값들—표본통계치(sample statistic value)들—의 확률분포이다.

표본분포의 데이터 단위

표본분포의 데이터 단위는 표본을 구성하는 개별 개체들이 특정 변수(variable)에 대해 취하는 값들이 아니라, 확률변수의 특성을 갖는 특정 표본통계량이 취하는 값들이기 때문에 하나의 표본에서 하나의 데이터 포인트만 나온다.

2. 중심극한정리(central limit theorem)

상상력을 발휘하여 머리 속에 특정한 표본통계량의 표본분포를 그려볼 수는 있지만, 연구자들이 연구를 진행할 때 이처럼 표본추출 작업을 무수히 반복하지는 않기 때문에 표본통계량에 관한 실제 데이터를 가지고 표본분포를 그릴 수는 없다. 그래서 이런 경우 표본추출 작업을 무수히 반복하지 않고도 해당 표본통계량의 표본분포 모양을 알 수 있어야 하는데, 이에 대해서는 통계학자들이 이미 검증해놓은 이론에 의존해야 한다. 이와 관련한 대표적 이론이 곧 중심극한정리이다.

중심극한정리(central limit theorem)는 표본통계량 중에서도 표본평균과 표본비율의 표본분포 특성에 관한 이론인데, 중심극한정리에 따르면, 표본을 구성하는 개체들(elements)의 수가 30 이상일 경우 그러한 표본에서 얻은 표본평균과 표본비율의 표본분포는 정규분포의 특성을 갖는다. 즉, 굳이 무수히 많은 표본들을 반복적으로 추출하여 각각의 표본들로부터 얻은 표본통계치를 계산하여 확률분포를 그려보지 않아도 30명 이상으로 구성된 표본에서 얻은 표본평균이나 표본비율이라면 그것들의 표본분포는 정규분포의 모양을 따른다는 것이다(* 그 후 두 표본의 평균차, 두 표본의 비율차, 표본상관계수, 표본회귀계수의 표본분포도 표본의 크기 조건이 충족되면 정규분포 모양을 따른다는 것이 밝혀졌다).

이 중심극한정리로 인해 모집단의 평균이나 모집단의 비율을 추정할 때 각각에 대응되는 표본통계량(즉, 표본평균이나 표본비율)의 표본분포가 정규분포임을 알기 때문에 모집단 모수를 편리하게 추정할 수 있게 되었다. 굳이 무수한 표본들을 추출하지 않고도 표본평균이나 표본비율의 표본분포 특성을 알게 되었으니 이 얼마나 편리한 이론인가?

3. 표본오차(standard error)

통계를 크게 두 계통으로 구분하면, 주어진 데이터를 활용하여 분석대상에 대한 특성들을 효과적으로 요약·정리할 목적으로 사용하는 기술통계(descriptive statistics)와 표본데이터에서 얻은 표본통계량의 값을 활용하여 모집단 모수의 값을 추정할 목적으로 사용하는 추리통계(inferential statistics)로 구분할 수 있다는 점은 수차에 걸쳐 이미 확인한 바 있다. 여기에서 다시 확인하는 바는, 기술통계에서는 주어진 데이터가 표본데이터인지 모집단 데이터인지 굳이 구분할 필요가 없는 반면, 추리통계에서는 반드시 주어진 데이터가 표본 데이터인지 여부와 통계적 추정의 대상이 되는 모집단이 무엇인지 확인해야 한다는 점이다.

[표 3.3.1] 기술통계와 추리통계를 구분해주는 대표적 개념과 용어

기술통계	추리통계
변수(variable)	확률변수(random variable)
관측치(observations)	표본통계량(sample statistic)
표준편차(standard deviation)	표본오차(standard error)
확률분포(probability distribution)	표본분포(sampling distribution)

연구자가 주어진 데이터를 기술통계의 맥락에서 분석하는지 아니면 추리통계의 맥락에서 분석하는지에 따라 적용되는 공식이 달라지기도 하기 때문에 통계학을 공부하는 사람은 이 둘을 반드시 구분해서 이해해야 한다. 이 둘을 명확하게 구분하여 이해하지 못하면 기술통계의 맥락에서 적용해야 할 것들을 추리통계의 맥락에서 사용하는 등의 우를 범하기 쉬우며, 그러한 혼동의 늪에 빠져들면 통계학이 어렵게 느껴진다. 그렇기 때문에 통계학에서는 이 둘을 구분하기 위하여 용어도 달리 사용하는데, 그 대표적인 예가 표준편차 대 표본오차(standard error)이다(※ Standard error를 '표본오차' 대신 '표준오차'로 번역한 우리말 교재들도 있다).

표준편차(standard deviation)는 기술통계에서 특정 변수에 관한 데이터가 주어지면 그것들이 평균값으로부터 얼마나 흩어져 있는지 그 정도를 나타내는 대표적인 통계량이다. 반면, 표본오차(standard error)는 모집단의 모수를 추정하는 추리통계에서 모집단 모수에 대응되는 표본통계량이 그것의 기대값으로부터 얼마나 흩어져 있는지 그 정도를 나타내는 통계량이다. 요컨대, 표준편차가 한 변수값들의 분포특성을 나타내는 것이라면, 표본오차는 확률변수인 표본통계량의 분포특성을 나타내는 것으로서 표본통계량의 표준편차인 셈이다. 그러나 기술통계에서 사용되는 표준편차의 개념과 추리통계에서 사용되는 표준편차의 개념을 구분하기 위하여 표본통계량의 표준편차라 하지 않고 용어를 달리하여 표본통계량의 표본오차라 한다.

기술통계와 추리통계는 목적이 다르기 때문에 각각에서 사용하는 개념들의 용어를 달리하여 구분한다. [표 3.3.1]은 기술통계와 추리통계를 구별하기 위하여 구분하여 사용되는 대표적 개념들의 용어를 정리하여 보여주고 있다.

제4절 추리통계의 3가지 추정형식

표본데이터를 사용하여 특정한 모집단 모수를 추정하는 세 가지 형식이 있는데, 점추정과 구간추정과 가설검증이 바로 그것이다.

1. 점추정(Point Estimation)

특정 변수에 대한 모집단 모수 값을 추정할 때 하나의 대표성 있는 표본을 확보하여 해당 변수의 표본통계량 값을 계산함으로써 모집단 모수의 값을 추정한다는 점은 이미 여러 차례에 걸쳐 확인한 바 있다. 예를 들면 특정 변수 x의 모집단 평균을 추정하고자 할 때 모집단을 대표할 수 있는 표본을 뽑고 그 표본에서 해당 변수의 평균값을 계산하게 되는데, 곧 그 표본평균값($\bar{x}$)이 곧 모집단 평균(μ)의 점추정치(point estimate)가 된다. 일반적으로 모집단 모수의 점추정치는 그에 대응되는 표본통계량의 값, 즉, 표본통계치가 된다.

추정량과 추정치

추정량(estimator)은 표본이 추출되기 전에 값이 알려지지 않은 표본통계량으로서 모수를 추정하기 위한 도구(tool)라면, 추정치(estimate)는 표본이 추출된 후 표본자료를 추정량에 대입하여 수치로 계산된 추정량의 값이다. 예를 들어, 표본평균($\bar{x}$)은 모집단 평균에 대한 추정량(estimator)이고, 표본을 추출한 후 표본평균을 계산하여서 얻은 값은 모집단 평균에 대한 추정치(estimate)가 된다.

표본통계량과 표본통계치

위와 같은 취지에서 앞으로 추리통계에서 자주 접하게 될 표본통계량은 표본이 추출되기 전 값이 알려지지 않은 상태를 나타내는 용어로, 표본통계치는 표본이 추출된 후 표본자료를 표본통계량 공식에 넣어 수치로 계산된 표본통계량의 값을 나타내는 용어로 사용하기로 한다.

한편, 모집단에서 무작위로 뽑은 하나의 표본에서 얻은 표본통계치는 또 하나의 무작위 표본에서 얻은 표본통계치와 동일한 값을 가질 것으로 기대하기 어렵다. 각각의 표본에 포함된 개체들이 달라지면 표본통계치 또한 바뀔 것이기 때문이다. 요컨대, 개념적으로는 모집단을 대표할 수 있는 하나의 무작위 표본에서 계산한 표본통계치는 해당 표본통계량의 확률분포상에 있는 무수히 많은 값들 중 하나일 뿐이다.

예를 들어, 특정 변수의 모집단 평균(μ)을 추정하고자 할 때 모집단을 대표할 수 있는 하나의 표본에서 얻은 표본평균값은 표본평균($\bar{x}$)의 표본분포상에 있는 무수히 많은 값들 중 우연히 뽑힌 하나의 값일 뿐이다. 이는 곧 하나의 표본평균값이 모집단 모수, 즉 모집단 평균값과 정확하게 일치하는 값이 될 수 없음을 말해준다. 경우에 따라서는 하나의 표본에서 얻은 표본평균값이 모집단 평균값과 상당히 가까운 값일 수도 있고, 반대로 상당히 차이가 큰 값일 수도 있다.

이러한 이유 때문에 하나의 표본에서 얻은 점추정치를 제시할 때에는 해당 점추정치의 정확도를 나타내는 정보—즉, 점추정치들이 표본분포의 중앙값에 해당하는 모집단 모수로부터 얼마나 널리 흩어져 있는지를 나타내는 정보—를 함께 제공해야 한다. 표본분포가 정규분포 등과 같이 좌우대칭의 확률분포를 따르는 표본통계량(예, 표본평균, 표본비율 등)의 경우 그 정보를 담고 있는 지표가 바로 표본오차(standard error)이다.

바람직한 추정량의 조건

점추정이란 표본통계량을 이용하여 모집단 모수를 추정하는 방법이다. 모집단 모수를 추정하는 추정량으로는 여러 가지가 있을 수 있다. 예를 들어, 모집단 평균(μ)을 추정하기 위한 추정량으로서 일반적으로 (식 3.4.1)로 표시된 표본평균을 사용하는데, 그것 대신 매우 유사한 추정량, 예컨대, (식 3.4.2)로 표시되는 추정량을 사용하면 안 되는가? 표본통계량을 가지고 모집단 모수를 추정하는 과정에서는 어차피 오차(error)는 피할 수 없을 테니, 표본 관측치들의 합을 n으로 나눈 값이나 $n-1$로 나눈 값 중 어떤 표본에서는 전자보다 후자가 더 모수에 근접한 값일 수도 있지 않겠는가?

$$\bar{x}=\sum_{i=1}^{n} x_i/n \qquad \text{(식 3.4.1)}$$

$$\text{유사 } \bar{x}=\sum_{i=1}^{n} x_i/(n-1) \qquad \text{(식 3.4.2)}$$

이런 주장이 엉뚱한 주장이 아니라는 점은 모집단 분산(σ^2)을 추정하기 위한 추정량으로서 (식 3.4.3)에 따라 구한 표본분산 대신 (식 3.4.4)에 따라 구한 표본분산을 사용한다는 점을 통해 확인할 수 있을 것이다. 왜, 모집단 평균을 추정할 때는 (식 3.4.1)을 통해 구한 표본평균을 추정량으로 사용하고, 모집단 분산을 추정할 때는 (식 3.4.4)를 통해 구한 표본분산을 추정량으로 사용할까?

$$s^2=\sum_{i=1}^{n} (x_i-\bar{x})^2/n \qquad \text{(식 3.4.3)}$$

$$s^2=\sum_{i=1}^{n} (x_i-\bar{x})^2/(n-1) \qquad \text{(식 3.4.4)}$$

결론부터 말하면, (식 3.4.1)로 표시되는 표본평균과 (식 3.4.4)로 표시되는 표본분산이 추정량으로서 좋은 속성을 가지고 있기 때문이다. 보통 특정 추정량이 좋은 추정량인지 아닌지를 판정하는 대표적 기준 세 가지가 있는데, 불편성(unbiasedness)과 효율성(efficiency)과 일치성(consistency)이 바로 그것들이다.

불편추정량(unbiased estimator)이란 이론적으로 해당 추정량의 기대값이 모집단 모수의 값과 같게 되는 추정량, 즉, $E(\hat{\theta})=\theta$라는 조건을 충족하는 추정량을 가리킨다. 여기에서 θ은 모집단 모수를 통칭하는 기호로, $\hat{\theta}$은 모집단 모수에 상응하는 표본통계량을 통칭하는 기호로 쓰였다.

효율추정량(efficient estimator)이란 불편추정량들 중에서 분산 값이 가장 작은 추정량을 가리킨다. 표본통계량의 분산 값이 가장 작다는 것은 그것의 표본오차가 가장 작다는 의미이며, 표본오차가 작을수록 표본통계량의 예측정확도가 커진다는 의미이다.

일치추정량(consistent estimator)이란 이론적으로 불편추정량의 조건을 충족하는 추정량이 존재하지 않을 경우 대안이 될 만한 추정량들 중에서 표본의 크기 n이 무한히 증가함에 따라 $\hat{\theta}$이 θ에 일치하게 되는 추정량을 가리킨다.

추리통계에서 보편적으로 사용하고 있는 표본통계량들은 위 기준들에 비춰봤을 때 다른 유사한 추정량보다 더 좋은 추정량이라 할 수 있는 것들이다.

2. 구간추정 (Interval Estimation)

모집단 모수에 대한 구간추정(interval estimation)은 모수의 값에 대응되는 표본통계치와 그에 딸린 표본오차 정보를 제시하는 점추정 형식과는 달리 해당 모집단 모수가 취할 수 있는 값의 범위를 아예 계산해서 제시하는 형식이다. 예를 들어, 특정 변수의 모집단 평균(μ)을 추정할 때 "일정한 신뢰수준(예, 95%)에서 모집단의 평균값은 하한값 a와 상한값 b 사이의 어떤 값일 것이다(즉, $a \leq \mu \leq b$)." 라는 식으로 모집단 모수가 취할 수 있는 값의 범위—이를 신뢰구간(confidence interval)이라 함—를 계산하여 제시하는 형식이다.

그렇다면, 모집단 모수의 신뢰구간은 어떻게 구할 수 있는가? 변수 x의 모집단 평균이 μ이고 표준편차가 σ인 경우, 그 모집단에서 무작위로 하나의 표본을 추출하여 계산한 표본평균 $\bar{x}$는 하나의 확률변수로서 이론적으로 그것의 기대값은 모집단 평균(μ)과 같고, 표본오차는 아래 (식 3.4.5)와 같다. 그리고 표본평균 $\bar{x}$를 표준화한 또 하나의 확률변수 Z는 기대값이 0이고 표본오차가 1인, 즉 $Z \sim N(0,1)$인 표준정규분포를 따른다. 한편, 연구자가 표본에서 얻은 하나의 표본평균값은 표본분포를 구성하고 있는 무수히 많은 표본평균값들 중에서 무작위로 뽑힌 하나의 값이라 볼 수 있고, 그 값을 표준화한 것 역시 표준정규분포를 구성하고 있는 무수히 많은 값들 중에서 무작위로 뽑힌 하나의 값이라 볼 수 있다.

$$s_{\bar{x}} = \frac{\sigma}{\sqrt{n}} \qquad \text{(식 3.4.5)}$$

그림 3.4.1 **표본평균을 표준화한 Z의 경계값** (신뢰수준: 95%)

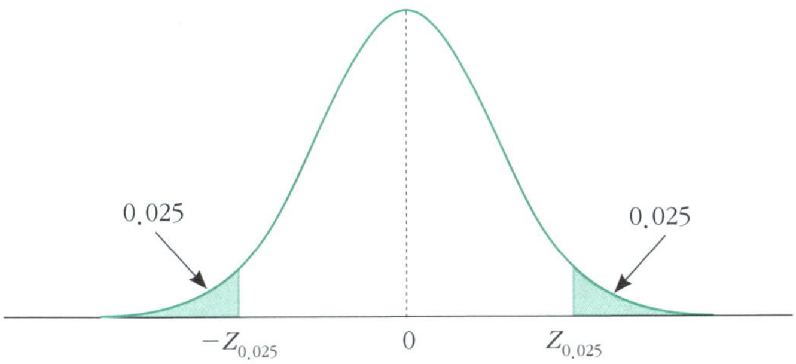

이제, 모집단 평균의 95% 신뢰구간을 구하기 위해 다음 질문을 던져보자. "연구자가 하나의 표본에서 얻은 표본평균값 $\bar{x}$가 모집단 평균 μ를 중심값으로 한 표본분포로부터 뽑혀 나왔을 확률이 95% 정도 되려면 $\bar{x}$가 얼마만한 크기의 값이어야 할까?"

위 질문에 대한 답은 표본평균 $\bar{x}$를 표준화한 Z를 기준으로 볼 때 〈그림 3.4.1〉의 표준정규분포상에서 Z가 가운데 0.95 부분에 속한 값이어야 한다. 그리고 표본평균의 표본오차(SE)가 $\sigma/\sqrt{n}$인 점을 적용하여 표본평균 $\bar{x}$를 표준화한 후 위 질문에 대한 답을 확률식으로 표현하면 (식 3.4.6)과 같고, (식 3.4.6)에서 $-Z_{0.025}$와 $Z_{0.025}$의 값은 각각 -1.96과 1.96이다([부록 1] 참조).

$$P\left[-Z_{0.025} \leq \frac{\bar{x}-\mu}{\sigma/\sqrt{n}} \leq Z_{0.025}\right]=0.95 \qquad \text{(식 3.4.6)}$$

위 식을 통해 최종적으로 구하고자 하는 바는 모집단 평균 μ의 95% 신뢰구간이기 때문에 괄호 안의 부등식을 μ를 중심으로 재정리하면 (식 3.4.6)은 (식 3.4.8)과 같이 재정렬될 것이다.

$$P\left[-Z_{0.025}\cdot\frac{\sigma}{\sqrt{n}}\le\bar{x}-\mu\le Z_{0.025}\cdot\frac{\sigma}{\sqrt{n}}\right]=0.95 \quad \text{(식 3.4.7)}$$

$$P\left[\bar{x}-Z_{0.025}\cdot\frac{\sigma}{\sqrt{n}}\le\mu\le\bar{x}+Z_{0.025}\cdot\frac{\sigma}{\sqrt{n}}\right]=0.95 \quad \text{(식 3.4.8)}$$

(식 3.4.8)이 얘기하는 바는 모집단 평균 μ가 $\bar{x}-Z_{0.025}\cdot\sigma/\sqrt{n}$과 $\bar{x}+Z_{0.025}\cdot\sigma/\sqrt{n}$ 사이의 값일 확률이 95%라는 것이다. 따라서 모집단 평균 μ의 95% 신뢰구간은 $\bar{x}-Z_{0.025}\cdot SE\le\mu\le\bar{x}+Z_{0.025}\cdot SE$(여기에서 $SE=\sigma/\sqrt{n}$)이 된다. 그리고 95% 신뢰수준을 $100(1-\alpha)\%$로 일반화하여 μ의 신뢰구간을 표현하면 (식 3.4.9)와 같다. (식 3.4.9)에서 $Z_{\alpha/2}$는 표준정규분포의 특성을 갖는 확률분포에서 오른쪽 꼬리부분의 면적이 $\alpha/2$가 되게 하는 경계값을 나타내고, α는 이 추정의 결론이 틀리더라도 연구자가 감내하겠다고 정한 확률 값으로서 유의수준(significance level)이라 일컫는다. 한편, 유의수준의 여집합 확률이라 할 수 있는 $1-\alpha$는 추정의 결론이 옳을 것이라는 확신도, 즉, 신뢰수준(confidence level)을 나타내고, SE는 해당 표본통계량의 표본오차를 나타낸다(※ 본서에서 SE는 standard error의 약자로서 표본오차를 가리킨다. 이것은 다양한 표본통계량의 표본오차 공식이 무엇이든 그것들을 구분하지 않고 통칭해서 표기할 목적으로 본서에서만 사용하는 약칭이다).

$$\bar{x}-Z_{\alpha/2}\cdot SE\le\mu\le\bar{x}+Z_{\alpha/2}\cdot SE \quad \text{(식 3.4.9)}$$

다만, 위 표본오차(SE)의 공식 속에 들어 있는 모집단 표준편차(σ)는 그 값을 알 수 없기 때문에 표본 표준편차(s)로 대체하여 표본오차 값을 계산하게 되는데, 그로 인해 표준화된 표본평균의 표본분포는 표준정규분포가 아닌 t-분포를 따르게 되고 실제 신뢰구간은 (식 3.4.10)이 된다.

$$\bar{x}-t_{\alpha/2}\cdot SE\le\mu\le\bar{x}+t_{\alpha/2}\cdot SE \quad \text{(식 3.4.10)}$$

이론적 표본오차 공식 속에 포함된 모집단 통계량의 값을 알 수 없기 때문에 대신 그것의 불편추정치인 표본통계량을 사용해야 하는 상황은 표본통계량의 표본분포가 정규분포의 특성을 갖는 대부분의 경우(예, 표본평균, 표본비율, 표본 평균차, 표본 비율차, 표본 상관계수, 표본 회귀계수 등)에 해당되는 바, 따라서 모집단 모수의 실제 신뢰구간은 (식 3.4.11)과 같이 일반화된 식으로 정리될 수 있다.

$$\text{점추정치} - t_{\alpha/2} \cdot SE \leq \text{모수} \leq \text{점추정치} + t_{\alpha/2} \cdot SE \qquad \text{(식 3.4.11)}$$

모집단 모수의 신뢰구간

표본통계량의 표본분포가 좌우대칭의 정규분포를 따를 때(표본평균, 표본비율, 두 표본의 평균차, 두 표본의 비율차, 표본상관계수, 표본회귀계수 등의 표본분포가 여기에 해당함), 모집단 모수의 $100(1-\alpha)\%$ 신뢰구간은 아래 공식에 의해 구한다.

$$\text{점추정치} - t_{\alpha/2} \cdot SE \leq \text{모수} \leq \text{점추정치} + t_{\alpha/2} \cdot SE$$

여기에서 한두 가지 확인하고 넘어가자. 우선, 신뢰구간의 상한값과 하한값을 정하는 이 공식에서 표본통계치는 연구자가 하나의 표본을 확보하여 계산한 값으로서 연구자가 임의로 키우거나 줄일 수 없는 값이며, $t_{\alpha/2}$값도 연구자가 유의수준(α)의 값을 정하면 그에 따라 그 크기가 확정되는 값이다. 반면, 표본통계량의 표본오차(SE) 값은 보통 연구자가 임의로 키우거나 줄일 수 있는 여지가 있다. 일례로, 표본평균 $\bar{x}$의 표본오차 공식은 (식 3.4.6)과 같다. 여기에서 분모에 들어있는 n은 표본의 크기—표본에 포함된 개체의 수—로서 연구자가 표본의 크기를 늘리면 그만큼 표본오차가 작아지고, 그 결과 모집단 모수의 신뢰구간이 작아진다. 일정한 신뢰수준에서 모집단 모수의 신뢰구간이 작아진다는 것은 그만큼 예측의 정확도가 높아진다는 의미라는 점은 어렵지 않게 이해할 수 있으리라. 그래서 추정의 정확도를 높이기 위해서는 표본의 크기를 키우는 게 좋다는 결론에 이르게 된다.

한편, 구간추정을 위해서는 어느 정도의 신뢰수준에서 모집단 모수 값이 취할 수 있는 구간을 정할지 연구자가 설정해야 하는데, 실증연구에서는 90%, 95%, 99%, 혹은 99.9% 신뢰수준을 관행적으로 사용한다. 직관적으로 보더라도 90%

신뢰수준에서 구한 신뢰구간보다는 95% 신뢰수준에서 구한 신뢰구간이 더 넓은 범위의 값이 될 것이며, 99%의 신뢰수준에서 구한 신뢰구간은 그보다 더 넓은 범위의 값이 될 것이다.

이상에서는 표본통계량의 표본분포가 좌우대칭인 정규분포인 경우에 국한하여 구간추정치를 구하는 방법을 설명했다. 그렇다면 표본통계량의 표본분포가 좌우대칭이 아닌 χ^2-분포나 F-분포일 경우 모집단 모수의 구간추정치, 즉 신뢰구간을 어떻게 구할 수 있을까? 이런 경우에 해당하는 대표적인 경우가 모집단 분산(σ^2)의 구간추정치를 구하는 경우와 두 모집단 분산비(σ_1^2/σ_2^2)를 구하는 경우인데, 이에 대해서는 제8장에서 상세하게 설명할 것이다.

점추정치$\pm t_{\alpha/2} \cdot SE$가 모집단 모수의 신뢰구간 상·하 경계값이 되는 직관적 이유:

(* 유의사항: 앞에서 설명한 신뢰구간 공식만 잘 활용해도 문제될 것은 전혀 없으나, 아래 설명을 이해하면 구간추정의 핵심원리뿐 아니라, 가설검증의 핵심원리도 상당부분 이해할 수 있으니 주의를 집중해서 이해해보기 바란다.)

신뢰수준 95%—이는 곧 유의수준 $\alpha=0.05$에 해당함—에서 모집단 평균이 취할 수 있는 신뢰구간을 구하는 경우를 상정해보자. 〈그림 3.4.2〉에서 표본평균($\bar{x}$)은 모집단평균(μ)을 추정하기 위해 하나의 표본에서 얻은 점추정치이다.

그림 3.4.2 95% 신뢰수준에서 표본평균과 가상의 두 모집단 평균(μ) 및 표본분포

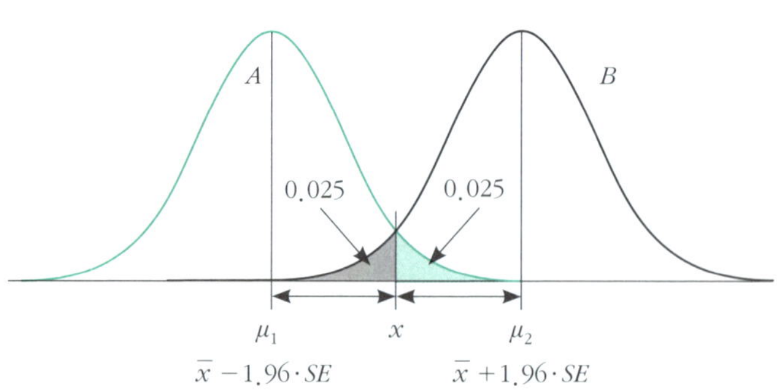

여기서 우리는 표본분포의 중앙값인 모집단 평균(μ)이 표본평균($\bar{x}$)으로부터 양쪽으로 '$1.96 \cdot SE$'만큼 떨어져 있는 두 개의 표본분포를 생각해볼 수 있다. 즉, 하나는 $\bar{x}$로부터 '$-1.96 \cdot SE$'만큼 떨어져 있는 표본분포 A와 다른 하나는 $\bar{x}$로부터 '$+1.96 \cdot SE$'만큼 떨어져 있는 표본분포 B가 그것들이다. 좌우대칭인 표본분포의 경우 항상 중앙은 해당 확률변수의 기대값인 모집단 모수가 위치하기 때문에 표본분포 A의 중앙값을 하나의 모집단 평균 μ_1, 표본분포 B의 중앙값을 또 하나의 모집단 평균 μ_2라 하자.

이제 각도를 달리하여 표본분포 A와 B를 기준으로 볼 때 표본평균 $\bar{x}$값은 어떤 값일까? 우선, 표본평균 $\bar{x}$는 표본분포 A의 중앙값(μ_1)으로부터 $+1.96 \cdot SE$만큼 떨어져 있는 값으로서 표본분포 A상에서 그 값보다 크거나 같은 값이 나올 확률이 0.025에 해당하는 경계값에 해당한다. 정규분포에서 오른쪽 꼬리부분의 면적이 0.025가 되게 하는 경계값이 중앙값으로부터 표본오차(SE) 단위로 1.96만큼 떨어져 있는 값이기 때문이다. 같은 논리로 표본평균 $\bar{x}$는 표본분포 B의 중앙값 μ_2로부터 $-1.96 \cdot SE$만큼 떨어져 있는 값으로서 표본분포 B에서 그 값보다 작거나 같은 값이 나올 확률이 0.025에 해당하는 경계값에 해당한다.

그렇다면, 만약 표본분포 A의 중앙값 μ_1이 앞의 〈그림 3.4.2〉에 나타나 있는 것보다 왼쪽에 해당하는 값, 즉 더 작은 값을 가질 경우 어떻게 될까? 그럴 경우 표본분포 A는 현재의 중앙값 μ_1이 왼쪽으로 이동하는 데 따라 확률분포 전체가 그만큼 이동할 것이고 결과적으로 오른쪽 꼬리부분의 면적이 0.025가 되게 하는 경계값도 현재의 위치보다 더 왼쪽으로 이동할 것이다(물론 $\bar{x}$는 현재의 위치에 그대로 머물러 있음). 그 결과 연구자의 손에 들려 있는 표본평균 $\bar{x}$는 새롭게 이동한 표본분포상에서 오른쪽 꼬리부분의 면적이 0.025가 되게 하는 경계값보다 더 큰 값이 될 것이다. 이러한 변화를 개념적으로는 보면 새로운 표본평균의 표본분포 A에서 무작위로 하나를 뽑았을 때 그것이 현재 연구자의 손에 들려 있는 표본평균값 $\bar{x}$와 같거나 더 클 확률은 0.025보다 더 작아진다는 의미이다. 따라서 표본분포 A의 중앙값이 μ_1보다 왼쪽에 속한 값일 수 있는 가능성은 연구자가 받아들일 수 없으며, 그래서 현재의 μ_1이 연구자가 받아들일 수 있는 하한 경계값이 된다.

이번에는 만약 표본분포 B의 중앙값 μ_2가 현재의 μ_2보다 오른쪽에 속한 값, 즉 더 큰 값을 가질 경우 어떻게 될까? 그럴 경우 똑같은 논리로 표본분포 B는 현재의 중앙값 μ_2가 오른쪽으로 이동하는 데 따라 확률분포 진체가 그만큼 오른쪽으로 이동할 것이고 결과적으로 왼쪽 꼬리부분의 면적이 0.025가 되게 하는 경계값도 현재의 위치보다 더 오른쪽으로 이동할 것이다(물론 $\bar{x}$는 현재의 위치에 그대로 있음). 그 결과 연구자의 손에 들려 있는 표본평균 $\bar{x}$는 새롭게 이동한 표본분포상에서 왼쪽 꼬리부분의 면적이 0.025가 되게 하는 경계값보다 더 작은 값이 될 것이다. 이는 오른쪽으로 이동한 표본분포 B가 옳다고 가정할 경우 현재 연구자의 손에 들려 있는 표본평균 $\bar{x}$가 그 표본분포상에 있는 수많은 값들 중에서 무작위로 뽑혀나온 하나의 값이라 하기에는 너무나 가능성이 희박한, 즉 그 값이 나올 확률이 0.025보다 더 작은 것이기에 받아들일 수 없다는 의미이다. 따라서 현재의 μ_2가 연구자가 받아들일 수 있는 상한 경계값이 된다. 그러니 연구자는 95%의 신뢰수준에서 $\bar{x}$의 표본분포의 중앙값, 즉, 표본평균의 기대값이 μ_1보다 작거나 μ_2보다 크다고 볼 수 없다는 결론에 도달한다.

3. 가설검증(Hypothesis Testing)

모집단 모수를 추정하는 세 번째 형식이 가설검증인데, 가설검증은 모집단 모수에 대한 특정 연구가설을 실증적으로 검증하고자 하는 연구자들이 가장 친숙하게 사용할 줄 알아야 하는 통계적 추정형식이다. 이 형식은 연구자가 가설의 형태로 설정한 모집단 모수 관련 주장이 실증적으로 타당한지 여부를 표본데이터(sample data)를 활용하여 검증한다.

가설검증이 앞의 두 가지 추정형식—점추정과 구간추정—과 가장 크게 다른 점은 앞의 두 방식이 모집단 모수에 대한 추정치(점추정치 혹은 구간추정치)를 구하는 데 반해, 가설검증은 연구자가 모집단 모수에 대해 갖고 있는 어떤 주장이 통계적으로 옳다고 할 수 있는지 여부를 검증한다.

요컨대, 점추정과 구간추정의 경우에는 모집단 모수에 대해 연구자가 일정한 주장을 가지고 있지 않지만, 가설검증에서는 모집단 모수에 대한 연구자 나름의 주장이 전제되어 있다는 점이 다르다. 예를 들어 아래 가설을 생각해보자.

가설: 지능은 학업성취도와 유의한 수준의 관계를 가질 것이다.

위 가설에서 연구자는 “지능과 학업성취도 간 상관계수가 0이 아닐 것이다(즉, $\rho_{xy} \neq 0$)”라는 주장을 하고 있다. 이 주장이 타당한 주장인지 여부를 표본데이터를 활용하여 검증하는 것이 바로 가설검증이다. 가설검증의 기본원리와 절차는 이어지는 제4장에서 상세하게 다룬다.

연습문제

1. 확률변수 X는 정규분포 $X \sim N(20, 4)$를 따른다(평균=20, 분산=4). X의 값이 아래와 같을 때 각각을 표준확률변수 Z의 값으로 전환하여라.

   1) $X=24$　　2) $X=22$　　3) $X=20$　　4) $X=18$

   5) $X=16$

2. 확률변수 X는 정규분포 $X \sim N(10, 4)$를 따른다(평균=10, 분산=4). 표준확률변수 Z의 값으로 전환한 값이 각각 아래와 같을 때 확률변수 X의 값을 구하라.

   1) $Z=3$　　2) $Z=2$　　3) $Z=1$　　4) $Z=0$

   5) $Z=-1$　　6) $Z=-2$　　7) $Z=-3$

3. 한 고등학생의 과목 성적이 아래와 같다. 모든 과목의 점수는 정규분포를 따르고, 각 과목별 평균과 표준편차는 과목명 옆 괄호 안에 순서대로 주어져 있다. 위 학생이 상대적으로 가장 잘한 과목부터 순서대로 배열하라.

   국어(80, 3)−83점,　　수학(70, 5)−82점,

   과학(85, 4)−87점,　　사회(90, 2)−90점

4. t-분포표를 활용하여 확률변수 t가 각각의 조건을 만족할 확률을 구하라. (단, 자유도는 20이다.)

   1) $P(t \geq 1.325)$　　2) $P(t \leq 1.725)$

   3) $P(t \leq -1.325)$　　4) $P(-1.725 \leq t \leq 1.725)$

   5) $P(1.325 \leq t \leq 1.725)$

   참고

   위 확률은 Excel의 TDIST 함수 기능을 활용하여 구할 수도 있다.

   예 $P(t \geq 1.325)$=TDIST(1.325, 20, 1)

   $P(t \leq 1.725)$=1−TDIST(1.725, 20, 1)

5. t-분포표를 활용하여 아래 각각의 조건을 충족하는 확률변수 t의 값, 즉, a를 구하라. (단, 자유도는 30이다.)

1) $P(t \geq a)=0.10$
2) $P(t \leq a)=0.10$
3) $P(t \geq a)=0.05$
4) $P(t \leq a)=0.05$
5) $P(t \geq a)=0.025$
6) $P(t \leq a)=0.025$
7) $P(t \geq a)=0.01$
8) $P(t \leq a)=0.01$

참고

위 확률변수 t의 값은 Excel의 TINV 함수 기능을 활용하여 구할 수도 있다.

예 $P(t \leq a)=0.025$를 만족하는 $a=$TINV(0.05,30)

6. χ^2-분포표를 활용하여 확률변수 χ^2이 각각의 조건을 만족할 확률을 구하라. (단, 자유도는 50이다.)

1) $P(\chi^2 \geq 63.17)$
2) $P(\chi^2 \leq 67.50)$
3) $P(\chi^2 \leq 29.71)$
4) $P(34.76 \leq \chi^2 \leq 67.50)$
5) $P(32.36 \leq \chi^2 \leq 71.42)$
6) $P(63.17 \leq \chi^2 \leq 76.15)$

참고

위 확률은 Excel의 CHIDIST 함수 기능을 통해 구할 수도 있다.

예 $P(\chi^2 \geq 63.17)=$CHIDIST(63.17,50)

$P(\chi^2 \leq 67.50)=1-$CHIDIST(67.50,50)

7. χ^2-분포표를 활용하여 아래 각각의 조건을 충족하는 확률변수 χ^2의 값, 즉, a를 구하라. (단, 자유도는 70이다.)

1) $P(\chi^2 \geq a)=0.10$
2) $P(\chi^2 \leq a)=0.10$
3) $P(\chi^2 \geq a)-0.05$
4) $P(\chi^2 \leq a)-0.05$
5) $P(\chi^2 \geq a)=0.025$
6) $P(\chi^2 \leq a)=0.025$
7) $P(\chi^2 \geq a)=0.01$ 8) $P(\chi^2 \leq a)=0.01$

참고

위 확률변수 χ^2의 값은 Excel의 CHIINV 함수 기능을 활용하여 구할 수도 있다.

예 $P(\chi^2 \geq a)=0.05$를 만족하는 a=CHIINV(0.05,70)

$P(\chi^2 \leq a)=0.05$를 만족하는 a=CHIINV(0.95,70)

8. F-분포표를 활용하여 확률변수 F가 각각의 조건을 만족할 확률을 구하라. (단, 분자 자유도=3, 분모 자유도=60이다.)

1) $P(F \geq 3.34)$
2) $P(F \leq 4.13)$
3) $P(F \leq 2.76)$
4) $P(2.76 \leq F \leq 3.34)$
5) $P(2.76 \leq F \leq 4.13)$

참고

위 확률은 Excel의 FDIST 함수 기능을 활용하여 구할 수도 있다.

예 $P(F \geq 3.34)$=FDIST(3.34,3,60)

$P(F \leq 4.13)$=1−FDIST(4.13,3,60)

9. F-분포표를 활용하여 아래 각각의 조건을 충족하는 확률변수 F의 값, 즉, a를 구하라. (단, 분자 자유도=2, 분모 자유도=30이다.)

1) $P(F \geq a)=0.05$
2) $P(F \leq a)=0.05$
3) $P(F \geq a)=0.025$
4) $P(F \leq a)=0.025$
5) $P(F \geq a)=0.01$
6) $P(F \leq a)=0.01$

참고

위 확률변수 F의 값은 Excel의 FINV 함수 기능을 활용하여 구할 수도 있다.

예 $P(F \geq a)=0.05$를 만족하는 a=FINV(0.05,2,30)

$P(F \leq a)=0.05$를 만족하는 a=1/FINV(0.05,30,2)

제 4 장

가설검증의 원리와 절차

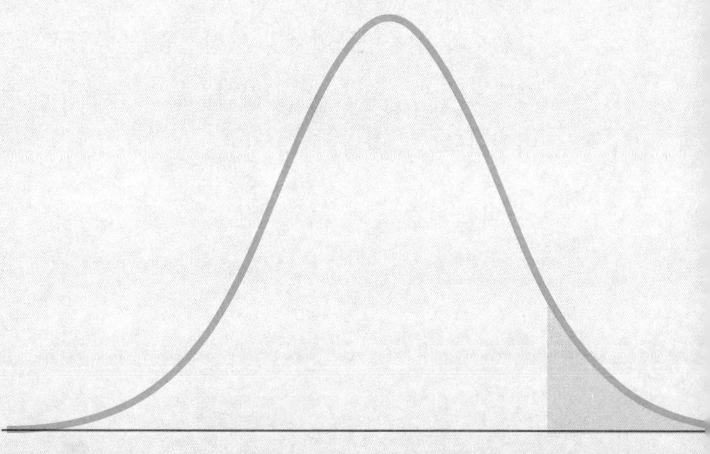

제 1 절 가설검증의 기본논법

연구자들이 특정 이론이 예측하는 바에 근거하여 설정한 가설(hypothesis)이 옳다고 할 수 있는지 여부를 가늠하기 위한 실증연구를 수행할 때 점추정이나 구간추정을 활용하는 경우는 매우 드물고, 주로 가설검증을 활용하기 때문에 실증연구 논문들의 방법론 부분을 보면 대부분 가설검증의 결과를 담고 있는 것을 보게 된다. 따라서 실증연구를 수행하려는 연구자들에게 가설검증 논리를 이해하는 것은 매우 중요하다.

가설검증을 실증연구와 연계하여 이해하려면 먼저 실증연구 논문의 전형적인 구성내용을 이해할 필요가 있는데, 실증연구 논문의 핵심구성은 크게 이론 부분과 방법론 부분으로 나뉜다. 여기에서 이론 부분은 해당 실증연구를 통해 검증하고자 하는 가설로 정리되고, 방법론 부분은 이론 부분에서 설정한 가설을 가설검증기법을 통해 받아들일 만한 가설인지 아닌지에 대해 판정하는 것으로 끝을 맺는다.

실증연구를 수행하기 위해 통계학을 배우는 독자가 여기서 반드시 확인하고 넘어가야 할 점은 가설은 연구자가 이론에 근거하여 모집단에서 성립할 것이라고 주장하는 내용이고, 그 가설이 과연 받아들일 만한 가설인지 아닌지를 판정하는 가설검증은 표본데이터를 활용하여 이루어진다는 점이다. 그리고 그러한 구조적 관계 때문에 실증연구에서의 가설검증이 본서에서 다루는 통계적 추정(statistical inference)에 해당한다. 바로 이 점이 추리통계와 실증연구를 이어주는 연결고리이며, 이것을 이해하지 못한 상태에서 통계학을 배우면 통계학에서 배운 가설검증과 실증연구에서의 가설검증을 통합적으로 이해하지 못한 채 한참 동안 헤매게 된다. 그럼, 이제 가설검증의 논리를 아래 가설 1을 검증하는 예를 통해 이해해보도록 하자.

가설 1: 지능은 학업성취도와 유의한 관계를 가질 것이다.

위 가설에서 모집단은 전체 초등학생들이고, 연구자가 관심을 가지고 있는 두 변수는 지능(편의상 X로 표기)과 학업성취도(편의상 Y로 표기)이며, 연구자가 관심을 가지고 있는 모집단 모수는 전체 초등학생들에게서 성립되는 X와 Y 사이의 상관계수(편의상 ρ_{xy}로 표기)이다.

그렇다면 위 가설에서 연구자가 실증적으로 검증하기 원하는 바는 무엇일까? 그것은 바로 지능(IQ)과 학업성취도 사이에 유의한 관계가 존재할 것이라는 본인 주장의 진위여부이다. 이것이 연구자가 나름대로의 이론적 논거에 입각하여 확신하는 것이고 실증적 검증을 통해 확인하고자 하는 바인데, 통계적 가설검증에서는 연구자가 주장하는 바를 대립가설(alternative hypothesis: H_a)로 설정한다. 따라서 가설 1에 해당하는 대립가설은 "지능(IQ)과 학업성취도 간 상관계수가 0이 아닐 것이다(즉, $\rho_{xy} \neq 0$)"가 된다. 왜냐하면 두 변수 사이에 유의한 관계가 존재한다는 것은 상관계수가 0이 아니라는 의미이기 때문이다. 그리고 이어 대립가설의 여집합을 귀무가설(null hypothesis: H_0)로 설정하게 되는데, 그것은 "지능(IQ)과 학업성취도 간 상관계수가 0일 것이다(즉, $\rho_{xy} = 0$)"가 된다. 따라서 위 예의 경우 대립가설과 귀무가설은 (식 4.1.1)과 같다.

$$\text{대립가설 } H_a\text{: } \rho_{xy} \neq 0$$
$$\text{귀무가설 } H_0\text{: } \rho_{xy} = 0 \qquad \text{(식 4.1.1)}$$

그럼 이제 가설검증의 논리로 들어가보자. 요점은 연구자가 상당한 확신을 가지고 대립가설 H_a: $\rho_{xy} \neq 0$이 옳다는 결론을 내리고자 한다는 점이다. 그렇다면 어떻게 대립가설이 옳다는 결론에 도달할 수 있을까? 결론부터 발하면, 대립가설의 여집합인 귀무가설 H_0: $\rho_{xy} = 0$을 기각할 수 있는지 여부를 점검함으로써 대립가설이 옳다는 결론에 도달하려 한다. 바로 이것이 가설검증이 활용하는 논법이다. 즉, 상당한 확신을 가지고 귀무가설이 결코 옳지 않다고 주장할 수 있다면, 연구자는 같은 정도의 확신을 가지고 대립가설이 옳다는 주장할 수 있게 된다. 반대로, 상당한 정도의 확신을 가지고 귀무가설이 옳지 않다고 주장할 수 없다면, 연구자는 그만한 확신을 가지고 대립가설이 옳다고 주장할 근거를 갖지 못하게 된다.

대립가설과 귀무가설

대립가설(alternative hypothesis)이 연구자가 모집단 속에서 성립할 것이라 확신하는 바를 표현한 주장이라면, 귀무가설(null hypothesis)은 대립가설의 여집합에 해당하는 주장으로서 가설검증을 위해 임시적으로 설정한 편의적 주장이다. 가설검증에서 연구자의 전략은 일정한 정도의 확신(이것을 신뢰수준이라 함)을 가지고 귀무가설이 사실일 가능성이 매우 희박하다는 점을 확인함으로써 같은 정도의 확신으로 대립가설이 사실일 가능성이 매우 높다는 점을 입증하는 논법을 사용하기 때문에 이를 위해 귀무가설이 필요한 것이다.

이제 가설검증의 기저에 놓여 있는 논리를 차근차근 점검해보자. 지능(IQ)과 학업성취도 간 관계에 관한 가설의 예에서 우선, 귀무가설(H_0: $\rho_{xy}=0$)이 옳다고 가정해보자. 그렇다면 이 경우 표본통계량인 표본상관계수(r_{xy})의 표본분포는 중앙값에 해당하는 기대값이 이론적으로 모집단의 상관계수(ρ_{xy})와 같고 일정한 표본오차 값을 갖는 정규분포를 따른다(※ 표본상관계수의 표본분포에 대해서는 제10장에서 상세히 다루기 때문에 여기에서는 표본상관계수의 표본분포가 정규분포의 특성을 갖는다는 점만 확인하고 넘어간다). 〈그림 4.1.1〉은 귀무가설이 옳다는 가정하에 표본상관계수의 표본분포를 나타낸다.

한편, 표본통계량의 표본분포가 정규분포를 따르더라도 귀무가설에서 설정하고 있는 모집단 모수의 값—이것이 표본분포의 중앙값이 됨—과 해당 표본통계량의 표본오차 크기에 따라 다양한 형태의 정규분포가 될 것이기 때문에 가설검증을 간편하게 하기 위해서 표본통계량을 표준화하는데, 이렇게 표준화한 표본통계량을 가리켜 검증통계량(test statistic)이라 한다. 물론 검증통계량은 다양한 정규분포를 표준화한 표준정규분포를 따르게 될 것이다. 이어 검증통계량을 표준정규분포상의 기각영역 경계값과 비교하여 귀무가설 기각여부를 결정하고, 귀무가설을 기각하게 되면 그것의 여집합인 대립가설이 옳다라는 결론에 이르게 된다.

그림 4.1.1 표본상관계수(r_{xy})의 표본분포

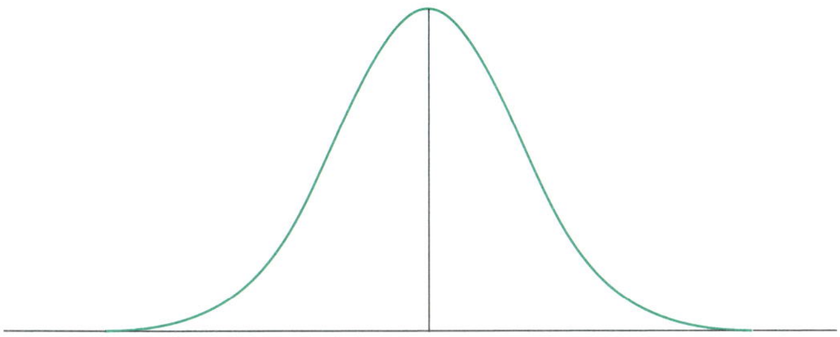

> 일반적인 표준화 공식 'Z=(관측치 − 평균)/표준편차'을 원용하면 표본통계량의 표준화 공식이 'Z=(표본통계치 − 기대값)/SE'임을 어렵지 않게 이해할 수 있을 것이다.

그런데, 대부분의 표본통계량의 표본오차를 구하는 이론적 공식 속에는 모집단의 통계량(예, 표본평균의 표본오차 공식 $\sigma/\sqrt{n}$ 속에 들어 있는 모집단 표준편차 σ)이 들어있는 바, 연구자는 이 모집단 통계량의 실제 값을 알 수 없다. 따라서 이론적 표본오차 값 대신 모집단의 통계량 자리에 그것의 불편추정치(unbiased estimate)라 할 수 있는 표본통계치를 대입하여 표본오차를 계산하게 된다(예, 표본평균의 표본오차는 $s/\sqrt{n}$을 활용하여 계산함). 문제는 이렇게 구한 표본오차 값은 이론적 표본오차 값과 정확하게 같을 수 없으며 그 안에 일정한 오차(error)가 개입된다는 점이다. 그 결과 어느 정도의 오차가 들어 있는 표본오차를 사용하여 표준화한 검증통계량 속에도 불가피하게 일정한 오차가 들어갈 수밖에 없으며, 그 오차는 표본의 크기(n)가 커질수록 작아질 것이다.

따라서 이렇게 구한 검증통계량은 표준정규분포에서 약간 벗어나게 되고, 자유도가 커짐에 따라 표준정규분포로 수렴하는 t-분포를 따르게 된다. 이러한 현상은 표본통계량이 이론적으로 정규분포를 따르는 대부분의 검증통계량에 해당하기 때문에 실제 가설검증을 할 때에는 표준정규분포를 사용하는 경우는 거의

없고, 대부분의 가설검증에서 t-분포를 사용하게 된다.

자, 이제 위 가설을 검증하고자 하는 연구자의 손에는 모집단을 대표할 수 있는 표본에서 얻은 단 한 개의 표본상관계수(r_{xy}) 값이 들려져 있다. 이 표본상관계수 값은 개념적으로 보면 〈그림 4.1.1〉의 표본분포상에 존재하는 수많은 값들 중에서 무작위로 뽑은 하나의 값이라 볼 수 있다.

> 위 표본분포에서 무작위로 뽑은 하나의 값이라는 의미는 모집단에서 무작위로 하나의 표본을 뽑아 그 표본으로부터 X와 Y의 상관계수(r_{xy})를 계산해서 얻은 값이라는 의미이다. 이 개념이 이해가 안 된다면 제3장 3절 표본통계량의 표본분포를 다시 한번 정독하기 바란다.

논리적으로 보면, 위 귀무가설이 옳을 경우 표본분포에서 무작위로 뽑은 값들은 표본분포의 중앙값(즉, 모집단 상관계수)에 근접한 값일 확률이 높고, 중앙값으로부터 멀리 떨어진 값일 확률은 점점 작아진다. 따라서 하나의 표본에서 얻은 표본상관계수 값이 귀무가설이 옳다는 전제하에 그려진 표본분포에서 모집단 상관계수 값 '0'—이 값은 귀무가설이 주장하는 값임—으로부터 좌우로 멀리 떨어진 값이 아니라면 귀무가설을 기각할 수 없을 것이다.

그러나 반대로 만약 해당 표본상관계수 값이 위 표본분포상에서 '0'과 멀리 떨어진 값이라면—즉, 확률적으로 발생할 가능성이 매우 낮은 값이라면—귀무가설을 기각할 수 있을 것이다. 왜냐하면 해당 표본상관계수 값이 귀무가설이 옳다는 가정하에 설정한 표본분포에서 무작위로 뽑아 나온 값이라고 보기에는 확률적으로 그 가능성이 매우 낮기 때문이다.

이상의 논리에 근거하여 간편하게 귀무가설의 기각여부를 검증하기 위해 표본통계량을 표준화한 검증통계량을 활용하는데, 이 검증통계량은 이미 앞에서 설명한 바대로 t-분포의 특성을 띤다. 그리고 이 때 검증통계치가 t-분포의 중심인 0으로부터 얼마나 멀리 떨어진 값일 때 귀무가설을 기각할 수 있는지 그 판단기준이 필요한데, 그 기준치를 가리켜 기각영역 경계값(critical value)이라 한다.

이 기각영역 경계값은 연구자가 손에 가지고 있는 표본통계치가 귀무가설이 옳다는 전제하에 그려진 표본분포상에서 나온 값으로 받아들일 수 없는 기준확률을 정함에 따라 결정되게 되는데, 이 때 귀무가설을 받아들일 수 없는 기준확률을 가리켜 유의수준이라 하며 α로 표시한다. 요컨대, 연구자는 귀무가설이 옳다는 가정하에 그려진 표준화된 확률분포에서 연구자가 얻은 검증통계치가 나올 수 있는 확률이 α보다 작으면, 확률이 낮은 것으로 봐서 표본에서 얻은 검증통계치가 해당 표본분포에서 나왔을 리 없다는 결론을 내리게 된다.

이것이 의미하는 바를 검증통계량의 확률분포에서 확인하면 〈그림 4.1.2〉와 같다. 본 문제처럼 H_0: $\rho_{xy}=0$로 표시되어 있는 귀무가설하에서는 검증통계치가 좌측 꼬리부분의 극단적인 값을 갖든 우측 꼬리부분의 극단적인 값을 갖든 상관없이 귀무가설을 기각할 수 있기 때문에 유의수준 α를 이등분하여 검증통계치가 $\alpha/2$로 표시된 양쪽 꼬리부분에 속한 값에 해당하면 귀무가설을 기각하게 된다. 이처럼 귀무가설 기각영역을 양쪽 꼬리부분에 설정하여 판정하는 검증을 양측검증이라 한다. 그리고 우측 꼬리부분의 면적이 $\alpha/2$가 되게 하는 우측 경계값 $t_{\alpha/2,n-2}$은 [부록 2]의 t-분포표에서 쉽게 찾을 수 있으며(* 표본상관계수를 표준화한 검증통계량은 자유도 $n-2$인 t-분포를 따름), t-분포가 0을 중심으로 좌우대칭이기 때문에 우측 경계값에 ‘ ’를 붙이면 좌측 경계값이 된다. 예를 들어, 표본의 크기가 120 이상으로 매우 커서 검증통계치의 확률분포가 표준정규분포에 준하는 t-분포일

그림 4.1.2 양측검증 시 귀무가설 기각영역 경계값

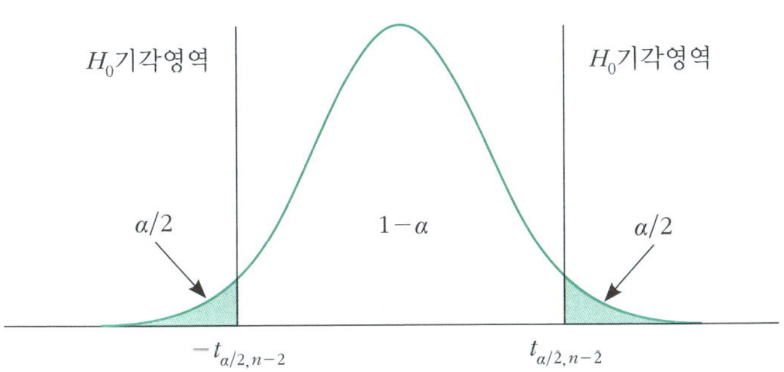

때 $\alpha=0.05$에서 $t_{\alpha/2}=1.960$이고, $\alpha=0.01$에서 $t_{\alpha/2}=2.576$이다(※ 단측검증(one-tailed test)에 대해서는 3절에서 상세히 다룬다).

가설검증 절차 요약

1. 연구자가 논리적 근거를 가지고 모집단에서 성립할 것이라고 주장하는 연구가설을 대립가설(H_a)로 설정한다.
2. 대립가설의 여집합을 귀무가설(H_0)로 설정한다.
3. 귀무가설(H_0)이 옳다고 가정하고 그에 맞는 표본통계량의 표본분포를 머리 속에 그린다. 가설검증을 간편하게 하기 위해서 표본통계량의 표본분포가 정규분포의 특성을 가질 경우 보통 표본통계량을 표준화한 검증통계량(test statistic)을 사용하는데, 현실에서 이 검증통계량의 표본분포는 표준정규분포 대신 t-분포를 따른다.
4. 검증통계량의 표본분포상에서 검증통계치가 α값에 의해 정해지는 기각영역 경계값(critical value)을 벗어나는지 여부를 판정한다.
5. 판정기준: 귀무가설이 옳다는 가정하에 그려진 표본분포상에서 검증통계치가 기각영역 경계값을 벗어날 경우 귀무가설을 기각하고 대립가설을 채택한다. 반면, 귀무가설이 옳다는 가정하에 그려진 표본분포상에서 검증통계치가 기각영역 경계값보다 안쪽에 있는 값이면 귀무가설을 기각할 수 없고, 따라서 대립가설이 옳다고 주장할 수 없다.

제 2 절 유의수준(α): 제1종 오류 허용확률

모집단에 대한 어떤 주장(즉, 대립가설)이 옳은지 여부를 판정하려고 가설검증의 논법을 따라 가설검증의 절차를 밟지만, 모집단 데이터를 가지고 있지 않는 한 모수가 정확하게 어떤 값을 갖는지 전혀 알 수 없기 때문에 표본데이터를 가지고 가설검증 절차를 통해 내린 판정이 잘못된 판정일 가능성을 100% 배제할 수는 없다. 특별히 귀무가설이 옳다는 가정하에서 연구자가 얻은 표본통계치가 나올 확률이 매우 낮다면 "표본통계치가 나올 확률이 매우 낮은 것으로 봐서 그 귀무가설이 옳을 리 없다"는 판정을 내리게 되고 귀무가설의 여집합인 대립가설이 옳다는 주장을 하게 되는데, 이러한 판정 자체가 전혀 오류가 없는 판정이라고 보기 어렵다. 왜냐하면 확률적으로 특정한 사건이 발생할 가능성이 낮다고 해도 전혀 불가능한 것은 아니듯이 귀무가설이 옳다는 가정하에서 표본통계치가 나올 확률이 α값(예, 0.05) 이하라고 해서 전혀 불가능한 것은 아니기 때문이다.

그렇다면 귀무가설이 옳다는 가정하에서 연구자가 얻은 표본통계치가 나올 확률이 어느 정도 낮아야 그 귀무가설을 기각하고 대립가설이 옳다는 주장을 할 수 있을까? 그 확률적 기준은 일반적 실증연구의 경우 통례적으로 수용되는 몇 단계가 있는데, 0.1, 0.05, 0.01, 0.001 등이 바로 그것들이다. 그리고 이렇게 설정된 확률은 귀무가설을 기각할 수 없음에도 불구하고 잘못 기각하게 되는 오류—제1종 오류(Type I error)—를 어느 수준까지 용인할 것인지, 그 정도를 나타내는 제1종 오류에 대한 허용확률로서 이것이 바로 제1절에서 소개한 유의수준(significance level)이며, α로 표시한다.

예를 들어보자. 만약 $\alpha=0.05$ 수준에서 귀무가설을 기각했다면 그것은 (1) 연구자가 표본에서 얻은 표본통계치가 귀무가설이 옳다는 가정하에서 나왔을 확률이 0.05 이하라는 의미이며, 또한 (2) 연구자가 귀무가설을 기각하고 대립가설이 옳다고 내린 판정이 확률 0.05 수준에서 잘못된 판정일 수 있음을 감수하고 내린 판정이라는 의미이다.

한편, 귀무가설(H_0)을 기각할 수 없음에도 불구하고 잘못 기각하는 오류를 일컫는 제1종 오류와는 달리 모집단의 실체적 진실에 따르면 귀무가설이 옳지 않음에도 불구하고 귀무가설을 기각하지 못하는 오류를 가리켜 제2종 오류라 하고 제2종 오류를 범할 확률을 β로 표기한다.

통계적 추정에서는 제1종 오류와 제2종 오류를 범할 가능성을 동시에 최소화하는 것이 가장 바람직하겠지만, 표본크기가 정해진 상태에서는 제1종 오류를 줄이면 제2종 오류가 커지고, 반대로 제2종 오류를 줄이면 제1종 오류가 커지는 상반관계가 존재한다. 따라서 연구자는 제1종 오류를 범하는 데 따른 손실과 제2종 오류를 범하는 데 따른 손실을 고려하여 어느 오류를 줄일 것인지 결정해야 한다. 일반적으로는 제1종 오류가 제2종 오류보다 손실이 큰 경우가 많아 제1종 오류를 통제하는 것이 일반적이다.

한편, 귀무가설이 옳지 않을 때 제대로 귀무가설을 기각할 수 있는 확률($1-\beta$)을 가리켜 통계적 검정력(statistical power)라 하는데, 연구자는 연구가설을 실증적으로 검증하기 위한 연구설계를 수립할 때 가능한 한 통계적 검정력을 크게 하는 것이 바람직하다. 통계적 검정력이 낮은 조건에서 연구가설을 검증하게 되면 실제로는 모집단 모수가 연구가설에 부합한 크기로 존재함에도 불구하고 통계적으로는 연구가설을 지지하는 결과를 얻기 어렵다. 연구자가 제1종 오류 허용확률을 일정한 α 수준에서 통제하면서 동시에 통계적 검정력을 높일 수 있는 현실적 방법은 표본크기를 키우는 것이다. [표 4.2.1]은 제1종 오류와 제2종 오류, 그리고 통계적 검정력을 보여준다.

[표 4.2.1] 가설검증 시 범할 수 있는 오류

통계적 결론 \ 실체적 진실	H_0가 옳음	H_0가 틀림
H_0을 기각하지 못함	옳은 결정 확률: $1-\alpha$	제2종 오류 확률: β
H_0기각(즉, H_a 채택)	제1종 오류 확률: α	옳은 결정 확률: $1-\beta$

제 3 절 양측검증과 단측검증

양측검증과 단측검증이 어떻게 다른지 알아보기 위해 제1절에서 예로 든 가설 1을 아래 가설 2와 같이 약간 변형해보자.

가설 2: 지능은 학업성취도와 유의한 수준의 양(+)의 관계를 가질 것이다
(즉 지능이 높을수록 학업성취도도 높을 것이다).

위 가설에서 연구자가 관심을 가지고 있는 두 변수는 지능(편의상 X로 표기)과 학업성취도(편의상 Y로 표기)이며, 연구자가 관심을 가지고 있는 모집단 모수는 전체 초등학생들에게 있어서 X와 Y 사이의 상관계수(ρ_{xy})이다.

다만, 위 가설 2가 앞의 가설 1과 다른 점은 가설 1에서는 X와 Y 사이의 상관계수가 음(−)인지 양(+)인지 그 방향을 정하지 않았지만, 가설 2에서는 X와 Y 사이에 양(+)의 상관계수가 있을 것이라 주장하고 있다. 따라서 연구자가 주장하는 바를 반영하는 대립가설과 그것의 여집합인 귀무가설은 각각 (식 4.3.1)과 같다. 이 때 등호는 항상 귀무가설 속에 포함되도록 설정한다.

대립가설 H_a: $\rho_{xy} > 0$
귀무가설 H_0: $\rho_{xy} \leq 0$ (식 4.3.1)

여기에서 확인할 점은 (식 4.3.1)에서 대립가설과 귀무가설이 등호가 아닌 부등호로 표시되었다는 점이다. 가설검증에서 (식 4.1.1)처럼 귀무가설과 대립가설이 등호만으로 표시된 가설 1은 양측검증(two-tailed test)의 대상이고, (식 4.3.1)처럼 귀무가설과 대립가설이 부등호로 표시되는 가설 2는 단측검증(one-tailed test)의 대상이다. 가설 2가 왜 단측검증에 해당하는지 보자.

우선, 위 가설을 검증하기 위해 (식 4.3.2)와 같이 귀무가설의 경계값—귀무가설에서 등호로 표시된 부분—으로 표시된 임시 귀무가설이 옳다고 가정해보자.

부등호로 표시된 귀무가설은 그 조건을 충족하는 모수(ρ_{xy})의 값이 무수히 많기 때문에 일단 경계값 하나로 표현하지 않고서는 귀무가설을 기각할 수 있을지 없을지 판정조차 할 수 없다. 따라서 모집단 모수에 대한 임시 귀무가설을 기각하면 나머지 원 귀무가설도 자동 기각되게 하는 모수 값 하나를 잠정적으로 잡아야 하는데, (식 4.3.2)에 나타나 있는 것처럼 (식 4.3.1)의 귀무가설에서 등호로 표시된 경계값이 바로 그러한 값인 것이다.

임시 귀무가설 H_0: $\rho_{xy}=0$ (식 4.3.2)

가설 1을 검증할 때 확인한 바와 같이 모집단 상관계수(ρ_{xy})의 표본통계량인 표본상관계수(r_{xy})의 표본분포는 기대값이 모집단 상관계수(ρ_{xy})이고 일정한 표본오차 값을 갖는 정규분포를 따르게 되는 바, (식 4.3.2)로 표현된 귀무가설이 옳다고 가정하면 표본상관계수의 표본분포는 〈그림 4.3.1〉과 같다.

자, 이제 위 가설 2를 검증하려는 연구자의 손에는 모집단을 대표할 만한 무작위 표본에서 얻은 하나의 표본상관계수(r_{xy}) 값이 들려 있다. 이 표본상관계수 값은 개념적으로 보면 〈그림 4.3.1〉의 표본분포상에 있는 무수히 많은 표본상관계수 값들 중에서 무작위로 뽑은 하나의 값에 해당한다고 볼 수 있다.

그림 4.3.1 귀무가설 H_0: $\rho_{xy}=0$하에서 표본상관계수(r_{xy})의 표본분포

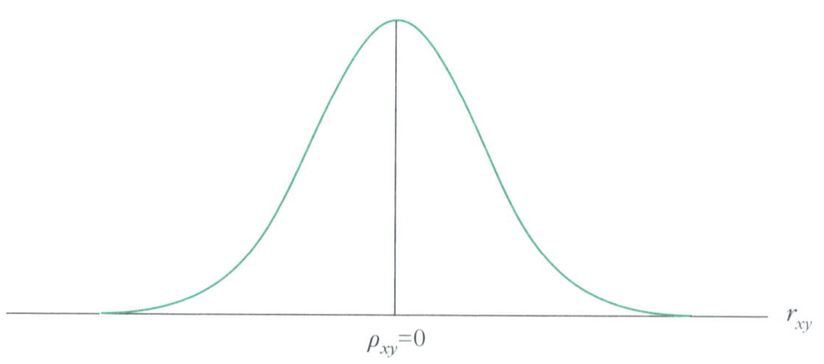

이렇게 하나의 표본에서 얻은 표본상관계수 값이 표본분포상에서 임시 귀무가설이 가정한 모집단 상관계수 값 0으로부터 멀리 떨어진 값이 아니라면 귀무가설이 옳다는 가정을 기각할 수 없을 것이다. 반대로 만약 표본상관계수 값이 표본분포상에서 0과 멀리 떨어진 값이라면(즉, 확률적으로 그러한 값이 나올 가능성이 매우 낮은 값이라면) 임시 귀무가설이 옳다는 가정을 기각할 수 있을 것이다. 왜냐하면 해당 표본상관계수가 임시 귀무가설이 옳다는 가정하에 설정한 표본분포에서 무작위로 뽑아 나온 값이라고 보기에는 확률적으로 그 가능성이 너무 낮기 때문이다.

임시 귀무가설이 옳다는 가정하에 설정된 표본분포에서 표본통계치가 나올 확률이 기준확률인 유의수준(α)보다 작은지 아니면 큰지를 판정해보자. 가설 2는 모수인 모집단 상관계수가 0보다 큰 정(+)의 상관계수 값을 갖는지 여부를 검증하는 단측검증(one-tailed test)이기 때문에 유의수준 α에서 임시 귀무가설을 기각할지 여부를 결정할 때 표본통계량의 표본분포가 좌우대칭형의 확률분포라 하더라도 표본통계치가 양쪽 꼬리부분의 기각영역 경계값을 넘는지 여부를 가지고 판정하지 않고, 대신 대립가설이 지정하는 우측 꼬리부분의 기각영역 경계값을 넘는지 여부를 가지고 판정해야 한다. 이는 기각영역 경계값을 정하여 판정할 때 α를 이등분하여 양쪽에 배분하지 않고 표본분포의 한쪽 꼬리부분 면적이 α가 되

그림 4.3.2 표본분포와 우측검증 시 기각영역 경계값 ($\alpha = 0.05$)

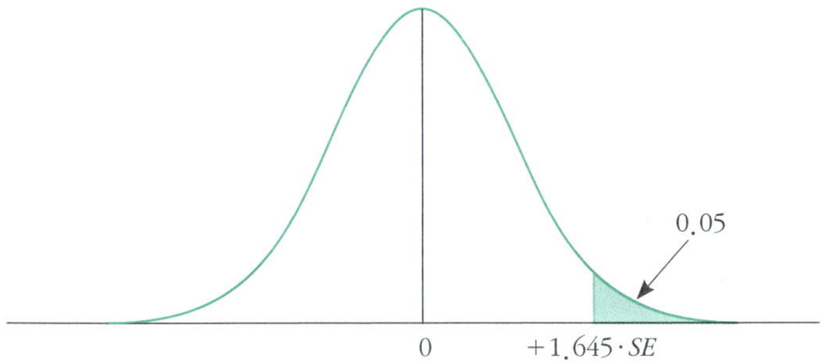

그림 4.3.3 검증통계량의 확률분포와 우측검증 시 기각영역 경계값 ($\alpha=0.05$)

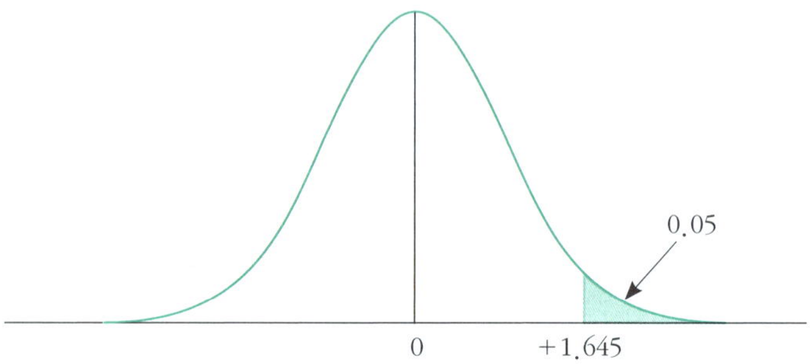

게 하는 기각영역 경계값을 기준으로 판정해야 한다는 의미이다. 그 값은 자유도가 120 이상일 경우 $\alpha=0.05$ 수준에서는 〈그림 4.3.2〉에서 보는 바와 같이 표본분포의 중간으로부터 1.645단위 표본오차(*SE*)만큼의 거리에 해당한다.

한편, 가설검증을 간편하게 하기 위해 표본통계량을 표준화한 검증통계량의 확률분포상에서는 〈그림 4.3.3〉에서 보는 바와 같이 검증통계량 t의 값이 기각영역 경계값 1.645와 같거나 그보다 크면 (식 4.3.2)로 표시된 귀무가설을 기각하게 된다.

(식 4.3.2)로 표시된 임시 귀무가설의 기각여부를 결정하더라도 가설 2에 대한 검증이 완료되려면 한 단계 더 나아가 (식 4.3.1)에서 설정한 원 귀무가설의 기각여부를 확정해야 한다. 즉, 임시 귀무가설 H_0: $\rho_{xy}=0$이 기각되었다 해도 나머지 귀무가설 H_0: $\rho_{xy}<0$ 의 기각여부가 확정되어야 하기 때문이다.

한편, 위 예에서 임시 귀무가설 H_0: $\rho_{xy}=0$이 기각될 경우 나머지 귀무가설 H_0: $\rho_{xy}<0$도 당연히 기각된다는 사실은 어렵지 않게 이해할 수 있다. 우선, $\rho_{xy}<0$을 만족시키는 또 하나의 임시 귀무가설(예, H_0: $\rho_{xy}=-0.04$)이 옳다고 가정해보자. 그러면 새로운 임시 귀무가설이 옳다는 가정하에 그려진 표본분포는 〈그림 4.3.4〉에서 점선으로 그려진 확률분포가 될 것이며, 동일한 유의수준(α)에서 기각영역 경계값은 실선으로 그려진 표본분포상에서의 기각영역 경계값보다

그림 4.3.4 $\rho_{xy}=0$일 때의 표본분포(실선)와 $\rho_{xy}<0$일 때의 표본분포(점선)

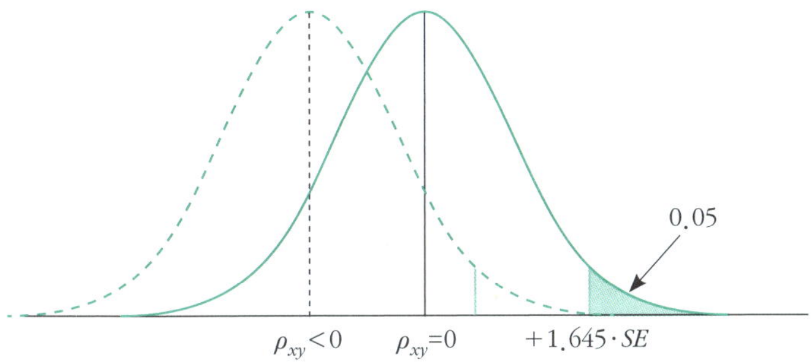

왼쪽에 자리잡게 될 것이다.

그럼 이제 검증통계치가 임시 귀무가설 H_0: $\rho_{xy}=0$을 가정한 표본분포(실선으로 표시된 표본분포)에서 $\alpha=0.05$ 수준의 우측 경계값 $1.645 \cdot SE$보다 같거나 큰 값을 가졌다고 생각해보자. 그럴 경우 그 검증통계치는 H_0: $\rho_{xy}<0$을 만족시키는 또 다른 임시 귀무가설(예, H_0: $\rho_{xy}=-0.04$)이 옳다는 가정하에 그려진 표본분포(점선으로 표시된 표본분포) 상에서는 $\alpha=0.05$ 수준의 우측 경계값보다 훨씬 더 오른쪽에 자리잡게 될 것이며, 그 결과 해당 귀무가설은 당연히 기각된다. 따라서 임시 귀무가설 H_0: $\rho_{xy}=0$이 기각되면 H_0: $\rho_{xy}<0$을 충족하는 나머지 귀무가설들도 당연히 기각된다.

요컨대, 양측검증과 단측검증이 분석상 실질적으로 차이가 나는 것은 기각영역 경계값을 정할 때 α를 이등분하여 양쪽 꼬리부분으로 나누느냐 그렇지 않느냐의 차이라고 볼 수 있다. 양측검증에서는 α를 이등분하여 표본분포 양쪽 꼬리부분의 면적이 $\alpha/2$가 되게 하는 기각영역 경계값을 설정하고, 검증통계치가 양쪽 기각영역 경계값 어느 하나라도 넘어서는지 여부를 가지고 귀무가설 기각여부를 결정한다. 그러나 단측검증에서는 α를 이등분하지 않고 대신 대립가설이 정한 부등호의 방향을 고려한 표본분포 한쪽 꼬리부분의 면적이 α가 되게 하는 기각영역 경계값을 설정한다. 즉, 양측검증에서는 기각영역 경계값이 $-t_{\alpha/2,df}$와

$t_{\alpha/2,df}$이지만, 단측검증에서는 기각영역 경계값이 대립가설 부등호의 방향에 따라 $-t_{\alpha,df}$이거나 $t_{\alpha,df}$가 된다.

제 4 절 귀무가설 기각여부 판정법

1. 기각영역 경계값을 활용한 판정법

귀무가설이 옳다는 가정하에 설정된 표본통계량의 표본분포상에서 연구자의 손에 들려 있는 표본통계치나 그보다 더 극단적인 값이 우연히 뽑혀나올 확률이 유의수준(α)보다 작은지 아니면 큰지를 판정하는 방법에는 두 가지가 있다. 그 첫 번째 방법이 표본분포의 기각영역 경계값을 활용하는 방법이다. 이미 앞에서 살펴본 바와 같이 귀무가설의 기각여부를 결정하기 위해 표본분포의 기각영역 경계값을 사용하는 접근법으로서 귀무가설이 옳다고 가정한 t-분포에서 검증통계치가 기각영역 경계값을 넘어서면 귀무가설을 기각함으로써 대립가설을 채택하게 되고, 검증통계치가 기각영역 경계값을 넘어서지 못하면 귀무가설을 기각하지 않는 방식이다.

경계값을 이용한 귀무가설 기각여부 결정원칙

검증통계치가 t-분포에서 기각영역 경계값보다 더 멀리 떨어진 값이면 귀무가설을 기각하고 대립가설을 채택한다.

2. 유의확률(p-값)을 활용한 판정법

귀무가설을 기각할지 여부를 판정하는 또 하나의 방법은 유의확률(p-값)을 활용하는 방법으로서 가장 편리하게 사용되는 판정법이다. 여기에서 유의확률(p-값)이란 귀무가설이 옳다는 가정하에 설정된 표본분포에서 연구자가 표본에서 얻은 표본통계치보다 같거나 더 극단적인 값이 나올 확률을 가리킨다.

이 유의확률은 가설검증이 양측검증(two-tailed test)인지 단측검증(one-tailed test)인지에 따라 그에 맞는 유의확률을 계산해서 사용해야 한다. 우선, 검증통계량의 확률분포가 t-분포이면서 가설이 양측검증을 요구하는 경우 유의확률은 연구자가 표본에서 얻은 검증통계치의 ±값보다 양쪽 꼬리부분으로 더 극단적인 값이 나올 확률, 즉, "$P(t \leq -$검증통계치$) + P(t \geq$ 검증통계치$)$"이다. 이것은 〈그림 4.4.1〉에서 양쪽 꼬리의 짙은 색으로 칠해진 부분을 합한 면적을 나타낸다. 즉, t-분포상에서 연구자가 표본에서 얻은 검증통계치—표본통계치를 표준화한 값—보다 같거나 큰 값이 나올 확률에 2배를 곱한 값이 곧 양측검증에 부합한 유의확률(p-값)이 된다.

반면, 단측검증의 경우에는 귀무가설의 기각영역이 표본분포의 한쪽에 있기 때문에 〈그림 4.4.2〉의 색칠된 영역이 보여주듯이 표준화된 표본분포상에서 연

그림 4.4.1 표준화된 표본분포상에서의 검증통계치와 p-값 (양측검증 기준)

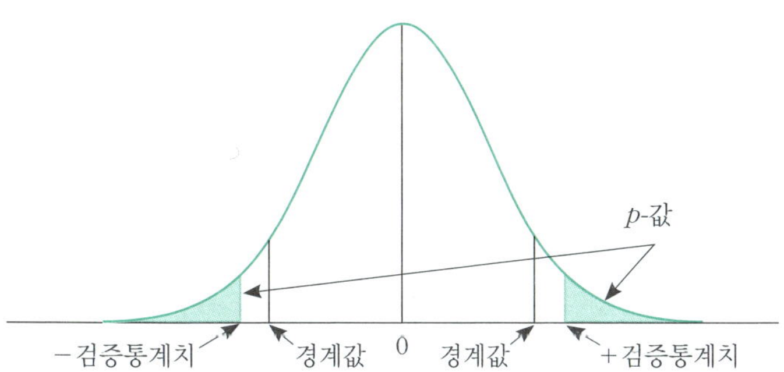

그림 4.4.2 표준화된 표본분포상에서의 p-값 (우측검정 기준)

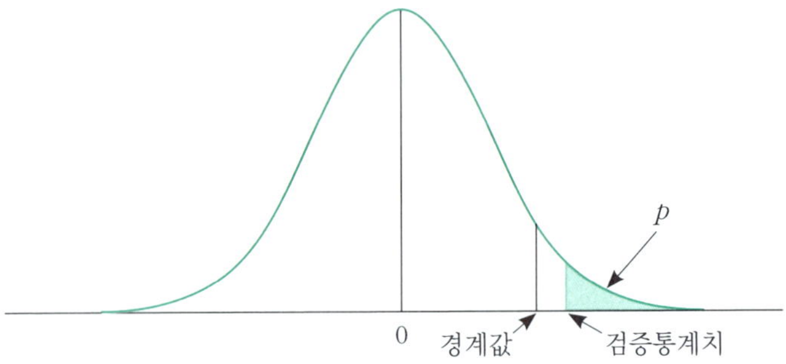

구자가 표본에서 얻은 검증통계치보다 해당되는 방향에서 더 극단적인 값을 가질 확률이 곧 가설검증 목적에 부합한 유의확률이 된다. 즉, 우측검증의 경우 p-값$=P(t \geq$ 검증통계치$)$이고, 좌측검증의 경우 p-값$=P(t \leq$ 검증통계치$)$가 된다.

다만, t-검증처럼 좌우대칭인 확률분포에서 유의확률을 계산할 때 주의해야 할 사항은 일반적으로 통계패키지(예, SPSS)가 분석결과를 제공할 때 양측검증을 전제하여 계산한 값을 제공하는 경우가 많다는 점이다. 그럴 경우 단측검증을 시행할 때에는 통계패키지가 제공해준 유의확률 p-값을 그대로 사용하지 말고, 그것을 1/2로 나눈 값을 귀무가설 기각여부를 판정하기 위한 유의확률로 사용해야 한다.

이상으로부터 확인할 수 있는 바는 표준화된 확률분포에서 검증통계치가 기각영역 경계값과 같으면 유의확률 p-값은 유의수준 α와 같을 것이며, 검증통계치가 기각영역 경계값보다 바깥쪽 값을 가지면 p-값이 α보다 작을 것이다(〈그림 4.4.1〉과 〈그림 4.4.2〉 참조). 따라서 p-값이 α보다 큰 값이면 귀무가설을 기각할 수 없고, 같거나 작은 값이면 귀무가설을 기각할 수 있다. 실제 각종 추리통계의 가설검증에서 귀무가설을 기각할지 여부를 판정하는 데 가장 빈번하게 사용하는 방법은 바로 이 유의확률을 이용하는 방법이다.

유의확률(p-값)을 이용한 귀무가설 기각여부 결정원칙

유의확률(p-값)이 유의수준(α)보다 작거나 같으면, 귀무가설을 기각하고 대립가설을 채택한다.

연습문제

1. 가설검증을 실행하는 단계를 적어보라.

2. 아래와 같은 다양한 유의수준 α에 상응하는 신뢰수준(confidence level)을 적고, 해당 유의수준에서 귀무가설을 기각할 수 있는 유의확률 p-값의 범위를 적어라. 아울러 t-분포, χ^2-검증, F-검증상에서의 가설검증 유형별 기각영역 경계값을 채워 넣어라.

		유의수준 α			
		0.10	0.05	0.01	0.001
신뢰수준					
p-값 범위					
t-검증 (자유도: 30)	양측검증 경계값				
	우측검증 경계값				
χ^2-검증 (자유도: 80)	양측검증 경계값				
	우측검증 경계값				
F-검증 (분자 df: 3, 분모 df: 120)	양측검증 경계값				
	단측검증 경계값				

* Excel의 TINV 함수 활용법: $t_{\alpha,n-1}=TINV(2\alpha,n-1)$
CHIINV 함수 활용법: ${\chi^2}_{\alpha,n-1}=CHIINV(\alpha,n-1)$
FINV 함수 활용법: $F_{\alpha,n_1-1,n_2-1}=FINV(\alpha,n_1-1,n_2-1)$

3. t-검증, χ^2-검증, F-검증에서 검증통계치가 다음과 같이 주어질 때 양측검증과 단측검증 각각에 해당하는 유의확률 p-값을 구하되, Excel의 TDIST, CHIDIST, FDIST 함수 기능을 활용하여 구해보라. 아울러 p-값에 근거하여 $\alpha=0.05$ 수준에서 귀무가설(H_0) 기각여부를 판정하라.

	검증통계치	양측검증	H_0 기각여부	단측검증	H_0 기각여부
t-검증 (자유도: 30)	1.50				
	1.90				
	2.40				
χ^2-검증 (자유도: 80)	85.0				
	103.0				
	110.0				
F-검증 (분자df: 3, 분모df: 120)	2.50				
	3.00				
	4.00				

* Excel의 TDIST 함수 활용법: $P(t_{30} \geq 1.50)$ = TDIST(1.50,30,1) 단측

$P(t_{30} \geq 1.50)$ = TDIST(1.50,30,2) 양측

CHIDIST 함수 활용법: $P(\chi^2_{80} \geq 85.0)$ = CHIDIST(85.0,80)

FDIST 함수 활용법: $P(F_{3,120} \geq 2.50)$ = FDIST(2.50,3,120)

제 5 장

통계적 추정: 정리

지금까지 학습한 통계적 추정을 종합적으로 정리해보자. 앞으로 학습하게 될 제반 통계적 추정을 통일된 틀 속에서 이해하면 관련성이 없어 보이는 다양한 통계적 추정들도 그 기저에 놓인 공통의 원리에 따라 통합적으로 이해할 수 있을 것이다. 공통으로 적용되는 통계적 추정 단계는 아래와 같다.

통계적 추정의 일반적 5단계

1단계: 추정하고자 하는 모집단 모수를 명확히 확정하고, 가설검증을 위해서는 대립가설과 귀무가설을 명확하게 설정한다.

2단계: 모집단 모수에 대응되는 표본통계량이 무엇인지 확인하고 그 값을 구한다. 바로 그 값이 모집단 모수의 점추정치(point estimate)가 된다.

3단계: 표본통계량의 표본분포가 어떤 특성을 갖는 확률분포인지 확인하고, 표본분포가 좌우대칭인 분포(예, 정규분포)일 때는 표본오차(*SE*)를 계산한다.

4단계: 귀무가설이 옳다는 가정하에 검증통계치를 계산하고, 필요한 경우 모집단 모수에 대한 구간추정치(interval estimate), 즉 신뢰구간을 구한다.

5단계: 귀무가설이 옳다는 가정하에 얻어진 검증통계치가 자체 확률분포상의 기각영역 경계값(critical value)을 넘어가는지 여부에 근거하여, 혹은 유의확률(p-값)이 유의수준(α)보다 작은지 여부에 근거하여 귀무가설의 기각여부, 즉, 대립가설의 채택여부를 결정한다.

* 유의사항: 통계적 추정 중에는 위 틀에 딱 들어맞지 않는 경우가 있는데, 그 대표적인 경우가 제9장에서 다루게 될 분산분석(ANOVA)이다. 분산분석은 특정 모집단 모수에 대한 점추정이나 구간추정보다는 복수의 모집단 평균값들 사이에 유의한 차이가 존재하는지 여부를 검증하기 위한 목적에 활용되는 통계분석 기법이다.

모집단 모수에 대한 통계적 추정을 위해 필요한 1차적인 정보는 모집단 모수에 대응되는 표본통계량에 관한 정보와 해당 표본통계량의 표본분포 특성에 관한 정보이며, 여기에 더하여 표본분포가 좌우대칭의 정규분포의 특성을 가질 경우에는 해당 표본분포의 표본오차에 관한 정보가 필요하다. 이상의 정보들이 통계적 추정의 각 단계에서 어떻게 사용되는지 보도록 하자.

1단계: 통계적 추정의 첫 번째 단계에서는 추정하고자 하는 모집단 모수를 명확히 정하고, 가설검증을 실시할 경우에는 대립가설과 귀무가설을 명확하게 설정해야 한다. 모집단 모수는 실증연구에서 연구자가 특정 주제에 대한 연구를 시작할 때 가지고 있는 연구질문에 의해 규정되는 바, 그 연구질문에 대한 연구자 나름대로의 잠정적 결론, 즉 가설 속에 반영되어 나타난다.

모집단 모수를 정하는 예로 연구자가 오늘날 초등학생들의 지능(IQ)수준이 얼마나 되는지 궁금하다면, 이 경우 통계적 추정의 대상이 되는 모집단 모수는 전체 초등학생들의 지능(IQ)수준을 대표하는 하나의 통계량, 즉, '지능(IQ) 평균'이 될 수 있다. 반면, 연구자가 지능(IQ)과 학업성취도 사이의 상관관계에 관심을 갖고 "지능(IQ)은 초등학생들의 학업성취도와 유의한 수준의 관계를 가질 것이다." 라는 가설을 설정할 경우 통계적 추정의 대상이 되는 모집단 모수는 모집단에서의 '지능(IQ)과 학업성취도 간 상관계수'가 될 것이다.

2단계: 통계적 추정의 두 번째 단계에서는 모집단 모수에 대응되는 표본통계량이 무엇인지 확인하고 모집단을 대표할 수 있는 표본을 추출한 후 그 표본으로부

[표 5.1] 대표적 모집단 모수와 그에 대응되는 표본통계량

모집단 모수	표본통계량
특정 변수의 모집단평균(μ)	해당 변수의 표본평균($\bar{x}$)
모집단비율(P)	표본비율($\bar{p}$)
특정 변수의 두 모집단 평균차($\mu_1-\mu_2$)	해당 변수의 표본 평균차($\bar{x}_1-\bar{x}_2$)
두 모집단 비율차(P_1-P_2)	두 표본 비율차($\bar{p}_1-\bar{p}_2$)
특정 변수의 모집단분산(σ^2)	해당 변수의 표본분산(s^2)
특정 변수의 두 모집단 분산비(σ_1^2/σ_2^2)	해당 변수의 표본 분산비(s_1^2/s_2^2)
두 변수간 모집단 상관계수(ρ_{xy})	해당 변수간 표본 상관계수(r_{xy})
두 변수간 모집단 회귀계수(β)	해당 변수간 표본 회귀계수(b)

터 해당 표본통계량의 값을 계산한다. 이렇게 계산하여 얻은 표본통계치가 곧 해당 모수에 대한 점추정치(point estimate)가 된다. 모집단 모수에 대한 점추정은 이 단계에서 마무리된다. 통계적 추정의 대상이 되는 대표적인 모집단 모수와 그에 대응되는 표본통계량은 [표 5.1]에 나와 있는 바와 같다.

3단계: 통계적 추정의 세 번째 단계에서는 표본통계량의 표본분포가 어떤 특성을 갖는 확률분포인지 확인해야 한다. 왜냐하면 모집단 모수에 대한 통계적 추정 중 구간추정과 가설검증이 바로 이 표본통계량의 표본분포상에서 이루어지기 때문이다. 우리는 이미 앞에서 표본통계량의 표본분포 특성을 알기 위해서는 통계학자들이 이론적으로 증명해놓은 결과를 빌어오면 된다는 점을 확인한 바 있다. 예컨대, 중심극한정리에 입각하여 표본평균과 표본비율의 표본분포는 표본의 크기(n)가 30 이상이면 정규분포의 특성을 갖는다는 점을 우리는 알고 있다. 이처럼 이론적으로 규명된 대표적인 표본통계량의 표본분포 특성은 아래 [표 5.2]에 정리되어 있는 바와 같다.

[표 5.2] 대표적 표본통계량의 표본분포 특성

표본통계량	표본분포
표본평균($\bar{x}$)	정규분포[a] (검증통계량은 t-분포)
표본비율($\bar{p}$)	
두 표본의 평균차($\bar{x}_1 - \bar{x}_2$)	
두 표본의 비율차($\bar{p}_1 - \bar{p}_2$)	
표본분산(s^2)	χ^2-분포[b]
두 표본의 분산비(s_1^2/s_2^2)	F-분포
두 변수간 표본 상관계수(r_{xy})	정규분포 (검증통계량은 t-분포)
두 변수간 표본 회귀계수(b)	

주: a. 중앙극한정리에서 논의한 바와 같이 표본에 포함된 개체의 수가 30 이상일 때에 정규분포의 특성을 갖는다.
b. 엄밀하게는 표본분산(s^2)이 아닌 $(n-1)s^2/\sigma^2$의 표본분포가 χ^2-분포의 특성을 갖는다.

4단계: 통계적 추정의 네 번째 단계에서는 모수에 대한 구간추정치(interval estimate), 즉 **신뢰구간**(confidence interval)를 계산하고, 가설검증을 실행할 때는 그에 필요한 **검증통계치**(test statistic)를 계산한다. 구간추정치는 표본통계량의 표본분포가 어떠한 확률분포 특성을 갖느냐에 따라 계산하는 방식이 달라진다. 여기에서는 독자의 혼선을 피하기 위해 표본분포가 정규분포의 특성을 갖는 경우에 한해서 다루고, 표본분포가 여타 확률분포(예, χ^2-분포, F-분포)의 특성을 갖는 경우는 해당되는 장(章)에서 상세히 다루기로 한다.

또한 표본분포가 정규분포의 특성을 갖는 경우 구간추정치나 검증통계치를 계산하려면 해당 표본통계량의 **표본오차**를 알아야 한다. 동시에 이러한 과정을 통해 얻은 통계적 추정결과가 틀릴 수 있는 확률—제1종 오류 허용확률—을 나타내는 통계적 **유의수준**(significance level: α)과 이렇게 얻은 통계적 추정결과가 옳다고 확신하는 정도—유의수준의 반대 측면으로서 **신뢰수준**(confidence level: $1-\alpha$)이라 함—를 연구자가 정해야 한다. 이상의 것들이 정해지면 구간추정은 표본분포가 정규분포일 경우 아래 (식 5.1)를 활용하여 구하게 되며, 구간추정은 이 단계에서 마무리 된다.

$$\text{점추정치} - t_{\alpha/2} \cdot SE \leq \text{모수} \leq \text{점추정치} + t_{\alpha/2} \cdot SE \qquad \text{(식 5.1)}$$

5단계: 점추정이나 구간추정과는 달리 가설검증은 마지막 다섯 번째 단계를 거쳐야 하는데, 이 단계에서는 연구자가 정한 유의수준 α를 기준으로 **검증통계치**가 귀무가설이 옳다는 가정하에서 확률적으로 나오기 어려운 값인지를 따져서 귀무가설 기각여부를 판정한다. 이를 위해서는 양측검증인지 단측검증인지, 그리고 유의수준 (α)이 얼마인지 정해야 하고, 유의수준에 따라 결정되는 **기각영역 경계값**(critical value)을 알거나, 혹은 **유의확률**(p-값)을 알아야 한다. 이 때 판정의 논리는 귀무가설이 옳다는 가정하에 얻어진 검증통계치가 기각영역 경계값보다 바깥쪽에 있는 값이거나, 유의확률 p-값이 연구자가 설정한 유의수준 α보다 같거나 작은 값이면 귀무가설을 기각하고 대립가설을 채택한다.

다음 장부터는 [표 5.1]에 나와 있는 대표적인 모집단 모수들을 하나 하나 통계적으로 추정하는 과정을 설명한다. 본 장에서 이해한 통일된 틀을 가지고 접근하면 각 장에서 다루는 통계분석기법들을 공통의 원리를 따라 이해하는 데 별다른 어려움이 없을 것이다.

제 6 장

모집단 평균과 비율 추정

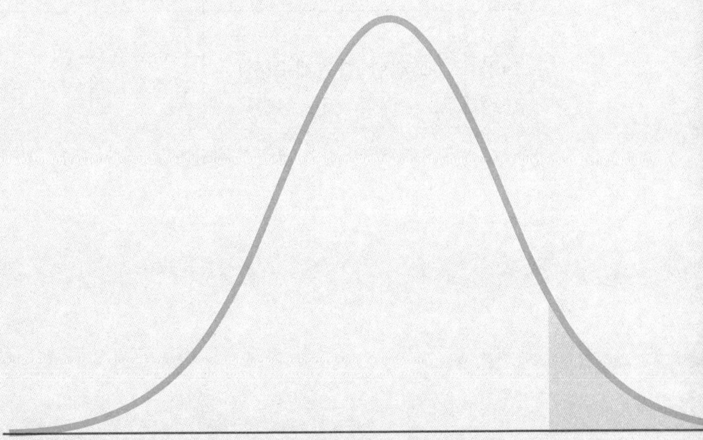

본 장부터는 [표 6.1]에서 보듯이 제3, 4, 5장에서 배운 추리통계의 원리들을 적용하여 다양한 모집단 모수에 대한 추정과 가설검증을 배우게 된다. 추정의 대상이 되는 모집단 모수는 다양하지만, 기본원리는 반복적으로 적용된다는 점을 확인하게 될 것이다.

[표 6.1] 모집단 모수, 표본통계량과 검증통계량, 그리고 표본분포

	모집단 모수	표본통계량 검증통계량	표본분포
6장	모집단평균(μ)	표본통계량: 표본평균($\bar{x}$) 검증통계량: $t=(\bar{x}-\mu_0)/SE$	정규분포 (t-분포)
	모집단비율(P)	표본통계량: 표본비율($\bar{p}$) 검증통계량: $t=(\bar{p}-P_0)/SE$	
7장	두 모집단 평균차 ($\mu_1-\mu_2$)	표본통계량: 두 표본 평균차($\bar{x}_1-\bar{x}_2$) 검증통계량: $t=\{(\bar{x}_1-\bar{x}_2)-(\mu_1-\mu_2)\}/SE$	정규분포 (t-분포)
	두 모집단 비율차 (P_1-P_2)	표본통계량: 두 표본 비율차($\bar{p}_1-\bar{p}_2$) 검증통계량: $t=\{(\bar{p}_1-\bar{p}_2)-(P_1-P_2)\}/SE$	
8장	모집단분산(σ^2)	표본통계량: 표본분산(s^2) 검증통계량: $\chi^2=(n-1)s^2/\sigma^2$	χ^2-분포
	두 모집단 분산비 (σ_1^2/σ_2^2)	표본통계량: 두 표본 분산비(s_1^2/s_2^2) 검증통계량: $F=s_1^2/s_2^2$	F-분포
9장	복수 모집단간 평균차 존재여부	표본통계량: 복수 표본평균의 분산 검증통계량: $F=MSB/MSW$	F-분포
10장	모집단 상관계수(ρ_{xy})	표본통계량: 표본상관계수(r_{xy}) 검증통계량: $t=(r_{xy}-\rho_{xy})/SE$	정규분포 (t-분포)
12장	모집단 회귀계수(β_1)	표본통계량: 표본회귀계수(b_1) 검증통계량: $t=(b_1-\beta_1)/SE$	정규분포 (t-분포)
13장 14장 15장	모집단 회귀계수(β_k)	표본통계량: 표본회귀계수(b_k) 검증통계량: $t=(b_k-\beta_k)/SE$	정규분포 (t-분포)

주: 1. 표본오차 SE의 값은 표본통계량마다 구하는 공식이 각각 다르다.

제 1 절 모집단 평균 추정

1. 점추정과 구간추정

이미 앞에서 확인한 바와 같이 모집단 모수(population parameter)의 점추정량(point estimator)은 모수에 대응되는 표본통계량(sample statistic)이다. 따라서 특정 변수의 모집단평균(μ)에 대한 점추정량(point estimator)은 해당 변수의 표본평균($\bar{x}$)이 된다.

한편, 표본평균의 표본분포는 정규분포의 특성을 가지며,[1] 이론적 표본오차(SE)는 $\sigma/\sqrt{n}$이다. 그러나 앞의 표본오차(SE) 공식에 포함되어 있는 모집단 표준편차 σ는 실제 알 수 없는 모집단의 통계량이기 때문에 표본에서 얻은 표본 표준편차(s)로 대체하여 표본오차 값을 계산한다. 그 결과 표본오차 값 자체의 정확도가 떨어질 수밖에 없고, 그 정확도는 표본의 크기(n)가 커질수록 높아지게 된다.

그 결과 표본통계량을 표준화한 검증통계량은 표준정규분포에서 약간 벗어난, 중앙값이 0이고 자유도가 $n-1$인 t-분포를 따르게 된다. 이상의 이유 때문에 검증통계량의 이론적 확률분포는 표준정규분포이지만, 실제의 통계적 추정에서는 자유도가 $n-1$인 t-분포의 특성을 띤다.

그럼, 모집단평균의 구간추정치는 무엇일까? 이미 제3장 4절에서 본 바와 같이 해당 검증통계량의 확률분포가 좌우대칭의 t-분포를 따를 경우 일정한 신뢰수준 $100\cdot(1-\alpha)\%$에서 모집단 모수의 구간추정치는 "점추정치$\pm t_{\alpha/2}\cdot SE$"에 의해 구한다. 이것을 적용하면 신뢰수준 $100\cdot(1-\alpha)\%$에서 모집단평균의 구간추

---

1 본 교재에서는 중앙극한이론(central limit theorem)이 적용될 수 있는 표본크기(n: 30 이상)를 전제로 표본분포의 특성을 설명한다. 위 중심극한이론이 적용될 수 없는 표본크기는 실제 실증연구에서 거의 발생하지 않는 예외적 경우이기 때문에 복잡함을 피하기 위해 본 교재에서는 제외하였다.

정치, 즉 신뢰구간은 (식 6.1.1)과 같고, 여기에서 표본오차(SE)는 $s/\sqrt{n}$이다.

$$\bar{x}-t_{\alpha/2,n-1}\cdot SE\leq\mu\leq\bar{x}+t_{\alpha/2,n-1}\cdot SE \tag{식 6.1.1}$$

2. 가설검증

가설검증의 절차와 원리에 대해서는 제4장에서 이미 배웠기 때문에 모집단의 평균에 관한 가설을 검증하기 위해서는 그 절차와 원리들을 그대로 적용하면 된다.

1) 양측검증

우선, 연구자가 "모집단 평균(μ)이 특정한 값(μ_0)이 아닐 것이다."라는 주장을 실증적으로 검증하는 상황을 상정해보자. 이 경우 연구자의 주장을 반영하는 대립가설(H_a)과 그것의 여집합인 귀무가설(H_0)은 아래와 같이 정리할 수 있다. 이처럼 대립가설과 귀무가설이 등호(즉, ≠ 혹은 =)로 표시되는 경우는 양측검증에 해당한다.

대립가설 H_a: $\mu\neq\mu_0$
귀무가설 H_0: $\mu=\mu_0$

이 경우 모집단 모수는 모집단평균(μ)이고, 그것의 표본통계량은 표본평균($\bar{x}$)이다. 그리고 표본평균($\bar{x}$)의 표본분포는 이론적 표본오차가 $\sigma/\sqrt{n}$인 정규분포의 특성을 띤다.

가설검증의 논리를 따라 이제 귀무가설(H_0)이 옳다고 가정해보자. 그 조건하에서 표본통계량의 표본분포는 중앙값과 표본오차(SE)가 각각 μ_0과 $\sigma/\sqrt{n}$인 정규분포이다. 그러나(식 6.1.2)와 같이 표본통계량 $\bar{x}$를 표준화한 검증통계량은 이론적 표본오차 $\sigma/\sqrt{n}$ 대신 $s/\sqrt{n}$을 활용하여 구하기 때문에 표준정규분포를 따르지 않고, 중앙값이 0, 자유도가 $n-1$인 t-분포를 따른다.

$$\text{검증통계량 } t = \frac{\bar{x}-\mu_0}{SE} \qquad \text{(식 6.1.2)}$$

이제 검증통계치가 좌·우측 기각영역 경계값인 $\pm t_{\alpha/2,n-1}$보다 더 극단적인 값에 해당하는지 여부를 파악하여 귀무가설의 기각여부, 즉, 대립가설의 채택여부를 판정하는데(〈그림 6.1.1〉 참조), 검증통계치가 기각영역 경계값 $\pm t_{\alpha/2,n-1}$을 벗어날 경우 귀무가설을 기각하고 대립가설을 채택하는 반면, 검증통계치가 기각영역 경계값보다 안쪽에 떨어지는 값을 가질 경우 귀무가설을 기각할 수 없어서 대립가설이 옳다고 주장할 수 없게 된다.

이상의 대립가설 채택여부는 유의확률(p-값)이 연구자가 정한 유의수준(α)보다 더 작은지 여부에 근거하여 판정할 수도 있는 바, p-값이 α보다 같거나 작을 경우 귀무가설을 기각하고 대립가설을 채택한다. 위 두 가지 방법 중 어느 방법을 사용하든 물론 그 판정결과는 동일하다.

그림 6.1.1 양측검증에서의 모집단 평균에 관한 귀무가설(H_0) 기각영역

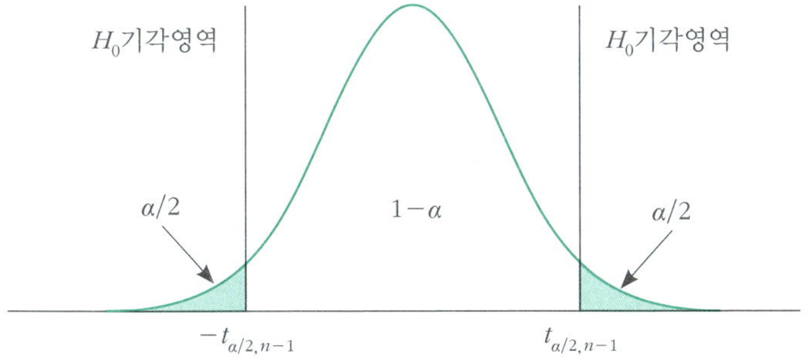

2) 단측검증

(1) 우측검증

이번에는 연구자가 "모집단 평균(μ)이 특정한 값(μ_0)보다 클 것이다."라는 가설을 실증적으로 검증하는 상황을 상정해보자. 이 경우 연구자의 주장을 반영하는 대립가설(H_a)과 그것의 여집합인 귀무가설(H_0)은 아래와 같다. 대립가설 부등호의 방향이 아래와 같은 형태로 표시될 때 우측검증에 해당한다.

대립가설 H_a: $\mu > \mu_0$
귀무가설 H_0: $\mu \leq \mu_0$

위 가설을 검증하기 위해서는 일단 (식 6.1.3)과 같은 임시 귀무가설, 즉 위 귀무가설에서 등호로 표시된 부분만을 떼어낸 귀무가설이 옳다고 가정한다. 부등호로 표시된 귀무가설은 그 조건을 충족하는 모수(μ)의 값이 무수히 많기 때문에 일단 경계값 하나로 확정해서 표시하지 않으면 귀무가설을 기각할 수 있을지 없을지 판정할 수 없다. 따라서 특정 모수값을 가정한 귀무가설을 기각하면 원래의 귀무가설을 충족하는 나머지 모든 귀무가설들도 자동 기각되게 하는 모수값 하나를 잠정적으로 잡아 임시 귀무가설로 설정해야 하는데, 그러한 목적에 적합한 모수값이 바로 (식 6.1.3)처럼 등호로 표시된 경계값이다.

임시 귀무가설 H_0: $\mu = \mu_0$ (식 6.1.3)

위 (식 6.1.3)과 같은 임시 귀무가설은 결과적으로 양측검증에서 설정한 귀무가설과 똑같다. 그렇다면, 양측검증과 위 임시 귀무가설을 전제로 한 우측검증은 어떤 점에서 다른가? 핵심적 차이는 기각영역 경계값을 설정할 때 유의수준 α를 이등분하느냐 하지 않느냐에 있다. 양측검증을 실행할 때는 유의수준 α를 이등분한 후 그에 대응되는 양측 기각영역 경계값, 즉, $\pm t_{\alpha/2,n-1}$을 기각여부 판정기준으로 사용하지만, 우측검증에서는 유의수준 α를 이등분하지 않고 α에 대응되는 우측 기각영역 경계값, 즉, $t_{\alpha,n-1}$을 기각여부 판정기준으로 사용한다(〈그림 6.1.2〉 참조).

그림 6.1.2 우측검증에서의 임시 귀무가설(H_0) 기각영역

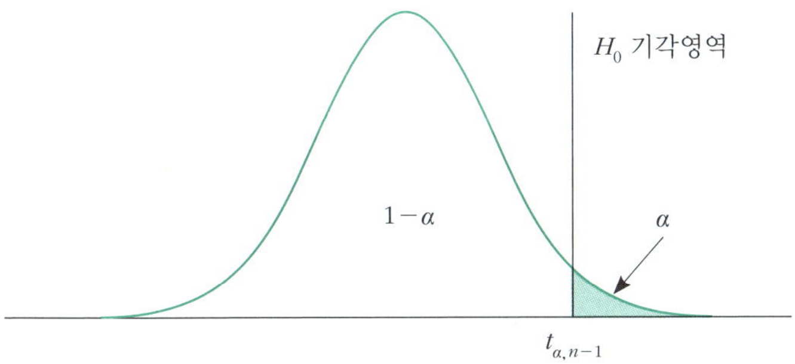

이제 (식 6.1.3)으로 표시된 임시 귀무가설을 기각할 수 있는지 여부를 검증해보자. 이를 위해 연구자의 손에는 모집단을 대표할 만한 무작위 표본에서 얻은 하나의 표본평균값($\bar{x}$)이 들려 있다. 여기에서 그 표본평균값을 표준화한 검증통계치가 t-분포(자유도: $n-1$)상에 설정된 우측 기각경역 경계값 $t_{\alpha,n-1}$보다 작은 값이면 임시 귀무가설을 기각할 수 없고, 반대로 검증통계치가 $t_{\alpha,n-1}$보다 더 크거나 같은 값이면 임시 귀무가설을 기각하고 대립가설을 채택할 수 있다. 왜냐하면 해당 표본평균값이 임시 귀무가설이 옳다는 가정하에 설정한 표본분포상에서 무작위로 뽑아 나온 값이라고 볼 수 있는 확률이 α보다 작을 정도로 그 가능성이 매우 낮기 때문이다.

한편, 임시 귀무가설 H_0: $\mu=\mu_0$이 우측 기각영역 경계값을 기준으로 기각되면 논리적으로 나머지 귀무가실 H_0: $\mu<\mu_0$도 당연히 기각된다(제4장 3절 참조).

귀무가설의 기각여부, 즉, 대립가설의 채택여부를 판정할 때 검증통계치와 기각영역 경계값을 비교하는 방법 외에 유의확률(p-값)과 유의수준(α)을 비교하여 판정할 수 있음은 물론이다. 다만, 좌우대칭인 t-분포상의 검증에서 p-값을 사용하고자 할 때 유의할 점은 제4장 4절에서 설명한 바와 같이 SPSS와 같은 통계패키지가 계산해서 보여주는 p-값은 양측검증을 가정하여 계산한 값이기 때문에 단측검증을 실행할 때는 통계패키지가 보여주는 p-값을 이등분한 후 그렇게 얻

은 p-값이 유의수준(α)보다 작은지 여부를 기준으로 귀무가설 기각여부를 판정해야 한다는 점이다.

(2) 좌측검증

이번에는 연구자가 "모집단 평균(μ)이 특정한 값(μ_0)보다 작을 것이다."라는 주장을 실증적으로 검증하는 상황을 상정해보자. 이 경우 연구자의 주장을 반영하는 대립가설과 그것의 여집합인 귀무가설은 아래와 같이 정리할 수 있고, 대립가설 부등호의 방향이 아래와 같은 형태로 표시될 때에는 좌측검증에 해당한다.

대립가설 H_a: $\mu < \mu_0$

귀무가설 H_0: $\mu \geq \mu_0$

위 가설을 검증하는 원리와 절차는 앞에서 설명한 우측검증에서 적용된 원리 및 절차와 동일하다. 유일한 차이가 있다면 귀무가설의 경계값으로 표시된 임시 귀무가설 H_0: $\mu = \mu_0$이 옳다는 전제하에 그려진 검증통계량의 확률분포(t-분포)에서 기각영역 경계값이 왼쪽 꼬리부분에 설정되며, 그 경계값은 $-t_{\alpha, n-1}$이라는 점이다(〈그림 6.1.3〉 참조). 따라서, 검증통계치가 $-t_{\alpha, n-1}$보다 작거나 같은 값이면 일단 위 귀무가설을 기각할 수 있고, 위 임시 귀무가설이 기각되면 H_a: $\mu > \mu_0$을 충족하는 나머지 귀무가설들도 자동 기각된다.

그림 6.1.3 좌측검증에서의 임시 귀무가설(H_0) 기각영역

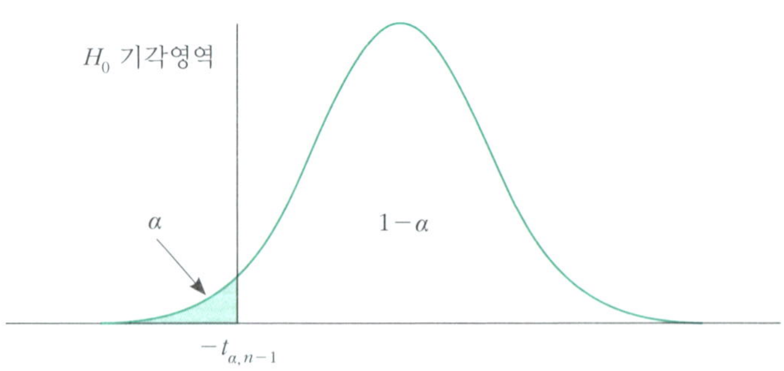

모집단의 평균 추정

1단계: 추정하고자 하는 모집단 모수는 모집단평균(μ)이다. 대립가설과 귀무가설은 연구자가 모집단 모수에 대해 주장하고자 하는 바에 의해 결정된다.

2단계: 모집단 모수에 대응되는 표본통계량은 표본평균 $\bar{x}$이다.

3단계: 표본평균의 표본분포는 정규분포의 특성을 가지며, 표본오차(SE)는 이론적으로 $\sigma/\sqrt{n}$이다. 그러나 표본오차(SE) 공식에 포함되어 있는 모집단 표준편차 σ는 값을 알 수 없는 모집단의 통계량이기 때문에 표본에서 얻은 점추정치 s로 대체하여 표본오차 값을 계산한다. 그 결과 표본통계량을 표준화한 검증통계량의 확률분포는 t-분포(자유도: $n-1$)의 특성을 띠게 된다. 이상의 이유 때문에 통계적 추정은 t-분포(자유도: $n-1$)상에서 이루어진다.

4단계: 신뢰수준 $100\cdot(1-\alpha)\%$에서 모집단평균의 구간추정치, 즉 신뢰구간은 $\bar{x}-t_{\alpha/2,n-1}\cdot SE \leq \mu \leq \bar{x}+t_{\alpha/2,n-1}\cdot SE$이다. 한편, 표본오차($SE$)는 $s/\sqrt{n}$을 적용하여 구하고, 가설검증에 사용될 검증통계치는 다음 식을 적용하여 구하는데, 아래 식에서 μ_0는 귀무가설로 설정한 모집단 평균값이다.

$$t=\frac{\bar{x}-\mu_0}{SE}$$

5단계: 가설검증

1. 양측(two-tailed)검증

   가설의 형태는 H_a: $\mu\neq\mu_0$, H_0: $\mu=\mu_0$이다.

   검증통계치가 t-분포상에서 기각영역 경계값($-t_{\alpha/2,n-1}$과 $t_{\alpha/2,n-1}$)보다 멀리 떨어진 값이면 귀무가설을 기각하고 대립가설을 채택한다.

2. 단측(one-tailed)검증

   (1) 우측검증

   가설의 형태는 H_a: $\mu>\mu_0$, H_0: $\mu\leq\mu_0$이다.

   검증통계치가 t-분포상에서 기각영역 경계값($t_{\alpha,n-1}$)보다 크거나 같은 값이면 귀무가설을 기각하고 대립가설을 채택한다.

(2) 좌측검증
가설의 형태는 H_a: $\mu < \mu_0$, H_0: $\mu \geq \mu_0$이다.
검증통계량치가 t-분포상에서 기각영역 경계값($-t_{\alpha, n-1}$)보다 작거나 같은 값이면 귀무가설을 기각하고 대립가설을 채택한다.

제 2 절 모집단 비율 추정

1. 점추정과 구간추정

모집단평균을 추정하는 원리는 모집단비율을 추정하는 데에도 동일하게 적용되는 바, 모집단 비율(P)에 대한 점추정치(point estimate)는 표본비율($\bar{p}$)이 된다.

표본비율의 표본분포는 표본평균의 표본분포처럼 정규분포의 특성을 가지며, 이론적 표본오차(SE)는 $\sqrt{P(1-P)/n}$이다. 그러나 앞의 표본오차(SE) 공식에 포함되어 있는 모집단비율 P는 실제 알 수 없는 모집단의 통계량이기 때문에 표본에서 얻은 표본비율($\bar{p}$)로 대체하여 표본오차 값을 계산한다. 따라서, 표본비율을 표준화한 검증통계량의 확률분포는 표준정규분포에서 약간 벗어난 t-분포(자유도: $n-1$)의 특성을 띠게 된다. 따라서 일정한 신뢰수준 $100 \cdot (1-\alpha)$%에서 모집단비율의 구간추정치, 즉, 신뢰구간은 "점추정치$\pm t_{\alpha/2} \cdot SE$"를 적용하여 (식 6.2.1)과 같이 구할 수 있다. (식 6.2.1)에서 SE는 $\sqrt{\bar{p}(1-\bar{p})/n}$에 의해 구한다.

$$\bar{p} - t_{\alpha/2, n-1} \cdot SE \leq P \leq \bar{p} + t_{\alpha/2, n-1} \cdot SE \qquad \text{(식 6.2.1)}$$

2. 가설검증

1) 양측검증

이번에는 연구자가 "모집단 비율(P)이 특정한 비율(P_0)이 아닐 것이다."라는 주장을 실증적으로 검증하는 상황을 상정해보자. 이 경우 연구자의 주장을 반영하는 대립가설(H_a)과 그것의 여집합인 귀무가설(H_0)은 아래와 같다. 대립가설과 귀무가설이 등호(즉, ≠ 혹은 =)로 표시되기 때문에 본 장 1절에서 확인한 바와 같이 양측검증에 해당한다.

대립가설 H_a: $P \neq P_0$
귀무가설 H_0: $P = P_0$

이 경우 모집단 모수는 모집단 비율(P)이고, 그것의 표본통계량은 표본비율($\bar{p}$)이다. 그리고 표본비율($\bar{p}$)의 표본분포는 이론적으로 표본오차가 $\sqrt{P(1-P)/n}$인 정규분포의 특성을 띤다.

가설검증의 논리를 따라 이제 귀무가설(H_0)이 옳다고 가정해보자. 그 조건하에서 표본통계량 $\bar{p}$을 표준화한 검증통계량은 (식 6.2.2)와 같고, 실제 표본오차(SE)는 $\sqrt{P(1-P)/n}$ 대신 $\sqrt{\bar{p}(1-\bar{p})/n}$을 활용하여 구하기 때문에 검증통계량의 확률분포는 표준정규분포가 아닌 t-분포(자유도: $n-1$)를 따른다.

$$\text{검증통계량 } t = \frac{\bar{p} - P_0}{SE} \qquad \text{(식 6.2.2)}$$

이제 검증통계치가 좌·우측 기각영역 경계값인 $\pm t_{\alpha/2, n-1}$보다 더 극단적인 값에 해당하는지 여부를 파악하여 귀무가설의 기각여부, 즉, 대립가설의 채택여부를 판정하는데, 검증통계치가 기각영역 경계값 $\pm t_{\alpha/2, n-1}$을 벗어날 경우 귀무가설을 기각하고 대립가설을 채택하는 반면, 검증통계치가 기각영역 경계값보다 안쪽에 떨어지는 값을 가진 경우 귀무가설을 기각할 수 없어서 대립가설이 옳다고 주장할 수 없게 된다.

이상의 대립가설 채택여부는 유의확률(p-값)이 연구자가 정한 유의수준(α)보다 더 작은지 여부에 근거하여 판정할 수도 있는 바, p-값이 α보다 같거나 작을 경우 귀무가설을 기각하고 대립가설을 채택한다.

2) 단측검증

(1) 우측검증

이번에는 연구자가 "모집단 비율(P)이 특정한 비율(P_0)보다 클 것이다."라는 주장을 실증적으로 검증하는 상황을 상정해보자. 이 경우 연구자의 주장을 반영하는 대립가설(H_a)과 그것의 여집합인 귀무가설(H_0)은 아래와 같이 정리된다.

대립가설 H_a: $P > P_0$
귀무가설 H_0: $P \leq P_0$

위 가설을 검증하기 위해 일단 귀무가설의 경계값으로 표시된 임시 귀무가설, 즉 H_0: $P = P_0$이 옳다는 가정하에 검증통계치가 우측검증의 기각영역 경계값 $t_{\alpha, n-1}$보다 큰지 여부를 가지고 위 귀무가설에 대한 기각여부를 결정한다. 이 검증통계치가 $t_{\alpha, n-1}$보다 작은 값이면 위 귀무가설을 기각할 수 없는 반면, $t_{\alpha, n-1}$보다 더 크거나 같은 값이면 위 귀무가설을 기각할 수 있다. 위 귀무가설의 기각여부는 물론 유의확률(p-값)이 연구자가 정한 유의수준(α)보다 더 작은지 여부에 근거하여 판정할 수도 있다. 그리고 임시 귀무가설 H_0: $P = P_0$을 기각할 수 있으면 나머지 귀무가설 H_0: $P < P_0$도 당연히 기각할 수 있음은 이미 앞에서 설명한 바와 같다.

(2) 좌측검증

이번에는 연구자가 "모집단 비율(P)이 특정한 비율(P_0)보다 작을 것이다."라는 주장을 실증적으로 검증하는 상황을 상정해보자. 이 경우 연구자의 주장을 반영하는 대립가설(H_a)과 그것의 여집합인 귀무가설(H_0)은 아래와 같이 정리된다.

대립가설 H_a: $P < P_0$
귀무가설 H_0: $P \geq P_0$

위 가설을 검증하는 원리와 절차는 앞에서 설명한 우측검증에서 적용된 원리 및 절차와 동일하다. 유일한 차이가 있다면 기각영역 경계값이 왼쪽 꼬리부분에 설정된다는 점이며, 그 경계값은 $-t_{\alpha,n-1}$이다. 따라서, 검증통계치가 $-t_{\alpha,n-1}$보다 작거나 같은 값이면 일단 위 귀무가설을 기각할 수 있고, 이 귀무가설이 기각되면 H_0: $P > P_0$을 충족하는 나머지 귀무가설들도 자동 기각된다는 점은 앞에서 확인한 바와 같다.

모집단의 비율 추정

1단계: 추정하고자 하는 모집단 모수는 모집단 비율 P이다. 대립가설과 귀무가설은 연구자가 모집단 모수에 대해 주장하고자 하는 바에 의해 결정된다.

2단계: 모집단 모수에 대응되는 표본통계량은 표본비율 $\bar{p}$이다.

3단계: 표본비율의 표본분포는 정규분포의 특성을 가지며, 표본오차(SE)는 이론적으로 $\sqrt{P(1-P)/n}$이다. 그러나 표본오차(SE) 공식에 포함되어 있는 모집단 비율 P는 실제 그 값을 알 수 없는 모집단의 통계량이기 때문에 표본에서 얻은 점추정치 $\bar{p}$로 대체하여 표본오차 값을 계산한다. 그 결과 표본통계량을 표준화한 검증통계량의 확률분포는 t-분포(자유도: $n-1$)의 특성을 띠게 된다.

4단계: 신뢰수준 $100 \cdot (1-\alpha)\%$에서 모집단비율의 구간추정치, 즉, 신뢰구간은 $\bar{p} - t_{\alpha/2,n-1} \cdot SE \leq P \leq \bar{p} + t_{\alpha/2,n-1} \cdot SE$이다. 한편, 표본오차($SE$)는 $\sqrt{\bar{p}(1-\bar{p})/n}$로부터 구하고, 가설검증에 사용될 검증통계치는 다음 식을 통해 구하는데, 다음 식에서 P_0은 귀무가설로 설정한 모집단 비율이다.

$$t = \frac{\bar{p} - P_0}{SE}$$

5단계: 가설검증

1. 양측(two-tailed)검증

   가설의 형태는 H_a: $P \neq P_0$, H_0: $P = P_0$이다.

   검증통계치가 t-분포상에서 기각영역 경계값($-t_{\alpha/2,n-1}$과 $t_{\alpha/2,n-1}$)보다 멀리 떨어진 값이면 귀무가설을 기각하고 대립가설을 채택한다.

2. 단측(one-tailed)검증

   (1) 우측검증

   가설의 형태는 H_a: $P > P_0$, H_0: $P \leq P_0$이다.

   검증통계치가 t-분포상에서 기각영역 경계값($t_{\alpha,n-1}$)보다 크거나 같은 값이면 귀무가설을 기각하고 대립가설을 채택한다.

   (2) 좌측검증

   가설의 형태는 H_a: $P < P_0$, H_0: $P \geq P_0$이다.

   검증통계치가 t-분포상에서 기각영역 경계값($-t_{\alpha,n-1}$)보다 작거나 같은 값이면 귀무가설을 기각하고 대립가설을 채택한다.

SPSS로 모집단 평균 추정 및 가설검증 실행하기

본 교재 [부록 5]에 있는 연습용 표본데이터(1)을 활용하여 지능(IQ)에 대한 모집단 평균 추정과 "모집단 학생들의 지능(IQ) 평균이 특정한 값(예, 98)이 아닐 것이다."는 가설에 관한 t-검증을 실행해보자.

1. 데이터 파일 열기: 파일 → 열기를 통해 연습용 표본데이터(1) 파일을 불러들인다.

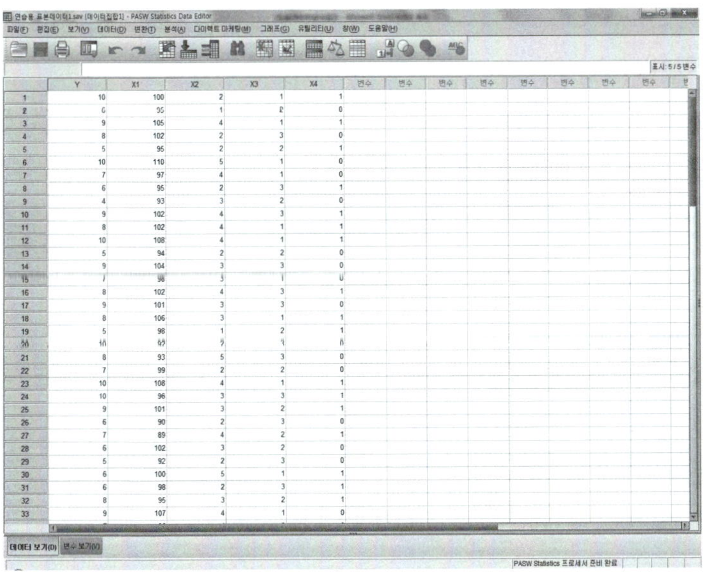

	Y	X1	X2	X3	X4
1	10	100	2	1	1
2	6	95	1	2	0
3	9	105	4	1	1
4	8	102	2	3	0
5	5	95	2	2	1
6	10	110	5	1	0
7	7	97	4	1	0
8	6	95	2	3	1
9	4	93	3	2	0
10	9	102	4	3	1
11	8	102	4	1	1
12	10	108	4	1	1
13	5	94	2	2	0
14	9	104	3	3	0
15	7	[illegible]	3	1	0
16	8	102	4	3	1
17	9	101	3	3	0
18	8	106	3	1	1
19	5	98	1	2	1
20	10	[illegible]	[illegible]	[illegible]	[illegible]
21	8	93	5	3	0
22	7	99	2	2	0
23	10	108	4	1	1
24	10	96	3	3	1
25	9	101	3	2	1
26	6	90	2	3	0
27	7	89	4	2	1
28	6	102	3	2	0
29	5	92	2	3	0
30	6	100	5	1	1
31	6	98	2	3	1
32	8	95	3	2	1
33	9	107	4	1	0

2. 지능(IQ)에 관한 모집단 평균 추정 절차: 분석 → 평균비교 → 일표본 T 검정 클릭 → 검정변수 박스에 지능(X1)을 선택하여 입력하고, 검정량에 귀무가설로 설정한 모집단 평균값(위의 예에서는 98)을 입력 → 확인

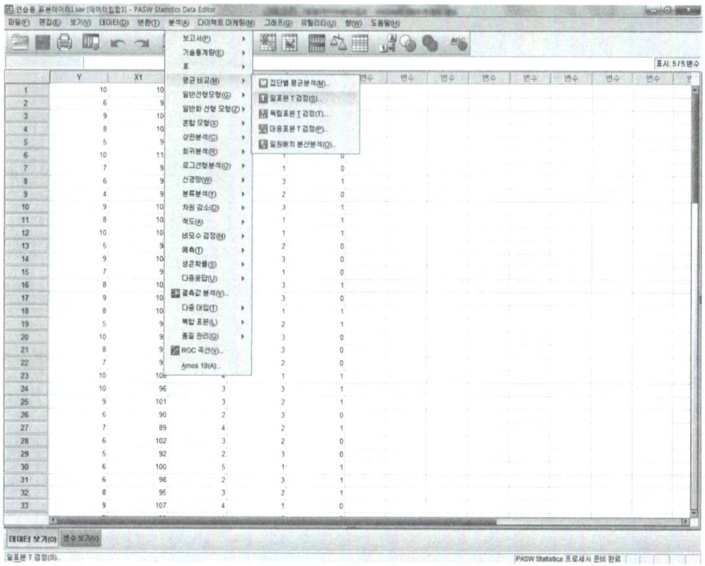

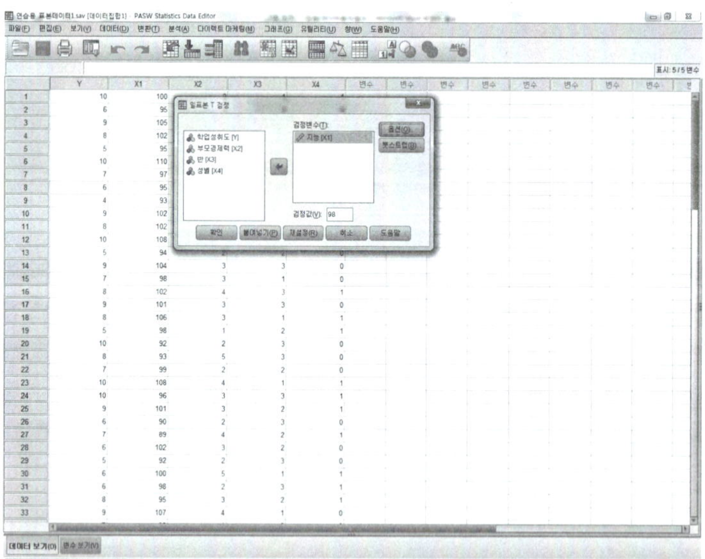

3. t-검정 결과표는 다음 페이지의 연습문제 참조

연습문제

A. 표본에 포함된 학생들의 지능을 가지고 SPSS를 활용하여 일표본 t-검정을 실행하였다(검정량=98로 설정). 그리고 그 결과표가 아래와 같다. 결과표에 근거하여 질문에 답하라.

➡ **T-Test**

[데이터집합1] C:₩Users₩HyuckSeung₩Desktop₩[집필]통계학₩데이터 분석₩연습용 표본데이터1.sav

One-Sample Statistics

	N	Mean	Std. Deviation	Std. Error Mean
지능	85	100.33	5.754	.624

One-Sample Test

	Test Value = 98					
					95% Confidence Interval of the Difference	
	t	df	Sig. (2-tailed)	Mean Difference	Lower	Upper
지능	3.733	84	.000	2.329	1.09	3.57

1. 위 일표본 t-검증을 통해 추정할 수 있는 모집단 모수가 무엇인지 적고, 결과표에 근거하여 해당 모집단 모수의 점추정치(point estimate)를 찾아 적어보라.

2. 표본평균의 표본오차(standard error)를 찾아 적어보라.

3. 구간추정치를 구하는 공식, 점추정치$\pm t_{\alpha/2} \cdot SE$를 활용하여 모집단 모수의 95% 신뢰구간(confidence interval)을 구해보라. (단, $t_{0.025,84}=1.99$이다.)

4. 위 일표본 t-검증을 통해 검증할 수 있는 대립가설이 무엇인지 적어보라. 이어 대립가설의 여집합에 해당하는 귀무가설도 적어보라.

대립가설 H_a:　　　　　　귀무가설 H_0:

5. 위 귀무가설이 옳다는 가정하에서의 검증통계치(test statistic)는 얼마인가? 그리고 해당 검증통계치에 딸린 양측검증 기준 유의확률(p-값)은 얼마인가?

6. $\alpha=0.001$수준에서 위 귀무가설을 기각하고 대립가설을 채택할 수 있는지 판정하라.

B. 특정 할인매장이 매장을 방문한 고객들 중에서 30,000원 이상 구매자의 비율이 어느 정도 되는지 파악하기 위하여 무작위로 하루를 선택하여 그 날 방문한 고객들의 구매액을 조사해보았더니, 방문고객 1,000명 중에서 260명이 30,000원 이상 구매한 것으로 나타났다. 이 할인매장에 방문한 전체 고객 중에서 30,000원 이상 구매한 고객의 비율에 대해 추정·검증해보자.

1. 모집단 비율에 대한 점추정치(point estimate)를 구하라.

2. 표본비율에 대한 표본오차(standard error)를 구하라.

3. 모집단 비율에 대한 95% 신뢰구간(confidence interval)을 구하라.

4. "할인매장에 방문한 고객 중 30,000원 이상 구매하는 고객의 비율이 적어도 25%는 될 것이다."라는 경영진의 확신이 95% 신뢰수준에서 옳다고 할 수 있는지 검증해보자.
   1) 대립가설과 귀무가설을 적어보라.
   2) 검증통계치를 계산하라.
   3) 유의확률(p-값)을 계산해보라. (Excel의 TDIST 기능 활용)
   4) 위 대립가설에 대해 어떤 결론을 내리겠는가?

제 7 장

두 모집단 평균차와 비율차 추정

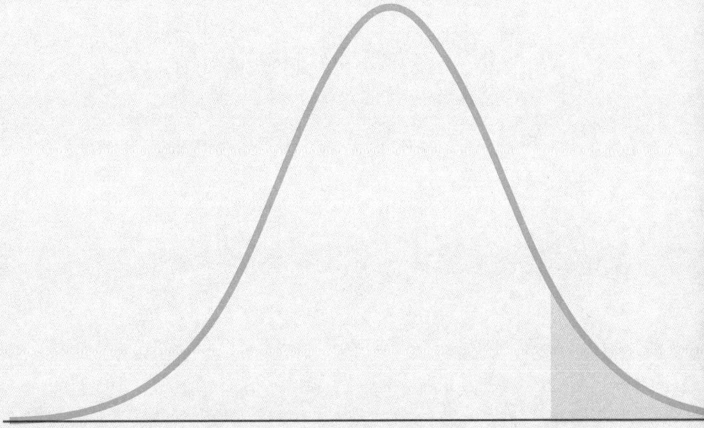

제6장에서는 하나의 모집단을 대상으로 모집단 평균과 모집단 비율에 대해 추정하고 검증하는 방법에 대해 배웠다. 본 장에서는 두 모집단 사이에 존재할 수 있는 평균이나 비율의 차이 값을 추정하거나 두 모집단 사이에 평균이나 비율에 있어서 유의한 차이가 존재하는지 여부를 검증하는 방법에 대해 배운다.

[표 7.1] 모집단 모수, 표본통계량과 검증통계량, 그리고 표본분포

	모집단 모수	표본통계량 검증통계량	표본분포
6장	모집단평균(μ)	표본통계량: 표본평균($\bar{x}$) 검증통계량: $t=(\bar{x}-\mu_0)/SE$	정규분포 (t-분포)
	모집단비율(P)	표본통계량: 표본비율($\bar{p}$) 검증통계량: $t=(\bar{p}-P_0)/SE$	
7장	두 모집단 평균차 ($\mu_1-\mu_2$)	표본통계량: 두 표본 평균차($\bar{x}_1-\bar{x}_2$) 검증통계량: $t=\{(\bar{x}_1-\bar{x}_2)-(\mu_1-\mu_2)\}/SE$	정규분포 (t-분포)
	두 모집단 비율차 (P_1-P_2)	표본통계량: 두 표본 비율차($\bar{p}_1-\bar{p}_2$) 검증통계량: $t=\{(\bar{p}_1-\bar{p}_2)-(P_1-P_2)\}/SE$	
8장	모집단분산(σ^2)	표본통계량: 표본분산(s^2) 검증통계량: $\chi^2=(n-1)s^2/\sigma^2$	χ^2-분포
	두 모집단 분산비 (σ_1^2/σ_2^2)	표본통계량: 두 표본 분산비(s_1^2/s_2^2) 검증통계량: $F=s_1^2/s_2^2$	F-분포
9장	복수 모집단간 평균차 존재여부	표본통계량: 복수 표본평균의 분산 검증통계량: $F=MSB/MSW$	F-분포
10장	모집단 상관계수(ρ_{xy})	표본통계량: 표본상관계수(r_{xy}) 검증통계량: $t=(r_{xy}-\rho_{xy})/SE$	정규분포 (t-분포)
12장	모집단 회귀계수(β_1)	표본통계량: 표본회귀계수(b_1) 검증통계량: $t=(b_1-\beta_1)/SE$	정규분포 (t-분포)
13장 14장 15장	모집단 회귀계수(β_k)	표본통계량: 표본회귀계수(b_k) 검증통계량: $t=(b_k-\beta_k)/SE$	정규분포 (t-분포)

주: 1. 표본오차 SE의 값은 표본통계량마다 구하는 공식이 각각 다르다.

제 1 절 독립된 두 모집단 평균차 추정

1. 점추정과 구간추정

여기에서는 서로 독립적인 모집단 A와 모집단 B의 평균차를 추정하는 방법을 다룬다. 우선, 모집단 A의 평균을 μ_1, 모집단 B의 평균을 μ_2라 하고, 모집단 A와 모집단 B로부터 각각 n_1개와 n_2개의 개체를 추출하여 계산한 각각의 표본평균을 $\bar{x}_1$과 $\bar{x}_2$라 하자. 이 경우 추정하고자 하는 두 모집단의 평균차 $\mu_1-\mu_2$가 모집단 모수(population parameter)가 되고, 모집단 평균차에 대응되는 표본평균차 $\bar{x}_1-\bar{x}_2$가 그것을 추정하는 데 사용되는 표본통계량(sample statistic)이 되며, 그 값이 모집단 모수에 대한 점추정치(point estimate)가 된다.

표본통계량이 무엇인지 확인하고 나면 그 표본통계량의 표본분포 특성을 알아야 하는데, n_1과 n_2가 각각 30 이상이 되면 표본평균차 $\bar{x}_1-\bar{x}_2$의 표본분포도 정규분포의 특성을 갖게 되고 그것의 이론적 표본오차는 (식 7.1.1)과 같다.

$$\text{표본오차}(SE)=\sqrt{\frac{\sigma_1^2}{n_1}+\frac{\sigma_2^2}{n_2}} \quad \text{(식 7.1.1)}$$

그러나 위 표본오차 공식에 포함되어 있는 모집단 분산 σ_1^2과 σ_2^2는 실제 알 수 없는 모집단의 통계량이기 때문에 표본에서 얻은 표본분산 s_1^2과 s_2^2로 대체하여 표본오차 값을 계산한다. 그 결과 표본오차 값 자체의 정확도가 떨어질 수밖에 없고, 그 정확도는 두 표본의 크기가 커질수록 높아지게 된다. 따라서, 표본통계량을 그것의 표본오차로 표준화한 검증통계량의 확률분포는 t-분포(자유도: n_1+n_2-2)의 특성을 띠게 된다.

그럼, 두 모집단 평균차 $\mu_1-\mu_2$의 구간추정치는 무엇일까? 이미 제3장 4절에서 본 바와 같이 해당 표본통계량의 표본분포가 좌우대칭의 t-분포 모양을 띨 경우 일정한 신뢰수준 $100 \cdot (1-\alpha)\%$에서 모집단 모수의 구간추정치는 "점추정치 ± $t_{\alpha/2} \cdot SE$"를 적용하여 구한다. 따라서 두 모집단 평균차의 구간추정치, 즉, 신뢰구간은 (식 7.1.2)와 같고, (식 7.1.2)에서 SE의 실제 값은 (식 7.1.3)에 의해 구한다.

$$(\bar{x}_1 - \bar{x}_2) - t_{\alpha/2, n_1+n_2-2} \cdot SE \le \mu_1 - \mu_2 \le (\bar{x}_1 - \bar{x}_2) + t_{\alpha/2, n_1+n_2-2} \cdot SE \qquad \text{(식 7.1.2)}$$

$$SE = \sqrt{\frac{s_1^2}{n_1} + \frac{s_2^2}{n_2}} \qquad \text{(식 7.1.3)}$$

2. 가설검증

1) 양측검증

두 모집단의 평균차에 관한 가설검증은 원론적으로 연구자가 "두 모집단 평균차($\mu_1 - \mu_2$)가 특정한 값(μ_0)은 아닐 것이다."라는 가설을 검증하고자 할 때 사용할 수 있지만, 통상 "두 모집단 평균차($\mu_1 - \mu_2$)가 0은 아닐 것이다."—즉, "두 모집단 평균 사이에 유의한 차이가 존재할 것이다."—라는 가설을 실증적으로 검증하고자 할 때 사용된다. 이 경우 연구자의 주장을 직접적으로 반영하는 대립가설과 그것의 여집합인 귀무가설은 각각 H_a: $\mu_1 \ne \mu_2$과 H_0: $\mu_1 = \mu_2$이지만, 아래와 같은 형식으로 설정하는 것이 가설검증을 용이하게 하는 데 도움이 된다.

대립가설 H_a: $\mu_1 - \mu_2 \ne 0$
귀무가설 H_0: $\mu_1 - \mu_2 = 0$

위와 같이 대립가설과 귀무가설을 설정하고 나면, 이 경우 모집단 모수는 두 모집단의 평균차($\mu_1 - \mu_2$)가 되고, 그것의 표본통계량은 두 표본의 평균차($\bar{x}_1 - \bar{x}_2$)

가 된다. 그리고 표본평균차($\bar{x}_1-\bar{x}_2$)의 표본분포는 이론적으로 정규분포의 특성을 띤다.

가설검증의 논리를 따라 이제 귀무가설(H_0)이 옳다고 가정해보자. 그 조건하에서 표본통계량을 표준화한 검증통계량은 (식 7.1.4)와 같고, 실제 표본오차(SE) 값은 (식 7.1.1) 대신 (식 7.1.3)을 활용하여 구하기 때문에 검증통계량의 확률분포는 표준정규분포가 아닌 t-분포(자유도: n_1+n_2-2)의 특성을 띠게 된다.

$$\text{검증통계량 } t=\frac{\bar{x}_1-\bar{x}_2}{SE} \qquad \text{(식 7.1.4)}$$

이제 검증통계치가 좌·우측 기각영역 경계값인 $\pm t_{\alpha/2, n_1+n_2-2}$보다 양쪽 꼬리부분으로 더 극단적인 값에 해당하는지 여부를 파악하여 귀무가설의 기각여부, 즉, 대립가설의 채택여부를 판정하는데, 검증통계치가 $\pm t_{\alpha/2, n_1+n_2-2}$을 벗어난 값을 가질 경우 귀무가설을 기각하고 대립가설을 채택하는 반면, 검증통계치가 기각영역 경계값보다 안쪽에 떨어지는 값을 가질 경우 귀무가설을 기각할 수 없어서 대립가설이 옳다고 주장할 수 없게 된다. 이상의 대립가설 채택여부는 유의확률 p-값이 연구자가 정한 유의수준 α보다 더 작은지 여부에 근거하여 판정할 수도 있는바, p-값이 α보다 작거나 같을 경우 귀무가설을 기각하고 대립가설을 채택한다. 위 두 가지 방법 중 어느 방법을 사용하든 물론 그 판정결과는 동일하다.

2) 단측검증

(1) 우측검증

우측검증은 통상 연구자가 "두 모집단 평균차($\mu_1-\mu_2$)가 0보다 클 것이다."—즉, "모집단 A의 평균(μ_1)이 모집단 B의 평균(μ_2)보다 클 것이다."—라는 주장을 실증적으로 검증할 때 사용한다. 이 경우 연구자의 주장을 반영하는 대립가설과 그것의 여집합인 귀무가설은 아래와 같이 정리된다.

대립가설 H_a: $\mu_1 - \mu_2 > 0$
귀무가설 H_0: $\mu_1 - \mu_2 \leq 0$

위 가설을 검증하기 위해 일단 귀무가설의 경계값으로 표시된 임시 귀무가설 H_0: $\mu_1 - \mu_2 = 0$이 옳다고 가정한다. 그리고 이 가정하에서 얻어진 검증통계치(식 7.1.4 참조)가 우측 기각영역 경계값 t_{α, n_1+n_2-2}보다 큰지 여부를 가지고 위 귀무가설에 대한 기각여부를 결정한다. 이 검증통계치가 t_{α, n_1+n_2-2}보다 작은 값이면 위 귀무가설을 기각할 수 없는 반면, 그 경계값보다 크거나 같은 값이면 위 귀무가설을 기각할 수 있다. 위 귀무가설의 기각여부는 물론 유의확률 p-값이 연구자가 정한 유의수준 α보다 더 작은지 여부에 근거하여 판정할 수도 있다. 그리고 임시 귀무가설 H_0: $\mu_1 - \mu_2 = 0$을 기각할 수 있으면 나머지 귀무가설 H_0: $\mu_1 - \mu_2 < 0$도 당연히 기각할 수 있음은 이미 앞에서 설명한 바와 같다.

(2) 좌측검증

좌측검증은 통상 연구자가 "두 모집단 평균차($\mu_1 - \mu_2$)가 0보다 작을 것이다."—즉, "모집단 A의 평균(μ_1)이 모집단 B의 평균(μ_2)보다 작을 것이다."—라는 주장을 실증적으로 검증할 때 사용한다. 이 경우 연구자의 주장을 반영하는 대립가설과 그것의 여집합인 귀무가설은 아래와 같이 정리된다.

대립가설 H_a: $\mu_1 - \mu_2 < 0$
귀무가설 H_0: $\mu_1 - \mu_2 \geq 0$

위 가설을 검증하는 원리와 절차는 앞에서 설명한 우측검증에서 적용된 원리 및 절차와 동일하다. 유일한 차이가 있다면 귀무가설의 기각영역 경계값이 왼쪽 꼬리부분에 설정된다는 점이며, 그 경계값은 $-t_{\alpha, n_1+n_2-2}$이다. 따라서 임시 귀무가설 H_0: $\mu_1 - \mu_2 = 0$이 옳다는 전제하에 얻어진 검증통계치가 $-t_{\alpha, n_1+n_2-2}$보다 작거나 같은 값이면 일단 위 귀무가설을 기각할 수 있고, 이 귀무가설이 기각되면 H_0: $\mu_1 - \mu_2 > 0$을 충족하는 나머지 귀무가설들도 자동 기각할 수 있다는 점은 이미 확인한 바와 같다.

두 모집단 평균차 추정

1단계: 추정하고자 하는 모집단 모수는 모집단의 평균차 $\mu_1 - \mu_2$이다. 귀무가설과 대립가설은 연구자가 모집단 평균차에 대해 주장하고자 하는 바에 의해 결정된다.

2단계: 모집단 모수에 대응되는 표본통계량은 표본평균차 $\bar{x}_1 - \bar{x}_2$이다.

3단계: 표본평균차의 표본분포는 정규분포의 특성을 가지며, 이론적 표본오차(SE)는 $\sqrt{\sigma_1^2/n_1 + \sigma_2^2/n_2}$이다. 그러나 표본오차($SE$) 공식 속에 포함되어 있는 σ_1과 σ_2는 실제 알 수 없는 모집단의 통계량이기 때문에 표본에서 얻은 각각의 점추정치 s_1과 s_1로 대체하여 계산하게 되고, 그 결과 표본통계량을 표본오차로 표준화한 검증통계량의 확률분포는 표준정규분포가 아닌 t-분포(자유도: $n_1 + n_2 - 2$)의 특성을 띠게 된다.

4단계: 신뢰수준 $100 \cdot (1-\alpha)\%$에서 모집단 평균차의 구간추정치, 즉, 신뢰구간은 $(\bar{x}_1 - \bar{x}_2) - t_{\alpha/2, n_1+n_2-2} \cdot SE \leq \mu_1 - \mu_2 \leq (\bar{x}_1 - \bar{x}_2) + t_{\alpha/2, n_1+n_2-2} \cdot SE$이다. 한편, 가설검증에 사용될 검증통계치는 아래 식과 같고, 여기에서 $\mu_1 - \mu_2$는 귀무가설로 설정한 두 모집단 평균차이며, 통상 0으로 설정된다.

$$t = \frac{(\bar{x}_1 - \bar{x}_2) - (\mu_1 - \mu_2)}{SE}$$

5단계: 가설검증

1. 양측(two-tailed)검증

   가설의 형태는 H_a: $\mu_1 - \mu_2 \neq 0$, H_0: $\mu_1 - \mu_2 = 0$이다.

   검증통계치가 t-분포상에서 양측 기각영역 경계값($-t_{\alpha/2, n_1+n_2-2}$과 $t_{\alpha/2, n_1+n_2-2}$)을 벗어난 값이면 귀무가설을 기각하고 대립가설을 채택한다.

2. 단측(one-tailed)검증

   (1) 우측검증

   가설의 형태는 H_a: $\mu_1 - \mu_2 > 0$, H_0: $\mu_1 - \mu_2 \leq 0$이다.

   검증통계치가 t-분포상에서 기각영역 경계값(즉, t_{α, n_1+n_2-2})보다 크거나 같은 값이면 귀무가설을 기각하고 대립가설을 채택한다.

(2) 좌측검증

가설의 형태는 H_a: $\mu_1 - \mu_2 < 0$, H_0: $\mu_1 - \mu_2 \geq 0$이다.

검증통계치가 t-분포상에서 기각영역 경계값(즉, $-t_{\alpha, n_1+n_2-2}$)보다 작거나 같은 값이면 귀무가설을 기각하고 대립가설을 채택한다.

제 2 절 짝을 이루는 두 모집단 간 차이 추정

앞에서는 두 모집단이 서로 독립적인 경우에 두 모집단의 평균차를 추정하거나 두 모집단 사이에 유의한 평균차가 존재하는지 여부를 검증하는 방법을 배웠다. 여기에서는 짝을 이루는 두 모집단 간 차이를 추정하고 검증하는 방법을 다룬다.

짝을 이루는 두 모집단 간 차이 추정의 개념을 쉽게 이해하기 위해 사람들의 오른팔 길이와 왼팔 길이 사이에 차이가 존재하는지를 추정하는 경우를 상정해 보자. 이 경우 두 모집단을 구성하고 있는 오른팔과 왼팔이 짝을 이루고 있기 때문에 둘 사이에 밀접한 상관관계를 갖는다. 반면, 독립적인 두 모집단이라면 두 모집단을 구성하고 있는 개체들 사이에 전혀 연계성이 없기 때문에 두 집단 사이에 상관관계가 존재하지 않는다.

1. 점추정과 구간추정

독립적인 두 모집단 평균차를 추정하는 방법과는 달리 짝을 이루는 두 모집단 사이의 차이를 추정할 때는 이미 앞에서 언급한 바와 같이 표본추출 방법부터 달라야 한다. 짝을 이루는 두 모집단 간 차이를 추정하려는 데 독립적인 두 모집단 간 차이를 추정하는 경우처럼 표본을 추출한다면—즉, n_1명의 개인들을 무작위로 뽑아 그들의 오른쪽 팔 길이를 측정한 후 모집단에 복귀시키고 이어 n_2명의 개인들을 무작위로 뽑아 그들의 왼쪽 팔 길이를 측정한다면—원래의 취지에 맞는 추정을 할 수 없게 된다. 원래의 취지는 동일인의 오른팔과 왼팔 사이에 길이 차이가 존재하는지를 보려는 것이다. 독립적 표본추출을 할 경우에는 마치 '갑'이라는 사람의 오른팔 길이와 '을'이라는 사람의 왼팔 길이 사이에 차이가 있는지를 추정하는 것과 같은 결과가 되기 때문이다.

위 양팔의 예처럼 짝을 이루는 두 모집단 간 차이를 추정하고자 할 경우에는 무작위로 표본에 포함시킬 n명의 사람들을 먼저 뽑고 표본에 속한 개개인의 오른팔 길이와 왼팔 길이를 측정하여 비교해야 할 것이다.

그렇다면 이 경우 통계적 추정을 위한 모집단 모수는 무엇이고 표본통계량은 무엇일까? 짝을 이루는 두 모집단 간 차이를 추정하는 것은 두 모집단 평균차($\mu_1-\mu_2$) 대신 짝을 이루는 개별 개인들의 오른팔 길이와 왼팔 길이 차이의 평균 μ_d를 모집단 모수(population parameter)로 설정하고 그것을 통계적으로 추정하는 문제이다. '평균의 차이'($\mu_1-\mu_2$)를 추정하는 것과 '차이의 평균'(μ_d)을 추정하는 것을 구분할 수 있겠는가? 따라서 위 모집단 모수(μ_d)의 표본통계량은 두 표본의 평균차($\bar{x}_1-\bar{x}_2$)가 아니고, 개별 개인들의 오른팔과 왼팔 길이 차이 d의 평균($\bar{d}$)이며 그 값이 곧 모집단 모수 μ_d의 점추정치(point estimate)가 된다.

표본통계량이 무엇인지 확인하고 나면 그 표본통계량의 표본분포 특성을 알아야 하는데, 위 표본통계량 $\bar{d}$의 표본분포는 이론적으로는 표본오차가 $\sigma_d/\sqrt{n}$인 정규분포의 특성을 갖는다. 그러나 앞의 표본오차 공식에서 분자에 해당하는 σ_d은 모집단 통계량으로서 그 값을 알 수 없기 때문에 실제에서는 (식 7.2.1)과 같이 표본에서 구한 오른팔과 왼팔 길이 차(d)의 표준편차 s_d로 대체하여 표본오차 값을 계산하기 때문에 표본통계량($\bar{d}$)을 표준화한 검증통계량은 t-분포(자유도: $n-1$)의 특성을 따르게 된다.

$$\text{실제 표본오차}(SE)=\frac{s_d}{\sqrt{n}} \quad \text{(식 7.2.1)}$$

그럼, 이 경우 모집단 모수 μ_d의 구간추정치는 무엇일까? 신뢰수준 $100\cdot(1-\alpha)\%$에서 모집단 모수의 구간추정치는 "점추정치$\pm t_{\alpha/2}\cdot SE$"에 의해 구해지는 바, 이를 적용하면 모집단 모수 μ_d의 구간추정치, 즉, 신뢰구간은 (식 7.2.2)와 같다.

$$\bar{d}-t_{\alpha/2,n-1}\cdot SE\leq\mu_d\leq\bar{d}+t_{\alpha/2,n-1}\cdot SE \quad \text{(식 7.2.2)}$$

2. 가설검증

1) 양측검증

짝을 이루는 두 모집단 간 차이에 관한 가설검증은 연구자가 "짝을 이루는 두 대상 사이에 모집단에서 유의한 차이가 있을 것이다."라는 주장을 실증적으로 검증하고자 할 때 주로 사용된다. 이 경우 연구자의 주장을 직접적으로 반영하는 대립가설과 그것의 여집합인 귀무가설은 각각 아래와 같이 표시된다.

대립가설 H_a: $\mu_d\neq0$
귀무가설 H_0: $\mu_d=0$

위와 같이 대립가설과 귀무가설을 설정하고 나면, 이 경우 모집단 모수는 짝을 이루는 두 대상 간 차이 d의 모집단평균 μ_d이 되고, 그것의 표본통계량은 모집단 모수에 대응되는 두 대상 간 차이 d의 표본평균 $\bar{d}$가 된다. 그리고 $\bar{d}$의 표본분포는 이론적으로 표본오차(SE)가 (식 7.2.3)과 같고 정규분포의 특성을 띤다. (식 7.2.3)에서 σ_d는 두 대상 간 차이의 모집단 표준편차이다.

$$\text{이론적 표본오차}=\frac{\sigma_d}{\sqrt{n}} \quad \text{(식 7.2.3)}$$

가설검증의 논리를 따라 이제 귀무가설(H_0)이 옳다고 가정해보자. 그 조건하에서 표본통계량을 표준화한 검증통계량은 아래 (식 7.2.4)과 같고, 실제 표본오차(SE) 값은 위 (식 7.2.3)에 σ_d 대신 표본에서 구한 s_d를 투입하여 구하기 때문에 검증통계량의 확률분포는 표준정규분포가 아닌 t-분포(자유도: $n-1$)의 특성을 띠게 된다.

$$\text{검증통계량 } t = \frac{\bar{d}}{SE} \qquad \text{(식 7.2.4)}$$

이제 검증통계치가 기각영역 경계값인 $\pm t_{\alpha/2,n-1}$보다 양쪽 꼬리부분으로 더 극단적인 값에 해당하는지 여부를 파악하여 귀무가설의 기각여부, 즉, 대립가설의 채택여부를 판정하는데, 검증통계치가 $\pm t_{\alpha/2,n-1}$을 벗어난 값을 가질 경우 귀무가설을 기각하고 대립가설을 채택하는 반면, 검증통계치가 $\pm t_{\alpha/2,n-1}$보다 안쪽에 떨어지는 값을 가질 경우 귀무가설을 기각할 수 없어서 대립가설이 옳다고 주장할 수 없게 된다. 이상의 대립가설 채택여부는 유의확률 p-값이 연구자가 정한 유의수준 α보다 더 작은지 여부에 근거하여 판정할 수도 있는바, p-값이 α보다 자거나 같을 경우 귀무가설을 기각하고 대립가설을 채택한다. 위 두 가지 방법 중 어느 방법을 사용하든 물론 그 판정결과는 동일하다.

2) 단측검증

(1) 우측검증

이번에는 연구자가 "모집단에서 A(예, 오른팔)의 길이가 짝을 이루는 B(예, 왼팔)의 길이보다 유의한 정도로 더 클 것이다."라는 주장을 실증적으로 검증하는 상황을 상정해보자. 이 경우 연구자의 주장을 반영하는 대립가설(H_a)과 그것의 여집합인 귀무가설(H_0)은 아래와 같이 정리된다. 여기에서 μ_d는 모집단에 속한 개별 개체들의 차이의 평균을 가리킨다.

대립가설 H_a: $\mu_d > 0$

귀무가설 H_0: $\mu_d \leq 0$

위 가설을 검증하기 위해 일단 귀무가설의 경계값으로 표시된 임시 귀무가설 H_0: $\mu_d = 0$이 옳다고 가정한다. 그리고 이 가정하에서 표본통계량인 $\bar{d}$를 표준화한 검증통계치(식 7.2.4 참조)가 우측 기각영역 경계값 $t_{\alpha,n-1}$보다 큰지 여부를 가지고 위 임시 귀무가설에 대한 기각여부를 결정한다. 검증통계치가 $t_{\alpha,n-1}$보다 작은 값이면 임시 귀무가설을 기각할 수 없는 반면, $t_{\alpha,n-1}$보다 더 크거나 같은 값이면 임시 귀무가설을 기각할 수 있다. 임시 귀무가설의 기각여부는 유의확률 p-값이 연구자가 정한 유의수준 α보다 더 작은지 여부에 근거해서도 판정할 수 있다. 그리고 임시 귀무가설 H_0: $\mu_d = 0$을 기각할 수 있으면, 이미 앞에서 확인한 바와 같이 나머지 귀무가설 H_0: $\mu_d < 0$도 당연히 기각할 수 있게 된다.

(2) 좌측검증

이번에는 연구자가 "모집단 A(예, 오른팔)가 그것과 짝을 이루는 모집단 B(예, 왼팔)보다 유의한 정도로 더 작을 것이다."라는 가설을 실증적으로 상황을 상정해볼 수 있는데, 이 경우 A과 B의 자리순서만 바꾸면 앞에서 배운 우측검증의 문제로 전환할 수 있기 때문에 좌측검증의 논리를 여기에서 굳이 반복하지 않겠다.

짝을 이루는 두 모집단 간 차이 추정

1단계: 추정하고자 하는 모집단 모수는 두 모집단 간 차이의 평균 μ_d이다. 귀무가설과 대립가설은 연구자가 짝을 이루는 두 모집단 간 차이에 대해 주장하고자 하는 바에 의해 결정된다.

2단계: 모집단 모수에 대응되는 표본통계량은 두 표본집단 간 차이의 평균 $\bar{d}$이다.

3단계: 짝을 이루는 두 표본집단 간 차이의 평균의 표본분포는 정규분포의 특성을 가지며, 이론적 표본오차(SE)는 $\sigma_d/\sqrt{n}$이다. 그러나 표본오차(SE) 공식 속에 포함되어 있는 σ_d는 실제 알 수 없는 모집단의 통계량이기 때문에 표본에서 얻은 점추정치 s_d로 대체하여 계산하게 되고, 그 결과 표본통계량을 표본오차로 표준화한 검증통계량의 확률분포는 표준정규분포가 아닌 t-분포(자유도: $n-1$)의 특성을 띠게 된다.

4단계: 신뢰수준 $100\cdot(1-\alpha)\%$에서 두 모집단 간 차이의 평균에 대한 구간추정치, 즉, 신뢰구간은 $\bar{d}-t_{\alpha/2,n-1}\cdot SE \le \mu_d \le \bar{d}+t_{\alpha/2,n-1}\cdot SE$ 이다. 한편, 가설검증에 사용될 검증통계치는 아래 식과 같고, 여기에서 μ_{d_0}는 귀무가설로 설정한 μ_d의 값이다.

$$t=\frac{\bar{d}-\mu_{d_0}}{SE}$$

5단계: 가설검증

1. 양측(two-tailed)검증

   가설의 형태는 H_a: $\mu_d \ne 0$, H_0: $\mu_d=0$이다.

   검증통계치가 t-분포상에서 양측 기각영역 경계값($-t_{\alpha/2,n-1}$과 $t_{\alpha/2,n-1}$)을 벗어난 값이면 귀무가설을 기각하고 대립가설을 채택한다.

2. 단측(one-tailed)검증

   (1) 우측검증

   가설의 형태는 H_a: $\mu_d>0$, H_0: $\mu_d \le 0$이다.

   검증통계치가 t-분포상에서 우측 기각영역 경계값(즉, $t_{\alpha,n-1}$)보다 크거나 같은 값이면 귀무가설을 기각하고 대립가설을 채택한다.

   (2) 좌측검증

   가설의 형태는 H_a: $\mu_d<0$, H_0: $\mu_d \ge 0$이다.

   검증통계치가 t-분포상에서 좌측 기각영역 경계값(즉, $-t_{\alpha,n-1}$)보다 작거나 같은 값이면 귀무가설을 기각하고 대립가설을 채택한다.

제 3 절 독립된 두 모집단 비율차 추정

1. 점추정과 구간추정

여기에서는 서로 독립적으로 존재하는 모집단 A와 모집단 B에서의 비율 차이를 추정하는 방법을 다룬다. 우선, 모집단 A에서의 비율을 P_1, 모집단 B에서의 비율을 P_2라 하고, 모집단 A과 모집단 B로부터 각각 n_1개와 n_2개의 개체를 추출하여 계산한 각각의 표본비율을 $\bar{p}_1$과 $\bar{p}_2$라 하자. 이 경우 추정하고자 하는 두 모집단에서의 비율차 P_1-P_2가 모집단 모수가 되고, 모집단 비율차에 대응되는 표본비율차 $\bar{p}_1-\bar{p}_2$가 표본통계량이 되며, 그 값이 모집단 모수의 점추정치(point estimate)가 된다.

다음으로 표본통계량의 표본분포 특성을 알아야 하는데, n_1과 n_2가 각각 30 이상이 되면 표본비율차 $\bar{p}_1-\bar{p}_2$의 표본분포도 정규분포의 특성을 갖게 되고 그것의 이론적 표본오차는 (식 7.3.1)과 같다.

$$\text{표본오차}(SE)=\sqrt{\frac{P_1(1-P_1)}{n_1}+\frac{P_2(1-P_2)}{n_2}} \qquad \text{(식 7.3.1)}$$

그러나 앞의 표본오차 공식에 포함되어 있는 두 모집단비율 P_1과 P_2는 실제 알 수 없는 모집단의 통계량이기 때문에 표본에서 얻은 표본비율 $\bar{p}_1$과 $\bar{p}_2$로 대체하여 표본오차 값을 계산한다. 그 결과 표본오차 값 자체의 정확도가 떨어질 수밖에 없고, 그 정확도는 두 표본의 크기(즉, n_1과 n_2)가 커질수록 높아지게 된다. 따라서, 표본비율차($\bar{p}_1-\bar{p}_2$)를 표본오차로 표준화한 검증통계량은 t-분포(자유도: n_1+n_2-2)의 특성을 띠게 된다.

그럼, 두 모집단 비율차 P_1-P_2의 구간추정치는 무엇일까? 일정한 신뢰수준 $100\cdot(1-\alpha)\%$에서 모집단 모수의 구간추정치를 구할 때 적용되는 공식 "점추정치$\pm t_{\alpha/2}\cdot SE$"를 적용하면 두 모집단 비율차의 구간추정치, 즉 신뢰구간은 (식

7.3.2)와 같고, 아래 식에서 실제 표본오차는 (식 7.3.3)과 같다.

$$(\bar{p}_1-\bar{p}_2)-t_{\alpha/2,n_1+n_2-2}\cdot SE\leq P_1-P_2\leq(\bar{p}_1-\bar{p}_2)+t_{\alpha/2,n_1+n_2-2}\cdot SE \quad \text{(식 7.3.2)}$$

$$\text{실제 표본오차}(SE)=\sqrt{\frac{\bar{p}_1(1-\bar{p}_1)}{n_1}+\frac{\bar{p}_2(1-\bar{p}_2)}{n_2}} \quad \text{(식 7.3.3)}$$

2. 가설검증

1) 양측검증

두 모집단의 비율차에 관한 가설검증은 연구자가 "두 모집단 비율차(P_1-P_2)가 특정한 값(P_0)은 아닐 것이다."라는 주장을 실증적으로 검증하고자 할 때 사용할 수 있지만 통상 "두 모집단 비율차(P_1-P_2)가 0은 아닐 것이다."—즉, "두 모집단 비율 P_1과 P_2 사이에 유의한 차이가 존재할 것이다."—라는 주장을 실증적으로 검증하고자 할 때 주로 사용한다. 이 경우 연구자의 주장을 직접적으로 반영하는 대립가설과 그것의 여집합인 귀무가설은 각각 H_a: $P_1 \neq P_2$과 H_0: $P_1=P_2$이지만, 아래와 같은 형식으로 설정하는 것이 가설검증을 용이하게 한다.

대립가설 H_a: $P_1-P_2\neq 0$

귀무가설 H_0: $P_1-P_2=0$

위와 같이 대립가설과 귀무가설을 설정하고 나면, 이 경우 모집단 모수는 두 모집단의 비율차(P_1-P_2)가 되고, 그것의 표본통계량은 두 표본의 비율차($\bar{p}_1-\bar{p}_2$)가 된다.

가설검증의 논리를 따라 이제 귀무가설(H_0)이 옳다고 가정해보자. 그 조건하에서 표본통계량을 표준화한 검증통계량은 다음 (식 7.3.4)과 같고, t-분포(자유도: n_1+n_2-2)를 따른다.

$$\text{검증통계량 } t = \frac{\bar{p}_1 - \bar{p}_2}{SE} \quad \text{(식 7.3.4)}$$

이제 검증통계치가 양측 기각영역 경계값인 $\pm t_{\alpha/2, n_1+n_2-2}$를 벗어난 값에 해당하는지 여부를 파악하여 귀무가설의 기각여부, 즉, 대립가설의 채택여부를 판정하는데, 검증통계치가 양쪽 꼬리부분으로 $\pm t_{\alpha/2, n_1+n_2-2}$를 벗어난 값을 가질 경우 귀무가설을 기각하고 대립가설을 채택하는 반면, 검증통계치가 기각영역 경계값보다 안쪽에 떨어지는 값을 가질 경우 귀무가설을 기각할 수 없어서 대립가설이 옳다고 주장할 수 없게 된다. 이상의 대립가설 채택여부는 유의확률 p-값이 연구자가 정한 유의수준 α보다 더 작은지 여부에 근거하여 판정할 수도 있는바, p-값이 α보다 작거나 같을 경우 귀무가설을 기각하고 대립가설을 채택한다.

2) 단측검증

(1) 우측검증

우측검증은 통상 연구자가 "두 모집단 비율차(P_1-P_2)가 0보다 클 것이다."—즉, "모집단 A의 비율(P_1)이 모집단 B의 비율(P_2)보다 클 것이다."—라는 주장을 실증적으로 검증할 때 사용한다. 이 경우 연구자의 주장을 반영하는 대립가설(H_a)과 그것의 여집합인 귀무가설(H_0)은 아래와 같이 정리된다.

대립가설 H_a: $P_1-P_2>0$
귀무가설 H_0: $P_1-P_2 \le 0$

위 가설을 검증하기 위해 일단 귀무가설의 경계값으로 표시된 임시 귀무가설 H_0: $P_1-P_2=0$이 옳다고 가정한다. 그리고 이 가정하에서 얻어진 검증통계치(식 7.3.4 참조)가 우측 기각영역 경계값 t_{α, n_1+n_2-2}보다 큰지 여부를 가지고 임시 귀무가설에 대한 기각여부를 결정한다. 이 검증통계치가 t_{α, n_1+n_2-2}보다 작은 값이면 임시 귀무가설을 기각할 수 없는 반면, 그보다 크거나 같은 값이면 임시 귀무가설을 기각할 수 있다. 임시 귀무가설의 기각여부는 물론 유의확률 p-값이 연구자가 정한 유의수준 α보다 더 작은지 여부에 근거하여 판정할 수도 있다. 그리고 임시 귀무가설 H_0: $P_1-P_2=0$을 기각할 수 있으면, 나머지 귀무가설 H_0: $P_1-P_2<0$도 당연히 기각된다.

(2) 좌측검증

좌측검증은 통상 연구자가 "두 모집단 비율차(P_1-P_2)가 0보다 작을 것이다."—즉, "모집단 A의 비율(P_1)이 모집단 B의 비율(P_2)보다 작을 것이다."—라는 주장을 실증적으로 검증할 때 사용한다. 이 경우는 P_1과 P_2의 자리순서만 바꾸면 앞에서 배운 우측검증의 문제로 바꿀 수 있기 때문에 좌측검증의 논리를 여기에서 반복하지 않겠다.

두 모집단 비율차 추정

1단계: 추정하고자 하는 모집단 모수는 모집단의 비율차 P_1-P_2이다. 대립가설과 귀무가설은 연구자가 모집단 비율차에 대해 주장하고자 하는 바에 의해 결정된다.

2단계: 모집단 모수에 대응되는 표본통계량은 표본비율차 $\bar{p}_1-\bar{p}_2$이다.

3단계: 표본비율차의 표본분포는 정규분포의 특성을 가지며, 이론적 표본오차(SE)는 (식 7.3.1)과 같다. 그러나 표본오차(SE) 공식 속에 포함되어 있는 P_1과 P_2는 실제 알 수 없는 모집단의 비율이기 때문에 표본에서 얻은 각각의 점추정치 $\bar{p}_1$과 $\bar{p}_2$로 대체하여 계산하게 되는데, 그 결과 표본통계량을 표본오차로 표준화한 검증통계량의 확률분포는 t-분포(자유도: n_1+n_2-2)의 특성을 띠게 된다.

4단계: 신뢰수준 $100\cdot(1-\alpha)\%$에서 모집단 비율차의 신뢰구간은
$(\bar{p}_1-\bar{p}_2)-t_{\alpha/2,n_1+n_2-2}\cdot SE \leq P_1-P_2 \leq (\bar{p}_1-\bar{p}_2)+t_{\alpha/2,n_1+n_2-2}\cdot SE$이다.
한편, 가설검증에 사용될 검증통계치는 다음 식을 통해 구하는데, 식에서 P_1-P_2의 값은 귀무가설로 설정한 두 모집단 비율차이다.

$$t = \frac{(\bar{p}_1 - \bar{p}_2) - (P_1 - P_2)}{SE}$$

5단계: 가설검증

1. 양측(two-tailed)검증

   가설의 형태는 H_a: $P_1 - P_2 \neq 0$, H_0: $P_1 - P_2 = 0$이다.

   검증통계치가 t-분포상에서 기각영역 경계값(즉, $-t_{\alpha/2, n_1+n_2-2}$과 $t_{\alpha/2, n_1+n_2-2}$)를 벗어난 값이면 귀무가설을 기각하고 대립가설을 채택한다.

2. 단측(one-tailed)검증

   (1) 우측검증

   가설의 형태는 H_a: $P_1 - P_2 > 0$, H_0: $P_1 - P_2 \leq 0$이다.

   검증통계치가 t-분포상에서 기각영역 경계값(즉, t_{α, n_1+n_2-2})보다 크거나 같은 값이면 귀무가설을 기각하고 대립가설을 채택한다.

   (2) 좌측검증

   가설의 형태는 H_a: $P_1 - P_2 < 0$, H_0: $P_1 - P_2 \geq 0$이다.

   검증통계치가 t-분포상에서 기각영역 경계값(즉, $-t_{\alpha, n_1+n_2-2}$) 보다 작거나 같은 값이면 귀무가설을 기각하고 대립가설을 채택한다.

제 4 절 분산분석을 이용한 두 모집단 평균차 추정

제1절에서는 두 모집단의 평균에 유의한 차이가 존재하는지 여부를 두 표본의 평균차($\bar{x}_1 - \bar{x}_2$)를 표본통계량으로 활용하여 검증하는 방법을 설명하였다. 그러나 두 모집단 평균에 유의한 차이가 존재하는지 여부는 분산분석(ANOVA: Analysis of Variance)이라는 통계분석기법을 통해서도 검증이 가능하다. 이 분산분석은 통상 표본의 평균차를 이용하여 검증할 수 없는 세 개 이상의 모집단 사이에 유의

한 평균차가 존재하는지 여부를 검증하는 데 보편적으로 활용되는 방법이지만, 두 모집단 사이의 평균차가 존재하는지 여부를 검증하는 데도 물론 동일한 원리와 절차의 적용이 가능하다. 이 분산분석(ANOVA)의 원리와 절차에 대해서는 제9장에서 상세하게 설명할 것이기 때문에 여기에서 설명은 생략한다. 독자들은 제9장에서 분산분석의 원리와 절차를 확실하게 이해하도록 하고, 실전에서는 통계패키지가 보여주는 분산분석 결과표를 잘 해석하면 된다.

SPSS로 두 모집단 평균차 추정 및 가설검증 실행하기

연습용 표본데이터(1)을 활용하여 남녀 두 모집단의 학업성취도 평균차 추정과 "모집단 학업성취도에서 성별 차이가 존재할 것이다."라는 가설에 관한 t-검증을 실행해보자.

1. 두 모집단 평균차 추정 절차: 분석 → 평균비교 → 독립표본 T 검정 클릭 → 검정변수 박스에 학업성취도를 입력하고, 집단변수에 성별을 입력 → 집단 정의 버튼을 클릭한 후 집단 1에 0, 집단 2에 1을 입력 → 확인

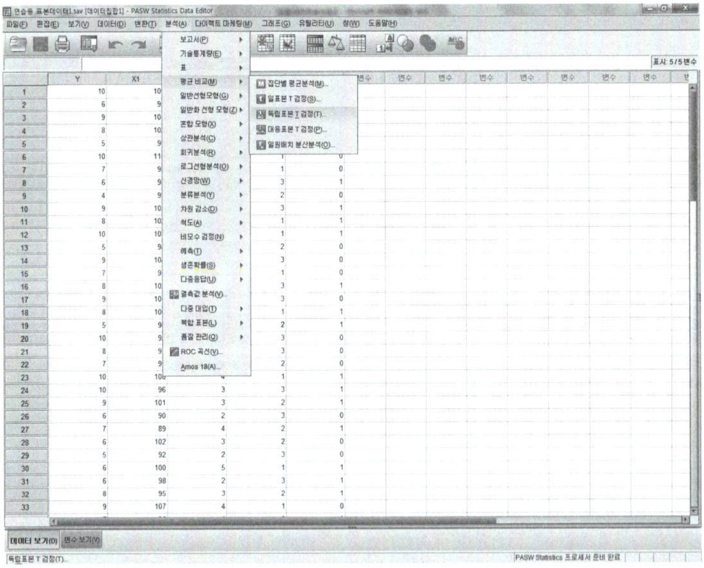

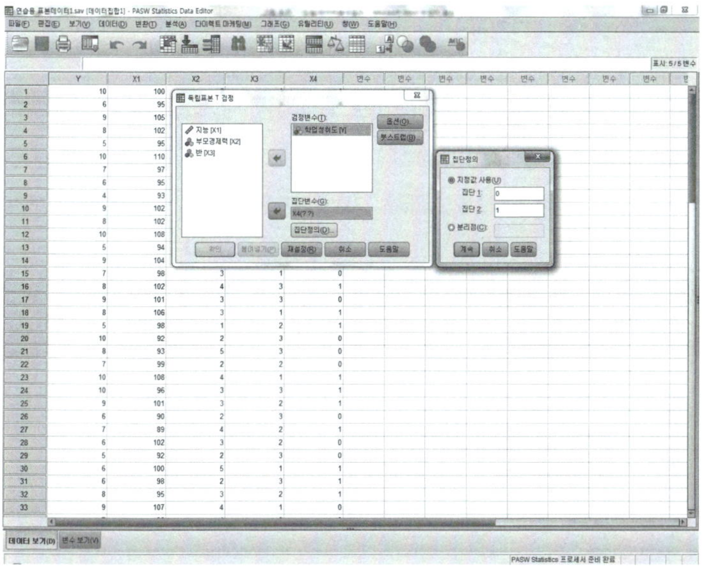

2. 두 모집단 평균차에 관한 분석결과

T-Test

Group Statistics

성별		N	Mean	Std. Deviation	Std. Error Mean
학업성취도	0	42	7.64	1.910	.295
	1	43	7.98	1.896	.289

Independent Samples Test

		Levene's Test for Equality of Variances		t-test for Equality of Means					95% Confidence Interval of the Difference	
		F	Sig.	t	df	Sig. (2-tailed)	Mean Difference	Std. Error Difference	Lower	Upper
학업성취도	Equal variances assumed	.285	.595	-.809	83	.421	-.334	.413	-1.155	.487
	Equal variances not assumed			-.809	82.918	.421	-.334	.413	-1.155	.487

학업성취도에 있어서 두 표본 평균차=0.334

두 표본 평균차의 표본오차(SE)=0.413

검증통계치 $t=-0.809$ (← 0.334/0.413)

양측검증 기준 p-값=0.421

연습문제

A. 표본에 포함된 학생들의 지능(X_1)을 검정변수에, 성별(X_4)을 집단변수에 투입하여 SPSS의 독립표본 t-검정을 실행함으로써 아래와 같은 결과표를 얻었다. 등분산 가정(Equal variances assumed)에 기초한 결과표에 근거하여 질문에 답하라.

T-Test

Group Statistics

	성별	N	Mean	Std. Deviation	Std. Error Mean
지능	0	42	99.69	5.795	.894
	1	43	100.95	5.711	.871

Independent Samples Test

		Levene's Test for Equality of Variances		t-test for Equality of Means						
									95% Confidence Interval of the Difference	
		F	Sig.	t	df	Sig. (2-tailed)	Mean Difference	Std. Error Difference	Lower	Upper
지능	Equal variances assumed	.021	.886	-1.012	83	.314	-1.263	1.248	-3.745	1.219
	Equal variances not assumed			-1.012	82.878	.315	-1.263	1.248	-3.746	1.220

1. 위 독립표본 t-검증을 통해 추정할 수 있는 모집단 모수가 무엇인지 적고, 결과표에 근거하여 해당 모집단 모수의 점추정치(point estimate)를 찾아 적어보라.

2. 표본평균차($\bar{x}_1 - \bar{x}_2$)의 표본오차(standard error)를 찾아 적어보라.

3. 구간추정치를 구하는 공식, "점추정치$\pm t_{\alpha/2} \cdot SE$"를 활용하여 모집단 모수의 95% 신뢰구간(confidence interval)을 구해보라. (단, $t_{0.025,83}=1.99$이다.)

4. 위 독립표본 t-검증을 통해 검증할 수 있는 대립가설이 무엇인지 적어보라. 이어 대립가설의 여집합에 해당하는 귀무가설도 적어보라.

대립가설 H_a: 　　　　　　귀무가설 H_0:

5. 위 귀무가설이 옳다는 가정하에서 검증통계치(test statistic)는 얼마인가? 그리고 해당 검증통계치에 딸린 양측검증 기준 유의확률(p-값)은 얼마인가?

6. $\alpha=0.001$ 수준에서 위 귀무가설을 기각하고 대립가설을 채택할 수 있는지 판정하라. 이어 위 판정결과를 해석하라.

B. 특정 대기업 내 남녀 임금격차가 어느 정도 큰지를 실증적으로 파악해보려고 한다. 단, 전수조사는 여러 가지 여건상 어렵기 때문에 표본을 확보하여 조사한 후 그것에 근거하여 최종 판단을 하려고 한다. 아래 연구설계에 대한 질문에 답하라.

연구설계: 남자 직원들 중에서 200명을 무작위로 뽑고, 여자 직원들 중에서 200명을 무작위로 뽑아 표본을 구성하고, 그들의 임금수준을 조사하여 독립된 두 모집단 평균차 추정기법을 활용하여 두 모집단 간 평균차를 추정하고, 실제 모집단에서 격차가 존재한다고 볼 수 있는지 여부를 검증하려고 한다.

1. 연구의 취지에 비춰 볼 때 표본 구성이 적절하다고 판단하는가?

2. 연구의 취지에 비춰 볼 때 통계분석기법이 적절하다고 판단하는가?

3. 연구의 취지를 잘 살리려면 연구설계를 어떻게 변경해야 하는가?

4. 변경된 연구설계에 따라 확보한 표본데이터를 분석할 때 어떠한 통계분석기법을 적용하는 것이 적절한가?

C. 특정 할인매장이 매장을 방문한 고객들 중에서 30,000원 이상 구매자의 비율이 주중과 주말에 따라 차이가 있는지 파악하기 위하여 무작위로 한 주를 선택하여 주중에 방문한 고객들의 구매액과 주말에 방문한 고객의 구매액을

조사해보았더니, 주말에는 방문고객 3,000명 중에서 840명이 30,000원 이상 구매하였고 주중에는 방문고객 5,000명 중에서 1,250명이 30,000원 이상 구매한 것으로 나타났다. 이 할인매장에 방문한 전체 고객을 놓고 볼 때 주말과 주중 사이에 30,000원 이상 구매한 고객의 비율차를 추정·검증해보자.

1. 30,000원 이상 구매하는 고객의 주말 표본비율과 주중 표본비율을 각각 구하라.

2. 위 실증분석의 취지를 고려할 때 모집단 모수는 무엇인가?

3. 모집단 모수에 대한 점추정치(point estimate)를 구하라.

4. 표본비율차에 대한 표본오차(standard error)를 구하라.

5. 모집단 비율차에 대한 95% 신뢰구간(confidence interval)을 구하라.

6. "할인매장에 방문한 고객 중 30,000원 이상 구매하는 고객의 비율이 주중보다 주말에 더 높을 것이다."라는 경영진의 확신이 95% 신뢰수준에서 옳다고 할 수 있는지 검증해보자.
   1) 대립가설과 귀무가설을 적어보라.
   2) 검증통계치를 계산하라.
   3) 유의확률(p-값)을 계산해보라. (Excel의 TDIST 기능 활용 가능)
   4) 위 대립가설에 대해 어떤 결론을 내리겠는가?

제 8 장

모집단 분산 추정

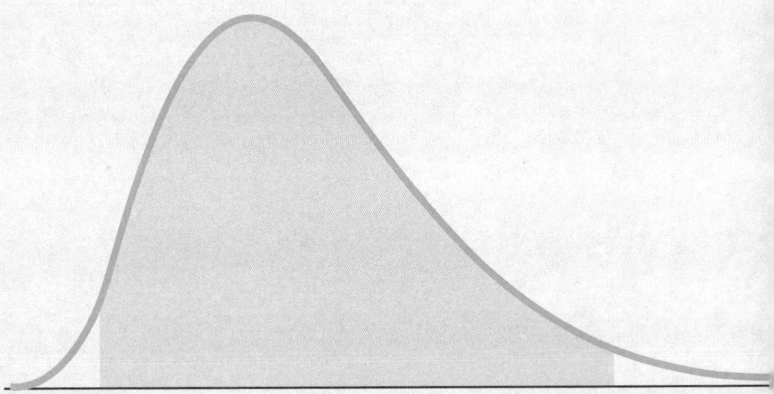

본 장에서는 모집단 분산에 대한 추정과 두 모집단 분산비율에 대한 추정에 대해 배운다. 이 주제는 아래 [표 8.1]의 색칠한 부분에 해당한다.

[표 8.1] 모집단 모수, 표본통계량과 검증통계량, 그리고 표본분포

	모집단 모수	표본통계량 검증통계량	표본분포
6장	모집단평균(μ)	표본통계량: 표본평균($\bar{x}$) 검증통계량: $t=(\bar{x}-\mu_0)/SE$	정규분포 (t-분포)
	모집단비율(P)	표본통계량: 표본비율($\bar{p}$) 검증통계량: $t=(\bar{p}-P_0)/SE$	
7장	두 모집단 평균차 ($\mu_1-\mu_2$)	표본통계량: 두 표본 평균차($\bar{x}_1-\bar{x}_2$) 검증통계량: $t=\{(\bar{x}_1-\bar{x}_2)-(\mu_1-\mu_2)\}/SE$	정규분포 (t-분포)
	두 모집단 비율차 (P_1-P_2)	표본통계량: 두 표본 비율차($\bar{p}_1-\bar{p}_2$) 검증통계량: $t=\{(\bar{p}_1-\bar{p}_2)-(P_1-P_2)\}/SE$	
8장	모집단분산(σ^2)	표본통계량: 표본분산(s^2) 검증통계량: $\chi^2=(n-1)s^2/\sigma^2$	χ^2-분포
	두 모집단 분산비 (σ_1^2/σ_2^2)	표본통계량: 두 표본 분산비(s_1^2/s_2^2) 검증통계량: $F=s_1^2/s_2^2$	F-분포
9장	복수 모집단간 평균차 존재여부	표본통계량: 복수 표본평균의 분산 검증통계량: $F=MSB/MSW$	F-분포
10장	모집단 상관계수(ρ_{xy})	표본통계량: 표본상관계수(r_{xy}) 검증통계량: $t=(r_{xy}-\rho_{xy})/SE$	정규분포 (t-분포)
12장	모집단 회귀계수(β_1)	표본통계량: 표본회귀계수(b_1) 검증통계량: $t=(b_1-\beta_1)/SE$	정규분포 (t-분포)
13장 14장 15장	모집단 회귀계수(β_k)	표본통계량: 표본회귀계수(b_k) 검증통계량: $t=(b_k-\beta_k)/SE$	정규분포 (t-분포)

주: 1. 표본오차 SE의 값은 표본통계량마다 구하는 공식이 각각 다르다.

제 1 절 모집단 분산 추정

1. 점추정과 구간추정

연구자가 모집단에서 특정 변수의 분산(σ^2)이 어느 정도 될지 궁금하다면 그것을 어떻게 추정할까? 모집단의 평균(μ)이나 비율(P)을 추정할 때는 (1) 그 각각에 상응하는 표본통계량—즉, 표본평균($\bar{x}$)과 표본비율($\bar{p}$)—을 점추정량(point estimator)으로 활용하여 점추정치(point estimate)를 구하였고, (2) 유의수준(α)를 설정한 후 "점추정치$\pm t_{\alpha/2} \cdot SE$"라는 구간추정량(interval estimator) 공식을 활용하여 신뢰수준 $100 \cdot (1-\alpha)$%에서의 구간추정치(interval estimate)를 구하였다(제6장 참조).

모집단 분산(σ^2)에 대한 점추정치(point estimate)를 구할 때는 모집단 평균이나 모집단 비율을 추정할 때처럼 모집단 분산에 상응하는 표본통계량, 즉, 표본분산(s^2)을 점추정량(point estimator)으로 활용하면 된다. 다만, 표본분산을 구할 때 유의할 점은 기술통계 차원에서 주어진 데이터의 분산을 구할 때와는 달리 (식 8.1.1)에서 보는 것처럼 분모에 n 대신 $n-1$을 사용해서 구한다는 점이다. 이론적으로 볼 때 그렇게 구한 표본분산이 추리통계에서 모집단의 분산을 가장 잘 대표할 수 있는 불편추정량(unbiased estimator)이기 때문이다.

$$s^2 = \frac{(x_1-\bar{x})^2 + (x_2-\bar{x})^2 + \cdots + (x_n-\bar{x})^2}{n-1} \qquad \text{(식 8.1.1)}$$

한편, 모집단 분산의 구간추정치(interval estimate)를 구할 때는 모집단 평균이나 비율의 구간추정치를 구할 때 적용했던 공식이 적용되지 않는다. 왜냐하면 모집단 분산의 표본통계량인 표본분산의 표본분포가 좌우대칭형의 확률분포가 아니기 때문이다. 그렇다면, 표본분산(s^2)의 표본분포는 어떠한 확률분포의 특성을 가지며, 어떠한 방식으로 구간추정치를 구할까?

제3장 2절에서 설명한 바 있는 카이제곱분포(χ^2-분포)의 특성에 대해 잠시 되

새겨보자. 그리고 표본분산을 약간 변형시킨 새로운 확률변수 $\chi^2=(n-1)s^2/\sigma^2$의 확률분포가 자유도 $n-1$인 카이제곱분포의 특성을 갖는다는 점을 확인해두자. 바로 이 새로운 확률변수 χ^2이 카이제곱분포를 따른다는 점을 활용하여 모집단 분산에 대한 구간추정치를 어렵지 않게 구할 수 있다.

이제 일정한 신뢰수준 $100\cdot(1-\alpha)\%$에서 모집단 분산의 구간추정치를 구해보자. 예컨대, 연구자가 모집단으로부터 30개의 개체를 표본으로 뽑아 95%의 신뢰수준에서 모집단 분산의 구간추정치를 구하는 경우를 가정해보자. 이것을 확률변수 χ^2의 표본분포상에서 확률식으로 표현하면, 위 문제는 곧 (식 8.1.2)를 만족시키는 두 경계값 a와 b를 구하는 문제가 되며, 카이제곱분포상에서는 〈그림 8.1.1〉처럼 표시될 것이다.

$$P\left(a \le \frac{(n-1)s^2}{\sigma^2} \le b\right) = 0.95 \qquad \text{(식 8.1.2)}$$

[부록 3] 카이제곱분포표에서 우선 a와 b의 값을 구해보자. 자유도가 29인 카이제곱분포에서 경계값 a와 b 사이의 확률이 0.95가 되어야 하기 때문에 왼쪽 경계값 a보다 작은 값이 나올 확률이 0.025, 오른쪽 경계값 b보다 큰 값이 나올 확률이 0.025가 되게 하는 값들을 찾아야 한다. 카이제곱분포표에 제시된 값이

그림 8.1.1 95%의 신뢰수준을 나타내는 경계값 a와 b

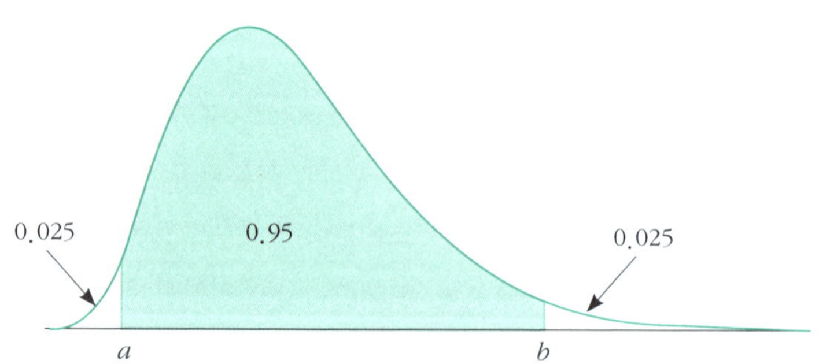

의미하는 바가 해당 값보다 크거나 같은 값을 가질 확률을 나타내기 때문에 왼쪽 경계값 a보다 작은 값이 나올 확률이 0.025가 되게 하는 a를 구하려면 a보다 크거나 같은 값이 나올 확률이 0.975가 되게 하는 값을 찾으면 되고, 오른쪽 경계값 b보다 큰 값이 나올 확률이 0.025가 되게 하는 b를 구하려면 b보다 크거나 같은 값이 나올 확률이 0.025가 되게 하는 값을 찾으면 된다. 결과적으로 $a=16.05$, $b=45.72$임을 알 수 있을 것이다.

위에서 구한 두 경계값 $a=16.05$, $b=45.72$를 (식 8.1.2)에 대입하면 $P(16.05 \leq (n-1)s^2/\sigma^2 \leq 45.72)=0.95$가 되는바, 그로부터 σ^2의 구간추정치를 계산해보자. 우선, 확률식 괄호 안의 왼쪽 부등식 $16.05 \leq (n-1)s^2/\sigma^2$을 σ^2을 중심으로 재정리하면 $\sigma^2 \leq (n-1)s^2/16.05$가 된다. 다음으로 괄호 안의 오른쪽 부등식 $(n-1)s^2/\sigma^2 \leq 45.72$를 σ^2을 중심으로 재정리하면 $(n-1)s^2/45.72 \leq \sigma^2$이 된다. 괄호 안의 식을 재정리한 위 두 식을 통합하면 $(n-1)s^2/45.72 \leq \sigma^2 \leq (n-1)s^2/16.05$가 되는데, 여기에서 $n-1=29$이고 s^2은 표본분산이기 때문에 (식 8.1.1)을 활용하여 계산할 수 있다.

모집단 분산의 구간추정치를 구하는 위 과정을 일정한 신뢰수준 $100\cdot(1-\alpha)\%$에서 모집단 분산의 구간추정치를 구하는 공식으로 일반화하면 (식 8.1.3)과 같이 되는데, 아래 식에서 $\chi^2_{1-\alpha/2,n-1}$은 (식 8.1.2)상의 왼쪽 경계값 a의 일반화된 표현이고, $\chi^2_{\alpha/2,n-1}$은 오른쪽 경계값 b의 일반화된 표현이다. 예를 들어, 95% 신뢰수준—즉, 유의수준 $\alpha=0.05$—에서 30개의 개체를 표본으로 뽑아 그것을 활용하여 모집단 분산의 구간추정치를 구하고자 할 경우 왼쪽 경계값은 $\chi^2_{0.975,29}$가 되고, 오른쪽 경계값은 $\chi^2_{0.025,29}$가 된다.

$$\frac{(n-1)s^2}{\chi^2_{\alpha/2,n-1}} \leq \sigma^2 \leq \frac{(n-1)s^2}{\chi^2_{1-\alpha/2,n-1}} \qquad \text{(식 8.1.3)}$$

2. 가설검증

1) 양측검증

이번에는 연구자가 “모집단 분산(σ^2)이 특정한 값(σ_0^2)과 같지 않을 것이다.”라는 주장을 일정한 유의수준(α)에서 실증적으로 검증하는 상황을 상정해보자. 이 경우 연구자의 주장을 반영하는 대립가설(H_a)과 그것의 여집합인 귀무가설(H_0)은 아래와 같이 정리할 수 있다.

대립가설 H_a: $\sigma^2 \neq \sigma_0^2$

귀무가설 H_0: $\sigma^2 = \sigma_0^2$

이때 모집단 모수는 모집단 분산 σ^2이고, 그것의 표본통계량은 표본분산 s^2이다. 가설검증의 논리를 따라 이제 귀무가설(H_0)이 옳다고 가정해보자. 그 조건 하에서 모집단이 정규분포를 따른다면(모집단의 분산에 대한 추정 및 가설검증은 해당 변수 값의 모집단 내 분포가 정규분포라는 가정하에 성립된다), 검증통계량은 (식 8.1.4)와 같고, 검증통계량의 확률분포는 카이제곱분포(자유도: $n-1$)를 따른다.

$$\text{검증통계량 } \chi^2 = \frac{(n-1)s^2}{\sigma_0^2} \qquad \text{(식 8.1.4)}$$

그럼, 카이제곱분포상에서 귀무가설의 기각여부, 즉, 대립가설의 채택여부를 판정하는 기준이 되는 기각영역 경계값을 찾아보자. 기각영역 경계값은 (식 8.1.2)상에 나타난 구간추정치의 경계값 a와 b에 해당하는 것으로서 좌측 경계값은 $\chi^2_{1-\alpha/2,\,n-1}$이고, 우측 경계값은 $\chi^2_{\alpha/2,\,n-1}$이다. 따라서 검증통계치가 $\chi^2_{1-\alpha/2,\,n-1}$보다 작은 값이거나, $\chi^2_{\alpha/2,\,n-1}$보다 큰 값일 경우 귀무가설을 기각하고 대립가설을 채택하는 반면, 검증통계치가 양쪽 기각영역 경계값 안쪽에 떨어지는 값을 가질 경우 귀무가설을 기각할 수 없어서 대립가설이 옳다고 주장할 수 없게 된다.

2) 단측검증

(1) 우측검증

이번에는 연구자가 "모집단 분산(σ^2)이 특정한 값(σ_0^2)보다 클 것이다."라는 주장을 실증적으로 검증하는 상황을 상정해보자. 이 경우 연구자의 주장을 반영하는 대립가설(H_a)과 그것의 여집합인 귀무가설(H_0)은 아래와 같이 정리된다.

대립가설 H_a: $\sigma^2 > \sigma_0^2$
귀무가설 H_0: $\sigma^2 \leq \sigma_0^2$

위 가설을 검증하기 위해 일단 귀무가설의 경계값으로 표시된 임시 귀무가설 H_0: $\sigma^2 = \sigma_0^2$이 옳다고 가정한다. 그리고 이 가정하에서 검증통계치가 우측 기각영역 경계값 $\chi^2_{\alpha,n-1}$보다 큰지 여부를 가지고 임시 귀무가설에 대한 기각여부를 결정한다. 이 검증통계치가 $\chi^2_{\alpha,n-1}$보다 작은 값이면 임시 귀무가설을 기각할 수 없는 반면, $\chi^2_{\alpha,n-1}$보다 더 크거나 같은 값이면 임시 귀무가설을 기각할 수 있다. 그리고 임시 귀무가설 H_0: $\sigma^2 = \sigma_0^2$을 기각할 수 있으면 나머지 귀무가설 H_0: $\sigma^2 < \sigma_0^2$도 당연히 기각할 수 있게 된다.

(2) 좌측검증

이번에는 연구자가 "모집단 분산(σ^2)이 특정한 값(σ_0^2)보다 작을 것이다."라는 주장을 실증적으로 검증하는 상황을 상정해보자. 이 경우 연구자의 주장을 반영하는 대립가설(H_a)과 그것의 여집합인 귀무가설(H_0)은 아래와 같이 정리된다.

대립가설 H_a: $\sigma^2 < \sigma_0^2$
귀무가설 H_0: $\sigma^2 \geq \sigma_0^2$

위 가설을 검증하는 원리와 절차는 앞에서 설명한 우측검증에서 적용된 원리 및 절차와 비슷하다. 유일한 차이가 있다면 귀무가설의 경계값으로 표시된 임시 귀무가설 H_0: $\sigma^2 = \sigma_0^2$이 옳다는 전제하에 그려진 표본분포에서 기각영역 경계값을 표본분포의 왼쪽 꼬리부분에 설정하며, 그 경계값은 $\chi^2_{1-\alpha,n-1}$이라는 점이다. 따라서, 검증통계치가 기각영역 경계값 $\chi^2_{1-\alpha,n-1}$보다 작거나 같은 값이면 일단 임시 귀무가설을 기각할 수 있고, 임시 귀무가설을 기각하면 H_0: $\sigma^2>\sigma_0^2$을 충족하는 나머지 귀무가설들도 자동 기각할 수 있게 된다.

모집단 분산 추정

1단계: 추정하고자 하는 모집단 모수는 모집단 분산(σ^2)이다. 대립가설과 귀무가설은 연구자가 모집단 모수 값에 대해 주장하고자 하는 바에 의해 결정된다.

2단계: 모집단 모수에 대응되는 표본통계량은 표본분산(s^2)이다.

3단계: 검증통계량은 $\chi^2=(n-1)s^2/\sigma^2$이고, 검증통계량의 확률분포는 χ^2-분포(자유도: $n-1$)의 특성을 갖는다.

4단계: 신뢰수준 $100\cdot(1-\alpha)$%에서 모집단 분산의 구간추정치, 즉 신뢰구간은 아래 식을 따라 구한다.

$$\frac{(n-1)s^2}{\chi^2_{\alpha/2,n-1}} \le \sigma^2 \le \frac{(n-1)s^2}{\chi^2_{1-\alpha/2,n-1}}$$

5단계: 가설검증

1. 양측(two-tailed)검증
   가설의 형태는 H_a: $\sigma^2\neq\sigma_0^2$, H_0: $\sigma^2=\sigma_0^2$이다.
   검증통계치가 좌측 기각영역 경계값 $\chi^2_{1-\alpha/2,n-1}$이나, 우측 기각영역 경계값 $\chi^2_{\alpha/2,n-1}$보다 바깥쪽에 있는 값이면 귀무가설을 기각하고 대립가설을 채택한다.

2. 단측(one-tailed)검증
   1) 우측검증
   가설의 형태는 H_a: $\sigma^2>\sigma_0^2$, H_0: $\sigma^2\le\sigma_0^2$ 이다.
   검증통계치가 우측 기각영역 경계값 $\chi^2_{\alpha,n-1}$보다 크거나 같은 값이면 귀무가설을 기각하고 대립가설을 채택한다.

2) 좌측검증
가설의 형태는 H_a: $\sigma^2 < \sigma_0^2$, H_0: $\sigma^2 \geq \sigma_0^2$ 이다.
검증통계치가 좌측 기각영역 경계값 $\chi^2_{1-\alpha,n-1}$보다 작거나 같은 값이면 귀무가설을 기각하고 대립가설을 채택한다.

제 2 절 두 모집단 분산비 추정 및 가설검증

1. 점추정과 구간추정

두 모집단 분산비를 추정할 때는 두 모집단 분산비(σ_1^2/σ_2^2)를 모집단 모수로 설정하고 그에 상응하는 표본통계량, 즉, 표본분산비(s_1^2/s_2^2)를 활용하여 점추정치(point estimate)를 구한다. 다만, 각 표본분산(s_1^2과 s_2^2)을 계산할 때는 이미 앞에서 언급한 바와 같이 자유도 $n-1$을 사용한 (식 8.1.1)을 활용한다.

두 모집단 분산비의 구간추정치(interval estimate)를 구할 때는 다음 (식 8.2.1)로 표현되는 확률변수 F의 확률분포가 F-분포(분자의 자유도: n_1-1, 분모의 자유도: n_2-1)의 특성을 갖는다는 점을 활용한다.

$$F = \frac{s_1^2/\sigma_1^2}{s_2^2/\sigma_2^2} \qquad \text{(식 8.2.1)}$$

이제 위 확률변수 F가 F-분포를 따른다는 점을 활용하여 신뢰수준 $100 \cdot (1-\alpha)$%에서 두 모집단 분산비(σ_1^2/σ_2^2)의 구간추정치를 구해보자. 예컨대, 연구자가 모집단 1로부터 n_1개의 개체를 표본으로 추출하고 모집단 2로부터 n_2개의 개체를 표본으로 추출한 후 두 표본데이터를 활용하여 95%의 신뢰수준에서 두 모집단 분산비의 구간추정치를 구하는 경우이다. 이것을 확률변수 F의 확률

그림 8.2.1 F-분포와 95% 신뢰수준 경계값

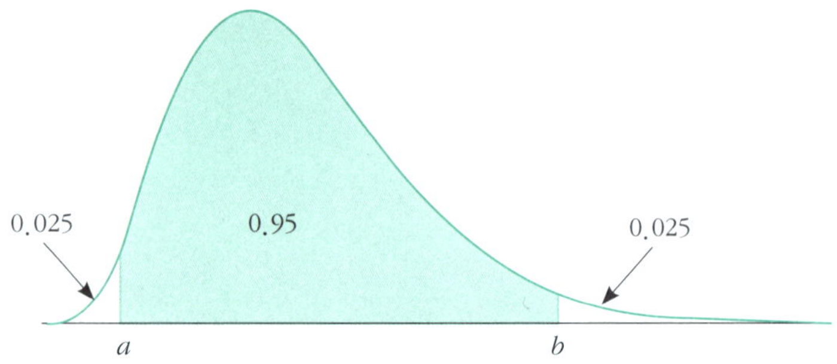

분포상에서의 확률식으로 표현하면 위 문제는 곧 (식 8.2.2)를 만족시키는 두 경계값 a와 b를 구하는 문제가 되며, F-분포상에서는 〈그림 8.2.1〉처럼 표시될 것이다.[1]

$$P\left(a \le \frac{s_2^2/\sigma_2^2}{s_1^2/\sigma_1^2} \le b\right) = P\left(a \le \frac{s_2^2}{s_1^2} \cdot \frac{\sigma_1^2}{\sigma_2^2} \le b\right) = 0.95 \qquad \text{(식 8.2.2)}$$

모집단 1에서 추출한 표본크기를 $n_1=31$, 모집단 2에서 추출한 표본크기를 $n_2=21$이라 가정해보자. 이 경우 (식 8.2.2)에서 두 경계값 a와 b를 구하려면 분자의 자유도가 20이고 분모의 자유도가 30인 F-분포에서 경계값 a와 b 사이의 확률이 0.95가 되어야 하기 때문에 왼쪽 경계값 a보다 작은 값이 나올 확률이 0.025, 오른쪽 경계값 b보다 큰 값이 나올 확률이 0.025가 되게 하는 값들을 찾아야 한다. 따라서, 우선 [부록 4B]의 F-분포표($\alpha=0.025$)에서 분자의 자유도가 20이고 분모의 자유도가 30이 교차해서 만나는 지점의 F값, 즉, $F_{0.025,20,30}$을 찾아야 하는바, 그 값은 2.20이고 오른쪽 경계값 b에 해당된다.

---

1 추정하려는 분산비가 σ_1^2/σ_2^2으로 설정되어 있기 때문에 (식 8.2.2)에 표시된 확률변수로부터 추정하려는 분산비 σ_1^2/σ_2^2을 도출하기 위해 분자에는 모집단 2의 분산과 표본 2의 분산의 비율 s_2^2/σ_2^2을, 분모에는 모집단 1의 분산과 표본 1의 분산의 비율 s_1^2/σ_1^2을 배치하였다.

반면, 왼쪽 경계값 a는 분자의 자유도가 20이고 분모의 자유도가 30인 F-분포표에서 $\alpha=0.975$에 해당하는 확률변수 F의 값, 즉, $F_{0.975,20,30}$에 해당한다. [부록 4B]에는 $\alpha=0.975$에 상응하는 F-분포표가 제시되어 있지 않기 때문에 (식 8.2.3)으로 표현되는 F-분포의 속성을 활용해서 왼쪽 경계값 a를 구해야 한다.

$$F_{1-\alpha,n_1-1,n_2-1}=\frac{1}{F_{\alpha,n_2-1,n_1-1}} \qquad \text{(식 8.2.3)}$$

위 (식 8.2.3)을 적용하면 $F_{0.975,20,30}$의 값은 곧 분자의 자유도가 30이고 분모의 자유도가 20인 F-분포표에서 $\alpha=0.025$에 해당하는 확률변수 F의 값에 역수를 취한 값, 즉, $1/F_{0.025,30,20}$의 값과 같다(위 식에서 분자의 자유도와 분모의 자유도가 바뀐다는 점에 유의할 것). [부록 4B]의 F-분포표에서 $F_{0.025,30,20}$의 값이 2.35이기 때문에 그것의 역수인 $1/F_{0.025,30,20}$의 값은 0.43이고, 이 값이 곧 왼쪽 경계값 a에 해당된다. 위에서 구한 두 경계값을 (식 8.2.2)에 대입한 후 두 모집단 분산비(σ_1^2/σ_2^2)만을 확률식 가운데 부분에 남기면 (식 8.2.4)와 같고, 표본분산 s_1^2과 s_2^2의 값을 구하여 대입하면 구간추정치를 얻게 될 것이다.

$$P\left(0.43 \le \frac{s_2^2}{s_1^2}\cdot\frac{\sigma_1^2}{\sigma_2^2} \le 2.20\right)=P\left(0.43\cdot\frac{s_1^2}{s_2^2} \le \frac{\sigma_1^2}{\sigma_2^2} \le 2.20\cdot\frac{s_1^2}{s_2^2}\right)$$

$$=0.95 \qquad \text{(식 8.2.4)}$$

두 모집단 분산비의 구간추정치를 구하는 위 과정을 일정한 신뢰수준 $100\cdot(1-\alpha)\%$에서 두 모집단 분산비의 구간추정치를 구하는 공식으로 일반화하면 다음 (식 8.2.5)와 같다.

$$\frac{1}{F_{\alpha/2,n_1-1,n_2-1}}\cdot\frac{s_1^2}{s_2^2} \le \frac{\sigma_1^2}{\sigma_2^2} \le F_{\alpha/2,n_2-1,n_1-1}\cdot\frac{s_1^2}{s_2^2} \qquad \text{(식 8.2.5)}$$

2. 가설검증

1) 양측검증

이번에는 연구자가 "두 모집단 분산 σ_1^2과 σ_2^2이 같지 않을 것이다."는 주장을 유의수준 α에서 실증적으로 검증하는 상황을 상정해보자. 이 경우 연구자의 주장을 반영하는 대립가설(H_a)과 그것의 여집합인 귀무가설(H_0)을 두 모집단 분산의 비율을 활용하여 표시하면 다음과 같다.

대립가설 H_a: $\sigma_1^2/\sigma_2^2 \neq 1$
귀무가설 H_0: $\sigma_1^2/\sigma_2^2 = 1$

한편, (식 8.2.6)에 표시되어 있는 바와 같이 두 모집단의 분산과 두 표본분산들로 구성되어 있는 새로운 확률변수 F의 확률분포는 F-분포(분자의 자유도: n_1-1, 분모의 자유도: n_2-1)의 특성을 갖는다.

$$F=\frac{s_1^2/\sigma_1^2}{s_2^2/\sigma_2^2} \qquad \text{(식 8.2.6)}$$

가설검증의 논리를 따라 이제 두 모집단의 분산 σ_1^2과 σ_2^2이 같다는 귀무가설(H_0)이 옳다고 가정해보자. 그러면 그 조건하에서 위 확률변수는 (식 8.2.7)과 같이 되는데, 이것이 위 가설검증을 위한 검증통계량이 된다.

$$\text{검증통계량 } F=\frac{s_1^2}{s_2^2} \qquad \text{(식 8.2.7)}$$

위 검증통계량 $F=s_1^2/s_2^2$의 확률분포인 F-분포에서 귀무가설의 기각여부, 즉, 대립가설의 채택여부를 판정하는 기준이 되는 기각영역 경계값은 무엇일까? 그 기각영역 경계값은 F-분포상의 양쪽 꼬리부분에 존재하는바, 유의수준 α가 주어지면 좌측 경계값은 $F_{1-\alpha/2, n_1-1, n_2-1}$이고, 우측 경계값은 $F_{\alpha/2, n_1-1, n_2-1}$이다. 여기에서 n_1-1은 분자에 딸린 자유도를, n_2-1은 분모에 딸린 자유도를 나타낸다. 이와 같은 양측검증을 수월하게 하는 방법 중 하나는 검증통계량인 표본분산비(s_1^2/s_2^2)의 값을 계산할 때 표본분산이 큰 값을 분자에, 표본분산이 작은 값을 분모에 넣어 계산한 후 우측 경계값인 $F_{\alpha/2, n_1-1, n_2-1}$과 비교하는 것이다. 이렇게 계산한 검증통계치가 $F_{\alpha/2, n_1-1, n_2-1}$보다 크거나 같은 값일 경우 귀무가설을 기각하고 대립가설을 채택하는 반면, 검증통계치가 $F_{\alpha/2, n_1-1, n_2-1}$보다 작은 값일 경우 귀무가설을 기각할 수 없어서 대립가설이 옳다고 주장할 수 없게 된다.

이상의 대립가설 채택여부는 유의확률 p-값이 연구자가 정한 유의수준 α보다 더 작은지 여부에 근거하여 판정할 수도 있는바, p-값이 α보다 작거나 같을 경우 귀무가설을 기각하고 대립가설을 채택한다.

2) 단측검증

이번에는 연구자가 "특정 모집단 분산(σ_1^2)이 다른 모집단 분산(σ_2^2)보다 클 것이다."라는 주장을 실증적으로 검증하는 상황을 상정해보자. 이 경우 연구자의 주장을 반영하는 대립가설(H_a)과 그것의 여집합인 귀무가설(H_0)은 아래와 같이 정리될 것이다.

대립가설 H_a: $\sigma_1^2/\sigma_2^2 > 1$

귀무가설 H_0: $\sigma_1^2/\sigma_2^2 \le 1$

위 가설을 검증하기 위해 일단 귀무가설의 경계값으로 표시된 임시 귀무가설 H_0: $\sigma_1^2/\sigma_2^2 = 1$이 옳다고 가정한다. 그리고 이 가정하에서 검증통계치 $F = s_1^2/s_2^2$가 기각영역 경계값보다 큰지 여부를 가지고 위 귀무가설에 대한 기각여부를 결정한다. 단측검증이 양측검증과 다른 차이점은 F-분포의 우측 꼬리부분에 설정되는 기각영역 경계값이 양측검증에서는 $F_{\alpha/2, n_1-1, n_2-1}$인 반면, 단측검증에서는 F_{α, n_1-1, n_2-1}이라는 점이다. 따라서 검증통계치 $F = s_1^2/s_2^2$가 기각영역 경계값 F_{α, n_1-1, n_2-1}보다 작은 값이면 위 임시 귀무가설을 기각할 수 없는 반면, 경계값보다 더 크거나 같은 값이면 임시 귀무가설을 기각할 수 있다. 그리고 임시 귀무가설 H_0: $\sigma_1^2/\sigma_2^2=1$을 기각할 수 있으면 나머지 귀무가설 H_0: $\sigma_1^2/\sigma_2^2<1$도 당연히 기각할 수 있게 된다.

한편, 두 모집단 분산 σ_1^2과 σ_2^2 중 어느 것이 더 큰지 여부를 검증하는 단측검증에서는 우측검증과 좌측검증을 굳이 구분할 필요가 없다. 왜냐하면 검증통계량을 정할 때 대립가설이 지시하는 부등호의 방향($\sigma_1^2/\sigma_2^2>1$ 혹은 $\sigma_1^2/\sigma_2^2<1$)을 감안하여 더 클 것이라고 주장하는 모집단의 표본분산을 분자에, 더 작을 것이라고 주장하는 모집단의 표본분산을 분모에 배치한다. 예를 들어, 대립가설이 H_a: $\sigma_1^2/\sigma_2^2>1$, 즉 H_a: $\sigma_1^2>\sigma_2^2$이라면 검증통계량을 $F=s_1^2/s_2^2$으로, 대립가설이 H_a: $\sigma_1^2/\sigma_2^2<1$, 즉 H_a: $\sigma_1^2<\sigma_2^2$이라면 검증통계량을 $F=s_2^2/s_1^2$으로 정하여 검증통계치를 구한다. 이어 그렇게 얻은 검증통계치를 우측 기각영역 경계값 F_{α,n_1-1,n_2-1} 혹은 F_{α,n_2-1,n_1-1}과 비교하여 결론을 내리면 된다.

두 모집단 분산비 추정

1단계: 추정하고자 하는 모집단 모수는 두 모집단의 분산비(σ_1^2/σ_2^2)이다. 대립가설과 귀무가설은 연구자가 두 모집단 분산비에 대해 주장하고자 하는 바에 의해 결정된다.

2단계: 모집단 모수에 대응되는 표본통계량은 표본분산비(s_1^2/s_2^2)이다.

3단계: 검증통계량은 아래 식과 같으나, 귀무가설 H_a: $\sigma_1^2=\sigma_2^2$이 옳다는 가정하에서는 $F=s_1^2/s_2^2$이 된다.

$$F=\frac{s_1^2/\sigma_1^2}{s_2^2/\sigma_2^2}$$

귀무가설하에서 검증통계량의 확률분포는 F-분포(분자의 자유도: n_1-1, 분모의 자유도: n_2-1)의 특성을 갖는다. (단, n_1은 모집단 1에서 추출한 표본의 크기를, n_2은 모집단 2에서 추출한 표본의 크기를 나타낸다.)

4단계: 신뢰수준 $100\cdot(1-\alpha)\%$에서 두 모집단 분산비(σ_1^2/σ_2^2)의 구간추정치는 다음 식과 같다.

$$\frac{1}{F_{\alpha/2, n_1-1, n_2-1}} \cdot \frac{s_1^2}{s_2^2} \le \frac{\sigma_1^2}{\sigma_2^2} \le F_{\alpha/2, n_2-1, n_1-1} \cdot \frac{s_1^2}{s_2^2}$$

5단계: 가설검증

1. 양측(two-tailed)검증
   가설의 형태는 H_a: $\sigma_1^2/\sigma_2^2 \neq 1$, H_0: $\sigma_1^2/\sigma_2^2 = 1$이다.
   표본분산이 큰 값을 분자에, 표본분산이 작은 값을 분모에 넣어 만든 검증통계치 $F = s_1^2/s_2^2$가 오른쪽 경계값 $F_{\alpha/2, n_1-1, n_2-1}$보다 크거나 같으면 귀무가설을 기각하고 대립가설을 채택한다.

2. 단측(one-tailed)검증: 우측검증과 좌측검증의 구분이 필요 없음
   가설의 형태는 H_a: $\sigma_1^2/\sigma_2^2 > 1$, H_0: $\sigma_1^2/\sigma_2^2 \le 1$이다.
   대립가설에서 분산이 더 클 것이라고 설정된 모집단 1의 표본분산을 분자에, 분산이 더 작을 것이라고 설정된 모집단 2의 표본분산을 분모에 넣어 만든 검증통계치가 기각영역 경계값 F_{α, n_1-1, n_2-1}보다 큰 값이면 귀무가설을 기각하고 대립가설을 채택한다.

연습문제

1. 특정 약을 제조하는 제약회사에서 약의 무게가 어느 정도 균일하게 나오는지 점검하기 위해 생산라인에서 81개의 표본을 무작위로 추출하여 표본분산을 구했더니 $s^2=0.24$였다. 모집단에서 이 약의 무게는 정규분포를 따른다고 한다.

1) 약 무게의 모집단 분산(σ^2)에 대한 95% 신뢰구간을 구하라.

2) 약 무게의 모집단 표준편차(σ)에 대한 95% 신뢰구간을 구하라.

3) "약 무게의 모집단 분산이 0.20보다는 더 클 것이다."라는 주장이 옳다고 할 수 있는지 $\alpha=0.05$ 수준에서 검증해보자.

(1) 대립가설과 귀무가설을 각각 적어보라.

(2) 귀무가설이 옳다는 가정하에 검증통계치를 구하라.

(3) 귀무가설 기각영역 경계값을 구하고, 기각여부를 판정하라.

(4) 검증통계치에 딸린 유의확률(p-값)을 구하고 (Excel의 CHIDIST 함수기능 활용), 귀무가설 기각여부를 판정하라.

2. 건전지 제조회사에서 두 가지 다른 제조공법을 활용하여 건전지를 생산하는데, 서로 다른 제조공법의 의해 생산된 건전지 수명의 분산이 얼마나 다른지를 점검해보려고 한다. 이를 위해 제조공법 A에서 생산된 건전지 61개를 표본으로 추출하여 분산을 구했더니 $s_A^2=800$이었고, 제조공법 B에서 생산된 건전지 121개를 표본으로 추출하여 분산을 구했더니 $s_B^2=500$이었다.

1) 두 제조공법에서 각각 생산된 전체 건전지 수명의 분산 비율(σ_A^2/σ_B^2)에 대한 90% 신뢰구간을 추정하라.

2) "두 제조공법에서 생산된 건전지 수명의 분산이 다를 것이다."라는 가설을 $\alpha=0.05$ 수준에서 검증해보자.

(1) 대립가설과 귀무가설을 각각 적어보라.

(2) 귀무가설이 옳다는 가정하에 검증통계치를 구하라.

(3) 귀무가설 기각영역 경계값을 찾아 정하고, 기각여부를 판정하라.

(4) 위 검증통계치에 딸린 유의확률(p-값)을 구하고 (Excel의 FDIST 함수기능 활용), 귀무가설 기각여부를 판정하라.

3) "제조공법 A에서 생산된 건전지 수명의 분산이 제조공법 B에서 생산된 건전지 수명의 분산보다 더 클 것이다."라는 가설을 $\alpha=0.01$ 수준에서 검증해 보자.

(1) 대립가설과 귀무가설을 각각 적어보라.

(2) 귀무가설이 옳다는 가정하에 검증통계치를 구하라.

(3) 귀무가설 기각영역 경계값을 찾아 정하고, 귀무가설 기각여부를 판정하라.

(4) 위 검증통계치에 딸린 유의확률(p-값)을 구하고 (Excel의 FDIST 함수기능 활용), 귀무가설 기각여부를 판정하라.

제 9 장

분산분석(ANOVA)

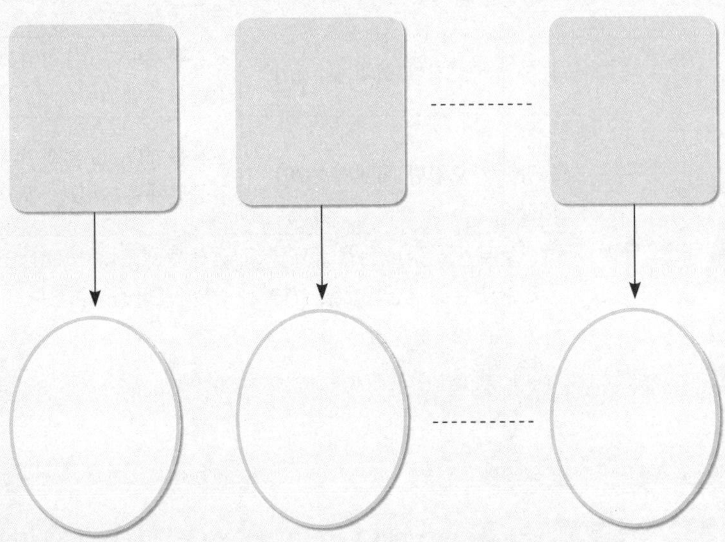

본 장에서는 세 개 이상의 모집단이 그들의 평균에 있어서 유의한 차이가 있는지 여부를 검증하는 방법론을 다룬다. 본 장의 제목은 분산분석이지만, 그 목적은 모집단들 사이에 평균차가 존재하는지 여부를 검증하는 데 있다는 점에 유의하기 바란다.

[표 9.1] 모집단 모수, 표본통계량과 검증통계량, 그리고 표본분포

	모집단 모수	표본통계량 검증통계량	표본분포
6장	모집단평균(μ)	표본통계량: 표본평균($\bar{x}$) 검증통계량: $t=(\bar{x}-\mu_0)/SE$	정규분포 (t-분포)
	모집단비율(P)	표본통계량: 표본비율($\bar{p}$) 검증통계량: $t=(\bar{p}-P_0)/SE$	
7장	두 모집단 평균차 ($\mu_1-\mu_2$)	표본통계량: 두 표본 평균차($\bar{x}_1-\bar{x}_2$) 검증통계량: $t=\{(\bar{x}_1-\bar{x}_2)-(\mu_1-\mu_2)\}/SE$	정규분포 (t-분포)
	두 모집단 비율차 (P_1-P_2)	표본통계량: 두 표본 비율차($\bar{p}_1-\bar{p}_2$) 검증통계량: $t=\{(\bar{p}_1-\bar{p}_2)-(P_1-P_2)\}/SE$	
8장	모집단분산(σ^2)	표본통계량: 표본분산(s^2) 검증통계량: $\chi^2=(n-1)s^2/\sigma^2$	χ^2-분포
	두 모집단 분산비 (σ_1^2/σ_2^2)	표본통계량: 두 표본 분산비(s_1^2/s_2^2) 검증통계량: $F=s_1^2/s_2^2$	F-분포
9장	복수 모집단간 평균차 존재여부	표본통계량: 복수 표본평균의 분산 검증통계량: $F=MSB/MSW$	F-분포
10장	모집단 상관계수(ρ_{xy})	표본통계량: 표본상관계수(r_{xy}) 검증통계량: $t=(r_{xy}-\rho_{xy})/SE$	정규분포 (t-분포)
12장	모집단 회귀계수(β_1)	표본통계량: 표본회귀계수(b_1) 검증통계량: $t=(b_1-\beta_1)/SE$	정규분포 (t-분포)
13장 14장 15장	모집단 회귀계수(β_k)	표본통계량: 표본회귀계수(b_k) 검증통계량: $t=(b_k-\beta_k)/SE$	정규분포 (t-분포)

주: 1. 표본오차 *SE*의 값은 표본통계량마다 구하는 공식이 각각 다르다.
2. *MSB*는 표본간분산을, *MSW*는 표본내분산을 의미한다.

제 1 절 분산분석의 원리

제7장에서 두 모집단의 평균에 유의한 차이가 존재하는지 여부를 검증할 때에 두 표본의 평균차$(\bar{x}_1 - \bar{x}_2)$를 표본통계량으로 활용하는 방법을 사용하였다. 그러나 이 방법으로 세 개 이상의 모집단 평균에 유의한 차이가 존재하는지 여부를 검증하기는 어렵다. 혹자는 "세 개 이상의 모집단들을 두 개씩 쌍을 지어 그들의 평균 사이에 유의한 차이가 존재하는지 여부를 검증하면 되지 않겠는가?"라고 반문할지 모른다. 1차적으로 충분히 고려해볼 만한 방법이지만, 이 방법은 적절치 않으며, 이 방법이 왜 적절치 않은지는 본 장 4절에서 상세하게 설명할 것이다.

이처럼 세 개 이상의 모집단 평균에 유의한 차이가 존재하는지 여부를 검증하기 위해서는 분산분석(ANOVA: Analysis of Variance)이라는 통계분석기법을 활용하게 된다. 분산분석은 명칭이 시사하는 바와는 다르게 복수의 모집단 평균 사이에 유의한 차이가 존재하는지 여부를 검증하는 방법론이다.

비교하고자 하는 복수의 모집단 평균에 유의한 차이가 존재하는지 여부를 검증하는 것은 해당 모집단들의 평균이 모두 같다는 귀무가설을 설정하고 그 귀무가설을 기각할 수 있는지 여부를 판정하는 문제로 볼 수 있다. 따라서 분산분석에서 일반적으로 대립가설은 "비교대상인 모집단들의 평균이 모두 같지는 않을 것이다"이고, 대립가설의 여집합에 해당하는 귀무가설은 "비교대상인 모집단들의 평균은 모두 같을 것이다"가 된다.

복수의 모집단들 평균에 유의한 차이가 존재하는지 여부를 확인하려면, 각 모집단들로부터 표본을 확보하고 그 표본들로부터 얻은 표본평균값들 사이에 얼마나 큰 차이가 존재하는지 확인해보면 될 것이다. 만약 표본평균값들 사이에 큰 차이가 확인된다면 모집단 평균들이 같다고 할 수 없을 것이고, 표본평균값들 사이에 별 차이가 없다면 모집단 평균들이 같을 것이라는 귀무가설을 기각할 수 없을 것이다. 여기에서 표본평균값들 사이의 차이는 표본평균값들이 그것들의 기대값—즉, 표본분포의 중앙값—으로부터 얼마나 흩어져 있는지를 나타내는 분산(variance)에 의해 가늠이 되는 바, 분산분석이라는 명칭이 여기에서 연유했다고 볼 수 있다.

그렇다면 표본평균값들 사이에 얼마나 큰 차이가 존재해야 모집단 평균들 사이에 통계적으로 유의한 정도의 차이가 존재한다고 볼 수 있을까? 직관적으로 보면, 표본평균값들 사이에 기대값을 중심으로 흩어져 있는 정도(표본간분산: between-sample variance)가 개별 표본 내 개체들 사이에 흩어져 있는 정도(표본내분산: within-sample variance)에 비해 일정 기준 이상 크다면 모집단들의 평균이 동일할 것이라는 귀무가설에 의구심을 갖게 될 것이다. 이러한 원리를 적용하기 위한 분산분석의 기본가정이 있는데 그것은 다음과 같다.

분산분석의 기본가정

1. 각 집단 내 개체들의 값의 분포는 정규분포의 특성을 갖는다.
2. 비교대상 k개 집단 내 개체들의 분산은 모두 동일하다: $\sigma_1^2=\sigma_2^2=\cdots=\sigma_k^2$
3. 집단들이 서로 독립적이다.

분산분석의 원리를 가상의 예를 들어 이해해보도록 하자. 네 개의 서로 독립된 모집단들의 평균이 다른지를 알아보기 위해 각각의 표본크기 $n=20$인 표본들을 확보하여 표본평균과 표본분산을 계산했더니 [표 9.1.1]과 같았다고 가정해보

[표 9.1.1] 4개의 모집단에서 뽑은 개별 표본들의 표본평균과 표본분산

모집단 평균	μ_1	μ_2	μ_3	μ_4
표본 관측치 (20개)	y_{11} y_{12} . .	y_{21} y_{22} . .	y_{31} y_{32} . .	y_{41} y_{42} . .
표본평균	$\bar{y}_1=3$	$\bar{y}_2=4$	$\bar{y}_3=7$	$\bar{y}_4=6$
표본분산	$s_1^2=1.6$	$s_2^2=1.5$	$s_3^2=1.4$	$s_4^2=1.8$

자. 분산분석의 핵심질문은 "각 표본에서 얻은 표본평균들(즉, $\bar{y}_1=3$, $\bar{y}_2=4$, $\bar{y}_3=7$, $\bar{y}_4=6$)이 서로 다른 것은 평균이 서로 다른 모집단들에서 뽑혔기 때문인가, 아니면 모집단의 평균은 서로 다르지 않는데 표본 추출과정에서 우연적 요소 때문에 다른 값을 갖게 된 것인가?"이다.

여기에서 대립가설과 귀무가설은 각각 다음과 같이 표현될 수 있을 것이다.

H_a: 네 개 모집단의 평균값이 모두 같지는 않을 것이다.

H_0: $\mu_1=\mu_2=\mu_3=\mu_4$

위 가설을 검증하는 데 필요한 검증통계량은 표본간분산을 표본내분산으로 나누어 표준화한 값(즉, F=표본간분산/표본내분산)이며, 이 검증통계량은 F-분포를 따른다. 이 때 분자의 자유도는 $k-1$(위 예에서는 $4-1=3$)이고, 분모의 자유도는 n_T-k(위 예에서는 $80-4=76$)인데, k는 비교대상 모집단의 수를 나타내고, n_T는 k개의 모집단으로부터 추출된 모든 표본에 속한 개체들(elements)의 총수를 나타낸다. 이렇게 구한 검증통계치 F값이 유의수준 α에서 F-분포상의 기각영역 경계값 $F_{\alpha,k-1,n_T-k}$보다 크거나 같으면, 혹은, 유의확률 p-값이 유의수준 α보다 작거나 같으면 귀무가설을 기각하고 대립가설을 채택하게 된다.

그렇다면 표본간분산과 표본내분산 간 비율이 왜 복수의 모집단들 간 평균 차이를 검증하기 위한 검증통계량이 될 수 있는지 그 기저에 놓여 있는 논리를 이해해보자. 우선, 네 개의 모집단 내 개체들의 분산이 모두 σ^2로 동일하다는 가정 하에 네 개의 모집단의 공통분산(σ^2)을 네 개의 표본데이터에서 얻은 표본분산을 가지고 추성하는 방식이 다음 두 가지가 있다는 섬을 상기해보자: 즉, (1) 네 개의 표본분산의 산술평균으로 추정하는 방식, (2) 제6장에서 배운 바 있는 표본평균의 이론적 표본오차 공식 $s_{\bar{y}}=\sigma/\sqrt{n}$을 활용하여 추정하는 방식.

방식(1)은 네 개의 표본 각각에서 얻은 네 개의 분산값(s_1^2, s_2^2, s_3^2, s_4^2)이 모두 모집단들의 공통분산(σ^2)에 대한 점추정치라고 볼 수 있기 때문에 그 표본분산값들의 산술평균이 곧 네 모집단의 공통분산 σ^2에 대한 통합적 점추정치(pooled point estimate)로 볼 수 있다. 그리고 이 점추정치는 네 개의 개별 표본에 포함된 개체들의 Y값 분산을 대표하기 때문에 표본내분산(within-sample variance)이라 불린다. 그리고 이러한 표본내분산은 네 개의 표본이 동일한 분산을 갖고 있는 모집단으로부터 뽑힌 표본들이기 때문에 표집과정에서 개별 표본 안에 어떤 개체들이 포함되느냐에 따라 분산 간에 약간의 차이가 발생할 수는 있지만, 그 외 다른 요인에 의해 체계적으로(systematically) 네 개의 표본분산 사이에 차이가 발생한다고 볼 수는 없다.

한편, 방식(2)는 제6장 모집단의 평균추정에서 활용한 바 있는 표본평균의 이론적 표본오차 공식 $s_{\bar{y}} = \sigma/\sqrt{n}$을 활용한 것이다. 이 공식의 양변을 제곱한 후 모집단의 분산(σ^2)을 기준으로 재정리하면 $\sigma^2 = n \cdot s_{\bar{y}}^2$이 되는데, 여기에서 표본평균의 표본오차 $s_{\bar{y}}$을 개념적으로 다시 생각해보자. 만약 앞에서 설정한 귀무가설(H_0)이 옳다면, 네 개의 표본평균($\bar{y}_1$, $\bar{y}_2$, $\bar{y}_3$, $\bar{y}_4$)은 개념적으로 공통의 모집단 평균(μ)을 기대값—확률분포의 중앙값—으로 하고 정규분포의 모양을 한 표본평균의 표본분포로부터 무작위로 뽑힌 네 개의 표본평균값이라 할 수 있다(〈그림 9.1.1〉 참조). 그리고 표본오차 $s_{\bar{y}}$는 그렇게 얻은 '표본평균들의 표준편차'이기 때문에 (식 9.1.1)과 같이 표준편차 공식을 이용하여 구할 수 있다.

$$s_{\bar{y}} = \sqrt{\frac{(3-5)^2 + (4-5)^2 + (7-5)^2 + (6-5)^2}{4-1}} \qquad \text{(식 9.1.1)}$$

그림 9.1.1 네 모집단 평균이 μ로 동일할 경우: 공통의 표본분포와 네 개의 표본평균

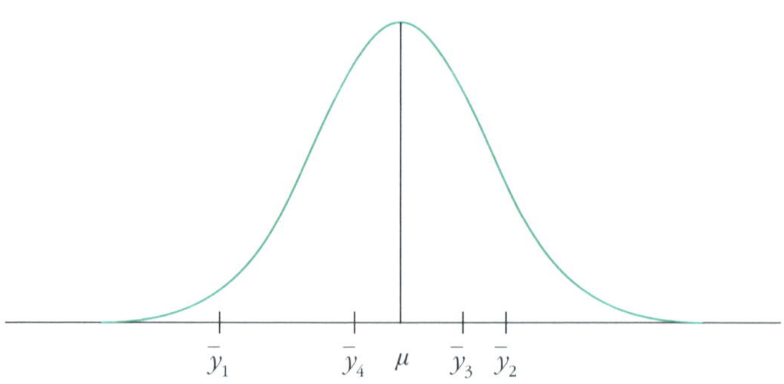

방식(2)에서 구한 표본평균($\bar{y}_1$, $\bar{y}_2$, $\bar{y}_3$, $\bar{y}_4$)의 분산($s_{\bar{y}}^2$)은 표본평균들이 모집단 평균(여기서는 표본평균들의 평균 $\bar{\bar{y}}$이 모집단 평균 μ의 대용치)을 중심으로 흩어져 있는 정도를 반영하고 있기 때문에 표본간분산(between-sample variance)이라 불린다. 그리고 귀무가설이 옳다면 네 개의 표본평균값들이 공통의 모집단 평균(μ)으로부터 멀리 떨어진 값을 가질 확률이 낮을 것이기 때문에 표본간분산도 크지 않을 것이다. 그러나 만약 모집단의 평균값이 서로 다를 것이라는 대립가설이 옳다면 개별 표본평균($\bar{y}_1$, $\bar{y}_2$, $\bar{y}_3$, $\bar{y}_4$)은 서로 다른 중앙값(μ_1, μ_2, μ_3, μ_4)을 가진 각각의 표본분포에서 무작위로 뽑힌 값들일 것이기 때문에 표본평균들 간 차이가 클 것이며 그 결과 표본간분산도 클 것이다(〈그림 9.1.2〉 참조).

표본간분산과 표본내분산 사이의 이러한 특성 때문에 두 분산 간 비율인 "F=표본간분산/표본내분산"이 검증통계량으로 사용된다. 분모에 해당하는 표본내분산은 귀무가설이나 대립가설 중 어느 것이 옳으냐에 따라 그 값이 변하는 지표가 아니다. 반면, 분자에 해당하는 표본간분산은 귀무가설이나 대립가설 중 어느 것이 옳으냐에 따라 그 값이 변하는 지표로서 귀무가설이 옳을 때는 표본내분산에 비해 그 값이 특별히 클 이유가 없지만, 모집단 간 평균 차이가 커지면 커질수록—즉, 대립가설이 옳을 조건이 더 강해질수록—그 값은 더 커진다. 따라서 위 두 분산의 비율로 표시되는 검증통계량의 값이 커지면 커질수록 귀무가설이 옳

그림 9.1.2 네 모집단 평균이 서로 다른 경우: 네 개의 표본분포와 네 개의 표본평균

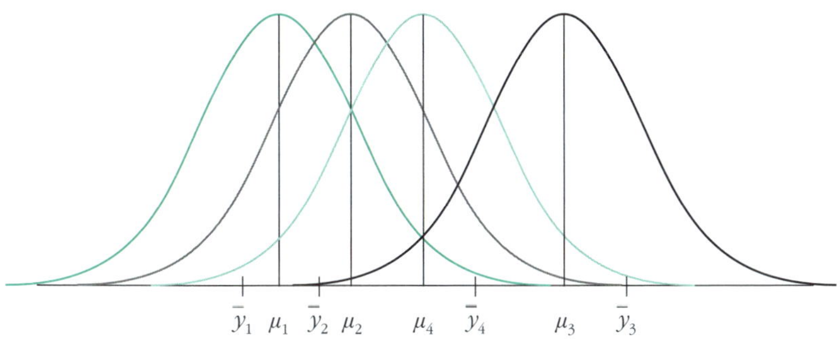

다는 전제하에 그려진 표본분포상에서 그 값이 나올 수 있는 확률이 낮기 때문에 귀무가설을 기각하고 대립가설을 채택할 가능성이 높아진다.

표본내분산과 표본간분산

표본내분산(within-sample variance)은 표집과정에서 개별 표본에 어떤 개체들이 포함되느냐에 따라 표본들 사이에 약간의 차이가 있을 수는 있지만, 귀무가설과 대립가설 중 어느 것이 옳은지에 따라 그 크기가 크게 영향을 받지는 않는다. 하지만, 표본간분산(between-sample variance)은 모집단들 간 평균 차이가 없을 경우에는 그 크기가 표본내분산과 별다른 차이가 없겠지만, 모집단들 간 평균 차이가 커질수록 각각의 모집단에서 추출한 표본들의 평균값 차이도 커질 것이기 때문에 표본간분산의 크기가 표본내분산에 비해 점점 더 커질 것이다. 위 두 가지 분산의 바로 이러한 특성 차이 때문에 "F=표본간분산/표본내분산"이 검증통계량으로 사용되는데, 표본내분산에 비해 표본간분산이 커질수록 검정통계량의 값이 커지고, 귀무가설이 옳다는 조건하에서 그 값이 나올 확률은 점점 더 작아질 것이다. 따라서 귀무가설을 기각할 가능성이 그만큼 높아진다.

분산분석의 검증통계량인 "F=표본간분산/표본내분산"을 직관적으로 이해해 보자. 귀무가설을 기각할지 여부를 결정하는 것은 기본적으로 표본평균들 사이의 차이(즉, 표본간분산)에 달려 있다. 그 차이가 크면 클수록 표본평균들이 동일한 모집단에서 뽑혀 나왔다기보다는 평균값이 다른 모집단들로부터 뽑혀 나왔을 가능성이 높다고 볼 수 있는 반면, 그 차이가 표본내분산과 비슷할수록 동일한 평균값을 가진 모집단으로부터 뽑혀 나왔을 가능성이 높다고 볼 수 있기 때문이다.

그런데 표본평균($\bar{x}$)의 분산은 변수를 측정한 척도의 단위에 따라 그 값의 크기가 큰 차이를 보인다. 즉, 변수를 측정한 척도가 10점 척도인지 아니면 100점 척도인지에 따라 표본평균의 값의 크기가 달라지고, 그 결과 표본평균($\bar{x}$)의 분산 또한 크게 달라진다. 이럴 경우 측정단위에 따른 차이를 제거해줄 필요가 있는데, 그 과정이 곧 일종의 표준화로 볼 수 있다(※ 정규분포에서 관측치가 평균으로부터 얼마나 떨어져 있는지를 표준화된 단위로 나타내기 위해 관측치에서 평균을 뺀 후 표준편차로 나눠주었던 표준화 원리를 상기해보기 바란다). 표본간분산을 표본내분산으로 나눠줌으로써 변수의 측정단위에 따라 표본간분산의 크기가 달라지는 효과를 제거할 수 있다. 따라서, 검증통계량은 표본간분산을 표본내분산으로 일종의 표준화를 한 값이라고 볼 수 있다.

제 2 절 제곱합(SS)과 평균제곱합(MS)

비교대상 모집단들 평균에 차이가 있는지 여부를 검증할 목적으로 사용되는 위 분산분석(ANOVA: analysis of variance)의 기저에는 제곱합(Sum of Squares)의 원리가 작동하고 있는데, 이 제곱합의 원리는 제11장의 회귀분석(regression analysis)에서 보게 될 분산분석(ANOVA) 결과표와 결정계수(R^2)를 이해하는 데도 매우 유용하기 때문에 이 기회에 명확하게 이해해두면 큰 도움이 된다(※ 아래에 나오는 수식들이 복잡해 보이지만 찬찬히 들여다보면 식을 간략하게 쓰기 위한 기호가 들어 있을 뿐 전혀 복잡하지 않다).

우선, 위에서 논의한 표본내분산과 표본간분산 개념을 간단한 수식으로 이해해보자. 표본내분산은 각 표본에 속한 개체들의 Y값(y_{ji}: j번째 표본에 속한 i번째 개체의 Y값)이 해당 표본의 Y평균값($\bar{y}_j$: j번째 표본의 Y평균값)으로부터 떨어진 정도를 나타내는 지표로서, 이미 앞에서 설명한 바대로 개별 표본의 분산값들을 구한 후 그것들의 산술평균을 계산하여 구한 것이다. 이해를 돕기 위해 4개의 표본과 각 표본에 20개의 개체가 포함되어 있는 경우를 예로 들어 표본내분산을 구하는 식을 정리하면 (식 9.2.1)과 같다.

$$\text{표본내분산} = \left\{ \frac{\sum_{i=1}^{20}(y_{1i}-\bar{y}_1)^2}{(20-1)} + \frac{\sum_{i=1}^{20}(y_{2i}-\bar{y}_2)^2}{(20-1)} + \frac{\sum_{i=1}^{20}(y_{3i}-\bar{y}_3)^2}{(20-1)} + \frac{\sum_{i=1}^{20}(y_{4i}-\bar{y}_4)^2}{(20-1)} \right\} \div 4$$

$$=\frac{\sum_{j=1}^{4}\sum_{i=1}^{20}(y_{ji}-\bar{y}_j)^2}{4(20-1)} \quad \text{(식 9.2.1)}$$

앞의 (식 9.2.1)을 k개의 표본과 개별 표본 안에 n개의 개체들이 포함되어 있는 경우로 일반화하여 표현하면 다음 (식 9.2.2)가 될 것이다.

$$\text{표본내분산}=\frac{\sum_{j=1}^{k}\sum_{i=1}^{n}(y_{ji}-\bar{y}_j)^2}{k(n-1)} \quad \text{(식 9.2.2)}$$

위 식에서 분자에 해당하는 부분을 가리켜 표본내제곱합(SSW: Sum of Squares Within)이라 하고, 분모에 해당하는 $k(n-1)$을 표본내제곱합에 딸린 자유도라 하며, 표본내제곱합을 그에 딸린 자유도로 나눈 값을 표본내평균제곱합(MSW: Mean Square Within)이라 일컫는다. 요컨대, 표본내분산이 곧 표본내평균제곱합(MSW)인 셈이다.[1]

다음으로, 표본간분산을 생각해보자. 표본간분산은 개별 표본의 평균값($\bar{y}_j$)이 총평균값($\bar{\bar{y}}$) 주위로 흩어져 있는 정도를 나타내는 지표, 즉, 표본평균($\bar{y}_j$)들의 분산을 나타내는 지표로서 다음 (식 9.2.3)과 같다. (식 9.2.3)에서 n_j는 j번째 표본에 속한 개체 수로서 일종의 가중치처럼 쓰였다.

$$\text{표본간분산}=\frac{\sum_{j=1}^{k}n_j\cdot(\bar{y}_j-\bar{\bar{y}})^2}{k-1} \quad \text{(식 9.2.3)}$$

위 식에서 분자에 해당하는 부분을 가리켜 표본간제곱합(SSB: Sum of Squares Between)이라 하고, 분모에 해당하는 $k-1$을 표본간제곱합에 딸린 자유도라 하며, 표본간제곱합을 그에 딸린 자유도로 나눈 값을 표본간평균제곱합(MSB: Mean Squares Between)이라 일컫는다. 요컨대, 표본간분산은 곧 표본간평균제곱합

1 표본내제곱합(SSW)과 표본내평균제곱합(MSW)의 개념이 제11장에서 배우게 될 회귀분석에서는 각각 오차제곱합(SSE: Sum of Squares Error)과 오차평균제곱합(MSE: Mean Square Error)으로 불린다.

(MSB)인 셈이다.[2]

이상에서 정리한 표본내평균제곱합(MSW)과 표본간평균제곱합(MSB)의 개념을 분산분석의 검증통계량(즉, F=표본간분산/표본내분산)에 대입하면 결국 분산분석의 검증통계량은 "$F=MSB/MSW$"로 표시된다.

한편, 표본내분산과 표본간분산 외에 또 하나의 분산을 생각해볼 수 있는데, 그것은 바로 총분산(total vairnace)이다. 표본내분산이 개별 표본에 속한 개체들(y_{ji})이 해당 표본의 표본평균($\bar{y}_j$) 주위로 얼마나 흩어져 있는지를 나타내는 분산이고, 표본간분산이 개별 표본평균($\bar{y}_j$)이 총평균($\bar{\bar{y}}$) 주위로 얼마나 흩어져 있는지를 나타내는 분산이라면, 모든 표본을 하나로 통합한 후 모든 개별 개체들(y_{ji})이 총평균($\bar{\bar{y}}$) 주위로 얼마나 흩어져 있는지를 나타내는 분산을 생각해볼 수 있는데, 바로 이것이 총분산이다. 이 총분산은 4개의 표본 각각에 20개의 개체가 포함된 예에 적용할 경우 다음 (식 9.2.4)와 같고, 이를 k개의 표본 각각에 n개의 개체가 포함된 경우로 일반화하면 (식 9.2.5)와 같다. 그리고 개별 표본에 속한 개체 수가 n_j개로 동일하지 않을 경우 총분산은 (식 9.2.6)과 같다.

$$\text{총분산}=\frac{\sum_{j=1}^{4}\sum_{i=1}^{20}(y_{ji}-\bar{\bar{y}})^2}{4\cdot 20-1} \qquad \text{(식 9.2.4)}$$

$$\text{총분산}=\frac{\sum_{j=1}^{k}\sum_{i=1}^{n}(y_{ji}-\bar{\bar{y}})^2}{k\cdot n-1} \qquad \text{(식 9.2.5)}$$

$$\text{총분산}=\frac{\sum_{j=1}^{k}\sum_{i=1}^{n_i}(y_{ji}-\bar{\bar{y}})^2}{n_T-1} \qquad \text{(식 9.2.6)}$$

위 식에서 분자에 해당하는 부분을 가리켜 총제곱합(SST: Sum of Squares Total)이라 하고, 분모에 해당하는 $k\cdot n-1$(혹은 n_T-1)을 총제곱합에 딸린 자유도라 한다.

---

2 표본간제곱합(SSB)의 개념이 실험설계에 기초한 연구의 분산분석(ANOVA)에서는 조치제곱합(SSTR: Sum of Squares Treatment), 회귀분석에서는 회귀제곱합(SSR: Sum of Squares Regression) 등으로 불리고, 표본간평균제곱합(MSB)은 각각 조치평균제곱합(MSTR: Mean Squares Treatment)과 회귀평균제곱합(MSR: Mean Squares Regression) 등으로 불린다.

그렇다면 위 세 가지 제곱합 사이의 관계는 어떤 관계일까? 결론부터 말하면, 세 가지 제곱합 사이에는 (식 9.2.7)과 같이 "총제곱합 = 표본간제곱합 + 표본내제곱합"의 관계가 성립한다.

$$\sum_{j=1}^{k}\sum_{i=1}^{n}(y_{ji}-\bar{\bar{y}})^2=\sum_{j=1}^{k}n_j\cdot(\bar{y}_j-\bar{\bar{y}})^2+\sum_{j=1}^{k}\sum_{i=1}^{n}(y_{ji}-\bar{y}_j)^2 \quad \text{(식 9.2.7)}$$

왜 위 관계식이 성립하는지 보기 위해 우선, j번째 표본에 속한 i번째 개체의 Y관측치가 개념적으로 다음 (식 9.2.8)과 같이 표현되고, 그 식은 다시 (식 9.2.9)로 재정렬될 수 있음을 이해해보자.

$$y_{ji}=\bar{\bar{y}}+(\bar{y}_{ji}-\bar{\bar{y}})+(y_{ji}-\bar{y}_j) \quad \text{(식 9.2.8)}$$

$$y_{ji}-\bar{\bar{y}}=(\bar{y}_j-\bar{\bar{y}})+(y_{ji}-\bar{y}_j) \quad \text{(식 9.2.9)}$$

위 식은 한 개체 i의 관측치(y_{ji})가 총평균($\bar{\bar{y}}$)으로부터 떨어져 있는 정도를 나타내는 총편차($y_{ji}-\bar{\bar{y}}$)는 그 개체가 속한 j번째 표본의 평균($\bar{y}_j$)이 총평균으로부터 떨어져 있는 정도, 즉, 표본간편차($\bar{y}_j-\bar{\bar{y}}$)에 그 개체가 j번째 표본의 평균으로부터 떨어져 있는 정도, 즉, 표본내편차($y_{ji}-\bar{y}_j$)를 더한 값과 같다는 것을 보여준다(〈그림 9.2.1〉 참조).

그리고 위 (식 9.2.9)의 양변을 제곱한 후 모든 개체들의 관측치를 합하면 우변

그림 9.2.1 한 관측치의 총편차=표본간편차+표본내편차

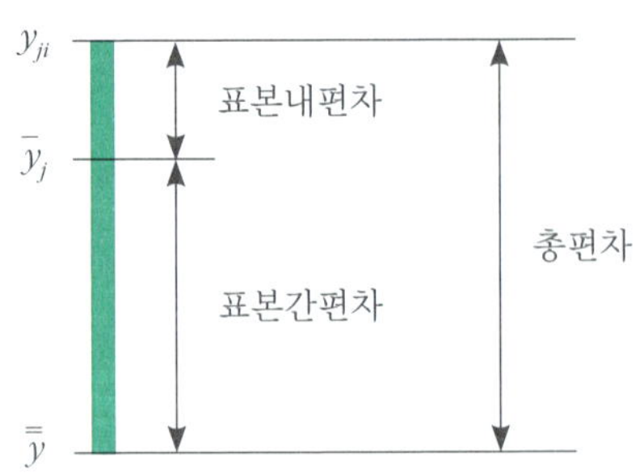

[표 9.2.1] 분산분석의 결과표

	제곱합(*SS*)	자유도	평균제곱합(*MS*)	*F*	유의확률
표본간	*SSB*	$k-1$	$MSB=SSB/(k-1)$	MSB/MSW	
표본내	*SSW*	n_T-k	$MSW=SSW/(n_T-k)$		
총	*SST*	n_T-1			

주: $n_T=n_1+n_2+\cdots\cdots+n_k$; 모든 표본의 개체수가 n으로 동일하면 $n_T-k=k(n-1)$.

의 두 번째 항의 값은 0이 되기 때문에 최종적으로 (식 9.2.10)과 같이 정리된다.

$$\begin{aligned}&\sum_{j=1}^{k}\sum_{i=1}^{n}(y_{ji}-\bar{\bar{y}})^2\\&=\sum_{j=1}^{k}\sum_{i=1}^{n}(y_{ji}-\bar{y}_j)^2+2\cdot\sum_{j=1}^{k}\sum_{i=1}^{n}(\bar{y}_j-\bar{\bar{y}})(y_{ji}-\bar{y}_j)+\sum_{j=1}^{k}\sum_{i=1}^{n}(\bar{y}_j-\bar{\bar{y}})^2\\&=\sum_{j=1}^{k}n_j\cdot(\bar{y}_j-\bar{\bar{y}})^2+\sum_{j=1}^{k}\sum_{i=1}^{n}(y_{ji}-\bar{y}_j)^2\end{aligned} \quad \text{(식 9.2.10)}$$

이상에서 살펴본 분산분석의 전 과정을 요약하면 [표 9.2.1]과 같은 분산분석의 결과표로 요약된다.

제 3 절 실험설계와 분산분석

1. 실험연구와 관찰연구

실증연구는 크게 실험에 의존한 연구(experimental study)와 관찰에 의존한 연구(observational or field study)로 나뉜다. 실험연구의 가장 중요한 특징이자 장점은 연구자가 탐구하고자 하는 핵심 독립변수(분산분석에서는 이를 요인(factor)이라 칭함)를 직접 관리·조작함으로써 여타 다른 변수들의 영향이 끼어들 수 없도록 통제할 수 있다는 점이다. 예를 들어, 금전적 인센티브가 사람들의 업무의욕 증진에 긍정적 영향을 미칠 것이라는 자신의 주장을 검증해 보여주려는 연구자를 생각해보자. 이 연구자는 논리적 근거가 될 만한 이론들을 가져와 자신의 주장을 뒷받침하면서 아래와 같은 연구가설을 설정할 것이다.

> 가설: 금전적 인센티브가 사람들의 업무의욕 증진에 긍정적 영향을 미칠 것이다.

위 가설을 실증적으로 검증하기 위해 연구자는 두 가지 방법 중 하나를 선택할 수 있다. 첫 번째 방법은 직장에 근무하고 있는 사람들을 표본으로 추출하여 그들을 대상으로 금전적 인센티브를 얼마나 받았는지, 그리고 그들의 업무의욕이 어느 정도인지 설문을 통해 측정한 후 금전적 인센티브와 업무의욕 사이에 통계적으로 유의한 관계가 존재하는지 검증하는 것이다. 이 방법이 관찰에 의존한 관찰연구 혹은 현장연구이다. 이 방법의 취약점이라면 금전적 인센티브 외에도 업무의욕에 영향을 미칠 만한 다양한 변수들(예, 표본에 속한 개인들이 처한 물리적, 사회적 환경 차이 등등)이 개개인에게 서로 다르게 영향을 미칠 수 있기 때문에 그러한 모든 변수들의 영향력을 통제한 후 금전적 인센티브만의 순수한 효과를 추출해내기 어렵다는 점이다(제13장에서는 관찰에 의존한 현장연구에서 다른 변수들의 효과를 통제할 수 있는 방법을 배우지만, 그 방법 또한 실험설계만은 못하다).

두 번째 방법은 실험에 의존한 연구인데, 실험에 참가할 사람들의 업무의욕을 볼 수 있는 과업을 설계하고, 실험참가자들을 모집하여 표본을 확보한다. 이어 무작위로 실험참가자들을 업무성과와 연동하여 지불할 인센티브의 강도를 기준으로 두세 그룹—예컨대, 인센티브가 없는 그룹, 중간 강도의 인센티브를 적용하는 그룹, 강한 인센티브를 적용하는 그룹 등—으로 나누어 배정하고, 각 그룹에 배정된 실험참가자들에게는 해당 그룹에 적용될 인센티브 제공 방식에 대해 설명한다. 연구자가 실험참가자들을 특정 요인을 기준으로 구분한 그룹들에 무작위로 배정할 수 있다는 바로 이 점이 관찰에 의존하는 현장연구와 실험연구의 핵심적 차이점이다. 그리고 실험참가자들로 하여금 과업을 수행하게 한 후 일정 시점에서 그들의 과업수행의욕을 측정한다. 이러한 실험연구의 장점은 실험 참가자들을 무작위로 서로 다른 조건을 갖춘 그룹에 배정함으로써 적어도 통계적으로는 모든 그룹이 각각에 적용되는 인센티브 강도 이외의 변수들에서는 차이가 없다고 말할 수 있게 된다는 점이다. 즉, 연구자가 관심을 가지고 있는 변수 외 여타 변수들의 영향력을 통제할 수 있게 되었다는 점이다. 한편, 실험설계에서는 요인(factor)의 강도를 기준으로 그룹을 나누고 그룹간 요인의 강도 차이가 적정한지 여부를 체크해야 하는데, 그것을 가리켜 조작적합성 체크(manipulation check)라 한다.

관찰에 의존한 현장연구에 비해 실험연구의 또 하나의 장점은 인과관계를 규명하기 수월하다는 점이다. 연구자가 생각하는 원인변수를 먼저 조작하여 실행하고, 이어 일정한 시차를 두고 결과변수를 측정함으로써 원인변수의 차이가 결과변수에서의 차이로 나타나는지를 쉽게 규명할 수 있기 때문이다. 학문영역에서 진행하는 실증연구의 궁극적 목적이 두 변수 사이의 인과관계를 규명하는 데 있다는 점을 감안하면 이 점은 무척 중요한 장점이다. 본 장에서 다루는 분산분석은 특별히 실험설계에 의존한 실증연구를 분석하는 데 매우 유용하게 사용되는 통계분석기법이다.

2. 일원분산분석(one-way ANOVA)

일원분산분석이란 한 가지 요인(예, 학년 등)을 기준으로 모집단을 구분하고 각 모집단으로부터 무작위로 추출된 표본에 근거하여 모집단들의 평균값들 사이에 유의한 수준의 차이가 존재한다고 할 수 있는지 여부를 검증하는 방법이다. 한 가지 요인에 따라 k개의 집단으로 구분이 되고 그렇게 구분된 k개의 모집단 평균값들이 서로 다르다고 할 수 있는지 여부를 검증해야 할 상황을 가정하면, 우리는 k개의 개별 모집단으로부터 각각 독립적으로 표본을 추출하여 해당 가설을 검증하게 될 것이다(〈그림 9.3.1〉 참조).

그림 9.3.1 *k*개의 모집단으로부터 독립적 표본 추출

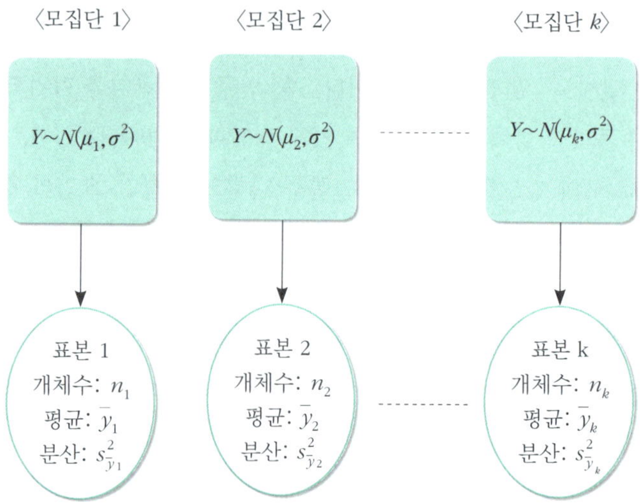

이 경우 대립가설(H_a)은 "k개 모집단의 평균이 모두 같지는 않을 것이다."가 되고, 그것의 여집합인 귀무가설(H_0)은 "k개 모집단의 평균이 모두 같을 것이다."가 된다.

> 대립가설 H_a: k개 모집단의 평균값이 모두 같지는 않을 것이다.
> 귀무가설 H_0: $\mu_1 = \mu_2 = \cdots = \mu_k$

이를 검증하기 위해서는 1절과 2절에서 배운 분산분석의 원리를 그대로 적용하면 된다. 즉, 일단 귀무가설이 옳다는 가정하에서 표본간분산(혹은 표본간평균제곱합: *MSB*)과 표본내분산(혹은 표본내평균제곱합: *MSW*)을 계산한 후 그로부터 분산분석의 검증통계량 $F=MSB/MSW$의 값을 계산한다. 여기에서 표본간분산에 딸린 자유도는 $k-1$이 되고, 표본내분산에 딸린 자유도는 $k(n-1)$ 혹은 n_T-k가 된다.[3]

3 SPSS와 같은 통계프로그램이 앞 절의 [표 9.2.1]과 같은 분산분석 결과표를 산출해줄 것이기 때문에 독자들은 일일이 계산할 필요 없이 그 결과표를 이해하고 해석할 수 있으면 된다.

위 검증통계량은 F-분포를 따르기 때문에 분자의 자유도($k-1$)와 분모의 자유도(n_T-k), 그리고 유의수준(α)이 정해지고 나면, 위에서 계산한 검증통계치를 기각영역 경계값인 $F_{\alpha,k-1,n_T-k}$와 비교하여 판정한다(※ 기각영역 경계값을 정할 때 유의수준 α를 이등분하지 않고 $F_{\alpha,k-1,n_t-k}$로 설정한 이유는 "검증통계량=표본간분산/표본내분산"에서 표본간분산이 표본내분산보다 더 큰 값을 가질 때에 한해 귀무가설을 기각할 수 있는 가능성이 열리기 때문이다. 즉, 분산분석(ANOVA)에서의 가설검증은 우측검증에 해당한다). 검증통계치가 경계값보다 크거나 같으면, 혹은, 유의확률 p-값이 유의수준 α보다 작거나 같으면 귀무가설을 기각하고 대립가설을 채택한다.

그림 9.3.2 F-검증

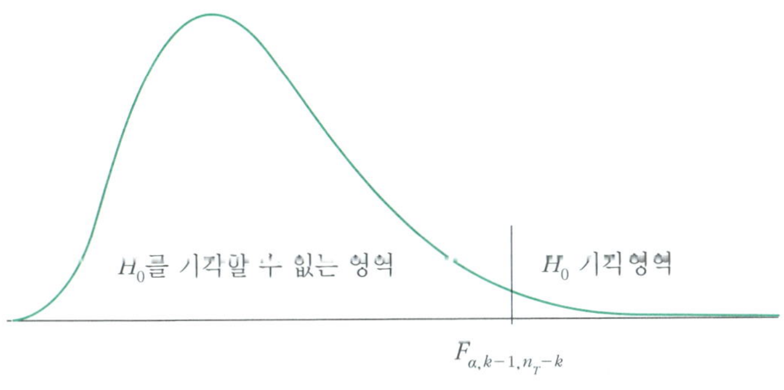

복수의 모집단 평균간 차이 존재여부에 대한 가설검증

1단계: 추정하고자 하는 바가 특정한 모집단 모수(population parameter)의 값이 아니고, 복수의 모집단 평균 사이에 유의한 정도의 차이가 존재한다고 할 수 있는지 여부이다. 대립가설과 귀무가설은 각각 아래와 같다.

H_a: k개 모집단의 평균값이 모두 같지는 않을 것이다.

H_0: $\mu_1=\mu_2=\cdots=\mu_k$

2단계: 검증통계량은 표본간분산(MSB)을 표본내분산(MSW)으로 표준화한 $F=MSB/MSW$이며, 이 검증통계량의 확률분포는 F-분포(분자의 자유도: $k-1$, 분모의 자유도: n_T-k)의 특성을 띠게 된다.

3단계: 검증통계치가 기각영역 경계값(즉, $F_{\alpha,k-1,n_T-k}$)보다 크거나 같은 값이면, 혹은, 유의확률(p-값)이 유의수준(α)보다 작거나 같은 값이면 귀무가설을 기각하고 대립가설을 채택한다.

* **주의사항:** 분산분석은 점추정이나 구간추정의 양식으로 모집단 모수의 값을 추정하기보다는 가설검증의 형식으로 복수의 모집단 평균들 사이에 유의한 차이가 존재한다고 볼 수 있는지 여부를 판정하는 데 사용되는 통계분석기법이다.

3. 이원분산분석(two-way ANOVA)

이번에는 두 가지 요인(요인 A와 요인 B)에 의해 모집단을 구분하고, 그렇게 구분된 각각의 모집단으로부터 무작위로 추출된 표본에 근거하여 모집단들의 평균 사이에 유의한 정도의 차이가 존재한다고 할 수 있는지 여부를 검증하는 경우를 생각해보자. 이 경우 비교대상 모집단은 요인 A를 기준으로 구분해볼 수도 있고(이 경우 요인 A를 기준으로 한 일원분산분석 적용 가능), 요인 B를 기준으로 구분해 볼 수도 있으며(이 경우 요인 B를 기준으로 한 일원분산분석 적용 가능), 더 나아가 요인 A와 B를 동시에 적용하여 구분해볼 수도 있다(이 경우가 일원분산분석과 구별되는 이원분산분석의 핵심적 특징이라 할 수 있으며, 이원분산분석을 통해 요인 A와 요인 B 사이의 상호작용효과를 검증하게 된다).

따라서 이원분산분석에서는 세 가지 가설을 검증할 수 있다. 즉, (1) 요인 A를 기준으로 구분한 모집단들의 평균 사이에 유의한 수준의 차이가 존재한다고 할 수 있는지 여부와 (2) 요인 B를 기준으로 구분한 모집단들의 평균 사이에 유의한 수준의 차이가 존재한다고 할 수 있는지 여부, 그리고 (3) 요인 A와 요인 B를 동시에 적용하여 구분한 모집단들의 평균 사이에 유의한 수준의 차이가 존재한다고 할 수 있는지 여부 등이 바로 그것이다.

예를 들어 보자. 어느 학교에서 영어 과목을 개설하였는데, 문법에 대한 상이한 학습법(요인 A라 하자)을 기준으로 3개 분반(A_1, A_2, A_3)을 개설하였고, 회화에 대한 상이한 학습법(요인 B라 하자)을 기준으로 3개 분반(B_1, B_2, B_3)을 개설하였다. 모든 학생이 문법 분반 중에서 하나, 회화 분반 중에서 하나씩 택하여 동시에 수강해야 한다면, 이 경우 문법과 회화의 가능한 조합은 모두 9(=3×3)가지가 된다. 이 예에서는 우선 문법과 회화 각각의 학습법이 서로 다른 효과를 내는지 검증하고, 더 나아가 어느 문법 분반과 어느 회화 분반을 결합해서 수강하는 것이 영어실력향상에 차별화된 효과를 가져오는지 검증하고자 할 수 있으며 다음과 같이 세 가지 가설 설정이 가능하다.

가설 1: 요인 A의 주요인효과(main effect)에 관한 가설

H_a: 요인 A에 근거하여 구분한 모집단의 평균들이 모두 같지는 않을 것이다.

H_0: $\mu_{1\bullet}=\mu_{2\bullet}=\mu_{3\bullet}$

가설 2: 요인 B의 주요인효과(main effect)에 관한 가설

H_a: 요인 B에 근거하여 구분한 모집단의 평균들이 모두 같지는 않을 것이다.

H_0: $\mu_{\bullet 1}=\mu_{\bullet 2}=\mu_{\bullet 3}$

가설 3: 요인 A와 B의 상호작용효과(interaction effect)에 관한 가설

H_a: 요인 A와 B에 근거하여 구분한 모집단의 평균들이 모두 같지는 않을 것이다.

H_0: $\mu_{11}=\mu_{21}=\mu_{31}=\mu_{12}=\mu_{22}=\mu_{32}=\mu_{13}=\mu_{23}=\mu_{33}$

여기에서 $\mu_{1\bullet}$, $\mu_{2\bullet}$, $\mu_{3\bullet}$과 같이 왼쪽 하첨자만 숫자로 표기되어 있는 모집단 평균은 요인 A에 따라 구분한 모집단의 평균을 가리키고, $\mu_{\bullet 1}$, $\mu_{\bullet 2}$, $\mu_{\bullet 3}$과 같이 오

른쪽 하첨자만 숫자로 표기되어 있는 모집단 평균은 요인 B에 따라 구분한 모집단 평균을 가리키며, μ_{11}, μ_{21}, μ_{31}, μ_{12}, μ_{22}, μ_{32}, μ_{13}, μ_{23}, μ_{33} 등 왼쪽과 오른쪽 하첨자가 모두 표기되어 있는 모집단 평균은 요인 A와 요인 B 모두를 감안하여 구분한 모집단 평균을 가리킨다. 예컨대, μ_{32}는 요인 A에 따른 구분에서는 A_3을, 요인 B에 따른 구분에서는 B_2를 택한 학생들로 구성된 모집단 평균을 가리킨다.

위 가설을 검증하기 위해 연구자가 학생들을 9개의 조합에 무작위로 20명씩 배치하고 학기말에 개별 학생들의 영어실력을 측정하였다고 가정하자. 무작위로 배치한 이유는 그룹간 평균값의 차이가 요인 A와 B 이외의 요인들에 의해 유발되는 것을 통계적으로 통제하기 위한 것이며, 이와 같은 실험설계의 장점은 이처럼 연구자가 관심을 가지고 있는 요인들 이외의 요인들이 결과에 영향을 미치지 못하도록 통제할 수 있다는 데 있다. 이 경우 표본에서 확보한 데이터와 기본 통계량은 [표 9.3.1]과 같은 모양이 될 것이다.

이 경우에도 일원분산분석의 경우처럼 요인 A의 j번째와 요인 B의 k번째 집단에 속한 i번째 개인들의 Y 관측치를 개념적으로 다음 (식 9.3.1)과 같이 표현할 수 있으며, 그것은 다시 (식 9.3.2)로 재정렬이 될 수 있다.

$$y_{jki}=\bar{\bar{y}}+(\bar{y}_{j\cdot}-\bar{\bar{y}})+(\bar{y}_{\cdot k}-\bar{\bar{y}})+(\bar{y}_{jk}-\bar{y}_{j\cdot}-\bar{y}_{\cdot k}+\bar{\bar{y}})+(y_{jki}-\bar{y}_{jk}) \qquad \text{(식 9.3.1)}$$

$$y_{jki}-\bar{\bar{y}}=(\bar{y}_{j\cdot}-\bar{\bar{y}})+(\bar{y}_{\cdot k}-\bar{\bar{y}})+(\bar{y}_{jk}-\bar{y}_{j\cdot}-\bar{y}_{\cdot k}+\bar{\bar{y}})+(y_{jki}-\bar{y}_{jk}) \qquad \text{(식 9.3.2)}$$

그리고 양변을 제곱한 후 모든 관측치들의 값을 합하면 (식 9.3.3)과 같이 정리된다. 단, (식 9.2.10)에서 본 것처럼 교차곱들의 합은 결국 0이 되기 때문에 (식 9.3.3)에서 제외하였다.

$$\begin{aligned}\sum_{j=1}^{3}\sum_{k=1}^{3}\sum_{i=1}^{20}(y_{jki}-\bar{\bar{y}})^2=&\sum_{j=1}^{3}\sum_{k=1}^{3}\sum_{i=1}^{20}(\bar{y}_{j\cdot}-\bar{\bar{y}})^2+\sum_{j=1}^{3}\sum_{k=1}^{3}\sum_{i=1}^{20}(\bar{y}_{\cdot k}-\bar{\bar{y}})^2\\&+\sum_{j=1}^{3}\sum_{k=1}^{3}\sum_{i=1}^{20}(\bar{y}_{jk}-\bar{y}_{j\cdot}-\bar{y}_{\cdot k}+\bar{\bar{y}})^2+\sum_{j=1}^{3}\sum_{k=1}^{3}\sum_{i=1}^{20}(y_{jki}-\bar{y}_{jk})^2\end{aligned} \qquad \text{(식 9.3.3)}$$

이제, (식 9.3.3)의 구성요소를 보자. 좌변은 총제곱합(SST)에 해당하고, 우측

[표 9.3.1] 이원분산분석의 데이터배열

	A_1	A_2	A_3	B 기준 표본평균($\bar{y}_{\cdot k}$)
B_1	y_{111} y_{112} . .	y_{211} y_{212} . .	y_{311} y_{312} . .	$\bar{y}_{\cdot 1}$
A와 B 기준 표본평균($\bar{y}_{jk}$)	$\bar{y}_{11}$	$\bar{y}_{21}$	$\bar{y}_{31}$	
B_2	y_{121} y_{122} . .	y_{221} y_{222} . .	y_{321} y_{322} . .	$\bar{y}_{\cdot 2}$
A와 B 기준 표본평균($\bar{y}_{jk}$)	$\bar{y}_{12}$	$\bar{y}_{22}$	$\bar{y}_{32}$	
B_3	y_{131} y_{132} . .	y_{231} y_{232} . .	y_{331} y_{332} . .	$\bar{y}_{\cdot 3}$
A와 B 기준 표본평균($\bar{y}_{jk}$)	$\bar{y}_{13}$	$\bar{y}_{23}$	$\bar{y}_{33}$	
A 기준 표본평균($\bar{y}_{j\cdot}$)	$\bar{y}_{1\cdot}$	$\bar{y}_{2\cdot}$	$\bar{y}_{3\cdot}$	$\bar{\bar{y}}$

$\bar{\bar{y}}$: 총평균

$\bar{y}_{j\cdot}$(즉, $\bar{y}_{1\cdot}$, $\bar{y}_{2\cdot}$, $\bar{y}_{3\cdot}$): 요인 A의 j번째 집단에 속한 개인들의 Y값 평균

$\bar{y}_{\cdot k}$(즉, $\bar{y}_{\cdot 1}$, $\bar{y}_{\cdot 2}$, $\bar{y}_{\cdot 3}$): 요인 B의 k번째 집단에 속한 개인들의 Y값 평균

$\bar{y}_{jk}$(즉, $\bar{y}_{11}$, $\bar{y}_{21}$, $\bar{y}_{31}$, $\bar{y}_{12}$, $\bar{y}_{22}$, $\bar{y}_{32}$, $\bar{y}_{13}$, $\bar{y}_{23}$, $\bar{y}_{33}$): 요인 A의 j번째 집단과 요인 B의 k번째 집단에 속한 개인들의 Y값 평균

y_{ijk}(즉, y_{111}, y_{121}, y_{131} . . . 등): 요인 A의 j번째 집단과 요인 B의 k번째 집단에 속한 i번째 개인의 Y값

첫 번째 항과 두 번째 항은 각각 요인 A를 기준으로 구분할 때의 표본간제곱합(편의상 SSB_A라 하자)과 요인 B를 기준으로 구분할 때의 표본간제곱합(편의상 SSB_B라 하자)에 해당한다. 그리고 우측 마지막 항은 표본내제곱합(SSW)에 해당하는 것을 어렵지 않게 이해할 수 있을 것이다. 일원분산분석과의 핵심적 차이는 (식 9.3.3)의 우측 세 번째 항인데, 이 항은 요인 A와 요인 B 모두를 동시에 적용하여 구분한 상호작용제곱합(편의상 SSB_{AB}라 하자)을 나타낸다. 이를 다시 정리하면, 이

원분산분석에서 총제곱합은 (식 9.3.4)와 같다.

$$\underset{(n_T-1)}{SST} = \underset{(j-1)}{SSB_A} + \underset{(k-1)}{SSB_B} + \underset{(j-1)(k-1)}{SSB_{AB}} + \underset{(n_T-j\cdot k)}{SSW} \qquad \text{(식 9.3.4)}$$

개별 제곱합, 즉 SST, SSB_A, SSB_B, SSB_{AB}, SSW에 딸린 자유도는 제곱합 아래 괄호 속에 나타나 있는 바, 요인 A(3개 분반)와 요인 B(3개 분반)의 조합에 따라 생긴 9개 분반에 각각 20명씩 무작위로 배치한 예를 적용하면 SST의 자유도는 180−1=179, SSB_A의 자유도는 3−1=2, SSB_B의 자유도는 3−1=2, SSB_{AB}의 자유도는 (3−1)(3−1)=4, 그리고 SSW의 자유도는 180−9=171 등이다. 자유도를 알았으니, 개별 제곱합을 각각에 딸린 자유도로 나눠주면 표본간평균제곱합(MSB_A와 MSB_B), 상호작용평균제곱합(MSB_{AB}), 표본내평균제곱합(MSW)을 구할 수 있다.

이제 앞에서 설정한 세 가지 가설 각각을 검증하는 데 사용될 검증통계량 F_A, F_B, F_{AB}를 구할 수 있는데, 각 가설에 상응하는 MSB_A, MSB_B, MSB_{AB} 각각을 MSW로 나눠줌으로써 각각의 검증통계치를 구할 수 있다. 그리고 각각의 검정통계치는 모두 F-분포를 따른다. 이를 표로 정리하면 [표 9.3.2]와 같다.

세 가지 가설 각각의 귀무가설 기각여부 결정규칙은 각각의 검증통계치(즉, F_A, F_B, F_{AB})가 기각영역 경계값인 F_{α, df_1, df_2}보다 크거나 같으면 해당 귀무가설을 기각하고 대립가설을 채택한다. 여기에서 df_1은 분자의 자유도, df_2는 분모의 자유도를 가리킨다.

[표 9.3.2] 이원분산분석 결과표

		제곱합	자유도	평균제곱(MS)	F값
표본간	요인A	SSB_A	$j-1$	$MSB_A=SSB_A/(j-1)$	$F_A=MSB_A/MSW$
	요인B	SSB_B	$k-1$	$MSB_B=SSB_B/(k-1)$	$F_B=MSB_B/MSW$
	A×B	SSB_{AB}	$(j-1)(k-1)$	$MSB_{AB}=SSB_{AB}/(j-1)(k-1)$	$F_{AB}=MSB_{AB}/MSW$
표본내	오차	SSW	$n_T-j\cdot k$	$MSW=SSW/(n_T-j\cdot k)$	
총 합		SST	n_T-1		

그림 9.3.3 귀무가설 기각영역과 그 경계값(F_{α,df_1,df_2})

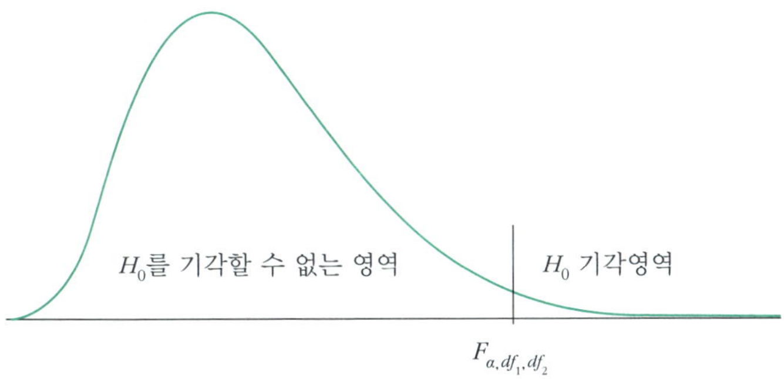

요인 A나 B에 따라 개별적으로 일원분산분석을 실시하는 대신 이원분산분석을 실시하는 가장 중요한 목적은 요인 A와 요인 B 사이에 상호작용효과가 있는지를 검증하는 데 있다(상호작용효과는 검증통계량 F_{AB}를 가지고 검증한다). 여기에서 상호작용효과란 이를 테면 개별 개체들의 y값에 미치는 요인 A의 효과 크기가 요인 B의 수준이 달라짐에 따라 다르게 나타날 때 일컫는 효과를 가리킨다. 위 영어 과목의 학습효과에 관한 가상적 예를 가지고 보면, 회화에 관한 학습법 중 특정 학습법(예컨대, B_2 학습법)이 문법에 관한 학습법 A_1, A_2, A_3 중 어느 것과 함께 수강하느냐에 따라 그 학습효과가 달리 나타난다면 회화 학습법과 문법 학습법 사이에 상호작용효과가 존재한다고 말할 수 있다.

제 4 절 다중비교(multiple comparisons)

1. 쌍대비교를 통한 검증의 문제점

본 장에서 "세 개 이상의 모집단 평균이 모두 같지는 않을 것이다."라는 가설을 검증하는 방법으로서 분산분석(ANOVA)에 대해 설명했다. 그러나 혹자는 분산분석 대신 "모집단들을 두 개씩 쌍(pair)을 지어 그들 평균 값 사이에 한 쌍에서라도 유의한 차이가 존재하는 것으로 나오면 위 가설을 입증했다고 할 수 있는 것 아닌가?"라고 생각할지 모른다. 그리고 그것이 가능하다면 각 쌍에 대해 제7장 1절에서 배운 모집단 평균차 검증법을 적용하면 될 것이다. 그러나, 결론부터 말하면 연구자가 설정한 유의수준 α에서 임의의 두 모집단 평균 사이에 통계적으로 유의한 차이가 존재하는 것으로 나왔다 하더라도 그것을 근거로 원래의 가설을 동일한 유의수준 α에서 입증했다고 말할 수 없다. 우선, 왜 그런지부터 살펴보도록 하자.

그것을 이해하기 위해 "3개의 모집단 A, B, C의 평균이 모두 같지는 않을 것이다."라는 가설을 $\alpha=0.05$ 수준에서 검증하는 상황을 생각해보자. 대립가설과 귀무가설은 다음과 같을 것이다.

대립가설 H_a: 3개 모집단의 평균값이 모두 같지는 않을 것이다.
귀무가설 H_0: $\mu_A=\mu_B=\mu_C$

한편, 위 세 모집단을 두 개씩 쌍을 지어 각 쌍의 평균값이 다른지 여부를 검증할 경우 다음과 같이 세 가지 서로 다른 쌍을 생각해볼 수 있다.

[가설검증 1] 대립가설 H_a: $\mu_A-\mu_B\neq0$
귀무가설 H_0: $\mu_A-\mu_B=0$

[가설검증 2] 대립가설 H_a: $\mu_A - \mu_C \neq 0$
귀무가설 H_0: $\mu_A - \mu_C = 0$

[가설검증 3] 대립가설 H_a: $\mu_B - \mu_C \neq 0$
귀무가설 H_0: $\mu_B - \mu_C = 0$

이제 각각에 대해 $\alpha=0.05$ 수준에서 가설검증을 실행하여 어느 한 검증에서라도 귀무가설을 기각하고 대립가설을 채택할 수 있을 때 그것을 근거로 원래의 귀무가설(H_0: $\mu_A=\mu_B=\mu_C$)을 기각하고 대립가설을 채택할 경우 어떤 불합리한 결과가 나타나는지 보도록 하자.

위 세 가지 각각의 가설검증에서 유의수준을 $\alpha=0.05$로 설정한다면 그것은 각각의 귀무가설(H_0)이 옳음에도 불구하고 귀무가설을 잘못 기각할 수 있는 오류—즉, 제1종 오류(Type I error)—를 범할 수 있는 확률을 0.05까지 허용한다는 의미이다. 이를 뒤집어 말하면, 제1종 오류를 범하지 않을 확률은 각각 0.95라는 의미이다.

그럼, 이제 이렇게 질문을 던져보자. "위 개별 쌍들을 각각 비교하는 세 개의 가설검증을 실행할 때 그들 중 어느 하나에서라도 제1종 오류를 범하지 않을 확률은 얼마나 될까?" 이 질문의 조건을 충족하려면 세 개의 가설검증 모두에서 제1종 오류를 범하지 않아야 하기 때문에 그 확률은 $0.95 \times 0.95 \times 0.95 = 0.8574$가 될 것이고, 이 확률은 곧 세 개의 가설검증 중 어느 하나에서라도 제1종 오류를 범하지 않을 확률을 가리킨다. 뒤집어 말하면, 확률적으로 위 세 개의 가설검증 중 어느 하나에서라도 제1종 오류를 범할 수 있는 확률은 $1-0.8574=0.1426$이라는 얘기이다. 요컨대, 개별 쌍들을 $\alpha=0.05$ 수준에서 각각 비교하여 그 중 어느 하나에서라도 귀무가설을 기각할 수 있을 때 원래의 대립가설을 입증했다고 결론을 내리게 되면, 그것의 실제 유의수준—제1종 오류를 범할 수 있는 확률—은 당초 설정했던 0.05가 아닌 0.1426이 된다는 의미이다.

* 유의사항: 위와 같은 복수의 쌍대비교 방식을 적용할 경우 모집단 수가 네 개로 늘어나면 가설검증을 위해 비교해야 할 쌍(pair)의 수는 6개로 늘어난다. 이 경우 어느 하

나에서라도 제1종 오류를 범하지 않을 확률, 즉, 6개 쌍 모두에서 제1종 오류를 범하지 않을 확률은 0.95×0.95×0.95×0.95×0.95×0.95=0.7351로 떨어지고, 그것의 여집합인 제1종 오류를 범할 수 있는 유의수준(α)은 1−0.7351=0.3649로 커진다. 요컨대, 모집단 수가 늘어나면 늘어날수록 비교해야 할 쌍의 수는 급격하게 늘어나고, 쌍대비교 방식으로 검증할 경우 제1종 오류를 범할 수 있는 유의수준(α) 또한 급격하게 커지게 된다.

이상을 정리하면, 세 개의 모집단 A, B, C 사이에 평균에서 유의한 차이가 존재하는지 여부를 검증하기 위해 모든 가능한 쌍을 만들고 각각의 쌍에 대해 유의수준 α=0.05에서 가설검증을 실행한 후 어느 한 쌍에서라도 귀무가설을 기각하고 대립가설을 채택할 수 있게 될 때 곧 그것이 "모집단 A, B, C의 평균이 모두 같지는 않을 것이다."라는 원래의 대립가설을 α=0.05 수준에서 입증한 근거가 될 수 있다는 결론은 옳지 않다는 것이다. 따라서 세 개 이상의 모집단 평균이 특정한 유의수준 α에서 다르다고 할 수 있는지 여부를 검증할 때는 최우선적으로 분산분석(ANOVA)을 통해 정해진 유의수준 α에서 해당 귀무가설을 기각하고 대립가설을 채택할 수 있는지 여부를 검증하고, 그 결과 대립가설을 채택할 수 있을 때 이어 어느 모집단 간에 평균차가 존재하는지 여부를 찾아 들어가는 것이 올바른 접근법이다.

그러나, 굳이 모집단 두 개씩 쌍을 지어 비교하는 방법을 사용하겠다면 개별 쌍에 대한 가설검증을 실행할 때 적용하는 유의수준(α)을 비교 쌍의 수를 고려하여 축소 조정해야 하는데, 대표적인 것이 Bonferroni 조정방식이다. 이 방식은 연구자가 설정한 유의수준(α)을 모든 비교 가능한 쌍의 수로 나누어 얻은 값을 Bonferroni 조정 α값으로 설정하여 개별 쌍에 대한 가설검증을 실시한다. 예컨대, 모집단이 3개일 경우 모든 비교 가능한 쌍이 3개이기 때문에 Bonferroni 조정 α값은 α=0.05/3=0.017이 된다.[4] 이 말은 유의수준(α)를 0.017로 설정한 상태에

4 모집단 수가 다섯 개로 늘어나면 가설검증을 위해 비교해야 할 쌍(pair)의 수는 10개로 늘어나며, Bonferroni 조정 α값은 α=0.05/10=0.005가 된다. 이처럼 모집단 수가 늘어나면 늘어날수록 비교해야 할 쌍의 수는 더 급격하게 늘어나고, 그 결과 Bonferroni 조정 α값은 급격하게 작아지게 된다.

서 세 쌍의 모집단 평균차에 관한 가설검증을 실시하여 그 중 어느 하나에서라도 귀무가설을 기각하고 대립가설을 채택하는 결과가 나오면 그에 근거하여 "모집단 A, B, C의 평균이 모두 같지는 않을 것이다."라는 본래의 대립가설을 $\alpha=0.05$ 수준에서 채택할 수 있게 된다는 의미이다.

한편, 분산분석을 통해 본래의 대립가설을 채택할 근거를 확보하게 되면 이어 어느 모집단과 어느 모집단 사이에 통계적으로 유의한 평균차가 존재하는지 비교하는 다중비교(multiple comparisons) 검증을 실시하게 된다. 다중비교 검증이란 여러 개의 모집단들 중에서 두 개의 모집단씩 쌍을 지어 그 모집단들 사이에 평균차가 존재하는지 여부를 검증하는 것으로서 조합이 가능한 모든 모집단 쌍(pair)에 대하여 평균값을 비교하여 검증하는 것이다. 이와 같은 다중비교 검증 목적으로 사용되는 대표적인 방법이 Fisher의 최소유의차(LSD: Least Significant Difference) 검증법인데, 이 방법은 복수의 모집단들을 평균차가 인정되는 모집단들과 평균차가 인정되지 않는 모집단들로 분류할 목적으로 주로 사용된다.

2. Fisher의 최소유의차(*LSD*) 검증법

복수의 모집단 사이에 평균차가 존재한다고 할 수 있는지 여부를 검증하는 과정에서 분산분석(ANOVA)을 통해 본래의 귀무가설을 기각하고 대립가설을 채택하게 되었다고 가정해보자. 다음 단계는 어느 모집단 사이에 평균차가 존재하는지, 즉, 비교하고자 하는 임의의 두 모집단 A와 B의 평균(μ_A과 μ_B) 사이에 차이가 나는지를 판정하는 것이다. 이 목적을 위해 최소유의차(*LSD*)라는 지표를 사용하는데, 최소유의차(*LSD*)를 계산하는 식은 (식 9.4.1)과 같고, 두 모집단에서 각각 표본을 추출하여 구한 표본평균차($\bar{x}_A-\bar{x}_B$)의 절대값이 *LSD*보다 크면 α 수준에서 모집단 A와 B의 평균값 사이에 유의한 차이가 존재한다고 판정한다.

$$LSD=t_{\alpha/2}\sqrt{MSE\left(\frac{1}{n_A}+\frac{1}{n_B}\right)} \qquad \text{(식 9.4.1)}$$

위 식에서 MSE는 분산분석표에 나타나는 오차평균제곱합(Mean Square Error)으로서 분산분석에서 등분산을 가정하고 있는 모집단의 공통분산 σ^2에 대한 추정치이다. 그리고 우변 뒷부분 요소인 $\sqrt{MSE(1/n_A+1/n_B)}$는 제7장에서 배운 두 표본의 평균차, 즉 $\bar{x}_A-\bar{x}_B$의 표본오차(SE)에 해당한다.

자, 이쯤에서 독립된 두 모집단 사이에 평균차가 존재하는지 여부를 검증하기 위해 표본평균차$(\bar{x}_1-\bar{x}_2)$를 표본통계량으로, 그것을 표준화한 $t=(\bar{x}_1-\bar{x}_2)/SE$를 검증통계량으로 활용하여 귀무가설 기각여부를 결정했던 제7장 1절을 되새겨보기 바란다. 요점은 $\bar{x}_A-\bar{x}_B$의 절대값과 LSD의 값을 비교하여 결론을 내리는 Fisher의 LSD 검증법의 결론과 아래 (식 9.4.2)로 표현되는 검증통계량을 자유도 n_A+n_B-2인 t-분포상의 기각영역 경계값 $t_{\alpha/2,n_A+n_B-2}$와 비교하여 내리는 결론이 동일하다는 점이다.

$$t=\frac{\bar{x}_A-\bar{x}_B}{\sqrt{MSE\left(\frac{1}{n_A}+\frac{1}{n_B}\right)}} \qquad \text{(식 9.4.2)}$$

SPSS로 분산분석 실행하기

학업성취도에서 반별 차이가 존재하는지 여부를 판정하기 위해 연습용 표본데이터(1)을 활용하여 분산분석을 실행해보자.

1. 분산분석(ANOVA) 실행하기: 분석 → 평균비교 → 일원배치 분산분석 → 종속변수 박스에 학업성취도를, 요인분석 박스에 범주형 변수인 '반'을 입력 → 사후분석을 선택한 후 LSD와 Bonferroni에 체크

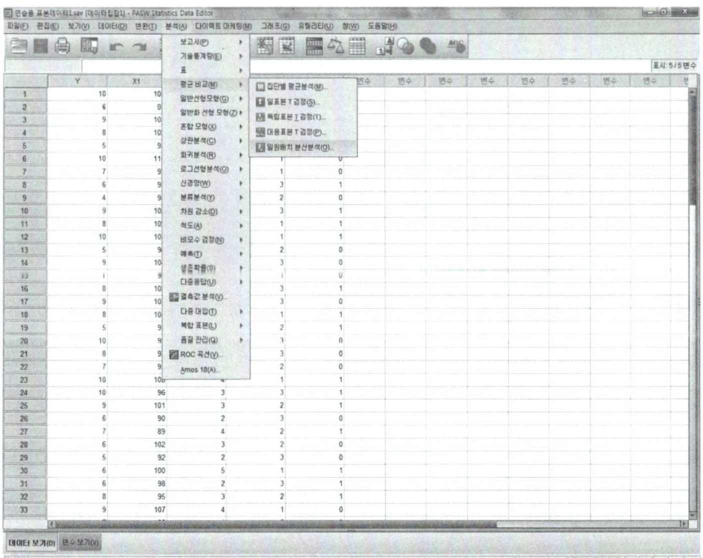

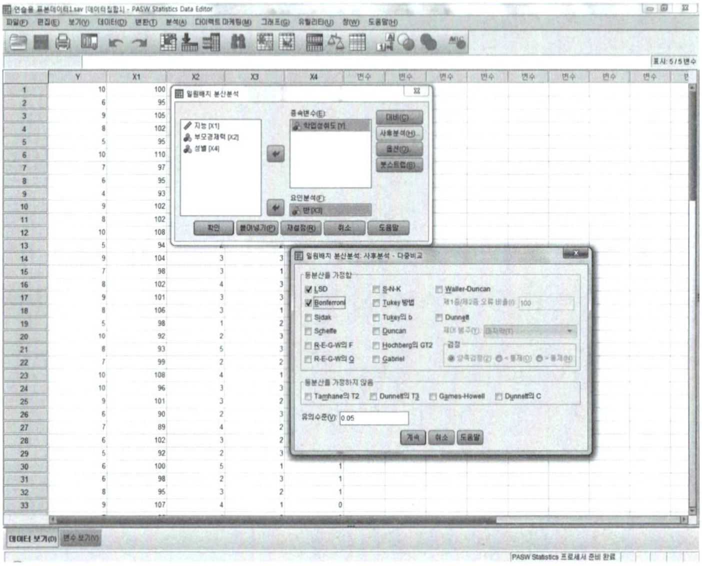

2. 분산분석 결과표: 다음 연습문제 참조

연습문제

앞 페이지 "SPSS로 분산분석 실행하기"에서 실행한 분산분석 결과표가 다음과 같다. 질문에 답하라.

Oneway

ANOVA

학업성취도

	Sum of Squares	df	Mean Square	F	Sig.
Between Groups	35.176	2	17.588	5.385	.006
Within Groups	267.812	82	3.266		
Total	302.988	84			

Post Hoc Tests

Multiple Comparisons

Dependent Variable:학업성취도

	(I) 반	(J) 반	Mean Difference (I-J)	Std. Error	Sig.	95% Confidence Interval	
						Lower Bound	Upper Bound
LSD	1	2	.157	.463	.735	-.76	1.08
		3	1.499*	.491	.003	.52	2.48
	2	1	-.157	.463	.735	-1.08	.76
		3	1.342*	.495	.008	.36	2.33
	3	1	-1.499*	.491	.003	-2.48	-.52
		2	-1.342*	.495	.008	-2.33	-.36
Bonferroni	1	2	.157	.463	1.000	-.97	1.29
		3	1.499*	.491	.009	.30	2.70
	2	1	-.157	.463	1.000	-1.29	.97
		3	1.342*	.495	.025	.13	2.55
	3	1	-1.499*	.491	.009	-2.70	-.30
		2	-1.342*	.495	.025	-2.55	-.13

*. The mean difference is significant at the 0.05 level.

1. 위 분산분석의 결과를 통해 검증하려는 연구가설이 무엇인지 써보라.

2. 연구가설을 대립가설과 귀무가설의 형식으로 써보라.(단, 1반 모집단 평균은 μ_1로, 2반 모집단 평균은 μ_2로, 3반 모집단 평균은 μ_3으로 표기하라.)

3. 표본간제곱합(SSB)과 표본내제곱합(SSW)과 총제곱합(SST)을 찾아 쓰고, 각각에 딸린 지유도를 찾아 써보라.

4. 표본간분산(*MSB*: 표본간평균제곱합)과 표본내분산(*MSW*:표본내평균제곱합)은?

5. 검증통계치를 찾아 쓰고, 그에 딸린 p-값을 찾아 써라.

6. p-값에 근거하여 $\alpha=0.01$에서 귀무가설을 기각하고 대립가설을 채택할 수 있는지 판정하라.

7. 사후분석 결과에 근거하여 어느 반과 어느 반 사이에 학업성취도 차이가 존재한다고 볼 수 있는지 정리해보라.

제10장

모집단 상관계수 추정

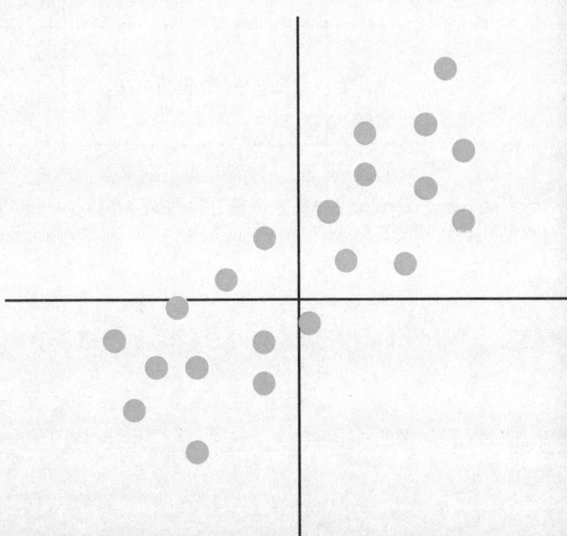

본 장에서는 두 변수 사이의 관계성을 보여주는 상관계수의 개념과 모집단 상관계수에 대한 추정 및 가설검증에 대해 배운다. 아래 [표 10.1]의 색칠한 부분이 본 장의 주제이다.

[표 10.1] 모집단 모수, 표본통계량과 검증통계량, 그리고 표본분포

	모집단 모수	표본통계량 검증통계량	표본분포
6장	모집단평균(μ)	표본통계량: 표본평균($\bar{x}$) 검증통계량: $t=(\bar{x}-\mu_0)/SE$	정규분포 (t-분포)
	모집단비율(P)	표본통계량: 표본비율($\bar{p}$) 검증통계량: $t=(\bar{p}-P_0)/SE$	
7장	두 모집단 평균차 ($\mu_1-\mu_2$)	표본통계량: 두 표본 평균차($\bar{x}_1-\bar{x}_2$) 검증통계량: $t=\{(\bar{x}_1-\bar{x}_2)-(\mu_1-\mu_2)\}/SE$	정규분포 (t-분포)
	두 모집단 비율차 (P_1-P_2)	표본통계량: 두 표본 비율차($\bar{p}_1-\bar{p}_2$) 검증통계량: $t=\{(\bar{p}_1-\bar{p}_2)-(P_1-P_2)\}/SE$	
8장	모집단분산(σ^2)	표본통계량: 표본분산(s^2) 검증통계량: $\chi^2=(n-1)s^2/\sigma^2$	χ^2-분포
	두 모집단 분산비 (σ_1^2/σ_2^2)	표본통계량: 두 표본 분산비(s_1^2/s_2^2) 검증통계량: $F=s_1^2/s_2^2$	F-분포
9장	복수 모집단간 평균차 존재여부	표본통계량: 복수 표본평균의 분산 검증통계량: $F=MSB/MSW$	F-분포
10장	모집단 상관계수(ρ_{xy})	표본통계량: 표본상관계수(r_{xy}) 검증통계량: $t=(r_{xy}-\rho_{xy})/SE$	정규분포 (t-분포)
12장	모집단 회귀계수(β_1)	표본통계량: 표본회귀계수(b_1) 검증통계량: $t=(b_1-\beta_1)/SE$	정규분포 (t-분포)
13장 14장 15장	모집단 회귀계수(β_k)	표본통계량: 표본회귀계수(b_k) 검증통계량: $t=(b_k-\beta_k)/SE$	정규분포 (t-분포)

주: 1. 표본오차 SE의 값은 표본통계량마다 구하는 공식이 각각 다르다.
2. MSB는 표본간분산을, MSW는 표본내분산을 의미한다.

제 1 절 상관계수의 개념

모집단 상관계수에 대한 추정 및 검증을 실행하기 전에 상관계수의 개념부터 이해해보도록 하자. 두 변수 X와 Y 사이의 관련 정도를 나타내는 대표적 지표 중 하나가 피어슨(Pearson) 상관계수이다. 피어슨 상관계수는 -1부터 $+1$까지의 값을 취할 수 있으며, 두 가지 정보를 제공해준다. 우선, 상관계수가 -1이나 $+1$에 가까운 값일수록 두 변수 사이의 관계성이 매우 높다는 것을 말해주고, 0에 가까울수록 두 변수 사이의 관계성이 거의 없다는 것을 나타낸다. 그리고, 상관계수의 부호가 정(+)이면 두 변수 사이의 관계가 비례관계, 즉, 한 변수의 값이 커지면 다른 변수의 값도 커지는 관계임을 나타내고, 반대로 부호가 부(−)이면 두 변수 사이의 관계가 반비례 관계, 즉, 한 변수의 값이 커지면 다른 변수의 값이 작아지는 관계임을 나타낸다. 〈그림 10.1.1〉은 산포도 형식으로 두 변수 X와 Y 사이의 (a) 정(+)의 상관관계, (b) 무관계, (c) 부(−)의 상관관계 등을 보여준다.

상관계수를 이해하고 활용할 때 몇 가지 유의할 점이 있다. 우선, 가장 많이

그림 10.1.1 두 변수 X와 Y 사이의 상관관계

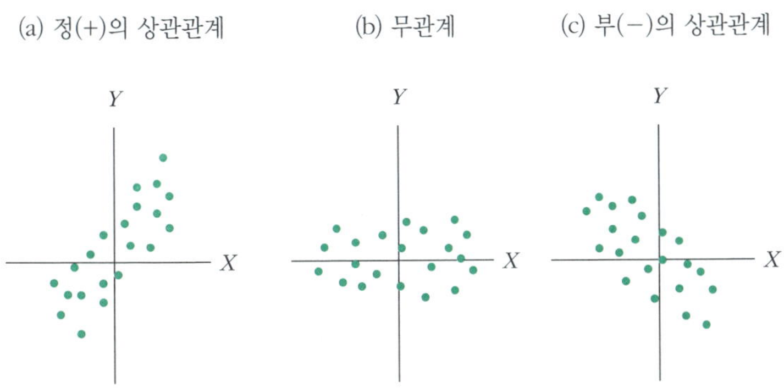

사용되는 피어슨 상관계수는 두 양적변수 X와 Y 사이의 관계를 선형관계(linear relationship)로 전제하고 두 변수 간 관계의 방향과 정도를 보여준다는 점이다. 이는 두 변수 사이에 선형관계가 존재할 때는 피어슨 상관계수가 그 관계를 잘 드러내 보여주지만, 두 변수 사이에 강한 관계가 존재하더라도 그 관계가 선형이 아닌 경우에는 그 관계를 제대로 드러내 보여주지 못한다는 의미이다. 예컨대, 〈그림 10.1.2〉의 (a)와 같은 선형관계는 피어슨 상관계수에 의해 그 관계의 방향과 강도가 잘 나타나지만, (b)와 같은 비선형관계를 피어슨 상관계수로 나타내면 0에 가까운 값, 즉, 두 변수 사이에 유의한 관계가 존재하지 않는 것으로 나타날 것이다.

두 번째 유의할 점은 두 양적변수 X와 Y 사이의 상관계수는 두 변수 사이의 인과관계(因果關係: causal relationship)에 대해서는 어떠한 정보도 제공하지 않는다는 점이다. 두 변수 사이에 인과관계가 성립하려면, (1) 원인에 해당하는 변수가 시점상 먼저 발생하고 결과에 해당하는 변수가 그 후에 발생해야 함은 물론, 동시에 (2) 두 변수 사이의 상관계수가 유의한 수준의 값, 즉, 0과 다른 값을 가져야 한다. 그러나, 상관계수 자체는 두 변수 사이의 선후관계 여부는 고려하지 않고, 단지 두 변수 간 선형관계의 방향과 정도만을 보여주는 지표이다.

그림 10.1.2 두 변수 X와 Y 사이의 관계: 선형관계와 비선형관계

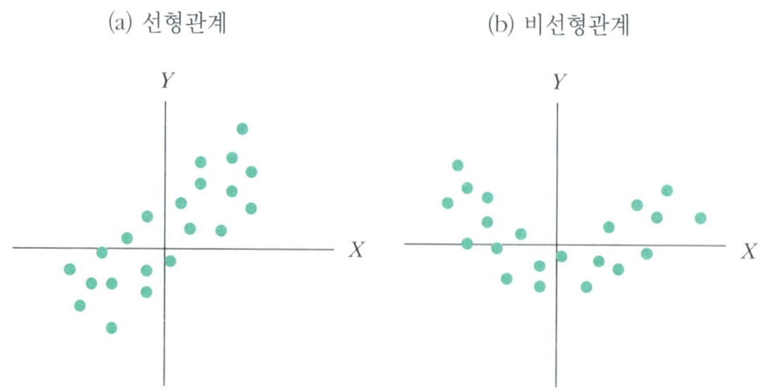

제 2 절 모집단 상관계수 추정

상관계수의 기본개념을 이해했으니 이제는 추리통계로 돌아와 모집단 상관계수 ρ_{xy}를 표본데이터를 활용하여 추정 및 가설검증하는 방법을 배워보도록 하자.

1. 점추정과 구간추정

이제 모집단 상관계수의 값을 추정하도록 해보자. 이미 모집단 평균이나 비율 혹은 두 모집단 평균차나 비율차를 추정할 때 확인한 바와 같이 모집단 모수(population parameter)의 점추정량(point estimator)은 모집단 모수에 대응되는 표본통계량(sample statistic)이다. 따라서 이 경우 모집단 모수는 두 변수 간 모집단 상관계수 ρ_{xy}이고, 그것의 점추정량(point estimator)은 표본상관계수 r_{xy}이며, 그 값이 곧 점추정치(point estimate)가 된다.

한편, 표본상관계수의 표본분포는 정규분포의 특성을 가지며, 이론적 표본오차(*SE*)는 (식 10.2.1)과 같다. 그러나 표본오차(*SE*) 공식에 포함되어 있는 모집단 상관계수 ρ_{xy}는 실제 그 값을 알 수 없는 모집단의 통계량이기 때문에 표본에서 얻은 표본상관계수 r_{xy}로 대체하여 표본오차 값을 계산한다. 그 결과 표본오차 값 자체의 정확도가 떨어질 수밖에 없고, 그 정확도는 표본의 크기가 커질수록 높아지게 된다. 결과적으로 그렇게 구한 표본오차를 사용하여 표준화한 검증통계량의 확률분포는 표준정규분포 대신 t-분포(자유도: $n-2$)를 따르게 된다.

$$s_{r_{xy}} = \sqrt{\frac{1-\rho_{xy}^2}{n-2}} \qquad \text{(식 10.2.1)}$$

그럼, 모집단 상관계수의 구간추정치, 즉, 신뢰구간은 어떻게 구할까? 이미 제 3장 4절에서 본 바와 같이 해당 검증통계량의 확률분포가 좌우대칭의 t-분포를 따를 경우 일정한 신뢰수준 $100\cdot(1-\alpha)\%$에서 모집단 모수의 구간추정치는 "점추정치$\pm t_{\alpha/2}\cdot SE$"를 활용하여 구할 수 있다. 즉, 모집단 상관계수의 구간추정량은 다음 (식 10.2.2)와 같다. 그리고 (식 10.2.2)에서 SE값은 (식 10.2.1) 대신 (식 10.2.3)을 통해 구한다.

$$r_{xy}-t_{\alpha/2,n-2}\cdot SE\le\rho_{xy}\le r_{xy}+t_{\alpha/2,n-2}\cdot SE \quad \text{(식 10.2.2)}$$

$$s_{r_{xy}}=\sqrt{\frac{1-r_{xy}^2}{n-2}} \quad \text{(식 10.2.3)}$$

2. 가설검증

모집단의 상관계수에 관한 주장을 실증적으로 검증하기 위해서는 제4장에서 이미 배운 가설검증의 절차와 원리를 그대로 적용하면 된다.

1) 양측검증

우선, 연구자가 "모집단에서 두 변수 X와 Y 사이에 유의한 수준의 상관관계가 존재할 것이다."라는 연구가설—즉, "모집단 상관계수(ρ_{xy})의 값이 0이 아닐 것이다."라는 주장—을 실증적으로 검증하는 상황을 상정해보자. 이 경우 연구자의 주장을 반영하는 대립가설(H_a)과 그것의 여집합인 귀무가설(H_0)은 다음과 같이 정리할 수 있다.

대립가설 H_a: $\rho_{xy}\neq 0$

귀무가설 H_0: $\rho_{xy}=0$

귀무가설(H_0)이 옳다는 가정하에 표본통계량을 표준화한 검증통계량은 (식 10.2.4)와 같고, 그것의 확률분포는 t-분포(자유도: $n-2$)를 따른다.

$$\text{검증통계량 } t = \frac{r_{xy}}{SE} \qquad \text{(식 10.2.4)}$$

이제 위 t-분포상에서 (식 10.2.4)를 이용하여 구한 검증통계치가 기각영역 경계값인 $\pm t_{\alpha/2,n-2}$를 벗어난 값에 해당하는지 여부를 파악하거나, 유의확률 p-값이 연구자가 정한 유의수준 α보다 더 작은 값인지 여부를 파악하여 귀무가설의 기각여부, 즉, 대립가설의 채택여부를 판정한다.

판정기준은 검증통계치가 기각영역 경계값 $\pm t_{\alpha/2,n-2}$를 벗어난 값을 가질 경우, 즉, p-값이 연구자가 정한 α보다 작거나 같을 경우 귀무가설을 기각하고 대립가설을 채택한다. 반면, 검증통계치가 기각영역 경계값보다 안쪽에 떨어지는 값을 가질 경우, 즉, p-값이 연구자가 정한 α보다 클 경우 귀무가설을 기각할 수 없어서 대립가설이 옳다고 주장할 수 없다.

2) 단측검증

모집단 상관계수에 관한 단측검증은 제4장 3절에서 예를 들어 상세하게 설명하고 있기 때문에 여기에서 반복하지 않는다. 다시 한번 복습하기 원하는 독자는 제4장 3절을 참조하기 바란다.

모집단 상관계수(ρ_{xy})의 추정

1단계: 추정하고자 하는 모집단 모수는 모집단 상관계수(ρ_{xy})이다. 귀무가설과 대립가설은 연구자가 모집단 모수 값에 대해 주장하고자 하는 바에 의해 결정된다.

2단계: 모집단 모수에 대응되는 표본통계량은 표본상관계수(r_{xy})이다.

3단계: 표본상관계수(r_{xy})의 표본분포는 이론적으로 정규분포의 특성을 가지며, 이론적 표본오차는 아래와 같다.

$$SE=\sqrt{\frac{1-\rho_{xy}^2}{n-2}}$$

그러나 표본오차(SE)의 공식 속에 포함되어 있는 ρ_{xy}의 값은 실제 알 수 없는 모집단의 통계량이기 때문에 표본에서 얻은 r_{xy}로 대체하여 계산한다. 결과적으로 표본통계량을 표준화한 검증통계량은 t-분포(자유도: $n-2$)를 따르게 된다.

4단계: 모집단 상관계수의 구간추정치는 $r_{xy}-t_{\alpha/2,n-2}\cdot SE\leq\rho_{xy}\leq r_{xy}+t_{\alpha/2,n-2}\cdot SE$이고, 검증통계량은 $t=\dfrac{r_{xy}-\rho_0}{SE}$이다. 검증통계량에서 ρ_0는 귀무가설로 설정한 모집단의 상관계수 값인 바, 귀무가설이 $\rho_0=0$으로 설정되면 검증통계량은 $t=\dfrac{r_{xy}}{SE}$가 된다.

5단계: 가설검증

1) 양측(two-tailed)검증

가설의 형태는 H_a: $\rho_{xy}\neq 0$, H_0: $\rho_{xy}=0$이다.

검증통계치가 기각영역 경계값(즉, $-t_{\alpha/2,n-2}$과 $t_{\alpha/2,n-2}$)을 벗어난 값이면 귀무가설을 기각하고 대립가설을 채택한다.

2) 단측(one-tailed)검증

(1) 우측검증

가설의 형태는 H_a: $\rho_{xy}>0$, H_0: $\rho_{xy}\leq 0$이다.

검증통계치가 기각영역 경계값(즉, $t_{\alpha,n-2}$)보다 크거나 같은 값이면 귀무가설을 기각하고 대립가설을 채택한다.

(2) 좌측검증

가설의 형태는 H_a: $\rho_{xy}<0$, H_0: $\rho_{xy}\geq 0$이다.

검증통계치가 기각영역 경계값(즉, $-t_{\alpha,n-2}$)보다 작거나 같은 값이면 귀무가설을 기각하고 대립가설을 채택한다.

SPSS로 상관계수 추정 실행하기

연습용 표본데이터(1)을 활용하여 학업성취도와 지능 간 모집단 상관계수를 추정하는 절차를 실행해보자.

1. 상관분석 실행하기: 분석 → 상관분석 → 이변량 상관계수 → 변수 박스에 학업성취도와 지능을 선택하여 입력 → 확인

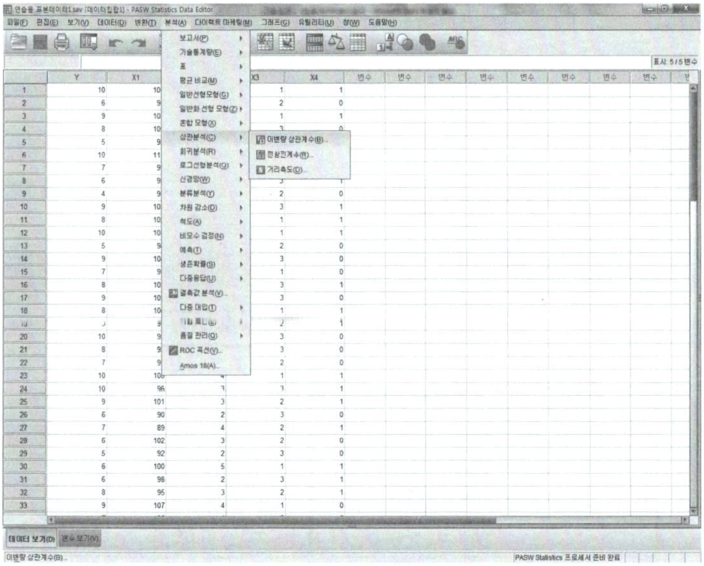

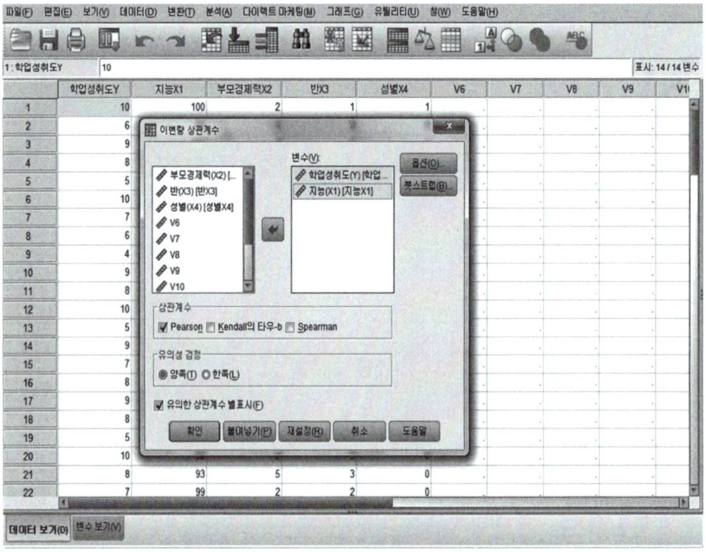

2. 상관분석 결과표

상관계수

		학업성취도(Y)	지능(X1)
학업성취도(Y)	Pearson 상관계수	1	.550**
	유의확률 (양쪽)		.000
	N	85	85
지능(X1)	Pearson 상관계수	.550**	1
	유의확률 (양쪽)	.000	
	N	85	86

**. 상관계수는 0.01 수준(양쪽)에서 유의합니다.

학업성취도와 지능 간 모집단 상관계수 추정

- 학업성취도와 지능 간 점추정치: 표본상관계수 =0.550
- 표본상관계수의 표본오차와 검증통계치 정보는 제시하지 않음.
- 양측검증 기준 p-값 =0.000: 귀무가설 H_0: $\rho_{xy}=0$을 $\alpha=0.001$ 수준에서 기각할 수 있음을 보여줌.

연습문제

연습용 표본데이터(1)를 가지고 SPSS 내 상관분석 기능을 활용하여 학업성취도와 부모경제력 간 상관계수에 대하여 아래와 같은 결과를 얻었다. 결과표를 보고 아래 물음에 답하라.

Correlations

		학업성취도	부모경제력
학업성취도	Pearson Correlation	1	.338
	Sig. (2-tailed)		.002
	N	85	85
부모경제력	Pearson Correlation	.338	1
	Sig. (2-tailed)	.002	
	N	85	86

1. 위 분석에서 추정하고자 하는 모집단 모수(population parameter)는 무엇인가?

2. 모집단 모수에 대응되는 표본통계치, 즉, 점추정치(point estimate)는 얼마인가?

3. 결과표에 근거하여 검증할 수 있는 대립가설(H_a)과 그것의 여집합에 해당하는 귀부가설(H_0)을 써보라.

4. 분석결과표에서 양측검정 기준 유의확률(p-값)은 얼마인가?

5. 어느 정도의 유의수준(α)에서 연구자는 "학업성취도와 부모경제력 사이에 유의한 관계가 존재한다."는 주장을 입증했다고 말할 수 있는가?

제11장

회귀분석의 기본개념

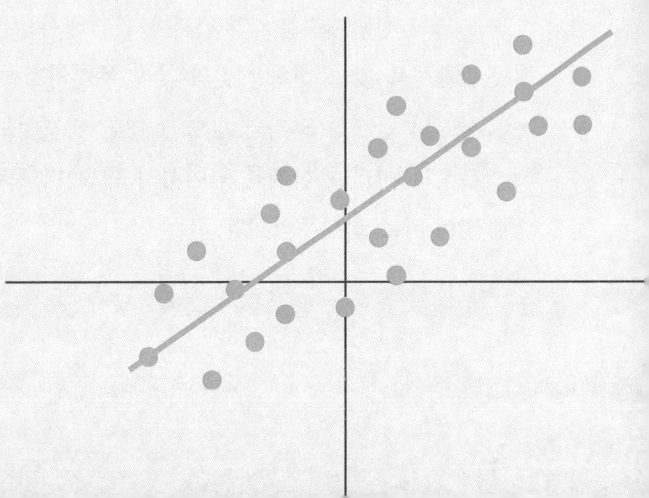

제 1 절 회귀분석의 개념

회귀분석의 기본개념을 이해하기 위해 잠시 '모집단-표본'의 틀 속에서 설명해온 통계적 추정(즉, 추리통계)은 잠시 접어두자. 이 장에서는 회귀식이 무엇이며, 회귀분석기법의 기본원리가 무엇인지 익힌 후에 다음 장에서 지금까지 통합적인 틀 속에서 설명해온 통계적 추정이 회귀분석에 어떻게 적용되는지 설명하기로 하겠다.

앞서 제10장에서는 두 변수 X와 Y 간 관계성(association)의 크기와 방향—정(+)의 관계 혹은 음(−)의 관계—이 어떠한지 파악하는 통계분석기법으로서 상관계수분석을 다뤘다. 그러나 상관계수분석을 통해 얻을 수 있는 정보는 극히 제한된 정보에 불과하다. 우선, 연구자들이 자주 사용하는 상관계수는 두 양적변수 사이에 선형적 관계가 존재할 것이라는 가정을 전제로 두 변수 간 관계성 크기와 방향에 관한 정보를 제공한다. 만약 두 변수 사이에 비선형적인 관계(예, 2차 함수 관계)가 존재할 경우 상관계수는 그 관계를 제대로 잡아내지 못한다. 예를 들어, 〈그림 11.1.1〉처럼 두 변수 사이의 관계가 2차 함수의 모양을 나타낼 경우 실제적으로는 두 변수 사이에 유의미한 관계가 존재함에도 불구하고 상관계수분석 결과는 두 변수 사이에 유의미한 관계가 존재하지 않는 것으로 보고할 것이다. 왜냐하면 X와 Y 사이의 관계를 선형관계의 틀에서 보면 〈그림 11.1.1〉에서처럼 $r_{xy}=0$을 나타내는 선과 같이 X와 Y 사이의 관계를 나타내는 선이 X축과 나란한 직선으로 나타날 것이기 때문이다.

또한 상관계수분석의 결과에 근거해서는 변수 X의 특정 값이 주어질 때 그와 관계성을 갖고 변하는 Y의 값이 무엇일지 예측하지 못한다. 상관계수는 X와 Y 사이의 관계성 크기와 방향에 대한 기초정보만을 제공하기 때문이다. 상관계수분석의 이러한 한계를 넘어서서 훨씬 더 풍부한 정보를 제공해주는 통계분석기법이 바로 회귀분석이다.

그림 11.1.1 X와 Y 사이의 실질적 관계와 상관계수 (r_{xy}=0)

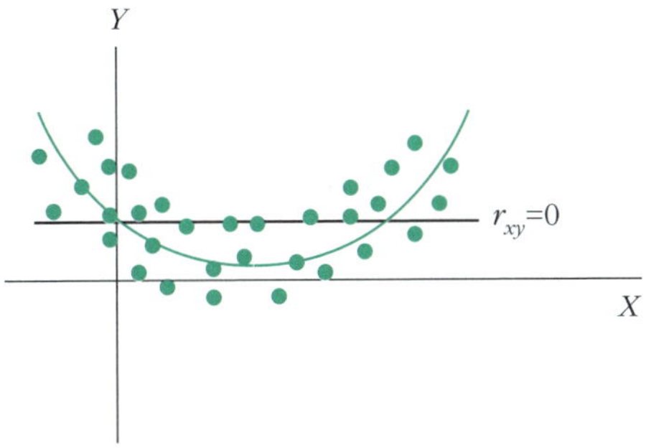

회귀분석은 연구자가 관심을 가지고 있는 특정 변수 Y에 변수 X가 통계적으로 유의미한 영향을 미치는지 여부를 규명하는 데 매우 유용한 통계분석기법이다. 회귀분석은 관심 변수 Y와 그것에 영향을 미치는 변수 X 사이에 존재할 수 있는 선형적 관계 외에 2, 3차 함수와 같은 비선형적 관계를 규명하는 데도 유용하며, 그들 사이에 유의한 관계가 존재할 경우 X의 특정 값이 주어지면 그 조건하에서 Y가 취할 수 있는 값을 예측하는 데도 매우 유용하다. 그 활용도 면에서 확장성이 매우 높은 분석기법이라 할 수 있다.

독자들 중에는 여전히 회귀분석(regression analysis)이라는 용어가 낯설고 그 의미가 쉽게 다가오지 않는 사람들이 많을 것이다. 그렇게 느끼는 사람들은 일단 낯선 용어는 접어두고 중학교에서 배웠던 함수를 떠올려보기 바란다. 가장 단순한 함수는 다음 (식 11.1.1)과 같은 1차 함수이다.

$$Y=a+b\cdot X \qquad \text{(식 11.1.1)}$$

이 함수에서 a와 b는 특정한 값으로 표시되는 계수이고, X와 Y는 다양한 값을 가질 수 있는 변수들이다. 좀 더 구체적으로 위 식에서 a는 X=0일 때의 Y의 값을 나타내고, 계수 b는 변수 X와 Y 사이에 존재하는 관계의 크기와 방향—정(+)의 관계 혹은 음(−)의 관계—을 나타내주는 계수이다. 위 식에서 계수 a와

그림 11.1.2 X와 Y의 1차 함수관계

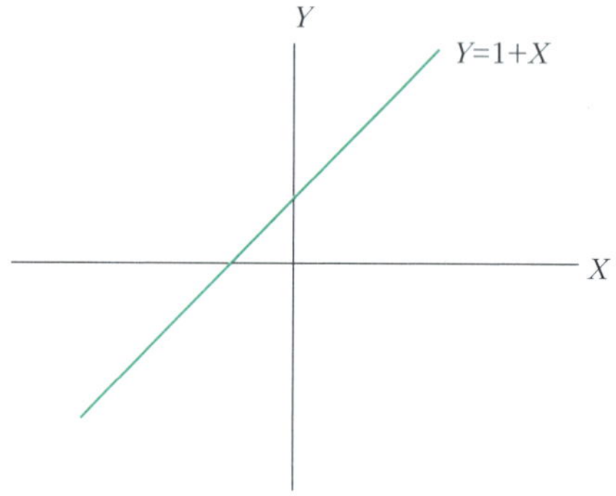

b의 값이 정해진다면 X의 값에 따라 Y의 값이 무엇인지 어렵지 않게 구할 수 있다. 그리고, 앞의 (식 11.1.1)의 경우 미지수가 두 개(즉, a와 b)이기 때문에 두 격좌점 (X_1, Y_1)와 (X_2, Y_2)의 값이 주어지면 그 값들을 (식 11.1.1)에 대입하여 곧바로 a와 b의 값을 계산할 수 있다. 예컨대, (식 11.1.1)을 나타내는 그래프가 두 격좌점 (0,1)과 (2,3)을 통과한다면, 두 격좌점을 (식 11.1.1)에 대입할 경우 아래 두 식이 성립한다.

$$1 = a + b \cdot 0 \quad \cdots\cdots\cdots\cdots \text{식①}$$

$$3 = a + b \cdot 2 \quad \cdots\cdots\cdots\cdots \text{식②}$$

먼저, 식①로부터 $a=1$임을 알 수 있다. 이어 식②에서 식①을 빼면 $2 \cdot b = 2$가 되고 정리하면 $b=1$이 된다. 그리고 (식 11.1.1)을 X와 Y로 구성된 좌표상에 그래프로 나타내면 〈그림 11.1.2〉와 같다. 이것은 중학교 수준에서 배우는 기초함수 문제이다.

위 식에서는 모든 X값과 Y값이 (식 11.1.1)을 만족시키며, 모든 가능한 격좌점 (X, Y)들을 위 〈그림 11.1.2〉의 좌표상에 찍으면 〈그림 11.1.3〉과 같이 모두 직선상에 찍힌다. 그렇기 때문에 위 함수는 X값이 정해지면 정확한 Y값이 정해지는 확정형 모형(deterministic model)이다.

그림 11.1.3 확정형 모형의 함수식과 그 위의 격좌점(X,Y)들

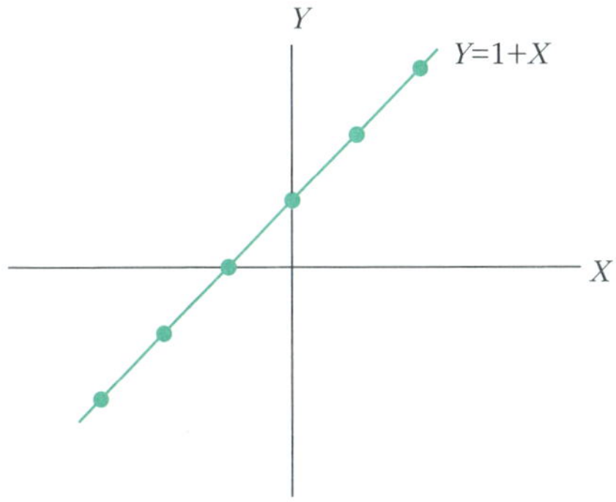

이번에는 (식 11.1.1)과는 약간 다른 (식 11.1.2)를 생각해보자. (식 11.1.2)가 앞의 (식 11.1.1)과 다른 점은 함수식 뒤에 오차항(e_i)이 하나 추가되었다는 점이다. 여기에서 오차(e_i)는 잔차(residual)라고도 하는데, i번째 개체의 X값이 주어질 때 확정형 모형 $Y_i=a+b\cdot X_i$에 의해 정해지는 Y값과 i번째 개체의 실제 Y값(즉, Y_i) 사이의 차이를 나타낸다. 따라서, (식 11.1.2)에서는 i번째 개체의 X값(즉, X_i)이 정해진다고 해서 곧바로 i번째 개체의 Y값(즉, Y_i)이 정확하게 정해지지 않는다. (식 11.1.2)에서 실제 Y_i는 X_i에 의해 확정되는 부분($a+b\cdot X_i$)에다가 오차(e_i)가 더해져서 얻어진 값이기 때문이다.

$$Y_i=a+b\cdot X_i+e_i \quad \text{(식 11.1.2)}$$

이처럼 X와 Y 사이의 관계가 (식 11.1.2)와 같이 오차항을 포함하는 비확정형 모형으로 표시될 때 이것을 X와 Y 사이의 회귀모형(regression model)이라 한다. 그리고 그와 같은 회귀모형에서 계수 a와 b의 값을 찾는 통계분석기법을 가리켜 회귀분석(regression analysis)라 한다.

확정형 모형과 비확정형 모형, 그리고 오차

함수식 $Y_i=a+b\cdot X_i$처럼 X값이 정해지면 그에 따라 Y값도 정확하게 정해지는 함수식을 확정형 모형(deterministic model)이라 하는 반면, 함수식 $Y_i=a+b\cdot X_i+e_i$처럼 X값이 정해지더라도 정확한 Y값이 정해질 수 없는 함수식을 비확정형 모형(non-deterministic model)이라 한다.

두 함수식 사이의 차이는 비확정형 모형의 함수식에는 오차항(e_i)이 있다는 점이며, 이 오차는 i번째 개체의 X값이 주어졌을 때 $a+b\cdot X_i$에 의해 정해지는 Y값과 i번째 개체의 실제 Y값(즉, Y_i) 사이의 차이를 나타낸다. 교재에 따라서는 확정적 부분($a+b\cdot X_i$)을 X의 값이 주어지면 그에 따라 Y값이 체계적으로 변한다는 뜻에서 체계적(systematic) 부분이라고 하고, 비확정적 부분에 해당하는 오차(e_i)를 독립변수 X에 의해 설명되지 않고 우연적 요인에 의해 발생한다는 뜻에서 확률적(stochastic) 부분이라고도 한다.

한편, 〈그림 11.1.4〉에서 특정한 격좌점 A는 직선 $Y=a+b\cdot X$ 상에 있지 않기 때문에 격좌점 A의 실제 Y값(즉, Y_i)과 식 $Y=a+b\cdot X$에 의해 결정되는 Y값 사이에는 일정한 차이가 존재한다. 이 차이가 오차에 해당하는 바, 오차라는 용어를 쓰는 이유는 실제 Y_i의 값을 식 $Y_i=a+b\cdot X_i$로 예측할 때 그 차이만큼 오류가 발생한다는 의미이다.

그림 11.1.4 격좌점 (X,Y)들과 회귀선

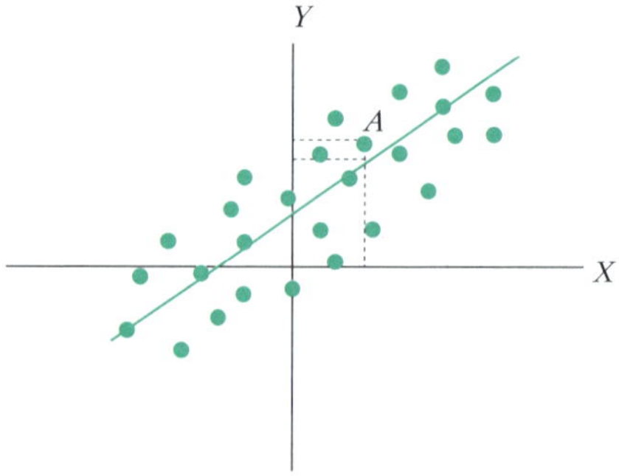

그렇다면 〈그림 11.1.4〉 속에 있는 직선은 무엇이며, 그 직선을 나타내는 함수식은 어떻게 정해지는가? 우선, 연구자가 관심을 가지고 있는 변수 Y에 X가 유의미한 영향을 미치는지 보려면 데이터에 포함된 개체들의 변수 Y와 X의 값을 측정할 것이다. 〈그림 11.1.4〉상의 점들은 그렇게 확보한 격좌점 (X_i, Y_i)들을 $X-Y$좌표상에 찍은 것들이며, 이것을 가리켜 산포도(scatter plot)라 한다.

자, 이제 격좌점 (X_i, Y_i)들로 구성된 산포도를 보고 그 산포도가 보여주는 X와 Y의 관계를 선 하나로 나타내고자 한다면, 그것을 가장 잘 나타낼 수 있는 선은 무엇일까? 〈그림 11.1.4〉에 그려진 선이 바로 그것인데, 이 경우에는 1차 함수로 표시될 수 있는 직선이다. 이처럼 산포도가 보여주는 X와 Y 사이의 관계를 가장 잘 나타내는 그래프를 회귀선(regression line)이라 한다. 그리고 이 회귀선을 나타내는 함수식을 회귀방정식(regression equation)이라 하는데, 회귀방정식은 (식 11.1.2)의 비확정형 모형(non-deterministic model)에서 오차항을 제외한 확정적 부분을 나타낸다. 수식으로는 다음 (식 11.1.3)과 같다.

$$\hat{Y}_i = a + b \cdot X_i \qquad \text{(식 11.1.3)}$$

앞의 (식 11.1.3)에서 낯선 표기법이 눈에 띌 텐데 $\hat{Y}_i$이 바로 그것이다. $\hat{Y}_i$은 i번째 개체의 Y값에 대한 예측치로서 i번째 개체의 실제 Y값(즉, Y_i)과는 약간 다른 값이며, (식 11.1.2)로 표기된 회귀모형의 확정적 부분($a+b \cdot X_i$)에 의해 결정되는 Y값을 나타내기 위해 회귀분석에서 사용하는 표기법이다.[1]

이제는 위 회귀방정식의 계수 a와 b의 값을 정해야 하는데, 격좌점 (X_i, Y_i)들이 〈그림 11.1.3〉에서처럼 모두 하나의 직선상에 표시될 수 없기 때문에 그 값들을 구하는 방식은 (식 11.1.1)과 같은 확정형 함수식에서 계수 a와 b를 구하는 방식과는 다를 수밖에 없다. 따라서 회귀방정식의 계수 a와 b의 값을 구하는

1 여기에서는 편의상 $\hat{Y}_i$가 (식 11.1.2)의 확정적 부분, 즉, $a+b \cdot X_i$을 나타낸다고 설명했지만, 통계적으로는 X의 값이 i번째 개체의 X값(즉, X_i)과 동일한 값을 갖는 모든 개체들의 Y값들의 기대값(expected value), 즉 평균값에 해당한다. 왜 그러한지 뒤에서 상세하게 설명할 것이다.

기법이 필요한데, 그 목적에 적합한 분석기법으로 개발된 것이 회귀분석기법(regression analysis)이라 하며, 그렇게 구한 회귀방정식의 계수 a와 b를 가리켜 회귀계수(regression coefficient)라 한다.

산포도, 회귀모형, 회귀방정식, 회귀선, 회귀분석

변수 X와 Y값들을 조사하여 각 개체의 (X_i, Y_i) 격좌점들을 $X-Y$좌표상에 표시한 것을 가리켜 산포도(scatter plot)라 하며, 산포도가 보여주는 X와 Y 사이의 관계를 $Y_i = a + b \cdot X_i + e_i$와 같이 비확정형 함수식으로 나타낸 것을 회귀모형(regression model)이라 한다. 그리고 회귀모형에서 확정형 함수식, 즉, $\hat{Y}_i = a + b \cdot X_i$를 가리켜 회귀방정식이라 하며 회귀방정식을 $X-Y$좌표상에 나타낸 선을 가리켜 회귀선(regression line) 혹은 최적선(最適線: best fitted line)이라 한다. 끝으로, 그 회귀방정식의 계수 a와 b의 값을 구하는 과정을 가리켜 회귀분석이라 한다.

한편, 상관계수와 회귀계수 모두 변수 X와 Y 사이의 관계를 나타내는 것으로서 둘 사이에는 아래와 같은 관계가 성립한다.

상관계수와 회귀계수의 관계

1차 함수로 표시되는 회귀방정식 $\hat{Y}_i = a + b \cdot X_i$에서의 회귀계수 b와 상관계수 r_{xy} 사이에는 다음과 같은 관계가 성립한다. 여기에서 s_x와 s_y는 각각 변수 X와 Y의 표본 표준편차이다.

$$b = r_{xy} \cdot \frac{s_y}{s_x} \quad \text{혹은} \quad r_{xy} = b \cdot \frac{s_x}{s_y}$$

제 2 절 선형모형과 비선형모형

회귀모형에는 (식 11.1.2)의 경우처럼 두 변수 X와 Y 사이의 관계가 1차 함수의 관계로 나타날 수 있는 선형모형(linear model)이 있는가 하면, (식 11.2.1)의 예처럼 2차 함수 혹은 그 이상의 고차함수의 관계로 나타날 수 있는 비선형모형(nonlinear model)이 있다. 두 변수의 관계가 선형모형으로 봐야 할지 아니면 비선형모형으로 봐야 할지는 두 변수의 산포도를 보면 감을 잡을 수 있다 (제10장 1절의 〈그림 10.1.2〉 참조).

$$Y_i = a + b \cdot X_i^2 + e_i \qquad \text{(식 11.2.1)}$$

회귀모형에서 선형모형과 비선형모형의 구분은 본 교재에서처럼 변수를 기준으로 하는 경우도 있지만, 고급통계로 들어가면 회귀계수를 기준으로 하는 경우도 있다. 위 (식 11.2.1)로 표시된 회귀모형은 변수를 기준으로 할 경우 비선형모형이지만, 회귀계수 b를 기준으로 할 경우 선형모형에 해당한다. 한편, 아래 (식 11.2.2)로 표시된 회귀모형은 변수를 기준으로 할 경우 선형모형이지만, 회귀계수 b를 기준으로 할 경우 비선형모형에 해당한다. 그러나 중급통계에서는 대부분 변수를 기준으로 선형과 비선형을 구분할 줄 알면 된다.

$$Y_i = a + b^2 \cdot X_i + e_i \qquad \text{(식 11.2.2)}$$

제 3 절 회귀계수 결정 원리: 최소제곱 원리

회귀분석이 산포도상에 나타난 X와 Y 사이의 관계를 가장 잘 나타내주는 회귀방정식의 계수 a와 b의 값을 정하는 분석기법임을 확인하였다. 그렇다면 최적의 회귀방정식을 나타내는 회귀계수 a와 b의 값은 어떻게 정할까? 잠시 〈그림 11.3.1〉을 보자.

자, 여러분에게 〈그림 11.3.1〉의 산포도가 보여주는 X와 Y의 관계를 가장 잘 나타내주는 회귀선 하나를 그리라고 하면 어떤 회귀선을 그리겠는가? 여러분에게 최적의 회귀선을 그리라고 하면 모두가 정확하게 똑같은 회귀선을 그릴 것으로 기대하기는 어려울 것이다. 〈그림 11.3.1〉상에도 실선으로 그려진 회귀선과 점선으로 그려진 회귀선이 있다. 비슷하게 보이는데 둘 중 어느 것이 산포도에 나타난 X와 Y의 관계를 가장 잘 나타내는 것일까? 어느 것이 최적의 회귀선인지 정하려면 그것을 정하는 기준이 있어야 한다.

개념적으로 생각해볼 수 있는 기준은 〈그림 11.3.1〉에 있는 개별 Y_i 값들과 회

그림 11.3.1 산포도와 X와 Y간 관계를 보여주는 회귀방정식

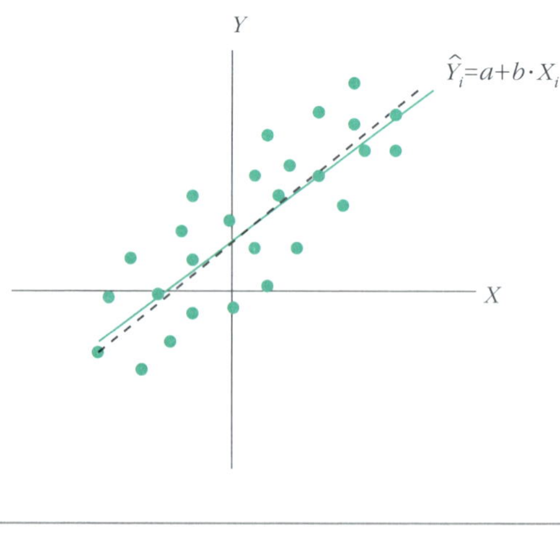

귀선에 근거하여 예측한 $\hat{Y}_i$값들의 차이—즉, 오차(잔차)—가 최소가 되게 하는 회귀식을 최적선(最適線: best fitted line)으로 정하는 방식이다.[2] 그리고 실제 Y_i 값에서 예측치 $\hat{Y}_i$값을 뺀 오차(잔차)는 아래 (식 11.3.1)로 표시될 수 있다.

$$e_i = Y_i - \hat{Y}_i = Y_i - (a + b \cdot X_i) \qquad \text{(식 11.3.1)}$$

그런데, 실제 Y_i값과 예측된 $\hat{Y}_i$값의 차이를 나타내는 오차(잔차)들의 합이 최소가 되게 하는 회귀선을 어떻게 찾을 수 있을까? (식 11.3.1)에서 얻은 잔차의 합을 기준으로 하면 잔차가 정(+)의 값을 갖는 관측치들과 부(−)의 값을 갖는 관측치들이 서로 상쇄되어 잔차의 합이 0이 되게 하는 회귀식만도 수없이 많이 존재하기 때문에 그러한 방법으로는 최적의 회귀식을 찾기가 쉽지 않다.

그래서 대안으로 생각해볼 수 있는 방법이 모든 오차(잔차)들의 절대값의 합($\sum |e_i|$)이 최소가 되게 하는 회귀식을 찾는 것이다. 여기에서 오차(잔차)들의 절대값의 합이 최소가 되게 하는 회귀식은 잔차제곱의 합($\sum e_i^2$)이 최소가 되게 하는 회귀식과 같기 때문에 이 경우 통계에서는 일반적으로 최소제곱(least square)값을 기준으로 사용하는데, 그래서 붙여진 명칭이 최소제곱법(least square method)이다.

제 4 절 예측치($\hat{Y}_i$)와 회귀(regression)의 의미

이제 Y_i값의 예측치인 $\hat{Y}_i$이 의미하는 바가 무엇이고, 회귀분석에서 회귀(regression)라는 용어가 어떤 의미로 쓰였는지 살펴보자. 이미 앞에서 설명한 바와

2 최소제곱 기준과 다른 기준을 적용하여 최적의 회귀선을 정하는 방법—예, 최대우도법(maximum likelihood method)—도 있지만, 본서의 범위를 넘어서므로 혼선을 피하기 위하여 제외하였다.

같이 $\hat{Y}_i$은 i번째 개체의 X값에 의해 결정된 Y_i값의 예측치로서 Y_i와는 오차(e_i)만큼의 차이를 보이는 값이며, 회귀모형에서 확정적 부분($a+b \cdot X_i$)에 의해 결정된 Y값에 해당한다. 이제 $\hat{Y}_i$가 의미하는 바를 좀 더 심층적으로 들여다보자.

우선, 표본에 속한 개체들의 Y값들의 평균값($\overline{Y}$)을 알고 있는 상태에서 누군가가 "표본에 속한 특정 개체의 Y값은 얼마 정도 될까?"라고 질문을 던진다면 어떤 예측치를 사용하여 답하겠는가? 아마도 그 표본에 속한 개체들의 대표값이라 할 수 있는 평균값을 예측치로 사용하여 대답할 것이다. 그럼, 최적의 회귀방정식을 나타내는 계수 a와 b의 값이 정해진 상태에서(예컨대, $a=3$, $b=2$) 누군가가 "변수 X의 값이 4인 개체 i의 Y값은 얼마 정도 될까?"라고 질문을 던진다면 이번에는 어떤 예측치를 사용하여 답하겠는가? 회귀방정식 (식 11.1.3)에 $X=4$를 대입하여 얻은 $\hat{Y}_i$값, 즉 $\hat{Y}_i=3+2 \cdot 4$를 예측치로 제시할 것이다. 그리고 이렇게 얻은 $\hat{Y}_i$값은 $X=4$인 모든 개체들의 Y값들의 기대값, 즉, $\mathrm{E}(Y|X=4)$에 해당한다.

어떤 집단의 Y값 평균($\overline{Y}$)에 관한 정보만 주어진 상태에서 해당 집단에 속한 개개인의 Y값을 예측할 때에는 그 집단의 Y값 평균($\overline{Y}$)을 예측치로 제시할 것이다. 그러나, Y에 일정한 영향을 미치는 것으로 파악된 X에 관한 정보까지 주어진 상태에서 해당 집단에 속한 개개인의 Y값을 예측할 때에는 동일한 X값(예, 4)을 갖고 있는 개인들만의 Y의 기대값 $E(Y|X=4)$, 즉, $\hat{Y}$을 예측치로 제시할 것이다. 그렇게 하면 그 집단의 Y값 평균($\overline{Y}$)을 제시하는 것보다 예측의 정확성이 올라가지 않겠는가? 회귀분석의 실용적 장점 중 하나가 바로 이것이다.

이상의 내용을 간략한 수식을 통해 확인해보자. (식 11.1.2)로 표현된 회귀모형에서 $X=4$일 때의 Y의 기대값, 즉, Y의 조건부 기대값은 다음 (식 11.4.1)과 같이 표현된다. 우선 우변을 보자. X값이 특정한 값 4로 정해지면 $a+b \cdot 4$는 이제 상수처럼 확정된 값이기 때문에 제3장 2절에서 배운 바와 같이 상수의 기대값은 그 자체와 같다. 따라서, $X=4$일 때의 Y의 기대값 $E(Y|4)$는 (식 11.4.2)와 같이 표현되는 바, 회귀모형의 확정적 부분($a+b \cdot 4$)에 오차(e_i)의 기대값, 즉, $E(e_i|4)$를 합한 것과 같다.

$$E(Y|4) = E(a + b \cdot 4 + e_i) \quad \text{(식 11.4.1)}$$

$$E(Y|4) = a + b \cdot 4 + E(e_i|4) \quad \text{(식 11.4.2)}$$

여기에서 만약 오차(e_i)의 조건부 기대값 $E(e_i|4)$가 0이라면, $X=4$일 때 그 조건에 속한 개체들의 Y값들의 기대값은 $E(Y|4)=a+b\cdot4$가 된다. 그렇기 때문에 회귀분석에서는 오차의 기대값이 0이라는 것을 중요한 가정 중 하나로 삼고 있다. 요컨대, 회귀분석에서 X값에 근거하여 Y값을 예측할 때에는 동일한 X값을 갖는 개체들이 취할 수 있는 다양한 Y값들 중에서 어느 하나를 예측치로 제시하기보다는 동일한 X값을 갖는 개체들의 Y값들의 기대값(즉, 평균)을 대표적인 예측치로 제시한다. 회귀(regression)라는 용어를 쓰는 이유가 바로 여기에 있다. 즉, 동일한 X값을 갖는 다양한 개체들의 Y값들을 하나의 대표값으로 회귀시켜 그것들의 예측치로 제시하는데, 그 대표값이 바로 동일한 X값을 갖는 개체들이 취하는 Y값들의 기대값 $E(Y|X_i)$—즉, $\hat{Y}_i$—인 것이다.

제 5 절 독립변수와 종속변수

회귀분석의 목적은 하나 혹은 그 이상의 변수가 연구자가 관심을 가지고 있는 또 다른 변수에 영향을 주는지 여부를 판단하고, 만약 그것들이 영향을 준다면 얼마만큼의 영향을 주는지를 탐구하는 데 있다. 좀 더 구체적으로 학문적 실증연구에서는 주로 연구자의 주 관심대상인 변수 Y가 어떤 변수 X의 영향을 얼마만큼 받는지 설명하려는 이론적 모형을 검증할 목적으로 사용된다. 그런가 하면 실용적 연구에서는 Y에 영향을 주는 변수 X의 특정한 값이 주어지면 그것의 영향을 받는 변수 Y의 값이 무엇일지 예측할 목적으로 사용된다. 여기에서 다른 변수들의 영향을 받아 그 값이 정해지는 변수 Y를 가리켜 종속변수(dependent variable)라 하며, 종속변수에 영향을 주는 변수 X를 독립변수(independent variable)라 하는데, 사용하는 맥락에 따라서는 독립변수를 설명변수 혹은 선행변수(antecedent)라고도 부른다.

제 6 절 회귀모형의 결정계수(R^2)

회귀분석의 결과를 해석하는 데 있어서 중요한 요소 중 하나가 결정계수(coefficient of determination)인데, R^2로 표시한다. 이를 이해하기 위해 제9장 분산분석에서 배웠던 제곱합의 개념을 회귀모형에 적용해보자, 분산분석의 원리를 원용하면, 우선, i번째 개체의 Y관측치(y_i)가 개념적으로 다음 (식 11.6.1)과 같이 표현될 수 있음을 독자들이 어렵지 않게 이해할 수 있으리라 생각한다.

$$y_i = \bar{y} + (\hat{y}_i - \bar{y}) + (y_i - \hat{y}_i) \qquad \text{(식 11.6.1)}$$

위 (식 11.6.1)은 다시 (식 11.6.2)로 재정렬이 될 수 있다.

$$y_i - \bar{y} = (\hat{y}_i - \bar{y}) + (y_i - \hat{y}_i) \qquad \text{(식 11.6.2)}$$

이 식이 의미하는 바는 무엇일까? 한 개체의 관측치가 Y의 총평균으로부터 떨어져 있는 정도, 즉, 총편차($y_i - \bar{y}$)는 회귀방정식에 기반한 해당 개체의 Y값 예측치가 총평균으로부터 떨어져 있는 정도를 나타내는 회귀편차($\hat{y}_i - \bar{y}$)에 그 개체의 실제 Y값이 회귀방정식에 기반한 예측치로부터 떨어져 있는 정도를 나타내는 잔차($y_i - \hat{y}_i$)—혹은 오차(error)—를 더한 값과 같다는 의미이다(〈그림 11.6.1〉 참조). 간단히 표현하면, 총편차는 회귀편차와 잔차로 분해된다.

이제 (식 11.6.2)의 양변을 제곱한 후 그렇게 제곱한 모든 개체들의 관측치

그림 11.6.1 관측치 y_i를 둘러싼 총편차$(y_i-\bar{y})$, 회귀편차$(\hat{y}_i-\bar{y})$, 잔차$(y_i-\hat{y}_i)$ 사이의 관계

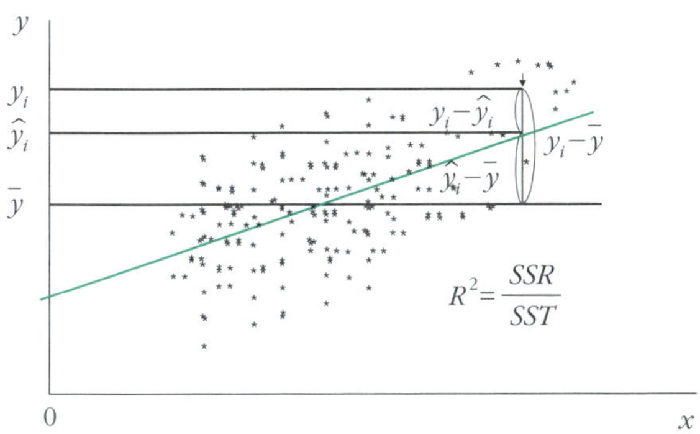

를 합해보자. 그 경우 우변의 세 번째 항의 값은 0이기 때문에 최종적으로 (식 11.6.3)과 같이 정리된다.

$$\sum_{i=1}^{n}(y_i-\bar{y})^2=\sum_{i=1}^{n}(\hat{y}_i-\bar{y})^2+\sum_{i=1}^{n}(y_i-\hat{y}_i)^2+2\cdot\sum_{i=1}^{n}(\hat{y}_i-\bar{y})(y_i-\hat{y}_i)$$

$$=\sum_{i=1}^{n}(\hat{y}_i-\bar{y})^2+\sum_{i=1}^{n}(y_i-\hat{y}_i)^2 \qquad \text{(식 11.6.3)}$$

(식 11.6.3)에서 좌변은 총제곱합(SST: Sum of Squares Total)을 나타내고, 우변 첫 번째 항은 회귀제곱합(SSR: Sum of Squares due to Regression)을, 우변 두 번째 항은 오차제곱합(SSE: Sum of Squares due to Error)을 나타낸다. 이 식이 의미하는 바는 총제곱합(SST)은 회귀제곱합(SSR)에 오차제곱합(SSE)을 더한 값과 같다는 것이다. 이것은 제9장 분산분석에서 총제곱합(SST)이 표본간제곱합(SSB)에 표본내제곱합(SSW)을 더한 값과 같았던 원리와 동일하다. 여기에서 특정 회귀모형의 결정계수(R^2)는 총제곱합(SST) 중에서 회귀제곱합(SSR)이 차지하는 비율을 가리킨다.

그렇다면 이 결정계수가 의미하는 바는 무엇일까? 〈그림 11.6.1〉은 데이터에 포함된 한 개체 i의 값(y_i)을 둘러싼 총편차$(y_i-\bar{y})$, 회귀편차$(\hat{y}_i-\bar{y})$, 잔차$(y_i-\hat{y}_i)$ 사

이의 관계를 보여주고 있는데, 여기에서 회귀편차는 총편차—원 관측치가 전체 평균값으로부터 떨어져 있는 정도—중에서 회귀방정식을 사용함으로써 예측(혹은 설명)이 가능해진 영역으로 들어온 부분을 나타낸다. 반면, 잔차는 총편차 중에서 일정한 회귀방정식을 써도 여전히 예측(혹은 설명)이 되지 않는 부분을 나타낸다.

이로부터 알 수 있는 것은 독립변수 X와 종속변수 Y 사이의 관계를 보여주는 회귀방정식을 사용하지 않은 채 데이터에 속한 특정 개체 i의 Y값(y_i)을 예측하라고 하면 개체들의 총평균($\bar{y}$)으로 예측할 수밖에 없고, 그 경우 오차가 매우 클 것이다. 그러나, 회귀방정식과 해당 개체의 X값(x_i)에 관한 정보를 주면서 그 개체의 Y값을 예측하라고 하면 이제는 회귀예측치($\hat{y}_i$)로 예측할 것이기 때문에 그만큼 정확도, 혹은 예측력(설명력)이 높아질 것이다. 달리 표현하면, 회귀방정식을 사용하지 않은 채 총평균으로 표본에 속한 특정 개체의 Y값을 예측하면 해당 개체의 Y값과 총평균 사이의 편차—즉, 총편차—만큼의 오차(error)가 남아있지만, 회귀방정식을 사용하여 회귀예측치로 해당 개체의 Y값을 예측하면 총편차 중에서 회귀편차만큼 오차가 줄어들게 되고 나머지 잔차만큼만 오차로 남게 된다.

이러한 의미를 반영하여 (식 11.6.3)을 다시 보면, 데이터에 속한 개체들이 평균값으로부터 떨어져 있는 정도의 총합을 나타내는 총제곱합(SST)은 회귀방정식을 사용함으로써 예측 가능영역으로 전환된 부분의 크기를 나타내는 회귀제곱합(SSR)과 회귀방정식을 사용하더라도 여전히 예측이 불가능한 영역으로 남아 있게 되는 부분의 크기를 나타내는 오차제곱합으로 분해될 수 있음을 보여주고 있다. 여기에서 회귀제곱합을 총제곱합으로 나누어 얻어진 결정계수(R^2)는 데이터에 속한 개체들의 값을 예측(혹은 설명)함에 있어서 평균값을 사용할 때 예측(혹은 설명)할 수 없었던 총변량 중에서 특정 회귀방정식을 사용함으로써 예측(혹은 설명)이 가능하게 된 부분의 비율이라 볼 수 있으며, 달리 표현하면 해당 회귀모형의 예측력(혹은 설명력)이라 할 수 있다.

총제곱합의 분할

$$\sum_{i=1}^{n}(y_i-\bar{y})^2=\sum_{i=1}^{n}(\hat{y}_i-\bar{y})^2+\sum_{i=1}^{n}(y_i-\hat{y}_i)^2$$

총제곱합 = 회귀제곱합 + 오차제곱합

(SST) (SSR) (SSE)

총변량 = 설명된 변량 + 설명 안 된 변량

결정계수(R^2)

총제곱합(SST) 중에서 회귀제곱합(SSR)이 차지하는 비율로서 회귀모형의 설명력을 나타냄

$$R^2=\frac{SSR}{SST} \quad (0 \le R^2 \le 1)$$

요컨대, 결정계수란 데이터에 포함된 개체들의 Y값이 회귀방정식에 포함된 X값에 의해 어느 정도 예측(혹은 설명)될 수 있는지를 나타내는 지표로서, 1에 가까운 값일수록 회귀방정식의 예측력(혹은 설명력)이 높다고 볼 수 있으며, 0에 가까울수록 예측력(혹은 설명력)이 낮다고 볼 수 있다. 만약 결정계수가 0이면 그 집단에 속한 개체의 Y값을 예측할 때 굳이 X를 독립변수에 포함시킨 회귀방정식을 사용할 필요가 없다는 것을 의미한다. 왜냐하면 그러한 회귀방정식이 총편차를 전혀 줄이지 못할 것이며, 회귀방정식에 기초한 예측치($\hat{y}_i$)로 예측한 결과나 총평균($\bar{y}$)으로 예측한 결과 간에 별 차이가 없을 것이기 때문이다.

결정계수와 상관계수의 관계

독립변수가 한 개인 단순회귀모형 $Y_i=a+b\cdot X_i+e_i$의 결정계수(R^2)는 X와 Y 간 상관계수(r_{xy})와 다음과 같은 관계가 성립한다.

$$R^2=r_{xy}^2$$

SPSS로 회귀분석 실행하기

학업성취도(Y)를 종속변수로, 지능(X_1)을 독립변수로 한 회귀모형의 회귀식을 구하는 분석절차를 보자.

1. 데이터 파일 열기: 파일 → 열기를 통해 연습용 표본데이터(1)를 연다.

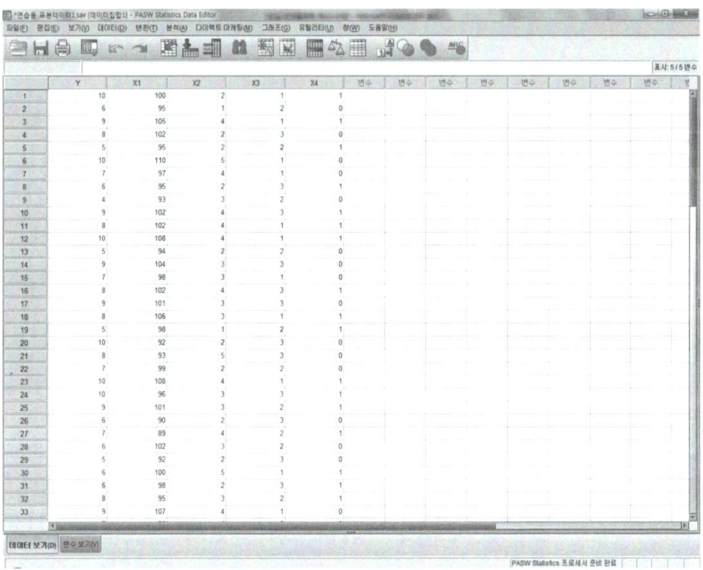

2. 절차: 분석 → 회귀분석 → 선형을 선택하여 클릭

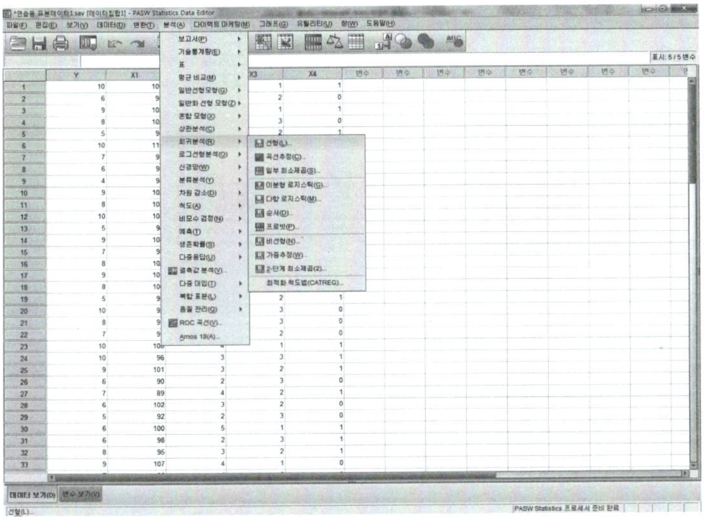

3. 종속변수 박스에 학업성취도(Y), 독립변수 박스에 지능(X_1)을 선택한 후 확인

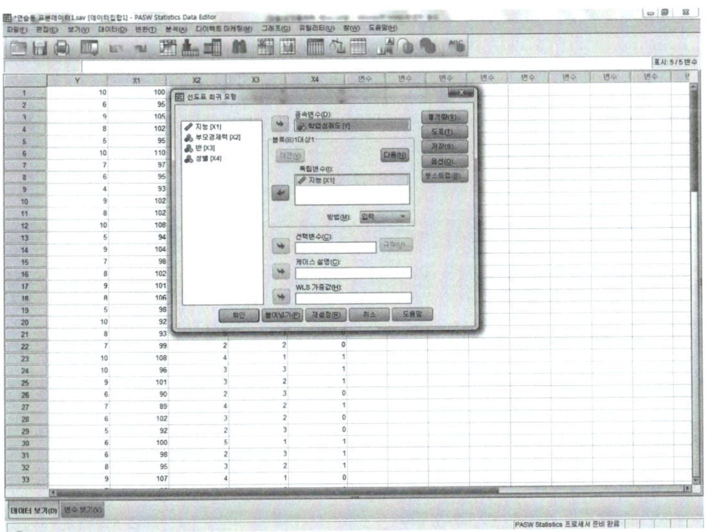

4. 회귀분석 결과표: 다음 페이지의 연습문제에 제시되어 있는 결과표 참조

연습문제

본 교재 [부록 5]에 있는 연습용 표본데이터(1)를 가지고 SPSS 내 회귀분석 기능을 사용하여 아래와 같은 회귀분석 결과표를 얻었다.

Model Summary

Model	R	R Square	Adjusted R Square	Std. Error of the Estimate
1	.550[a]	.303	.295	1.595

a. Predictors: (Constant), 지능

ANOVA[b]

Model		Sum of Squares	df	Mean Square	F	Sig.
1	Regression	91.808	1	91.808	36.083	.000[a]
	Residual	211.180	83	2.544		
	Total	302.988	84			

a. Predictors: (Constant), 지능

b. Dependent Variable: 학업성취도

Coefficients[a]

Model		Unstandardized Coefficients		Standardized Coefficients	t	Sig.
		B	Std. Error	Beta		
1	(Constant)	-10.418	3.040		-3.427	.001
	지능	.182	.030	.550	6.007	.000

a. Dependent Variable: 학업성취도

1. Coefficients표에 나와있는 회귀계수를 활용하여 아래 질문에 답하라.
   1) 종속변수와 독립변수(혹은 설명변수)를 각각 찾아 써라.
   2) 종속변수와 독립변수의 관계를 보여주는 회귀식을 써보라.
   3) 지능(X_1)=100인 학생의 학업성취도에 대한 예측치는 얼마인가?
   4) 3)에서 예측한 학업성취도 예측치의 정확한 의미는 무엇인가?
   5) 지능이 한 단위 증가함에 따라 학업성취도는 10점 척도 기준으로 평균 얼마만큼 증가하는가?

2. ANOVA 표를 보고 아래 물음에 답하라.
   1) 회귀제곱합(SSR), 오차제곱합(SSE), 총제곱합(SST)은 각각 얼마인지 찾아 써보라.

2) "총제곱합(SST) = 회귀제곱합(SSR) + 오차제곱합(SSE)"이 성립하는지 확인하라.
3) $R^2 = SSR/SST$라는 공식을 적용하여 결정계수를 구하라. 이어 이렇게 구한 결정계수 값과 Model Summary 표상에 제시되어 있는 R^2(즉, R Square) 값이 같은지 비교 확인하라.
4) 위 결정계수 값이 의미하는 바가 무엇인지 구체적으로 설명하라.

제12장

모집단 회귀계수 추정: 단순회귀모형

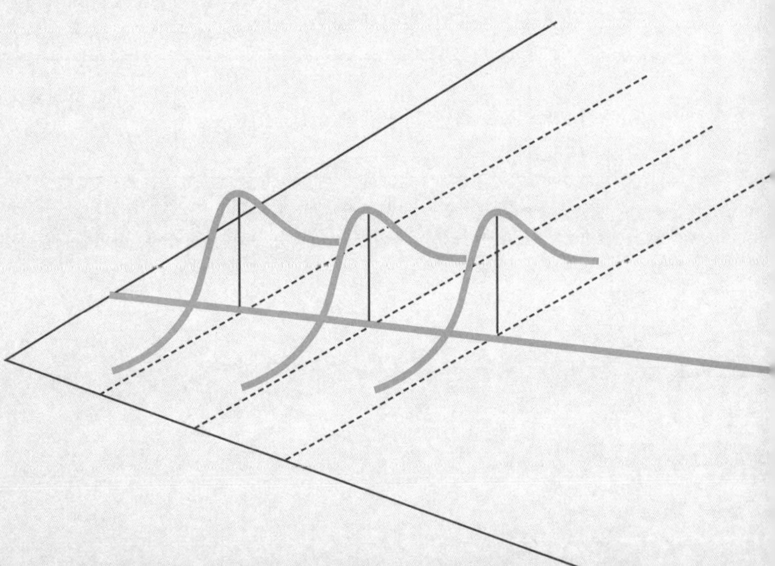

이제 회귀분석의 기본개념을 이해하기 위해 잠시 제쳐뒀던 회귀분석에서의 통계적 추정(statistical inference)으로 돌아가보자. 본 장에서는 아래 [표 12.1]에서 색칠한 부분을 다룬다.

[표 12.1] 모집단 모수, 표본통계량과 검증통계량, 그리고 표본분포

	모집단 모수	표본통계량 검증통계량	표본분포
6장	모집단평균(μ)	표본통계량: 표본평균($\bar{x}$) 검증통계량: $t=(\bar{x}-\mu_0)/SE$	정규분포 (t-분포)
	모집단비율(P)	표본통계량: 표본비율($\bar{p}$) 검증통계량: $t=(\bar{p}-P_0)/SE$	
7장	두 모집단 평균차 ($\mu_1-\mu_2$)	표본통계량: 두 표본 평균차($\bar{x}_1-\bar{x}_2$) 검증통계량: $t=\{(\bar{x}_1-\bar{x}_2)-(\mu_1-\mu_2)\}/SE$	정규분포 (t-분포)
	두 모집단 비율차 (P_1-P_2)	표본통계량: 두 표본 비율차($\bar{p}_1-\bar{p}_2$) 검증통계량: $t=\{(\bar{p}_1-\bar{p}_2)-(P_1-P_2)\}/SE$	
8장	모집단분산(σ^2)	표본통계량: 표본분산(s^2) 검증통계량: $\chi^2=(n-1)s^2/\sigma^2$	χ^2-분포
	두 모집단 분산비 (σ_1^2/σ_2^2)	표본통계량: 두 표본 분산비(s_1^2/s_2^2) 검증통계량: $F=s_1^2/s_2^2$	F-분포
9장	복수 모집단간 평균차 존재여부	표본통계량: 복수 표본평균의 분산 검증통계량: $F=MSB/MSW$	F-분포
10장	모집단 상관계수(ρ_{xy})	표본통계량: 표본상관계수(r_{xy}) 검증통계량: $t=(r_{xy}-\rho_{xy})/SE$	정규분포 (t-분포)
12장	모집단 회귀계수(β_1)	표본통계량: 표본회귀계수(b_1) 검증통계량: $t=(b_1-\beta_1)/SE$	정규분포 (t-분포)
13장 14장 15장	모집단 회귀계수(β_k)	표본통계량: 표본회귀계수(b_k) 검증통계량: $t=(b_k-\beta_k)/SE$	정규분포 (t-분포)

주: 1. 표본오차 SE의 값은 표본통계량마다 구하는 공식이 각각 다르다.
  2. MSB는 표본간분산을, MSW는 표본내분산을 의미한다.

제 1 절 모집단 및 표본의 회귀모형과 회귀방정식

회귀분석에서 이루어지는 통계적 추정을 이해하기 위해서는 통계적 추정의 기본개념이라 할 수 있는 모집단과 표본, 표본통계량의 표본분포, 검증통계량과 그에 근거한 모집단 모수 추정 등의 개념을 되새겨볼 필요가 있다. 여기에서는 개념상 혼선을 줄이기 위해 우선 독립변수가 하나인 경우—단순회귀모형—를 중심으로 설명하기로 한다.

통계적 추정을 위해서는 회귀모형(regression model)과 회귀방정식(regression equation)을 모집단에 해당하는 것들과 표본에 해당하는 것들로 구분해서 봐야 한다는 점과 표기 측면에서도 그것들을 구분한다는 점은 이미 설명한 바와 같다. [표 12.1.1]은 모집단과 표본의 회귀모형과 회귀방정식을 각각 구분해서 보여주고 있다.

회귀분석에서 통계적 추정의 핵심이 되는 모집단 모수는 무엇일까? 이론에 기초한 실증연구를 수행하는 연구자들의 주요 관심대상이 되는 모수는 모집단에서의 X와 Y간 관계의 성격을 규정해주는 회귀계수(β_1)이다.

[표 12.1.1] 모집단과 표본의 단순회귀모형과 회귀방정식

모집단	회귀모형: $Y_i=\beta_0+\beta_1 X_i+\varepsilon_i$
	회 귀 식: $\hat{Y}_i=\beta_0+\beta_1 X_i$
표 본	회귀모형: $Y_i=b_0+b_1 X_i+e_i$
	회 귀 식: $\hat{Y}_i=b_0+b_1 X_i$

제 2 절 모집단 모수의 추정

1. 표본회귀계수의 표본분포 특성과 표본오차

통계적 추정의 전형적 단계를 되새겨보면, 추정하고자 하는 모집단 모수와 그 모수 추정의 핵심도구인 표본통계량이 무엇인지 확인하고, 이어 해당 표본통계량의 표본분포 특성이 무엇인지 확인해야 한다. 예를 들어, [표 12.1]에 나타나 있는 바와 같이 연구자의 주 관심인 모집단 모수가 모집단 회귀계수 β_1이라면, 그에 대응되는 표본통계량이 b_1이기 때문에 이 단계에서 확인해야 할 것은 확률변수 b_1의 표본분포가 어떤 확률분포 특성을 갖는지 확인해야 한다(※ 연구자의 관심에 따라 통계적 추정대상인 모집단 모수가 β_0인 경우도 있는데, 그 경우 그것에 상응하는 표본통계량은 b_0이다).

자주 사용되는 표본통계량의 표본분포 특성에 대해서는 이미 통계학자들이 규명해놓았기 때문에 보통 통계학 비전공자들은 그것이 무엇인지 교과서에서 확인해서 사용만 잘 하면 된다. 다행스럽게도 표본회귀계수(b_1)의 표본분포는 독자들이 익숙한 정규분포의 특성을 갖는다(※ 표본회귀계수 b_0의 표본분포도 정규분포의 특성을 갖는다).

특정 표본통계량의 표본분포가 좌우대칭인 정규분포의 특성을 가질 경우 추가적으로 확인할 사항은 해당 표본통계량의 표본오차(standard error)이다. 표본오차를 알아야 일정한 신뢰수준(confidence level)에서 모집단 모수가 취할 것으로 예상되는 신뢰구간(confidence interval)을 추정할 수 있을 뿐만 아니라, 가설검증에 필요한 검증통계량(test statistic)을 계산하여 대립가설의 진위여부를 판단하는 검증과정을 수행할 수 있기 때문이다. 이 표본오차를 계산하는 공식 또한 이미 통계학자들이 규명해놓았기 때문에 통계학 비전공자는 해당되는 공식을 차용해서 사용하면 되는데, 위 단순회귀분석에서 표본회귀계수 b_1의 표본오차는 (식 12.2.1)과 같다.

$$이론적\ 표본오차(SE) = \sqrt{\frac{\sigma^2}{\sum(x_i-\bar{x})^2}} \qquad (식\ 12.2.1)^{1}$$

다만, 표본회귀계수의 이론적 표본오차 공식 속에 들어 있는 모집단 통계량(즉, σ^2)의 값을 알 수 없기 때문에 그것의 불편추정치인 표본통계치(예, 회귀분석에서는 본장 4절에서 배우게 될 *MSE*가 그것에 해당함)로 대체하여 그 값을 계산하게 되는데, 그 결과 표본통계량을 표준화한 검증통계량의 확률분포는 표준정규분포가 아닌 t-분포(자유도: $n-2$)의 특성을 띠게 된다. 이 때 표본크기 n에서 잃어버린 자유도의 수 2는 회귀계수(β_0, β_1)의 수, 즉, 독립변수(X)의 수에 1을 더한 수가 된다. 따라서 모집단 모수 β_1에 대한 통계적 추정은 t-분포 상에서 이루어지며, 검증통계량은 (식 12.2.2)와 같다. 단, 일반적 실증연구에서는 β_1에 대한 귀무가설이 β_1=0으로 설정되는 것이 보통이다.

$$t = \frac{b_1 - \beta_1}{SE} \qquad (식\ 12.2.2)$$

2. 모집단 회귀계수(β_1)의 추정

1) 점추정과 구간추정

이제 모집단 회귀계수의 값을 추정해보자. 이미 앞에서 수차에 걸쳐 확인한 바와 같이 모집단 모수의 점추정량(point estimator)은 모수에 대응되는 표본통계량이다. 따라서 모집단 회귀계수 β_1의 점추정량(point estimator)은 표본회귀계수 b_1이며 그 값들이 점추정치(point estimate)가 된다.

그럼, 모집단 회귀계수의 구간추정량(interval estimator)은 무엇일까? 이미 제3

1 위 공식을 외우거나, 그 공식을 사용하여 해당 표본통계량의 표본오차를 계산하는 데 시간을 낭비하는 어리석은 일은 이제 더 이상 하지 말자. 그렇게 하다가 통계에 흥미를 잃어버린 경우를 자주 봤다. 중요한 것은 통계프로그램이 계산해서 제공해주는 표본오차의 의미를 제대로 이해하고 활용하는 것이다.

장 4절에서 본 바와 같이 해당 검증통계량의 표본분포가 좌우대칭의 t-분포를 따를 경우 일정한 신뢰수준 $100 \cdot (1-\alpha)\%$에서 모집단 모수의 신뢰구간은 "점추정치 $\pm t_{\alpha/2} \cdot SE$"에 의해 계산된다. 이것을 적용하면 신뢰수준 $100 \cdot (1-\alpha)\%$에서 모집단 회귀계수 β_1의 신뢰구간은 (식 12.2.3)과 같다.

$$b_1 - t_{\alpha/2, n-2} \cdot SE \le \beta_1 \le b_1 + t_{\alpha/2, n-2} \cdot SE \quad \text{(식 12.2.3)}$$

2) 가설검증

(1) 양측검증

실증연구를 수행하는 연구자들의 주요 관심대상이 되는 모집단 모수는 모집단에서의 X와 Y간 관계의 성격을 규정해주는 독립변수 X의 회귀계수 β_1이라는 점은 이미 앞에서 확인한 바 있다. 구체적으로 아래 연구가설을 검증하는 상황을 예로 들어보자.

가설: 지능(IQ)은 학업성취도에 유의한 영향을 미칠 것이다.

위 연구가설에서 연구자는 학업성취도를 종속변수(Y)로, 지능을 Y에 영향을 미치는 설명변수(X)로 설정하고 있어서 모집단의 회귀방정식은 (식 12.2.4)로 표현된다.

$$\hat{Y}_i = \beta_0 + \beta_1 \cdot X_i \quad \text{(식 12.2.4)}$$

위 가설에 따르면, 연구자는 $\beta_1 \neq 0$, 즉, X가 Y에 유의한 영향을 미칠 것이라고 주장하고 있으며, 이 주장이 정당한지 여부를 표본데이터를 활용하여 실증적으로 검증하려 한다. 따라서 이를 대립가설과 그것의 여집합인 귀무가설의 형태로 표현하면 아래와 같고, 이는 양측검증(two-tailed test)에 해당된다.

대립가설 H_a: $\beta_1 \neq 0$
귀무가설: H_0: $\beta_1 = 0$

그림 12.2.1 양측검증에서의 귀무가설(H_0) 기각영역

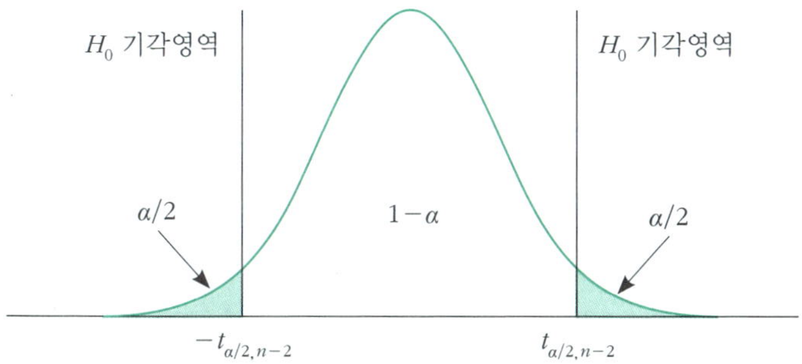

이것을 검증하려면, 우선, 귀무가설이 옳다는 가정하에 (식 12.2.2)에 따라 검증통계치를 계산한다. 검증통계치 계산 시 귀무가설이 옳다고 가정하기 때문에 (식 12.2.2)에서 β_1의 값은 0이다. 이제는 이렇게 계산한 검증통계치가 t-분포에서 기각영역 경계값을 벗어나는지 여부를 판단해야 하는데, 기각영역 경계값은 양측검증이기 때문에 왼쪽 경계값은 $-t_{\alpha/2,n-2}$, 오른쪽 경계값은 $t_{\alpha/2,n-2}$가 된다(〈그림 12.2.1〉 참조). 따라서 검증통계치가 왼쪽 경계값 이하의 값이거나 오른쪽 경계값 이상의 값이면 귀무가설을 기각하고 대립가설을 채택한다. 물론 t-분포에서 검증통계치와 같거나 큰 값이 나올 유의확률(p-값)이 유의수준 α보다 삭거나 같아도 동일한 결론에 이르게 된다.

(2) 단측검증

이번에는 연구자가 연구가설을 아래와 같이 지능과 학업성취도 간 정(+)의 관계가 존재하는 것으로 설정했다면 어떻게 검증할까?

가설: 지능(IQ)이 높을수록 학업성취도가 높을 것이다.

위 가설에 따르면, 연구자는 $\beta_1>0$임을 주장하고 있으며, 이 주장이 정당한지 여부를 실증적으로 검증하려 한다. 따라서 이를 대립가설과 귀무가설의 형식으로 표현하면 아래와 같고, 이는 우측검증(right-tailed test)에 해당한다.

그림 12.2.2 우측검증에서의 귀무가설(H_0) 기각영역

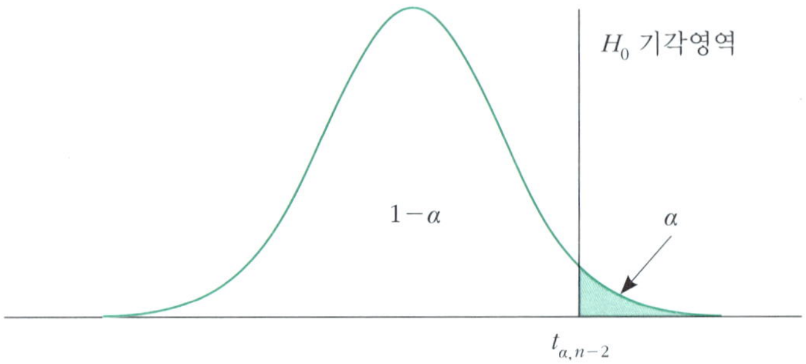

대립가설 H_a: $\beta_1 > 0$

귀무가설: H_0: $\beta_1 \leq 0$

이것을 검증하려면, 우선, 귀무가설에서 등호로 표현된 임시 귀무가설 H_0: $\beta_1 = 0$이 옳다고 가정하고 앞에서 계산한 검증통계치가 기각영역 경계값을 넘는지 여부를 판단하는데, 이 경우 우측검증이기 때문에 기각영역 경계값은 $t_{\alpha/2,n-2}$이 아닌 $t_{\alpha,n-2}$이다(〈그림 12.2.2〉 참조). 따라서 검증통계치가 $t_{\alpha,n-2}$ 이상의 값이면 귀무가설을 기각하고 대립가설을 채택한다. 이 결론은 검증통계치보다 큰 값이 나올 유의확률(p-값)을 유의수준 α와 비교하여 내리는 결론과도 동일하다.

이번에는 반대로, 대립가설과 귀무가설이 아래와 같다면 좌측검증(left-tailed test)이 되며, 기각영역 경계값은 $-t_{\alpha/2,n-2}$이 아닌 $-t_{\alpha,n-2}$이 된다.

대립가설 H_a: $\beta_1 < 0$

귀무가설 H_0: $\beta_1 \geq 0$

따라서 검증통계치가 기각영역 경계값 $-t_{\alpha,n-2}$ 이하의 값이면 귀무가설을 기각하고 대립가설을 채택한다(〈그림 12.2.3〉 참조).

그림 12.2.3 좌측검증에서의 귀무가설(H_0) 기각영역

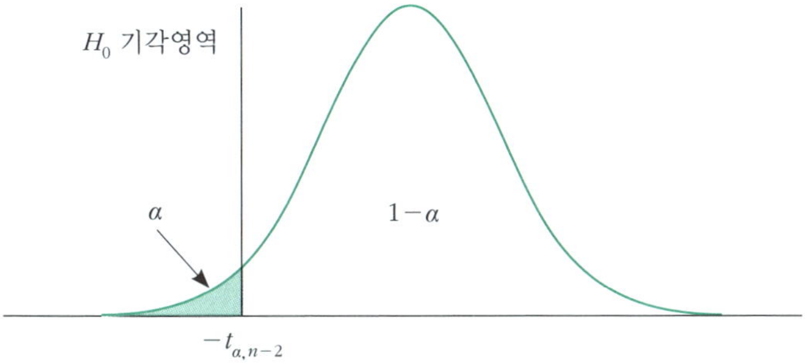

모집단 회귀계수 추정

1단계: 추정하고자 하는 모집단 모수는 모집단 회귀방정식의 회귀계수(β_1)이다.

2단계: 모집단 모수에 대응되는 표본통계량은 표본 회귀방정식의 회귀계수(b_1)이다.

3단계: 표본회귀계수 b_1의 표본분포는 정규분포의 특성을 가지며, 이론적 표본오차(SE)는 아래 식과 같다.

$$\text{이론적 표본오차}(SE)=\sqrt{\frac{\sigma^2}{\sum(x_i-\bar{x})^2}}$$

그러나, 위 표본오차 공식에 포함되어 있는 σ^2은 실제 알 수 없는 모집단의 통계량이기 때문에 표본에서 얻은 불편추정치인 오차평균제곱합(MSE)으로 대체하여 그 값을 계산하게 되는데, 그 결과 표본통계량을 표준화한 검증통계량의 확률분포는 t-분포(자유도: $n-2$)의 특성을 띠게 된다.

4단계: 모집단회귀계수 β_1의 구간추정치는 $b_1-t_{\alpha/2,n-2}\cdot SE\le\beta_1\le b_1+t_{\alpha/2,n-2}\cdot SE$이고, 가설검증을 위한 검증통계량은 $t=(b_1-\beta_1)/SE$이며, 이 식을 이용하여 검증통계치를 계산할 때 β_1의 값은 귀무가설로 설정한 모집단 회귀계수 값으로서 일반적 실증연구에서는 대부분 0으로 설정된다.

5단계: 가설검증

1) 양측검증(two-tailed test)

가설의 형태는 H_a: $\beta_1 \neq 0$, H_0: $\beta_1 = 0$이다.

검증통계치가 t-분포의 중앙값(0)을 기준으로 양쪽의 기각영역 경계값($-t_{\alpha/2,n-2}$과 $-t_{\alpha/2,n-2}$)을 벗어난 값이면 귀무가설을 기각하고 대립가설을 채택한다.

2) 단측검증(one-tailed test)

(1) 우측검증

가설의 형태는 H_a: $\beta_1 > 0$, H_0: $\beta_1 \leq 0$이다.

검증통계치가 t-분포의 중앙값(0)을 기준으로 기각영역 경계값($t_{\alpha,n-2}$)보다 크거나 같은 값이면 귀무가설을 기각하고 대립가설을 채택한다.

(2) 좌측검증

가설의 형태는 H_a: $\beta_1 < 0$, H_0: $\beta_1 \geq 0$이다.

검증통계치가 t-분포의 중앙값(0)을 기준으로 기각영역 경계값($-t_{\alpha,n-2}$)보다 작거나 같은 값이면 귀무가설을 기각하고 대립가설을 채택한다.

3. 모집단의 Y값 예측과 예측구간 추정

모집단의 Y값 예측 및 예측구간 추정에 대해서는 혹 궁금해할 독자들을 배려하는 차원에서 설명은 하지만, 실증연구에 초점을 맞춰 통계방법론을 배우는 독자들은 이 주제에 대해 관심을 둘 이유가 전혀 없다. 실증연구에서는 모집단의 Y값이 아니라, 모집단 회귀계수 β_1의 추정 및 검증에 초점이 맞춰지기 때문이다. 실증연구를 주로 하는 저자도 지금까지 모집단의 Y값 예측구간을 추정해야 하는 상황을 한 번도 접하지 않았다는 점을 참고하기 바란다.

회귀분석의 목적 중 하나가 이론으로부터 도출한 연구가설—통상 독립변수 X가 종속변수 Y에 유의한 영향을 미치는지 여부에 대한 가설—을 검증하는 데 있다면, 또 다른 목적 중 하나는 독립변수 X의 값이 주어질 때 이에 대응하는 종속변수 Y의 값을 예측하거나 추정하는 데 있다. 만약 우리가 확정된 모집단 회귀방정식, 즉 $\hat{Y}=\beta_0+\beta_1 \cdot X$가 확보된 상태에서 특정한 X값 x_0이 주어진다면 그 값을 회귀방정식에 대입하여 $\hat{Y}=\beta_0+\beta_1 \cdot x_0$으로 Y값을 예측할 것이다. 그리고 이렇게 얻은 예측치 $\hat{Y}$은 동일한 X값을 가진 개체들의 Y값의 평균값이란 점은 이미 앞에서 확인한 바 있다.

문제는 우리가 일상에서 Y값을 예측하기 위해 사용할 수 있는 회귀방정식이 모집단 회귀방정식 $\hat{Y}=\beta_0+\beta_1 \cdot X$가 아니고, 하나의 표본에서 얻은 표본 회귀방정식, 즉, $\hat{y}=b_0+b_1 \cdot X$이라는 점이다(※ 여기에서는 모집단과 표본을 구분하기 위해 편의상 모집단 회귀방정식에서의 예측치를 $\hat{Y}$로, 표본 회귀방정식에서의 예측치를 $\hat{y}$로 구분해서 쓰겠다). 이 사실이 의미하는 바는 표본 회귀계수 b_0 및 b_1이 모집단 회귀계수 β_0 및 β_1과 정확하게 일치하지 않는다는 점이다. 이미 앞에서 배운 바에 따르면, b_0은 중심값이 β_0인 표본분포에서 무작위로 뽑힌 하나의 값이고, b_1 또한 중심값이 β_1인 표본분포에서 무작위로 뽑힌 하나의 값에 불과하다. 따라서 표본 회귀방정식을 활용하여 구한 예측치 $\hat{y}$이 모집단 회귀방정식에서 구할 수 있는 예측치 $\hat{Y}$과 같을 수는 없다. 다만, 표본 회귀계수 b_0과 b_1이 각각 모집단 회귀계수 β_0과 β_1의 불편추정량(unbiased estimator)이기 때문에 표본 예측치 $\hat{y}$도 모집단 예측치 $\hat{Y}$의 불편추정량이라는 점을 기억하자.

표본 회귀방정식의 예측치 $\hat{y}$을 가지고 여기에서 우리가 추정하려는 것은 두 가지이다. 특정한 X값 x_0이 주어질 때 모집단에 속한 개체들 중에서 동일한 x_0을 갖는 개체들의 Y값의 평균 $\hat{Y}$과 한 걸음 더 나아가 동일한 x_0을 갖는 특정 개체의 Y_i값이 그것이다.

우선, 특정한 x_0에 대응하는 모집단 회귀방정식의 예측치인 $\hat{Y}$의 점추정치는 표본 회귀방정식에서 구한 예측치 $\hat{y}$이라는 점은 어렵지 않게 이해할 수 있을 것이다. 그렇다면 모집단 예측치 $\hat{Y}$의 구간추정치는 어떻게 구할 수 있을까? 표본 예측치 $\hat{y}$의 표본분포의 특성을 알면 이 또한 어렵지 않게 구할 수 있을 것이다. 통계학자들이 연구한 결과에 의하면 표본예측치 $\hat{y}$의 표본분포는 정규분포의 특성을 갖고 그것의 표본오차(*SE*)는 (식 12.2.5)와 같다. (식 12.2.5)에서 x_0는 연구자가 관심을 가지고 있는 변수 X의 특정한 값이고, $\bar{x}$은 변수 X의 표본평균값이다.

$$SE=\sqrt{\sigma^2\left[\frac{1}{n}+\frac{(x_0-\bar{x})^2}{\sum(x_i-\bar{x})^2}\right]} \qquad \text{(식 12.2.5)}$$

위 식에서 모집단 분산 σ^2은 알 수 없는 값이기 때문에 표본오차를 구할 때에는 σ^2 대신 그것의 불편추정치인 표본평균제곱합(*MSE*)을 사용하여 계산하는데, 그로 인해 표본예측치 $\hat{y}$를 표준화한 검증통계량의 확률분포는 정규분포 대신 t-분포(자유도: $n-2$)의 특성을 갖게 된다. 따라서 신뢰수준 $100\cdot(1-\alpha)\%$에서 모집단 예측치 $\hat{Y}$의 구간추정량은 앞 장들에서 이미 수차에 걸쳐 활용한 바 있는 신뢰구간 공식을 적용하면 (식 12.2.6)과 같다.

$$\hat{y}-t_{\alpha/2,n-2}\cdot SE\leq\hat{Y}\leq\hat{y}+t_{\alpha/2,n-2}\cdot SE \qquad \text{(식 12.2.6)}$$

다음으로 동일한 x_0을 갖는 특정 개체의 Y_i값의 구간추정치를 구해보자. 앞에서 이미 모집단 예측치 $\hat{Y}$의 구간추정치를 구했기 때문에 그 그룹에 속한 특정 개인의 Y_i값은 모집단 예측치 $\hat{Y}$의 구간추정치에 동일한 x_0을 갖고 있는 개인들의 표준편차—이것은 오차의 표준편차로서 $\sqrt{MSE}$에 해당함—에 따라 변할 수 있는 정도를 반영해주면 된다. 이것을 통합하여 신뢰수준 $100\cdot(1-\alpha)\%$에서 특정 개체의 Y_i 구간추정량을 정리하면 (식 12.2.7)과 같다.

$$\hat{y}-t_{\alpha/2,n-2}\cdot(SE+\sqrt{MSE})\leq Y_i\leq\hat{y}+t_{\alpha/2,n-2}\cdot(SE+\sqrt{MSE}) \qquad \text{(식 12.2.7)}$$

제 3 절 회귀계수의 해석

회귀계수를 해석할 때 적용하는 원리는 기본적으로 중고등학교에서 배운 함수식의 계수를 해석하는 원리와 크게 다르지 않다. 예를 들면, 회귀방정식이 아래와 같이 결정되었다면, 독립변수 X가 한 단위 증가하면, 즉, X의 값이 x에서 $x+1$로 한 단위 증가하면 조건부 Y의 평균값은 0.8단위만큼 증가하며, $X=0$일 때 조건부 Y의 평균값은 3.5의 값을 갖는다고 해석하면 된다.

$$\hat{Y}_i = 3.5 + 0.8X_i$$

차이가 있다면 중고등학교에서 배운 함수식의 계수를 해석할 때는 "X가 한 단위 증가하면 그로 인해 Y가 X의 계수(예, 0.8)만큼 변화한다."라고 해석하는 데 반해, 회귀방정식의 계수를 해석할 때는 "X가 한 단위 증가하면 그로 인해 Y의 조건부 평균값 $\hat{Y}$이 X의 계수(예, 0.8)만큼 변화한다."라고 해석한다는 점이다. 예측치가 Y의 평균값인 이유는 중고등학교에서 배운 확정형 모형과는 다르게 비확정형 회귀모형에서는 X값이 주어진다 해도 동일한 X값을 갖는 개체들의 Y값이 동일한 하나의 값이 아니고 오차항(e_i)이 말해주듯이 여러 개이기 때문에 변수 X가 예측하는 바가 정확한 Y값이 아니라 동일한 X값을 갖는 개체들의 Y값들의 평균값이라는 데 있다. 따라서, 독립변수 X의 회귀계수가 나타내는 바는 X가 한 단위 변하는 데 따른 조건부 Y의 평균값—즉, $\hat{Y}$—의 변화량이 된다.

제 4 절 분산분석의 틀로 본 회귀분석

이번에는 (식 12.4.1)로 표현된 모집단 회귀모형을 제9장에서 배운 분산분석(ANOVA)의 틀—즉, 일정한 요인(factor)을 기준으로 구분된 모집단들의 평균이 다르다고 할 수 있는지 여부를 검증하는 분석틀—로 이해해보도록 하자.

$$Y_i = \beta_0 + \beta_1 \cdot X_i + \varepsilon_i \qquad \text{(식 12.4.1)}$$

만약 β_1이 0이 아니라면, 즉, X와 Y 사이에 유의미한 관계가 존재한다면, 독립변수 X의 값의 크기에 따라 모집단을 다수의 모집단으로 구분해볼 수 있을 것이며, X의 값의 크기에 따라 구분된 개별 모집단의 Y의 기대값은 (식 12.4.2)와 같을 것이다.

$$\hat{Y}_i = \beta_0 + \beta_1 \cdot X_i \qquad \text{(식 12.4.2)}$$

그리고 〈그림 12.4.1〉은 X의 값의 크기에 따라 구분된 모집단들—예컨대, X의 세 값 x_1, x_2, x_3에 따라 구분된 모집단들—의 집단별 Y의 기대값(즉, 평균값)

그림 12.4.1 X의 값에 따라 구분된 집단의 Y의 기대값

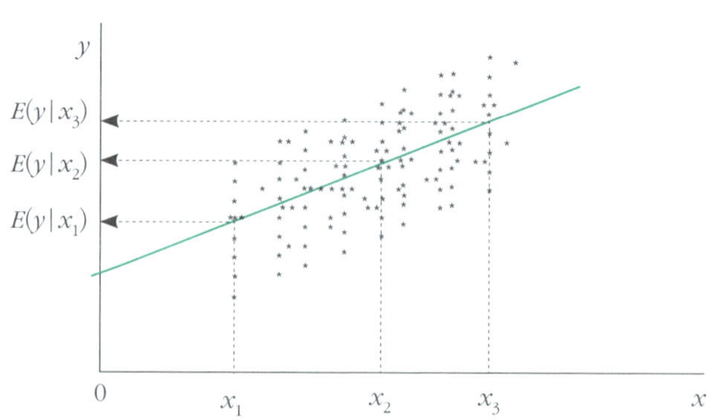

을 보여주고 있다. 회귀방정식 계수들(β_0, β_1)의 값이 정해지고 난 후 일정한 X의 값(예, x_2)을 가진 개체들의 Y값을 추정하고자 하면, 앞의 회귀방정식은 그에 대한 추정치로 $\hat{Y}=\beta_0+\beta_1 \cdot x_2$를 제시하게 될 것이다. 그리고 이 추정치($\hat{Y}$)는 $X=x_2$인 모든 개체들의 Y값의 기대값, 즉, $E(Y \mid x_2)$에 해당한다.

이처럼 회귀모형을 제9장에서 배운 분산분석(ANOVA)의 틀로 보면, 독립변수 X가 모집단을 구분하는 요인에 해당하고, $X=X_j$인 집단의 경우 회귀모형의 확정적 부분($\hat{Y}_j=\beta_0+\beta_1 \cdot x_j$)은 동일한 x_j값을 가진 모집단 내 개체들의 Y의 기대값에 해당한다. 이렇게 보면 단순회귀분석에서 X와 Y 사이에 유의한 관계가 존재하는지 여부를 검증하기 위해 사용했던 가설 H_a: $\beta_1 \neq 0$, H_0: $\beta_1=0$은 아래와 같은 일원분산분석의 가설과 그 실질적인 의미가 같다고 볼 수 있다.

H_a: X값을 기준으로 구분한 모집단들의 평균이 모두 같지는 않을 것이다.
H_0: X값을 기준으로 구분한 모집단의 평균이 모두 같을 것이다.[2]

위 가설을 검증하기 위해 모집단으로부터 무작위 표본을 추출하여 표본에 속한 개체들을 대상으로 변수 X와 Y를 측정하여 정리하면 일차적으로 [표 12.4.1]과 같은 데이터 형태를 나타낼 것이나, 이 데이터를 분산분석의 틀을 따라 X값을 기준으로 [표 12.4.2]와 같이 재정렬할 수 있을 것이다.[3]

이제 제9장 분산분석에서 배웠던 제곱합(SS)의 개념을 회귀모형에 적용해보

[표 12.4.1] 변수 X와 Y의 표본 관측치

Y	X
.	.
.	.
.	.
.	.
.	.

2 H_0을 수식으로 표현하면 $E(Y \mid x_1)=E(Y \mid x_2)=\cdots\cdots=E(Y \mid x_k)$이다.

3 이러한 재정렬은 회귀모형분석을 분산분석의 틀로 이해할 수 있음을 개념적으로 보여주기 위한 것일 뿐, 실제 데이터 분석을 위해 연구자가 데이터를 이처럼 재정렬할 필요는 없다.

[표 12.4.2] 변수 X와 Y의 표본 관측치 (X값에 따라 재정렬)

	x_1	x_2	.....	x_k
표본 관측치	y_{11} y_{12} y_{13} . ..	y_{21} y_{22} y_{23} . ..	....	y_{k1} y_{k2} y_{k3} . .
집단평균	$\hat{y}_1$	$\hat{y}_2$		$\hat{y}_k$
총평균	$\bar{y}$			

주: 편의상 X값 크기별 관측치의 개수가 동일한 것처럼 표시되었지만, 달라도 문제가 안 된다.

자. 분산분석의 원리를 원용하면, 우선, X값을 기준으로 j번째 집단에 속한 i번째 개체의 Y 관측치(y_{ji})가 개념적으로 (식 12.4.3)과 같이 표현될 수 있으며, (식 12.4.4)와 같이 재정렬될 수 있음을 독자들이 어렵지 않게 이해할 수 있으리라 생각한다(제9장 2절과 제11장 6절 참조).

$$y_{ji} = \bar{y} + (\hat{y}_j - \bar{y}) + (y_{ji} - \hat{y}_j) \qquad \text{(식 12.4.3)}$$

$$y_{ji} - \bar{y} = (\hat{y}_j - \bar{y}) + (y_{ji} - \hat{y}_j) \qquad \text{(식 12.4.4)}$$

이 식은 한 관측치의 Y값(y_{ji})과 Y의 총평균($\bar{y}$) 사이의 차이, 즉, 총편차($y_{ji} - \bar{y}$)는 그 개체가 속한 집단의 Y값 평균($\hat{y}_j$)과 총평균($\bar{y}$) 사이의 차이, 즉, 회귀편차(즉, $\hat{y}_j - \bar{y}$)—분산분석의 표본간편차에 해당함—에 그 개체의 Y값(y_{ji})과 자신이 속한 집단의 Y값 평균($\hat{y}_j$) 사이의 차이, 즉, 오차 혹은 잔차(($y_{ji} - \hat{y}_j$)—분산분석의 표본내편차에 해당함—를 더한 값과 같다는 의미이다(〈그림 12.4.2〉 참조). 간략하게 요약하면, 총편차는 회귀편차와 오차로 분해된다.

위 (식 12.4.4)의 양변을 제곱한 후 모든 개체들의 관측치를 합하면 우변의 세 번째 항의 값은 0이기 때문에 (식 12.4.5)로 재정리된다.

그림 12.4.2 한 관측치의 총편차 = 회귀편차 + 오차

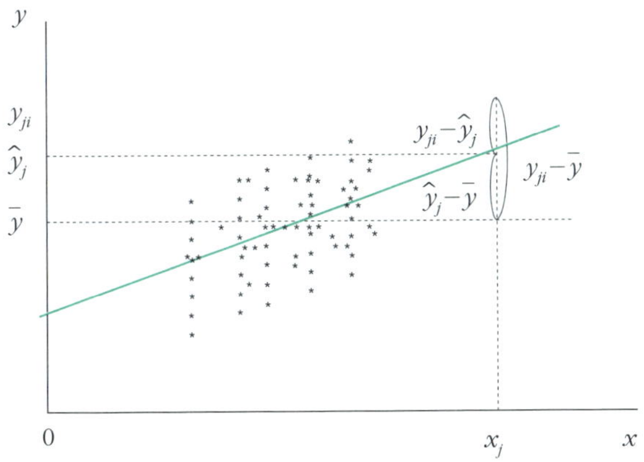

$$\sum_{j=1}^{k}\sum_{i=1}^{n}(y_{ji}-\bar{y})^2=\sum_{j=1}^{k}\sum_{i=1}^{n}(\hat{y}_j-\bar{y})^2+\sum_{j=1}^{k}\sum_{i=1}^{n}(y_{ji}-\hat{y}_j)^2$$

$$+2\cdot\sum_{j=1}^{k}\sum_{i=1}^{n}(\hat{y}_j-\bar{y})(y_{ji}-\hat{y}_j)$$

$$=\sum_{j=1}^{k}n_j\cdot(\hat{y}_j-\bar{y})^2+\sum_{j=1}^{k}\sum_{i=1}^{n}(y_{ji}-\hat{y}_j)^2 \qquad \text{(식 12.4.5)}$$

위 (식 12.4.5)에서 좌변은 총제곱합(*SST*)을 나타내고, 우변 첫 번째 항은 회귀제곱합(*SSR*)—표본간제곱합(*SSB*)—을 나타내며, 우변 두 번째 항은 오차제곱합(*SSE*)— 표본내제곱합(*SSW*)—을 나타낸다. 한편, 회귀제곱합과 오차제곱합을 각각의 자유도로 나누면 회귀평균제곱합(*MSR*)과 오차평균제곱합(*MSE*)이 나오는데, 이것들은 각각 제9장 분산분석에서 보았던 표본간평균제곱합(*MSB*)과 표본내평균제곱합(*MSW*)에 상응하는 값들이다. 그리고 회귀평균제곱합(*MSR*)을 오차평균제곱합(*MSE*)으로 나눈 지표가 검증통계량인데, 검증통계량은 *F*-분포를 따른다. 이상의 전 과정을 요약하면 [표 12.4.3]과 같은 분산분석의 결과표로 요약된다.

[표 12.4.3] 단순회귀모형의 분산분석 결과표

	제곱합(SS)	자유도	평균제곱합(MS)	F	유의확률(p)
회 귀	SSR	1	MSR	MSR/MSE	
오 차	SSE	$n-2$	MSE		
총 합	SST	$n-1$			

주: n은 표본크기

이렇게 얻은 검증통계량 F의 값이 기각영역 경계값 $F_{\alpha,1,n-2}$보다 크거나 같으면(아래 〈그림 12.4.3〉 참조), 혹은 유의확률 p-값이 유의수준 α보다 작거나 같으면 귀무가설을 기각하고 대립가설을 채택하게 되는데, 이는 곧 (1) X수준에 따라 구분한 모집단들의 평균값이 서로 다르다고 할 수 있다는 의미임과 동시에, (2) 회귀모형 (식 12.4.1)에서 X의 회귀계수 β_1이 0이 아니라는 의미이기도 하다. 이는 곧 X를 독립변수로 설정한 회귀모형이 종속변수 Y를 예측하기에 유용하다는 의미이다.

그림 12.4.3 H_0: β_1=0에 대한 F검증의 기각영역

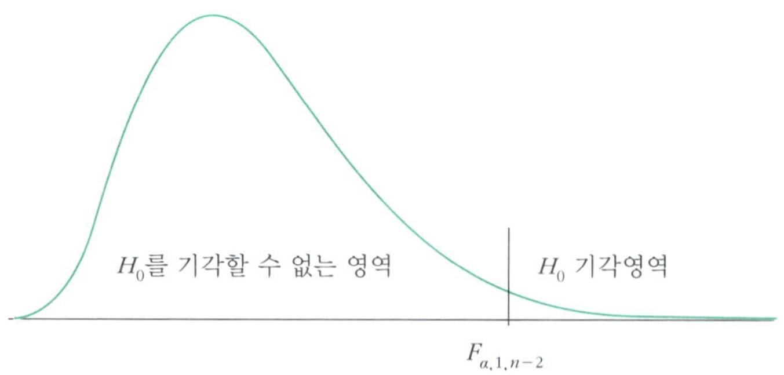

분산분석의 틀로 본 회귀분석

회귀모형을 분산분석(ANOVA)의 틀로 보면, 독립변수 X가 모집단을 구분하는 요인—독립변수 X의 값을 기준으로 모집단을 구분할 수 있기 때문—에 해당하고, $X=X_i$인 집단의 경우 회귀모형의 확정적 부분($\hat{Y}_j=\beta_0+\beta_1 \cdot x_j$)은 동일한 x_j을 가진 집단에 속한 개체들의 Y의 기대값, 즉, $E(Y \mid x_j)$에 해당한다. 이렇게 보면 단순회귀분석에서 X와 Y 사이에 유의한 관계가 존재하는지 여부를 검증하기 위해 사용했던 가설 H_a: $\beta_1 \neq 0$, H_0: $\beta_1=0$은 아래와 같은 일원분산분석(One-way ANOVA)의 가설과 그 실질적인 의미가 같다고 볼 수 있다.

H_a: X값을 기준으로 구분한 모집단들의 평균이 모두 같지는 않을 것이다.

H_0: $E(Y \mid x_1)=E(Y \mid x_2)=\cdots\cdots=E(Y \mid x_k)$

제 5 절 회귀분석의 기본가정과 충족여부 검증

1. 회귀분석의 기본가정

제11장 1절에서 (식 11.1.2)로 표시된 회귀모형 $Y_i=a+b \cdot X_i+e_i$는 독립변수 X의 값이 주어지면 그에 따라 그 값이 정해지는 확정적(deterministic) 부분 혹은 체계적(systematic) 부분 $a+b \cdot X_i$와 독립변수 X에 의해 설명되지 않고 일정한 확률분포를 따라 우연적 요인에 의해 발생하는 비확정적(non-deterministic) 부분 혹은 확률적(stochastic) 부분 e_i로 구성되어 있다는 점을 확인하였다. 그리고 제11장 3절에서는 (식 11.1.3)으로 표시된 회귀방정식 $\hat{Y}_i=a+b \cdot X_i$에서 $\hat{Y}_i$이 의미하는 바는 독립변수 X의 특성한 값(예, $X=4$)이 수어질 때 그와 같은 조건을 충족하는 개체들의 Y의 기대값, 즉, $E(Y_i \mid X)$이라는 점과 회귀분석이란 위 회귀방정식에

서 계수 a와 b의 값을 정하는 과정이라 설명했다.

본 절에서는 회귀분석이 (식 12.4.1)과 같은 모집단 회귀모형 $Y_i=\beta_0+\beta_1X_i+\varepsilon_i$에서 비확정적 부분 혹은 확률적 부분에 해당하는 오차(ε_i)에 관한 몇 가지 가정에 근거하여 이루어진다는 점을 살펴보고자 한다. 요컨대, 회귀분석은 오차항에 대한 다음과 같은 4가지 가정을 전제로 한다.

오차(ε)에 대한 가정

가정 1: 특정한 X값하에서 오차(ε)의 기대값은 0이다. 즉,

$$E(\varepsilon \mid X_i)=0$$

가정 2: 확률변수 ε의 분산은 X의 값에 상관없이 동일하다. 즉,

$$Var(\varepsilon \mid X_i)=\sigma^2$$

가정 3: 확률변수 ε은 정규분포를 따른다. 즉, $\varepsilon \sim N(0,\sigma^2)$

가정 4: 서로 다른 관측치의 오차끼리는 서로 독립적이다. 즉,

$$Cor(\varepsilon_i,\ \varepsilon_j)=0$$

가정 1은 제11장 4절의 (식 11.4.2)에서 확인한 바와 같이 회귀모형 $\hat{Y}_i=\beta_0+\beta_1\cdot X_i+\varepsilon_i$에서 특정한 X값이 주어지면 조건부 Y의 기대값, $E(Y \mid X_i)$이 확정적 부분($\beta_0+\beta_1X_i$)과 같다고 결론을 내릴 수 있는 근거이자 그렇게 결론을 내리기 위한 전제조건이다. 위 가정이 전제되어야 특정한 X값이 주어진 상황에서 조건부 Y의 기대값은

$$E(Y \mid X_i)=E(\beta_0+\beta_1\cdot X_i+\varepsilon_i)=\beta_0+\beta_1\cdot X_i+E(\varepsilon_i \mid X_i)=\beta_0+\beta_1\cdot X_i$$

이 되기 때문이다. 요컨대, 이 가정하에서 회귀방정식은 주어진 독립변수 X와 종속변수 Y의 조건부 기대값, 즉, $E(Y \mid X_i)$ 사이의 관계식이라 할 수 있다.

가정 2는 등분산(等分散, homoscedasticity) 가정이라 하는데, 이 가정은 본 장 4

절에서 설명한 바와 같이 회귀분석을 분산분석(ANOVA)의 틀로 볼 수 있는 근거가 된다.[4]

가정 3은 확률변수 ε_i의 확률분포가 정규분포의 특성을 갖는다는 가정으로서 이 가정은 곧 ε_i와 선형관계에 있는 종속변수 Y도 정규분포를 따르는 확률변수임을 시사한다. 또한 회귀모형 $Y_i = \beta_0 + \beta_1 X_i + \varepsilon_i$에서 확정적 부분은 상수처럼 취급되기 때문에 종속변수 Y의 분산은 전적으로 오차 ε_i의 분산에 의해 결정되며, 그 크기도 같다. 위 가정 2와 가정 3을 동시에 충족하는 분포도를 그림으로 나타내면 〈그림 12.5.1〉과 같다.

끝으로, 가정 4는 오차들이 자기상관성(autocorrelation)을 갖지 않는다는 말로서 i번째 관측치의 오차 ε_i와 j번째 관측치의 오차 ε_j 사이에 상관관계가 존재하

그림 12.5.1 ε의 등분산 가정을 충족하는 조건부 Y의 분포도

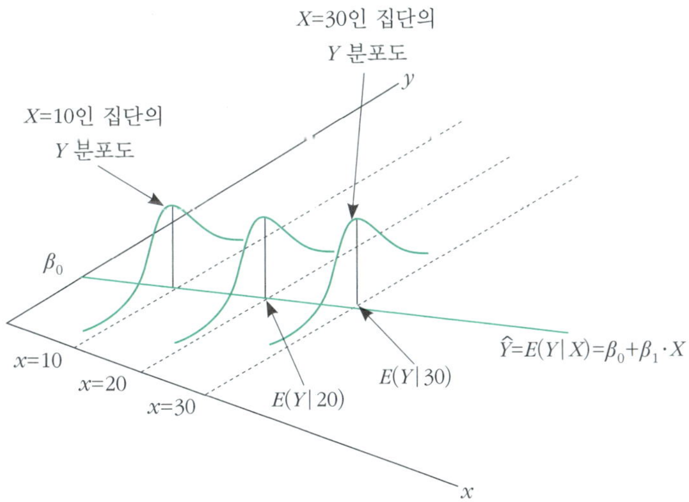

4 복수의 모집단 평균들 사이에 유의한 차이가 있다고 할 수 있는지 여부를 검증할 목적으로 사용된 분산분석(ANOVA)이 해당 모집단들의 분산이 동일하다는 가정하에서 성립된다는 점을 떠올려보기 바란다.

지 않는다는 의미이며, 이는 또한 ε가 독립변수 X의 영향을 받지 않는다는 의미이기도 하다.

2. 기본가정의 충족여부 검증: 잔차분석

위에서 살펴본 회귀분석의 4가지 가정이 충족되는지 여부는 어떻게 알 수 있을까? 우리는 모집단 데이터를 가지고 있지 않기 때문에 모집단 회귀모형의 오차 ε_i를 직접 분석할 수는 없고 대신 표본데이터에서 얻은 잔차 e_i를 분석함으로써 위 가정들이 충족되는지 여부를 검증한다. 이를 잔차분석(residual analysis)이라 한다. 물론 SPSS 등과 같은 통계패키지를 활용하면 어렵지 않게 잔차분석을 수행할 수 있다.

등분산 가정(가정 2)은 독립변수 X나 예측치 $\hat{Y}_i$에 대한 잔차의 분포도를 살펴봄으로써 그 충족여부를 가늠할 수 있다.[5] 〈그림 12.5.2〉의 (A)와 같이 균등하게 분포되어 있으면 등분산 가정이 충족됨을 나타내지만, (B)와 (C)처럼 X_i나 $\hat{Y}_i$가 변함에 따라 잔차 e_i가 어떤 패턴을 그리면 등분산 가정이 충족된다고 할 수 없다. 이러한 경우에는 등분산 가정을 충족할 수 있도록 다른 적절한 조치를 취한 후에 회귀분석을 실행해야 하는데, 일차적으로 취해볼 수 있는 조치가 종속변수 Y를 변환시켜보는 것이다(제12장 6절 참조).

또한 스튜던트 잔차 분포도(studentized residual plot)는 ε_i의 정규분포 가정(가정 3), 즉, $\varepsilon \sim N(0,\sigma^2)$의 충족여부에 대한 통찰을 제공해준다. 스튜던트 잔차는 표준화된 잔차이기 때문에 그것의 확률분포는 표준정규분포의 특성, 그 중에서도 분

5 본 장에서 살펴본 단순회귀분석에서는 독립변수 X에 대한 잔차분포와 $\hat{Y}_i$에 대한 잔차분포가 동일한 패턴을 보여주지만, 제13장에서 살펴볼 다중회귀분석에서는 $\hat{Y}_i$에 대한 잔차분포도가 더 널리 사용된다. 한편, 잔차분석 시 표준화된 잔차—이를 스튜던트 잔차(studentized residual)라 함—를 사용하는 것이 바람직한데, 그 이유는 잔차들의 값이 Y의 측정단위에 따라 그 크기가 달라지는 데 반해 표준화된 잔차는 측정단위의 영향을 없앰으로써 표준화된 단위를 사용하기 때문이다.

그림 12.5.2 X 혹은 $\hat{Y}_i$에 대한 스튜던트 잔차(e_i) 분포도

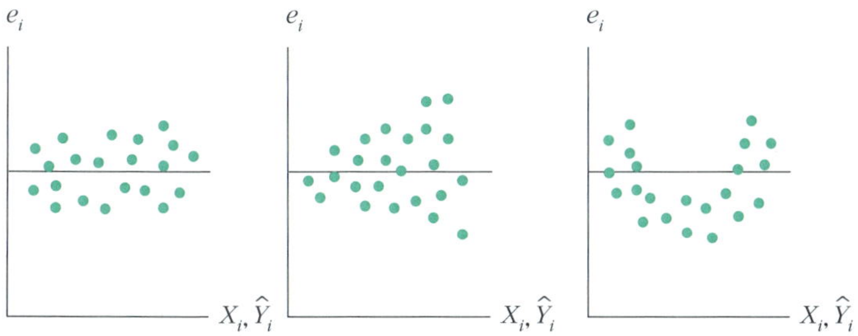

포의 중앙으로부터 −2부터 +2 사이에 전체 관측치의 95% 정도가 포진해 있다는 표준정규분포의 특성을 따를 것이다. 따라서 스튜던트 잔차 분포도를 그린 후 표준화된 잔차의 95% 이상이 −2부터 +2 사이에 분포해 있는지 점검해보면 된다.

오차 ε_i의 정규분포 가정(가정 3)을 점검하는 또 하나의 방법은 정규확률분포도(normal probability plot)를 활용하는 것이다. 이 방법을 활용하기 위해서는 우선 정규분포점수(normal score)라는 개념을 이해할 필요가 있다. 정규분포점수란 특정 n개의 관측치들의 분포가 표준정규분포의 조건을 충족한다면 그 관측치들을 크기순서에 따라 배열할 경우 각 관측치가 취해야 할 기준점수라 할 수 있다. [표 12.5.1]은 $n=10$일 때 크기순서에 따라 배열된 개별 관측치들이 표준정규분포를 따를 경우 개별 순위에 해당하는 관측치가 취해야 할 정규분포점수와 나란히 관측치의 실제 표준점수를 보여주고 있다.

이제 정규분포점수를 기준으로 삼아 관측치의 표준점수를 그래프에 그려보자. 〈그림 12.5.3〉에서 원점을 지나는 45도 선은 관측치들이 정규분포의 가정을 충실하게 충족하는지 여부를 가늠할 기준선이고, 점들은 정규분포점수와 관측치의 표준점수가 만나는 격좌점들을 표시한 것이다. 이처럼 정규분포점수와 관측치의 표준점수들이 만나는 격좌점을 정규분포 기준선에 대비하여 그린 도표를 가리켜

[표 12.5.1] 정규분포점수와 관측치의 실제 표준점수 (n=10인 경우)

관측치 크기순서	정규분포점수	관측치의 표준점수
1	−1.55	−1.71
2	−1.00	−1.08
3	−0.65	−0.95
4	−0.37	−0.24
5	−0.12	−0.23
6	0.12	−0.23
7	0.37	0.71
8	0.65	1.08
9	1.00	1.22
10	1.55	1.42

정규확률분포도(normal probability plot)라 한다. 잔차분석에서 정규확률분포도 접근법은 정규분포점수를 나타내는 45도 기준선과 스튜던트 잔차의 분포가 가까울수록 ε_i의 정규분포 가정이 충족됨을 말해준다.

한편, 잔차분석은 아웃라이어(outliers)를 가려내는 데도 유용하게 사용된다. 일부 관측치들의 잔차가 나머지 다른 관측치들의 잔차 패턴으로부터 크게 벗어나

그림 12.5.3 스튜던트 잔차의 정규분포성 검증

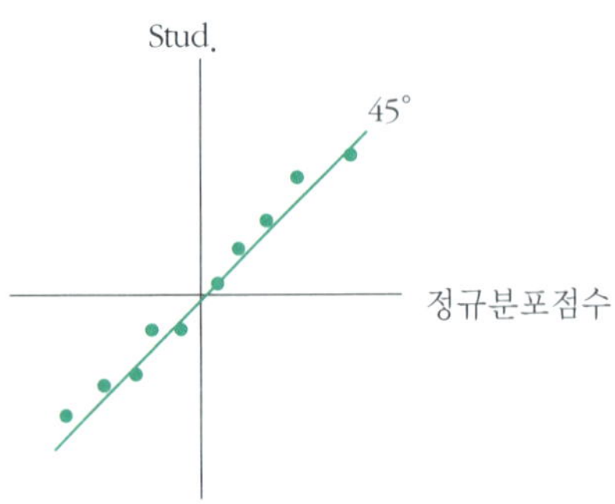

그림 12.5.4 스튜던트 잔차도표와 아웃라이어(outlier)

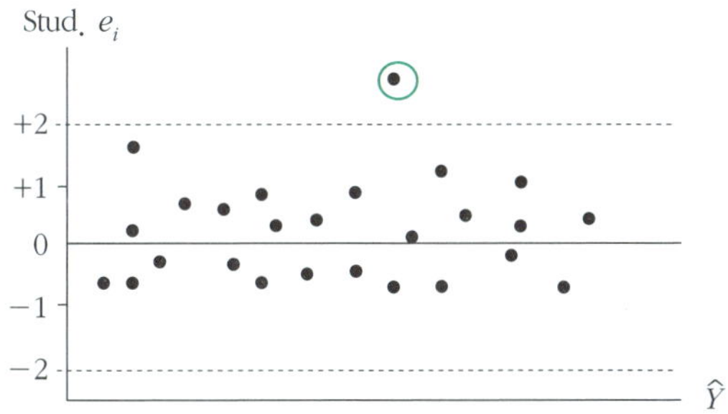

있을 때 아웃라이어라 하는데, 통상 특정 관측치의 스튜던트 잔차(studentized residual) 값이 −2보다 작거나, +2보다 큰 경우 일단 아웃라이어로 의심해볼 수 있다. 〈그림 12.5.4〉는 그러한 예를 보여준다.

제 6 절 변수변환

1. 독립변수의 변환

제11장 2절에서 개념을 소개한 바와 같이 특정 독립변수 X와 종속변수 Y의 관계가 선형관계가 아닌 비선형관계인 경우 회귀분석을 어떻게 해야 할까? 이 때는 우선 두 변수간 비선형 관계를 보여주는 회귀방정식을 쓰고(예, $\hat{Y}=\beta_0+\beta_i \cdot X^2$), 해당 독립변수(예, X^2)를 변환하면 되는데, 대표적인 변환식으로는 제곱변환(X^2), 제곱근 변환($\sqrt{X}$), 대수변환($\log X$), 역수변환($1/X$), 지수변환(e^X) 등이 있다. [표 12.6.1]은 독립변수항을 변환한 예를 보여준다.

[표 12.6.1] 독립변수의 대표적인 변환식 (예시)

X	$X'=X^2$	$X'=\sqrt{X}$	$X'=log\ X$	$X'=1/X$	$X'=e^X$
4	16	2.00	0.60	0.25	54.60
6	36	2.45	0.78	0.17	403.43
3	9	1.73	0.48	0.33	20.09
5	25	2.24	0.70	0.20	148.41

이들 중 어느 변환식을 활용할지는 X와 Y의 관계에 대한 이론에 근거하여 선택하나, 현실적으로는 X와 Y 산포도를 통해 감을 잡을 수 있다. 〈그림 12.6.1〉은 대표적인 비선형관계를 나타내 보여주고 있는데, (A)의 경우에는 제곱변환(X^2), (B)의 경우에는 대수변환이나 제곱근변환, (C)의 경우에는 역수변환 등을 통해 종속변수 Y와 선형관계를 확보할 수 있다.

이처럼 독립변수를 변환하여 종속변수 Y와 선형관계를 갖는 변환된 독립변수 X'를 확보한 후 실제 통계프로그램을 돌릴 때에는 회귀모형의 독립변수 자리에 X값 대신 변환된 독립변수 X'값들을 넣어 선형모형을 돌리듯이 돌리면 된다. 다만, 분석결과가 나온 후에는 변환된 독립변수 X'가 Y에 미치는 한계효과가 아니라, 원래의 X가 Y에 미치는 한계효과에 초점을 맞춰 결과를 해석해야 한다.

그림 12.6.1 독립변수 변환이 필요한 대표적인 비선형관계 (예시)

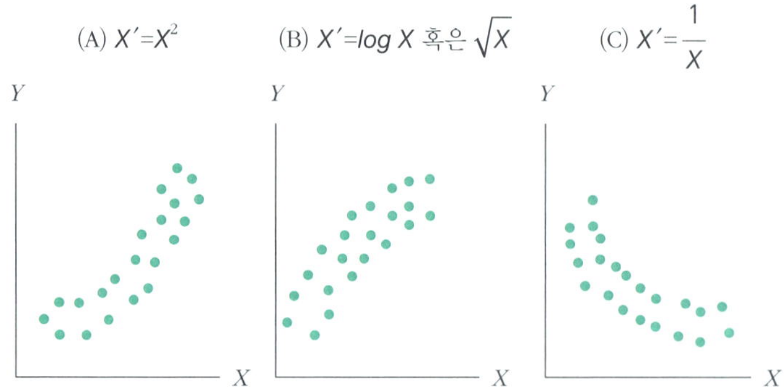

예를 들어, X와 Y의 산포도가 〈그림 12.6.1〉의 (A)와 같은 모양일 때 독립변수 X를 변환하지 않고 $\hat{Y}=b_0+b_1\cdot X$와 같은 선형회귀방정식을 돌리게 되면(※ 여기에서 선형회귀모형을 돌린다는 의미는 통계프로그램을 활용하여 회귀분석을 실행할 때 종속변수에 Y의 값들을, 독립변수에 X의 값들을 넣어 프로그램을 돌린다는 의미임), X에 대한 스튜던트 잔차의 분포가 〈그림 12.5.2〉의 (C)와 같은 모양을 하게 됨에 따라, 오차에 대한 두 번째 가정(가정 2)에 위배된다. 따라서 이 때는 $X'=X^2$과 같은 제곱변환을 통해 X'의 값들을 만들고, 변환된 X'를 독립변수의 자리에 투입한 선형회귀방정식 $\hat{Y}=b_0+b_1\cdot X'$를 돌리는 것이 좋다(※ 통계프로그램으로 회귀분석을 실행할 때 종속변수에 Y의 값을, 독립변수에 X'의 값을 넣어 프로그램을 돌린다는 의미임).

종속변수 Y와 변환된 독립변수 X'간 선형회귀방정식에 대한 분석결과 두 회귀계수의 값이 각각 $b_0=0.8$과 $b_1=0.3$으로 나왔다고 가정하면, 해당 회귀방정식은 $\hat{Y}=0.8+0.3X'$가 될 것이다. 이제 앞의 회귀방정식의 변환된 X'자리에 원래의 독립변수 X^2를 대입하면 최종 회귀방정식은 (식 12.6.1)과 같은 비선형회귀방정식의 형태를 띨 것이다.

$$\hat{Y}=0.8+0.3X^2 \qquad \text{(식 12.6.1)}$$

위 회귀방정식은 독립변수 X가 종속변수 Y에 미치는 한계효과(marginal effect)에 대해 뭐라 말하는가? 위 회귀방정식에서 X가 Y에 미치는 한계효과는 수학적으로 위 식의 우변을 X에 대해 미분함으로써 곧바로 얻어지는 바, 미분의 결과는 아래 (식 12.6.2)가 된다.

$$\frac{\partial \hat{Y}}{\partial X}=(0.3\times 2)\cdot X \qquad \text{(식 12.6.2)}$$

이것이 의미하는 바는 X가 한 단위 증가할 때 Y는 $0.6X$만큼 변화한다는 것이다. 이는 X값이 얼마냐에 따라 한계효과의 크기가 달라진다는 의미를 담고 있는 바, 예를 들어, $X=2$인 지점에서의 한계효과는 1.2가 되고, $X=5$인 지점에서의 한계효과는 3.0이 된다.

고차함수의 X에 대한 1차 미분의 결과는 X가 한 단위 변함에 따라 Y가 변하는 정도, 즉, 한계효과를 나타낸다. 미분은 회귀분석 결과를 해석하는 데 있어서 매우 중요하기 때문에 미분에 대한 이해가 부족한 사람은 고등학교 수학 교과서를 들춰서라도 반드시 복습하기 바란다.

2. 종속변수의 변환

복수의 모집단들의 등분산 가정을 전제조건으로 이루어지는 분산분석(ANOVA)이나, 확률변수 ε의 분산이 X의 값에 상관없이 동일하다는 등분산 가정을 전제조건으로 이루어지는 회귀분석을 실행하고자 할 때 위 등분산 가정을 충족시키지 못하는 표본데이터를 가지고 분석을 실시해야 하는 경우가 종종 있다. 그 때 취할 수 있는 여러 가지 대안들 중 하나가 원자료의 종속변수 Y를 변환시키는 방법이다. 즉, 잔차들이 일정한 범위 내에서 균등하게 분포하지 않고 특별한 패턴을 보일 경우 간단한 함수식을 사용하여 원자료를 변환시키면 변환된 Y'값이나 그에 대응되는 잔차 e_i가 등분산 가정을 충족하는 경우가 있다. 왜냐하면 종속변수 Y를 변환시키면 변환된 Y'값들의 분포 자체가 변하기 때문에 그것과 직결되어 있는 잔차들의 분포도 그 형태가 바뀔 것이기 때문이다.

종속변수 Y를 변환시킬 목적으로 자주 사용되는 변환식으로는 제곱근 변환($\sqrt{Y}$), 대수변환($\log Y$), 역수변환($1/Y$) 등이 있다. [표 12.6.2]는 종속변수 Y를 제곱근 변환, 대수변환, 역수변환 등을 통해 변환한 예를 보여주고 있다. 이들 변환식들 중 어떠한 변환식이 가장 적절할지는 원자료의 특성을 감안해서 선택해야 하지만, 변수변환에 익숙하지 않은 독자들은 여러 가지 변환식을 사용하여 종속변수 Y를 변환한 후 변수 간의 산포도와 잔차분포도(제5절 참조)를 반복적으로 그려보면서 가장 바람직한 관계를 보이는 변환식을 찾으면 된다.

이처럼 종속변수 Y를 변환하여 회귀분석의 기본가정을 충족하고 난 후 실제

[표 12.6.2] 종속변수 Y의 제곱근 변환, 대수변환, 역수변환 (예시)

Y	$Y'=\sqrt{Y}$	$Y'=\log Y$	$Y'=1/Y$
10	3.16	1.00	0.10
18	4.24	1.26	0.06
14	3.74	1.15	0.07
20	4.47	1.30	0.05

통계프로그램을 돌릴 때에는 회귀모형의 종속변수 자리에 Y값 대신 변환된 Y' 값을 넣어 선형모형을 돌리듯이 돌리면 된다. 다만, 분석결과를 얻은 후 특정 독립변수 X의 회귀계수를 해석할 때 유의해야 하는 바, 회귀계수가 의미하는 바는 해당 X가 한 단위 변화함에 따른 변환된 변수 $\hat{Y}'$값의 변화량을 의미하기 때문이다.

SPSS로 회귀분석 실행하기

학업성취도(Y)를 종속변수로, 지능(X_1)을 독립변수로 한 선형 회귀식을 얻기 위한 절차는 앞 장에서 설명한 내용과 동일하다.

1. 절차: 연습용 표본데이터(1) 열기 → 분석 → 회귀분석 → 선형을 선택하여 클릭

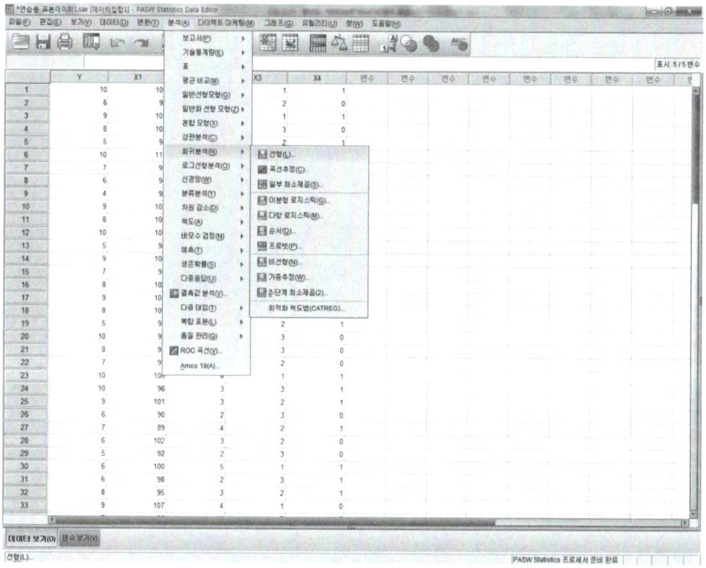

2. 종속변수 박스에 학업성취도, 독립변수 박스에 지능을 입력 → 통계량에서 필요한 통계량 선택(아래 예에서는 모집단 회귀계수의 신뢰구간을 보기 위해 '신뢰구간'을 추가로 선택하였다).

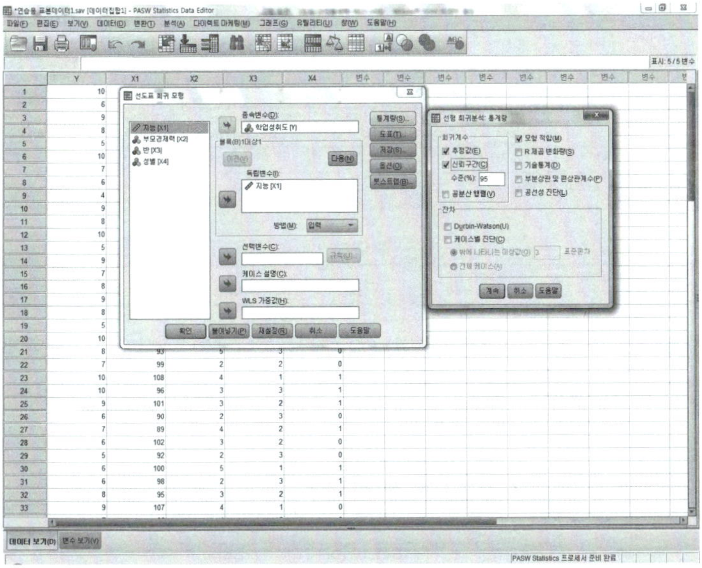

3. 회귀분석 결과표: 다음 페이지의 연습문제에 제시되어 있는 결과표 참조

연습문제

본 교재 [부록 5]에 있는 연습용 표본데이터(1)를 가지고 SPSS 내 회귀분석 기능을 사용하여 학업성취도(Y)를 종속변수에, 지능(X_1)을 독립변수에 넣고 돌린 결과 아래와 같은 결과표를 얻었다.

Model Summary

Model	R	R Square	Adjusted R Square	Std. Error of the Estimate
1	.550[a]	.303	.295	1.595

a. Predictors: (Constant), 지능

ANOVA[b]

Model		Sum of Squares	df	Mean Square	F	Sig.
1	Regression	91.808	1	91.808	36.083	.000[a]
	Residual	211.180	83	2.544		
	Total	302.988	84			

a. Predictors: (Constant), 지능

b. Dependent Variable: 학업성취도

Coefficients[a]

Model		Unstandardized Coefficients		Standardized Coefficients	t	Sig.
		B	Std. Error	Beta		
1	(Constant)	-10.418	3.040		-3.427	.001
	지능	.182	.030	.550	6.007	.000

a. Dependent Variable: 학업성취도

1. Coefficients 표에 나와있는 결과를 활용하여 아래 질문에 답하라.

   1) "지능(X_1)이 학업성취도(Y)에 유의한 영향을 미칠 것"이라는 가설을 검증하고자 한다.

      (1) 본 회귀분석의 기저에 전제되어 있는 모집단 회귀모형을 쓰고, 모집단 모수가 무엇인지 확인하라.

      (2) 위 결과표를 보고 모집단 회귀방정식에 상응하는 표본 회귀방정식을 찾아 써라.

      (3) 연구자가 관심을 가지고 있는 모집단 모수의 점추정치를 찾아 써라.

      (4) 표본 회귀계수의 표본오차(SE) 값을 찾아 써라. 이어 신뢰구간을 구하

는 공식 "점추정치 $\pm t_{\alpha/2} \cdot SE$"를 활용하여 모집단 모수에 대한 95% 신뢰구간을 구하라(단, Excel의 TINV 함수기능을 활용하여 기각영역 경계값을 구할 수 있다).

(5) 위 연구가설을 반영한 대립가설과 귀무가설을 각각 써보라.

(6) 해당 회귀계수의 검증통계치 t-값을 찾아 써라.

(7) 유의수준 $\alpha=0.01$에서 위 귀무가설을 기각하고 대립가설을 채택할 수 있는지 여부를 판정하기 위한 기각영역 경계값 $t_{0.005,83}$을 찾아보라(단, Excel의 TINV 함수기능을 활용하여 기각영역 경계값을 구할 수 있다).

(8) 검증통계치와 기각영역 경계값을 비교하여 귀무가설을 기각하고 대립가설을 채택할 수 있는지 여부를 판정하라.

(9) 결과표에서 양측검증을 위한 유의확률 p-값(즉, Sig.)을 찾아 쓰고, 그 p-값에 근거하여 유의수준 $\alpha=0.01$에서 대립가설을 채택할 수 있는지 여부를 판정하라.

2) 이번에는 "지능(X_1)이 학업성취도(Y)에 유의한 정도로 정(+)의 영향을 미칠 것이다"라는 가설을 검증하려고 한다.

(1) 위 연구가설을 감안하여 모집단 모수에 대한 대립가설과 귀무가설을 써보라.

(2) 유의수준 $\alpha=0.01$에서 귀무가설을 기각하고 대립가설을 채택할 수 있는지 여부를 판정하기 위한 기각영역 경계값 $t_{0.01,83}$을 찾아보라(단, Excel의 TINV 함수기능을 활용하여 기각영역 경계값을 구할 수 있다).

(3) 해당 회귀계수의 검증통계치와 기각영역 경계값을 비교하여 유의수준 $\alpha=0.01$에서 대립가설을 채택할 수 있는지 여부를 판정하라.

2. 위 Model Summary 표에서 회귀모형의 결정계수(R^2) 값을 찾아써라.

3. ANOVA 표를 보고 다음 물음에 답하라.

1) 회귀제곱합(SSR), 오차제곱합(SSE), 총제곱합(SST)은 각각 무엇인지 찾아

써라.

2) "총제곱합(SST) = 회귀제곱합(SSR) + 오차제곱합(SSE)"이 성립하는지 확인하라.

3) $R^2 = SSR/SST$ 공식을 적용하여 R^2 값을 구하고, 그것이 Model Summary 표에서 찾은 결정계수 값과 일치하는지 확인하라.

4) 독립변수가 1개인 점을 감안하여 회귀제곱합, 오차제곱합, 총제곱합 각각의 자유도가 맞는지 확인하라.

5) 회귀제곱합과 오차제곱합을 각각의 자유도로 나눈 값을 구하고 그렇게 구한 값이 각각 회귀평균제곱합(MSR)의 값과 오차평균제곱합(MSE)의 값과 일치하는지 확인하라.

6) "학업성취도를 예측하는 데 있어서 지능을 설명변수로 사용한 위 회귀모형이 유의하다"고 할 수 있는지 여부를 유의수준 $\alpha = 0.01$에서 검증하려고 한다. 검증통계치 F값을 찾아 써라. 그 값이 "MSR/MSE"와 일치하는 값인지 확인하라.

※ 유의수준 $\alpha = 0.01$에서 "회귀모형이 유의하다"는 의미는 99% 확신도로 해당 회귀모형의 설명력(혹은 예측력)이 모집단에서 0이 아닐 것이라는, 즉 $R^2 \neq 0$일 것이라는 의미와 같고, 달리 표현하면, 99% 확신도로 회귀모형에 포함된 설명변수의 모집단 회귀계수가 0이 아닐 것이라는, 즉 $\beta_1 \neq 0$일 것이라는 의미와 같다.

7) 기각영역 경계값 $F_{0.01,1,83}$을 찾아라(단, Excel의 FINV 함수기능을 활용하여 기각영역 경계값을 구해보라). 이어 검증통계치와 기각영역 경계값을 비교하여 위 회귀모형이 유의한지 여부를 판정하라.

8) 유의확률 p-값을 찾고, 그 p-값에 근거하여 위 회귀모형의 유의성을 판정하라. 검증통계치와 기각영역 경계값을 비교하여 내린 판정과 같은지 확인하라.

4. 표준화 회귀계수(standardized coefficient)는 종속변수와 독립변수의 표준점수를 회귀분석에 넣어 얻은 회귀계수이다. 표준화 회귀계수 값이 두 변수 사이의 상관계수 값과 일치하는지 여부를 확인하라(* 독립변수가 1개인 경우 해당 독립변수의 표준화 회귀계수는 두 변수 사이의 상관계수와 동일하다).

* 유의사항: 동일한 회귀분석 결과를 사용하는 본 장의 연습문제와 제11장의 연습문제 사이의 핵심적인 차이점은 제11장 연습문제에서는 추리통계의 맥락을 고려하지 않고 단순히 회귀식 자체에 대한 이해를 다지는 문제에 초점을 맞춘 반면, 본 장의 연습문제에서는 추리통계의 맥락에서 회귀분석 결과를 이해하고 해석할 수 있는 능력을 키우는 문제에 초점을 맞추고 있다는 점이다.

제13장

모집단 회귀계수 추정: 다중회귀모형

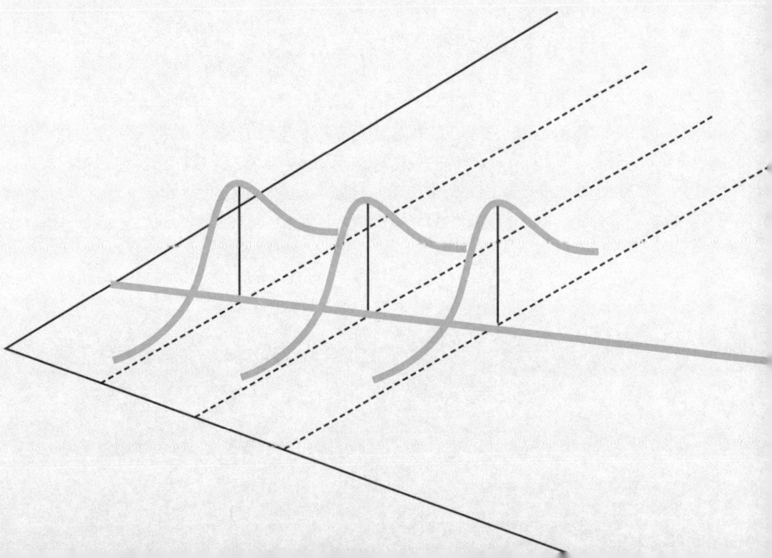

본 장에서는 아래 [표 13.1]의 색칠한 부분, 즉 확장된 회귀모형 중 하나에 해당하는 다중회귀모형을 다룬다.

[표 13.1] 모집단 모수, 표본통계량과 검증통계량, 그리고 표본분포

	모집단 모수	표본통계량 검증통계량	표본분포
6장	모집단평균(μ)	표본통계량: 표본평균($\bar{x}$) 검증통계량: $t=(\bar{x}-\mu_0)/SE$	정규분포 (t-분포)
	모집단비율(P)	표본통계량: 표본비율($\bar{p}$) 검증통계량: $t=(\bar{p}-P_0)/SE$	
7장	두 모집단 평균차 ($\mu_1-\mu_2$)	표본통계량: 두 표본 평균차($\bar{x}_1-\bar{x}_2$) 검증통계량: $t=\{(\bar{x}_1-\bar{x}_2)-(\mu_1-\mu_2)\}/SE$	정규분포 (t-분포)
	두 모집단 비율차 (P_1-P_2)	표본통계량: 두 표본 비율차($\bar{p}_1-\bar{p}_2$) 검증통계량: $t=\{(\bar{p}_1-\bar{p}_2)-(P_1-P_2)\}/SE$	
8장	모집단분산(σ^2)	표본통계량: 표본분산(s^2) 검증통계량: $\chi^2=(n-1)s^2/\sigma^2$	χ^2-분포
	두 모집단 분산비 (σ_1^2/σ_2^2)	표본통계량: 두 표본 분산비(s_1^2/s_2^2) 검증통계량: $F=s_1^2/s_2^2$	F-분포
9장	복수 모집단간 평균차 존재여부	표본통계량: 복수 표본평균의 분산 검증통계량: $F=MSB/MSW$	F-분포
10장	모집단 상관계수(ρ_{xy})	표본통계량: 표본상관계수(r_{xy}) 검증통계량: $t=(r_{xy}-\rho_{xy})/SE$	정규분포 (t-분포)
12장	모집단 회귀계수(β_1)	표본통계량: 표본회귀계수(b_1) 검증통계량: $t=(b_1-\beta_1)/SE$	정규분포 (t-분포)
13장 14장 15장	모집단 회귀계수(β_k)	표본통계량: 표본회귀계수(b_k) 검증통계량: $t=(b_k-\beta_k)/SE$	정규분포 (t-분포)

주: 1. 표본오차 SE의 값은 표본통계량마다 구하는 공식이 각각 다르다.
2. MSB는 표본간분산을, MSW는 표본내분산을 의미한다.

제 1 절 다중회귀모형

1. 다중회귀모형

앞 장에서는 종속변수 Y를 예측하는 데 도움이 될 것으로 보이는—혹은 종속변수 Y에 영향을 미칠 것으로 보이는—독립변수 X가 하나인 단순회귀모형을 다뤘다. 그러나 현실에서 종속변수 Y가 단 하나의 독립변수와 관계를 맺는 경우는 흔치 않다. 통상 종속변수 Y가 여러 변수들의 영향을 받는데, 이처럼 회귀모형에 두 개 이상의 독립변수를 사용하는 경우를 가리켜 다중회귀모형(multiple regression model)이라 하며, 모집단과 표본의 회귀모형 및 회귀방정식은 [표 13.1.1]과 같다.

종속변수 Y에 영향을 미칠 것으로 보이는 복수의 독립변수들 각각에 대해 단순회귀분석을 실시하지 않고, 왜 관련된 독립변수들을 동시에 한 회귀모형에 넣고 분석을 해야 할까? 그 이유는 개별 독립변수에 대해 독립적으로 단순회귀모형을 돌렸을 때와 독립변수들을 동시에 회귀모형에 넣고 다중회귀모형을 돌렸을 때, 독립변수들 사이에 상관관계가 전혀 존재하지 않을 때는 단순회귀분석을 통해 얻은 독립변수 X의 회귀계수와 다중회귀분석을 통해 얻은 해당 독립변수 X의 회귀계수 값이 동일하지만, 독립변수들 사이에 상관관계가 존재할 경우에는 해당 독립변수의 회귀계수 값이 달라지기 때문이다.

예컨대, 독립변수 X_1과 X_2 사이에 일정한 상관관계가 존재할 때 X_1만을 독립변수로 넣고 단순회귀분석을 실시하면 Y와 X_1 간 관계의 강도를 나타내는 X_1의

[표 13.1.1] 모집단과 표본의 다중회귀모형과 회귀방정식

모집단	회귀모형: $Y_i=\beta_0+\beta_1X_{1i}+\beta_2X_{2i}+\cdots+\beta_kX_{ki}+\varepsilon_i$
	회귀방정식: $\hat{Y}_i=\beta_0+\beta_1X_{1i}+\beta_2X_{2i}+\cdots+\beta_kX_{ki}$
표 본	회귀모형: $Y_i=b_0+b_1X_{1i}+b_2X_{2i}+\cdots+b_kX_{ki}+e_i$
	회귀방정식: $\hat{Y}_i=b_0+b_1X_{1i}+b_2X_{2i}+\cdots+b_kX_{ki}$

회귀계수 속에는 X_1과 일정한 상관관계를 가지고 있는 X_2의 Y에 대한 영향력이 섞여 들어가게 된다. 반면, X_1과 X_2를 동시에 포함시킨 다중회귀모형을 돌리게 되면, X_1의 회귀계수는 X_2의 Y에 대한 영향력을 제거한 후 남은 X_1의 영향력, 즉, X_1의 한계효과(marginal effect)를 보여주게 된다. 이는 X_2의 회귀계수에도 동일하게 적용되는바, X_2의 회귀계수는 X_1의 Y에 대한 영향력을 제거한 후 남은 X_2의 한계효과를 보여준다. 세 개 이상의 독립변수가 회귀모형 속에 포함된 다중회귀모형의 경우에도 동일한 원리가 적용되어 특정한 X_k의 회귀계수는 X_k를 제외한 나머지 독립변수들의 Y에 대한 영향력을 모두 통제한 후 남은 X_k의 Y에 대한 한계효과를 보여준다.

단순회귀모형에 비해 복잡해졌다고 해서 분석이 더 어려울 것이라는 걱정은 전혀 하지 않아도 된다. 다중회귀모형을 분석할 때에도 단순회귀모형에 적용되었던 회귀분석의 기본원리가 똑같이 적용되기 때문이다.

2. 설명변수와 통제변수(control variable)

다중회귀모형에는 복수의 독립변수들이 회귀모형 안에 들어 있다. 그렇다면 어떤 독립변수들이 다중회귀모형 속에 포함되어 들어갈까? 다중회귀모형에 포함된 복수의 독립변수들은 크게 두 부류로 구분이 되는데, 한 그룹은 설명변수이고, 다른 한 그룹은 통제변수이다.

설명변수란 연구자가 이론적으로 종속변수에 영향을 미칠 것으로 보고—혹은 종속변수의 변량을 설명하는 데 기여할 것으로 보고—표본데이터를 통해 그 영향(혹은 효과)을 검증해보고자 하는 연구자의 주 관심변수라 할 수 있다.

반면, 통제변수란 연구자의 주 관심대상 변수는 아니지만, 주 관심대상인 설명변수가 종속변수 Y에 미치는 효과를 검증하고자 할 때 그 설명변수와 일정한 상관관계를 가지면서 동시에 종속변수 Y에도 영향을 줄 것으로 판단되는 변수들을 회귀모형에 포함시킴으로써 주 관심 설명변수의 Y에 대한 한계효과를 추출할 수 있게 되는데, 이런 목적으로 회귀모형에 포함된 독립변수를 통제변수라 한다.

만약 연구자가 주 관심대상이 되는 설명변수만을 회귀모형에 포함시키고 통제변수(들)를 포함시키지 않으면 어떻게 될까? 그렇게 얻은 설명변수의 회귀계수가 해당 설명변수의 Y에 미치는 효과라고 주장할 때, 당장 설명변수의 회귀계수 속에는 해당 설명변수만의 한계효과를 내포하고 있다기보다는 회귀모형에 포함되지 않았지만, 해당 설명변수와 어느 정도 상관관계를 가지면서 동시에 Y에도 영향을 미칠 것으로 보이는 다른 변수들의 효과가 일정 부분 섞여 있다고 봐야 하기 때문에 연구자의 주장을 그대로 받아들일 수 없다는 반론이 들어올 수 있다. 따라서 연구자는 주 관심대상인 설명변수가 Y에 미치는 한계효과에 대한 본인의 주장을 강화하기 위해서라도 마땅히 포함시켜야 할 통제변수들을 회귀모형에 포함시킨 후 해당 설명변수의 한계효과에 대한 유의성을 검증해야 한다.

3. 다중회귀방정식의 회귀계수 해석

이미 단순회귀방정식의 회귀계수 해석에서 확인한 바와 같이 변수 X의 회귀계수는 X가 한 단위 변하는 데 따른 Y의 평균값의 변화량을 나타낸다. 그렇다면 단순회귀방정식과 다중회귀방정식은 회귀계수를 해석하는 데 있어서 어떻게 다른가? 중요한 차이는 1절에서 설명한 바와 같이 복수의 독립변수 중 어느 한 설명변수 X_1의 회귀계수는 다른 모든 독립변수들(예, X_2, X_3, X_4 등)이 종속변수 Y에 미치는 영향력을 통제한 상태에서 X의 한 단위 변화에 따른 Y의 평균값(즉, $\hat{Y}=E(Y|X)$)의 변화량이 어느 정도 되는지를 나타낸다. 예컨대, 다중회귀방정식이 (식 13.1.1)과 같다면, X_2와 X_3의 값이 같은 조건하에서(혹은 X_2와 X_3의 효과를 통제한 상태에서) X_1이 한 단위 변하면 Y의 조건부 평균값은 0.8 단위 변한다고 해석할 수 있다.

$$\hat{Y}=3.5+0.8X_1+2.1X_2+0.4X_3 \quad \text{(식 13.1.1)}$$

제 2 절 모집단 회귀계수의 추정

1. 표본회귀계수의 표본분포 특성과 표본오차

단순회귀분석에서와 같이 다중회귀분석에서도 추정의 대상이 되는 모집단 모수는 연구자가 관심을 가지고 있는 설명변수의 모집단 회귀계수인 경우가 일반적인데, 어느 회귀계수가 통계적 추론 차원에서 주 관심대상이 되는지는 연구자가 설정한 이론적 가설에 의해 결정된다. 일단 복수의 모집단 회귀계수들(β_1, $\beta_2, \cdots, \beta_k$) 중 실증검증의 대상이 되는 특정 모집단 회귀계수(예컨대, β_j)가 정해지면 표본통계량은 그에 상응하는 표본 회귀계수 b_j가 될 것이다.

이미 앞에서 반복적으로 확인했던 바와 같이 추정하고자 하는 모집단의 모수와 그 모수 추정의 핵심도구인 표본통계량이 확정되고 나면, 이어 해당 표본통계량의 표본분포 특성이 무엇인지 확인해야 하는 바, 표본통계량 b_j의 표본분포가 어떤 확률분포 특성을 갖는지 알아봐야 한다. 표본회귀계수 b_j의 표본분포는 단순회귀분석에서처럼 독자들이 익숙한 정규분포를 따르며 (식 13.2.1)로 표현되는 검증통계량의 확률분포는 t-분포(자유도: $n-k-1$)를 따른다. 여기에서 k는 회귀모형에 포함된 독립변수의 개수이다.

$$t = \frac{b_j - \beta_j}{SE} \qquad \text{(식 13.2.1)}$$

2. 회귀계수(β_j)에 대한 추정

1) 점추정과 구간추정

이제 모집단 회귀계수 β_j의 값을 추정해보자. 이미 수차에 걸쳐 확인한 바와 같이 모집단 모수의 점추정량(point estimator)은 모수에 대응되는 표본통계량이다. 따라서 모집단 회귀모형의 특정 회귀계수 β_j의 점추정치(point estimate)는 그에 대응되는 표본회귀계수 b_j의 값이다.

그럼, 모집단 회귀계수의 구간추정량(interval estimator)은 무엇일까? 이미 제3장 4절에서 본 바와 같이 해당 검증통계량의 확률분포가 좌우대칭의 t-분포를 따를 경우 일정한 신뢰수준 $100(1-\alpha)\%$에서 모집단 모수의 신뢰구간은 "점추정치 $\pm t_{\alpha/2} \cdot SE$"에 의해 계산된다. 이것을 적용하면 모집단 회귀계수 β_j의 신뢰구간 추정치는 (식 13.2.2)와 같다.

$$b_j - t_{\alpha/2, n-k-1} \cdot SE \le \beta_j \le b_j + t_{\alpha/2, n-k-1} \cdot SE \qquad \text{(식 13.2.2)}$$

2) 가설검증

(1) 양측검증

이번에는 종속변수 Y에 영향을 미칠 수 있는 이론적 설명변수로서 연구자가 두 가지 변수—학생의 지능(편의상 X_1)과 부모경제력(편의상 X_2)에 관심을 가지고 있고, 그 외 통제변수로서 반(X_3)과 성별(X_4)을 고려하고 있는 상황을 예로 들어 보자. 다중회귀분석에 사용되는 데이터의 형식은 [표 13.2.1]과 같고, 연구가설은 아래 두 가설이라고 하자.

[표 13.2.1] 위 다중회귀모형 분석에 사용될 데이터 형식

Y	X_1	X_2	X_3	X_4
y_1	x_{11}	x_{21}	x_{31}	x_{41}
y_2	x_{12}	x_{22}	x_{32}	x_{42}
y_3	x_{13}	x_{23}	x_{33}	x_{43}
.	.	.	.	.
.	.	.	.	.
.	.	.	.	.

가설 1: 지능이 학업성취도에 유의한 영향을 미칠 것이다.

가설 2: 부모경제력이 학업성취도에 유의한 영향을 미칠 것이다.

이 경우 모집단의 회귀방정식은 (식 13.2.3)으로 표현되며, 연구자는 표본데이터를 확보하여 두 개의 이론적 설명변수 X_1과 X_2 각각에 대해 단순회귀분석에서 했던 방식과 똑같이 가설검증을 행하면 된다.

$$\hat{Y}_i = \beta_0 + \beta_1 X_1 + \beta_2 X_2 + \beta_3 X_3 + \beta_4 X_4 \qquad \text{(식 13.2.3)}$$

우선, 가설 1에서 연구자는 $\beta_1 \neq 0$임을 주장하고 있으며, 이 주장이 정당한지 여부를 실증적으로 검증하려 하고 있다. 따라서 이를 대립가설과 귀무가설의 형식으로 표현하면 아래와 같고, 이는 양측검정(two-tailed test)에 해당된다.

대립가설 H_a: $\beta_1 \neq 0$

귀무가설 H_0: $\beta_1 = 0$

이것을 검증하려면, 우선, 귀무가설이 옳다고 가정하고 (식 13.2.4)에 따라 검증통계량(test statistic)을 계산하는데, 이 검증통계량의 확률분포는 독립변수의 개수가 4개이기 때문에 자유도 $n-5$인 t-분포를 따른다. 검증통계량 계산 시 귀무가설이 옳다고 가정했기 때문에 아래 (식 13.2.4)에서 $\beta_1 = 0$이다.

$$t = \frac{b_1 - \beta_1}{SE} \qquad \text{(식 13.2.4)}$$

이제 검증통계치가 기각영역 경계값을 넘는지 여부를 판정해야 하는데, 기각영역 경계값은 양측검증이기 때문에 왼쪽은 $-t_{\alpha/2, n-5}$, 오른쪽은 $t_{\alpha/2, n-5}$가 된다. 검증통계치가 좌측 경계값 이하의 값이거나 우측 경계값 이상의 값이면, 혹은 유의확률(p-값)이 유의수준 α보다 작거나 같으면 귀무가설을 기각하고 대립가설을 채택한다.

다음으로, 두 번째 가설에서 연구자는 $\beta_2 \neq 0$임을 주장하고 있어서 이를 대립가설과 귀무가설로 표현하면 아래와 같다.

대립가설 H_a: $\beta_2 \neq 0$
귀무가설 H_0: $\beta_2 = 0$

이것을 검증하려면, 우선, 귀무가설이 옳다고 가정하고 (식 13.2.5)에 따라 검증통계량(test statistic)을 계산하는데, 이 검증통계량의 확률분포도 독립변수의 개수가 4개이기 때문에 자유도 $n-5$인 t-분포를 따른다. 검증통계량 계산 시 귀무가설이 옳다고 가정하기 때문에 (식 13.2.5)에서 $\beta_2=0$이다.

$$t = \frac{b_2 - \beta_2}{SE} \quad \text{(식 13.2.5)}$$

이제 검증통계치가 기각영역 경계값을 넘는지 여부를 판정해야 하는데, 기각영역 경계값은 양측검증이기 때문에 왼쪽은 $-t_{\alpha/2, n-5}$, 오른쪽은 $t_{\alpha/2, n-5}$가 된다. 검증통계치가 좌측 경계값 이하의 값이거나 우측 경계값 이상의 값이면, 혹은 유의확률(p-값)이 유의수준 α보다 작거나 같으면 귀무가설을 기각하고 대립가설을 채택한다.

(2) 단측검증

이번에는 연구자가 아래와 같은 연구가설을 검증하는 경우를 생각해보자.

가설 1: 지능이 높을수록 학업성취도가 높을 것이다.
가설 2: 부모경제력이 높을수록 학업성취도가 높을 것이다.

연구자가 각각 $\beta_1>0$과 $\beta_2>0$임을 주장하고 있기 때문에 우측검증이 된다. 이를 대립가설과 귀무가설의 형식으로 표현하면 각각 아래와 같다.

가설 1의 경우 H_a: $\beta_1>0$, H_0: $\beta_1 \leq 0$
가설 2의 경우 H_a: $\beta_2>0$, H_0: $\beta_2 \leq 0$

위 가설을 검증하려면, 이미 단순회귀분석에서처럼 각각의 가설에 대해 우측검증을 실시하면 된다. 즉, 귀무가설에서 등호로 표현된 부분, 즉, 가설 1의 경우 임시 귀무가설 $\beta_1=0$(가설 2의 경우 $\beta_2=0$)이 옳다고 가정하고 계산한 검증통계치가 기각영역 경계값(critical value)을 넘는지 여부를 가지고 판정하는데, 우측검증이기 때문에 기각영역 경계값은 $t_{\alpha,n-5}$이다.

개별 회귀계수의 유의성 검증: t-검증

1단계: 추정하고자 하는 모집단 모수는 관심의 대상인 모집단의 회귀계수 β_j이다.

2단계: 표본통계량은 모집단 회귀계수에 대응되는 표본회귀계수 b_j이다.

3단계: 표본회귀계수 b_j의 표본분포는 정규분포의 특성을 따르나, 표본오차(SE)를 구할 때 표본데이터를 활용하기 때문에 표본통계량을 표준화한 검증통계량은 자유도가 $n-k-1$인 t-분포를 따른다(여기에서 k는 회귀모형에 포함되어 있는 독립변수의 개수임).

4단계: 표본회귀계수의 구간추정치는 $b_j-t_{\alpha/2,n-k-1}\cdot SE\leq\beta_j\leq b_j+t_{\alpha/2,n-k-1}\cdot SE$이고, 가설검증을 위한 검증통계량은 $t=(b_j-\beta_j)/SE$이다. 다만, 앞의 검증통계량 식에서 β_j는 귀무가설(H_0)로 설정한 모집단 회귀계수 값이며, 통상 실증연구에서는 귀무가설을 $\beta_j=0$로 설정하기 때문에 검증통계량은 $t=b_j/SE$이 된다.

5단계: 가설검증

1. 양측검증(two-tailed test)
   가설의 형태는 H_a: $\beta_j\neq0$, H_0: $\beta_j=0$이다.
   검증통계치가 t-분포상에서의 기각영역 경계값($-t_{\alpha/2,n-k-1}$과 $t_{\alpha/2,n-k-1}$)을 벗어난 값이면 귀무가설을 기각하고 대립가설을 채택한다.

2. 단측검증(one-tailed test)
   (1) 우측검증
   가설의 형태는 H_a: $\beta_j>0$, H_0: $\beta_j\leq0$이다.
   검증통계치가 t-분포상에서의 기각영역 경계값($t_{\alpha,n-k-1}$)보다 크거나 같은 값이면 귀무가설을 기각하고 대립가설을 채택한다.

   (2) 좌측검증
   가설의 형태는 H_a: $\beta_j<0$, H_0: $\beta_j\geq0$이다.

검증통계치가 t-분포상에서의 기각영역 경계값($-t_{\alpha,n-k-1}$)보다 작거나 같은 값이면 귀무가설을 기각하고 대립가설을 채택한다.

제 3 절 다중회귀모형의 유의성 검증

1. 조정결정계수($Adj.$-R^2)

일반적으로 결정계수 R^2의 값은 독립변수의 개수가 증가하는 그 자체만으로도 일정 정도 증가한다. 왜냐하면 독립변수의 수가 증가함에 따라 오차제곱합(SSE)이 일정 정도 감소하는 대신 그만큼 회귀제곱합(SSR)이 증가하기 때문이다. 이러한 문제점을 보완하기 위하여 k개의 독립변수를 포함하고 있는 회귀모형의 결정계수 R^2을 볼 때 R^2값 자체만을 보고 해당 회귀모형의 설명력이 어느 정도인지를 판단하기보다는 해당 R^2값이 몇 개의 독립변수들을 투입하여 나온 값인지 살펴봐야 한다.

예컨대, 독립변수 2개만 포함시킨 회귀모형의 R^2값과 독립변수 4개를 포함시킨 회귀모형의 R^2값이 동일하다면, 전자의 회귀모형이 후자의 회귀모형보다 종속변수 Y를 설명하거나 예측하는 데 있어서 보다 더 효과적이라 할 수 있다. 왜냐하면 후자의 회귀모형은 전자의 회귀모형에 비해 단순히 독립변수를 두 개 더 포함시켰다는 사실 자체만으로 일정한 정도의 R^2값 증가가 일어나기 때문이다.

이러한 이유 때문에 독립변수 개수의 증가 자체에 따른 R^2의 증대효과를 배제한 보완적 결정계수가 필요한바, (식 13.3.1)과 같은 조정결정계수($adj.$-R^2)가 바로 그것이다. 이때 식에서 유의할 점은 $(n-1)/(n-k-1)$은 1보다 크기 때문에 $adj.$-R^2는 R^2보다 작은 값이라는 점이다. 따라서 독립변수의 개수에 있어서 차이가 나는 두 회귀모형 중 어느 모형이 더 큰 설명력을 가지고 있는지 보려면 R^2보다는 $adj.\text{-}R^2$값을 볼 필요가 있다.

$$adj.\text{-}R^2 = 1 - \frac{SSE/(n-k-1)}{SST/(n-1)} = 1-(1-R^2)\cdot\frac{n-1}{n-k-1} \quad \text{(식 13.3.1)}$$

2. 다중회귀모형의 유의성 검증: *F*-검증

여기에서 검증하고자 하는 바는 어느 특정한 모집단 회귀계수 β_j가 통계적으로 유의한 수준에서 0이 아니라고 할 수 있는지 여부가 아니라, 여러 독립변수들을 포함하고 있는 모집단 회귀모형 자체가 종속변수 Y에 대해 유의한 수준의 설명력을 가지고 있다고 할 수 있는지 여부이다. 이것을 대립가설과 귀무가설로 표현하면 아래와 같다.

회귀모형의 유의성 검증을 위한 대립가설과 귀무가설

H_a: k개의 회귀계수들 중 적어도 하나는 0이 아닐 것이다.
H_0: $\beta_1=\beta_2=\cdots=\beta_k=0$

따라서 위 귀무가설을 기각하지 못하면 회귀모형에 포함된 독립변수들이 종속변수 Y를 설명하는 데 도움이 되지 않는다는 의미이며, 그 경우 회귀모델의 설명력(R^2)은 0에 가까운 값이 될 것이다. 이는 곧 회귀제곱합(SSR)과 오차제곱합(SSE)으로 분해되는 총제곱합(SST) 중에서 SSR이 매우 작고 SSE가 SST의 대부분을 차지한다는 의미이다. 위 가설을 체계적으로 검증하는 데 사용되는 검증통계량은 (식 13.3.2)와 같이 회귀평균제곱합(MSR)을 오차평균제곱합(MSE)으로 나눠줌으로써 표준화한 값이다.

$$F = \frac{SSR/k}{SSE/(n-k-1)} = \frac{MSR}{MSE} \quad \text{(식 13.3.2)}$$

한편, 검증통계량의 확률분포는 분자의 자유도가 k이고, 분모의 자유도가 $n-k-1$인 F-분포의 특성을 띠는데, k는 회귀모형에 포함된 독립변수의 개수를 나타낸다. 검증통계치가 기각영역 경계값 $F_{\alpha,k,n-k-1}$보다 크거나 같은 값이면, 혹은 유의확률 p-값이 유의수준 α보다 작거나 같으면 귀무가설을 기각하고 대립가설을 채택한다.

다중회귀모형의 유의성 검증: *F*-검증

1단계: 검증하고자 하는 바가 어느 특정한 모집단 회귀계수 β_j의 유의성이 아니라, 모집단 회귀모형 자체가 종속변수 Y에 대한 설명력이 있다고 할 수 있는지 여부이다. 이는 곧 독립변수들 중 어느 한 회귀계수라도 통계적으로 유의한 수준에서 0이 아니라고 할 수 있는지 여부에 의해 결정된다. 이것을 대립가설과 귀무가설의 형태로 표현하면 아래와 같다.

H_a: k개 회귀계수들의 값이 모두 0은 아닐 것이다.
H_0: $\beta_1 = \beta_2 = \cdots = \beta_k = 0$

2단계: 검증통계치는 회귀평균제곱합(MSR)을 오차평균제곱합(MSE)으로 나누어 표준화한 F값과 같고, 검증통계량의 확률분포는 분자의 자유도 k, 분모의 자유도 $n-k-1$인 F-분포를 따른다.

$$F = \frac{SSR/k}{SSE/(n-k-1)}$$

3단계: 검증통계치가 기각영역 경계값 $F_{\alpha,k,n-k-1}$보다 크거나 같은 값이면 귀무가설을 기각하고 대립가설을 채택한다.

SPSS로 다중회귀분석 실행하기

학업성취도(Y)를 종속변수로, 지능(X_1)과 부모경제력(X_2)을 독립변수로 사용한 다중회귀모형을 돌려보자.

1. 절차: 분석 → 회귀분석 → 선형 → 종속변수 박스에 학업성취도(Y), 독립변수 박스에 지능(X_1)과 부모경제력(X_2)을 입력 → 통계량에서 필요한 통계량 선택

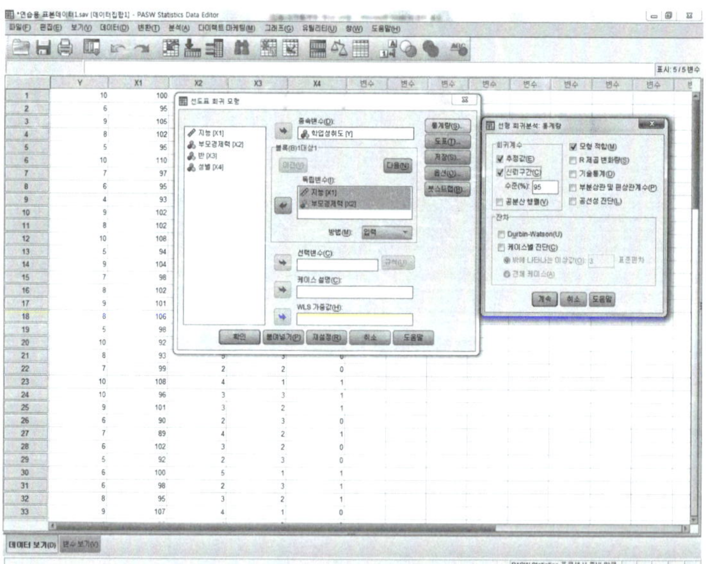

SPSS: 다중회귀분석 결과표 이해하기

학업성취도(Y)를 종속변수로, 지능(X_1)과 부모경제력(X_2)을 독립변수로 한 다중회귀모형을 돌린 결과 회귀분석의 결과표는 아래와 같다.

Model Summary

Model	R	R Square	Adjusted R Square	Std. Error of the Estimate
1	.637[a]	.405	.391	1.482

a. Predictors: (Constant), 부모경제력, 지능

ANOVA[b]

Model		Sum of Squares	df	Mean Square	F	Sig.
1	Regression	122.794	2	61.397	27.939	.000[a]
	Residual	180.195	82	2.197		
	Total	302.988	84			

a. Predictors: (Constant), 부모경제력, 지능

b. Dependent Variable: 학업성취도

Coefficients[a]

Model		Unstandardized Coefficients		Standardized Coefficients	t	Sig.
		B	Std. Error	Beta		
1	(Constant)	-11.650	2.844		-4.096	.000
	지능	.178	.028	.540	6.332	.000
	부모경제력	.524	.140	.320	3.755	.000

a. Dependent Variable: 학업성취도

위 결과표는 표본 회귀방정식 $\hat{Y}=b_0+b_1\cdot X_1+b_2\cdot X_2$에 관한 정보를 제공해주고 있다($Y$는 학업성취도, X_1은 지능, X_2는 부모경제력).

※ 여기에서 독자들이 결코 놓치지 말아야 할 것은 추리통계 맥락에서 모집단 회귀모형 $Y=\beta_0+\beta_1\cdot X_1+\beta_2\cdot X_2+\varepsilon$과 관련된 검증이 회귀분석의 궁극적 목적임을 염두에 두고 결과표를 봐야 한다는 점이다.

- 위 표본 회귀모형의 설명력(R^2)은 0.405이다.
- 회귀제곱합(SSR)=122.794(자유도: 2), 오차제곱합(SSE)=180.195(자유도: 82),

총제곱합(SST)=302.988(자유도: 84)

- 위 회귀제곱합(SSR)과 오차제곱합(SSE)을 각각의 자유도로 나누어 얻은 회귀평균제곱합(MSR)은 61.397이고, 오차평균제곱합(MSE)은 2.197이다.
- 모집단에서 회귀모형 $Y=\beta_0+\beta_1 \cdot X_1+\beta_2 \cdot X_2+\varepsilon$이 유의한지 여부를 검증하는 데 사용되는 대립가설과 귀무가설은 다음과 같고 검증통계량 $F=MSR/MSE$의 값은 27.939이다.

  대립가설: 모집단에서 위 회귀모형이 유의할 것이다.
  귀무가설: 모집단에서 위 회귀모형이 유의하지 않을 것이다.

- 유의확률 p-값=0.000

  ※ 위 p-값은 $\alpha=0.001$ 수준에서도 위 귀무가설을 기각하고 대립가설을 채택할 수 있음을 의미한다.

- 위 결과표를 반영한 표본 회귀방정식: $\hat{Y}=-11.650+0.178X_1+0.524X_2$

  ※ 다중회귀모형의 개별 회귀계수 해석: 부모경제력(X_2)을 통제한 상태에서 지능(X_1)이 한 단위 증가함에 따라 학업성취도(Y)는 평균 0.178만큼 증가하며, 같은 논리로 지능(X_1)을 통제한 상태에서 부모경제력(X_2)이 한 단위 증가함에 따라 학업성취도(Y)는 평균 0.524만큼 증가함을 말해준다.

- 지능(X_1)에 딸린 회귀계수의 표본오차(SE)=0.028; 검증통계치 t=6.332; p-값=0.000

  ※ 위 p-값은 $\alpha=0.001$ 수준에서 귀무가설 H_0: $\beta_1=0$을 기각하고 대립가설 H_a: $\beta_1\neq0$을 채택할 수 있음을 말해준다.

- 부모경제력(X_2)에 딸린 회귀계수의 표본오차(SE)=0.140; 검증통계치 t=3.755; p-값=0.000

  ※ 위 p-값은 $\alpha=0.001$ 수준에서 귀무가설 H_0: $\beta_2=0$을 기각하고 대립가설 H_a: $\beta_2\neq0$을 채택할 수 있음을 말해준다.

제 4 절 두 회귀모형 비교: 부분 F-검증

독립변수가 k개인 기존 회귀모형에 추가된 몇 개의 설명변수(예, X_{k+1}, X_{k+2}, X_{k+3})가 기존 회귀모형의 설명력(R^2)을 높이는 데 얼마나 중요한 역할을 하는지 판단해야 하는 경우가 있다. 이는 추가한 설명변수들을 뺀 회귀모형과 그것들을 포함시킨 회귀모형 사이에 유의미한 정도의 설명력 차이가 있는지 판단하는 문제이며, 또 다른 각도에서 보면 추가되는 설명변수들의 회귀계수 중 하나라도 유의한 수준에서 0이 아니라 할 수 있는지 여부를 판정하는 문제이다. 이를 대립가설과 귀무가설로 표시하면 다음과 같다.

추가 설명변수들의 유의성 검증을 위한 대립가설과 귀무가설

H_a: 추가되는 설명변수들의 회귀계수 값이 모두 0은 아닐 것이다.
H_0: $\beta_{k+1}=\beta_{k+2}=\cdots=0$

이와 같은 가설검증은 k개의 독립변수 외에 추가되는 설명변수들을 모두 포함하는 완전회귀모형(full model)과 그것들을 포함하지 않은 제한회귀모형(reduced model)을 비교하는 방식을 취하는데, 제한회귀모형하에서의 오차제곱합(SSE: sum of squares due to error)이 추가변수들을 포함시킨 완전회귀모형하에서 유의미한 정도로 감소하는지 여부를 기준으로 가설을 검증한다. 이는 제한회귀모형하에서의 회귀제곱합(SSR)이 완전회귀모형하에서 유의미한 정도로 증가하는지를 보는 것과 같다. 왜냐하면, 오차제곱합(SSE)은 총제곱합(SST)에서 회귀제곱합(SSR)을 뺀 값이기 때문이다. 즉, 오차제곱합이 증가하면 그만큼 회귀제곱합이 줄어들고, 반대로 오차제곱합이 감소하면 그만큼 회귀제곱합이 증가한다.

그럼, 제한회기모형에 비해 완전회귀모형에서 회귀제곱힙(SSR)이 유의미한 정도로 증가하는지 여부를 판단하는 기준지표, 즉 검증통계량은 무엇일까? 이 경우

검증통계량은 (식 13.4.1)과 같은바, 이는 완전회귀모형의 회귀제곱합(SSR_F)과 제한회귀모형의 회귀제곱합(SSR_R) 차이를 두 모형 사이의 자유도 차이(df_F-df_R)로 나눈 회귀평균제곱합 증가분(ΔMSR)을 완전회귀모형의 오차제곱합(SSE)을 그것의 자유도로 나눈 오차평균제곱합(MSE)으로 나눈 값이다. 즉, 검증통계량은 회귀평균제곱합 증가분(ΔMSR)을 오차평균제곱합(MSE)으로 표준화한 $\Delta MSR/MSE$이다.

$$\Delta F=\frac{(SSR_F-SSR_R)/(df_F-df_R)}{SSE_F/(n-k-1)}=\frac{\Delta MSR}{MSE_F} \qquad \text{(식 13.4.1)}$$

위 검증통계량 공식 우변에 있는 하첨자 F는 기존의 회귀모형에 추가된 독립변수들을 모두 포함한 완전회귀모형(full model)을 가리키고, 하첨자 R은 독립변수를 추가하기 전의 제한회귀모형(restricted model)을 가리킨다. 그리고 df는 자유도를 가리키는 바, 검증통계량은 분자의 자유도 df_F-df_R과 분모의 자유도 $n-k-1$인 F-분포를 따른다(여기에서 k는 완전회귀모형에 포함된 독립변수의 개수를 나타낸다). 여기에서 검증통계치가 기각영역 경계값 $F_{\alpha, df_F-df_R, n-k-1}$보다 큰 값이면 귀무가설을 기각하고 대립가설을 채택한다. 이와 같은 검증을 부분 F-검증(Partial F-test)이라 한다.

두 회귀모형 비교: 부분 F-검증

1단계: 검증하고자 하는 바가 기존의 회귀모형 $Y=\beta_0+\beta_1X_1+\beta_2X_2+\cdots+\beta_kX_k+\varepsilon$에 추가되는 복수의 설명변수들(예, X_{k+1}, X_{k+2}, X_{k+3})이 종속변수 Y에 대한 설명력(R^2)을 유의한 정도로 더 크게 만든다고 볼 수 있는지 여부이다. 이는 곧 기존의 회귀모형에 추가되는 복수의 설명변수들의 회귀계수들 중 어느 하나라도 통계적으로 유의한 수준에서 0이 아니라고 할 수 있는지 여부에 의해 결정된다. 이것을 대립가설과 귀무가설의 형태로 표현하면 다음과 같다.

H_a: 추가 설명변수들의 회귀계수 값이 모두 0은 아닐 것이다.

$$H_0\colon \beta_{k+1} = \beta_{k+2} = \cdots = 0$$

2단계: 검증통계량은 회귀평균제곱합 증가분(ΔMSR)을 오차평균제곱합(MSE)으로 표준화한 $\Delta MSR/MSE$이며, 이 검증통계량의 확률분포는 F-분포의 특성을 가진다.

$$\Delta F = \frac{(SSR_F - SSR_R)/(df_F - df_R)}{SSE_F/(n-k-1)} = \frac{\Delta MSR}{MSE_F}$$

3단계: 검증통계치가 기각영역 경계값 $F_{\alpha, df_F - df_R, n-k-1}$보다 더 크거나 같은 값이면, 즉 검증통계치에 딸린 p-값이 α보다 더 작거나 같은 값이면 귀무가설을 기각하고 대립가설을 채택한다.

SPSS로 두 회귀모형 비교하기

두 회귀모형 비교는 하나의 회귀모형에 설명변수(들)을 추가할 경우 그로 인해 회귀모형의 설명력(R^2)이 유의한 정도로 높아지는지 여부를 검증하는 데 활용되는 분석기법이다. 즉, 새롭게 변수가 추가된 회귀모형(완전회귀모형, full model)의 설명력(R^2)이 원래의 회귀모형(제한회귀모형, restricted model)의 설명력(R^2)보다 통계적으로 유의미하다고 할 정도로 크게 높아지는지 여부를 검증하는 분석기법이다.

두 회귀모형 비교를 SPSS로 실행하려면 아래 절차와 같이 두 단계로 회귀모형을 설정하여 실행하면 되는데, 이렇게 하는 방법을 위계적 회귀분석(hierarchical regression analysis)이라 한다.

A. 아래 위계적 회귀분석 실행의 예에서는 제한회귀모형을 $Y=b_0+b_1 \cdot X_1+e$로 설정하고, 제한회귀모형에 부모경제력(X_2)과 성별(X_4)을 추가한 $Y=b_0+b_1 \cdot X_1+b_2 \cdot X_2+b_3 \cdot X_4+e$를 완전회귀모형으로 설정하여 두 회귀모형을 비교하는 상황을 가정한다.

1. 1단계: 분석 → 회귀분석 → 선형 → 종속변수 박스에 학업성취도(Y), 독립변수 박스에 지능(X_1)을 입력(이것이 제한회귀모형) → 통계량으로 들어가 R제곱 변화량에 체크

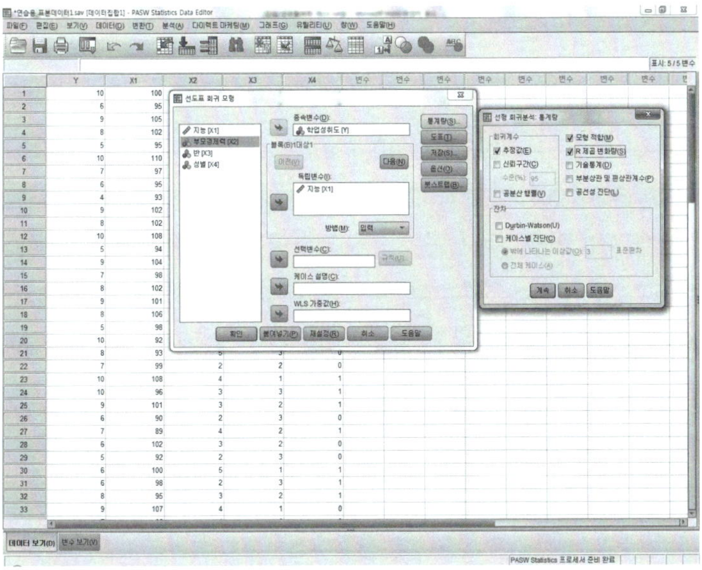

2. 2단계: 독립변수 박스 위 다음 버튼을 클릭한 후 독립변수 박스에 부모경제력(X_2)과 성별(X_4)을 추가

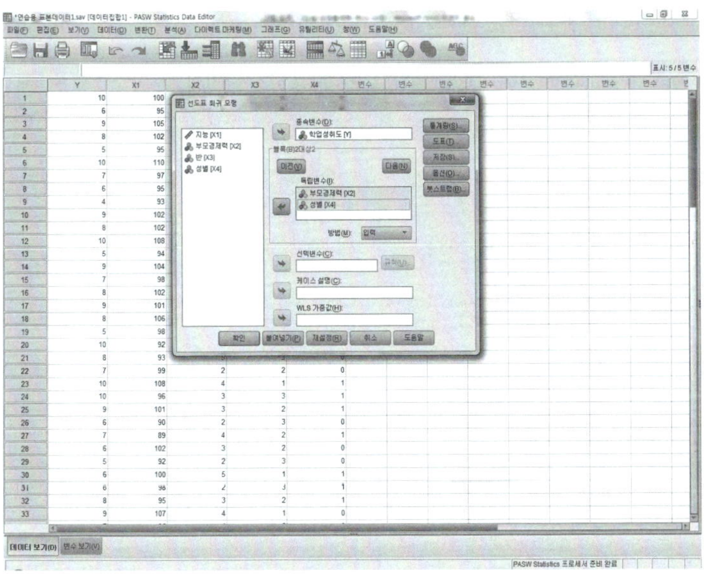

3. 위계적 회귀분석 결과표

Model Summary[c]

Model	R	R Square	Adjusted R Square	Std. Error of the Estimate	Change Statistics				
					R Square Change	F Change	df1	df2	Sig. F Change
1	.550[a]	.303	.295	1.595	.303	36.083	1	83	.000
2	.637[b]	.405	.383	1.491	.102	6.979	2	81	.002

a. Predictors: (Constant), 지능X1

b. Predictors: (Constant), 지능X1, 부모경제력X2, 성별X4

c. Dependent Variable: 학업성취도Y

ANOVA[c]

Model		Sum of Squares	df	Mean Square	F	Sig.
1	Regression	91.808	1	91.808	36.083	.000[a]
	Residual	211.180	83	2.544		
	Total	302.988	84			
2	Regression	122.850	3	40.950	18.413	.000[b]
	Residual	180.138	81	2.224		
	Total	302.988	84			

a. Predictors: (Constant), 지능X1

b. Predictors: (Constant), 지능X1, 부모경제력X2, 성별X4

c. Dependent Variable: 학업성취도Y

Coefficients[a]

Model		Unstandardized Coefficients		Standardized Coefficients	t	Sig.	95.0% Confidence Interval for B	
		B	Std. Error	Beta			Lower Bound	Upper Bound
1	(Constant)	-10.418	3.040		-3.427	.001	-16.464	-4.372
	지능X1	.182	.030	.550	6.007	.000	.122	.242
2	(Constant)	-11.681	2.868		-4.073	.000	-17.387	-5.975
	지능X1	.179	.028	.541	6.276	.000	.122	.235
	부모경제력X2	.527	.142	.322	3.722	.000	.245	.809
	성별X4	-.053	.328	-.014	-.160	.873	-.706	.601

a. Dependent Variable: 학업성취도Y

위 결과표는 두 표본 회귀모형, 즉, $Y=b_0+b_1 \cdot X_1+e$(제한회귀모형)과 $Y=b_0+b_1 \cdot X_1+b_2 \cdot X_2+b_3 \cdot X_4+e$(완전회귀모형)의 설명력 차이에 관한 정보를 제공해주고 있다(Y는 학업성취도, X_1은 지능, X_2는 부모경제력, X_4는 성별).

※ 추리통계 맥락에서 아래 회귀분석 결과를 활용할 때는 두 모집단 회귀모형, 즉 $Y=\beta_0+\beta_1 \cdot X_1+\varepsilon$와 $Y=\beta_0+\beta_1 \cdot X_1+\beta_2 \cdot X_2+\beta_3 \cdot X_4+\varepsilon$가 설명력에 있어서 통계적으로 유의한 차이가 있는지 여부를 검증하려는 것이 본 회귀분석의 궁극적 목적이라는 점이다.

- **Model Summary 표**

  – 두 표본 회귀모형의 결정계수 R^2은 각각 0.303과 0.405이고, 조정결정계수 $adj.R^2$은 각각 0.295와 0.383이다.

– 모집단에서 제한회귀모형과 완전회귀모형 사이에 통계적으로 유의한 정도의 설명력 차이가 있는지 여부, 즉, 추가 설명변수들이 회귀모형의 설명력을 높일 정도로 종속변수에 유의미한 영향을 미치는지 여부를 검증할 때 사용되는 검증통계치 ΔF값은 6.979(분자 자유도: 2, 분모 자유도: 81)이고, 그에 딸린 유의확률 p-값은 0.002(Sig. F change 값 참조)이다. 이 결과는 $\alpha=0.01$ 수준에서 제한회귀모형에 추가된 부모경제력(X_2)과 성별(X_4)이 회귀모형의 설명력(R^2)을 높이는 데 있어서 유의미하다는 것을 말해준다.

※ 유의사항: 결과표에서 Model 1에 딸린 ΔF값 36.083은 독립변수에 지능(X_1)을 넣기 전 제한회귀모형(즉, $Y=b_0+e$)과 거기에 지능(X_1)을 추가한 완전회귀모형(즉, $Y=b_0+b_1 \cdot X_1+e$) 사이에 통계적으로 유의한 정도의 설명력 차이가 있는지 여부를 검증할 때 사용되는 검증통계치이다. 따라서 그 값은 ANOVA 표상의 Model 1에 딸린 F값 36.083과 동일하다.

• **ANOVA 표**

– 제한회귀모형 자체의 유의성 검증에 사용되는 검증통계치 F값은 36.083, p-값은 0.000이고, 완전회귀모형 자체의 유의성 검증에 사용되는 검증통계치 F값은 18.413, p-값은 0.000이다.

– 이상의 결과는 모집단에서 제한회귀모형 $Y=\beta_0+\beta_1 \cdot X_1+e$와 완전회귀모형 $Y=\beta_0+\beta_1 \cdot X_1+\beta_2 \cdot X_2+\beta_3 \cdot X_4+e$의 설명력($R^2$)이 모두 $\alpha=0.001$ 수준에서(달리 표현하면, 99.999% 신뢰수준에서) 유의함을 말해준다(여기에서 '유의하다'는 의미는 '0'이 아니라는 의미이다).

• **Coefficients 표**

– 완전회귀모형의 표본 회귀방정식에 포함된 개별 회귀계수의 해석은 이미 앞에서 설명한 다중회귀방정식의 회귀계수 해석과 동일하기 때문에 여기에서 반복하지 않는다("SPSS로 다중회귀분석 실행하기" 참조).

– 표본 회귀방정식에 포함된 개별 회귀계수와 그에 딸린 정보(예, 표본오차, 검

증통계치 t-값, 유의확률 p-값 등)에 근거한 모집단 회귀계수의 추정 및 검증 또한 이미 앞에서 설명한 방식과 동일하기 때문에 여기에서 반복하지 않는다("SPSS로 다중회귀분석 실행하기" 참조).

B. 이번에는 위계적 회귀분석을 실행하되 제한회귀모형을 $Y=b_0+b_1 \cdot X_1+e$로 설정하고, 부모경제력(X_2) 1개만을 추가한 $Y=b_0+b_1 \cdot X_1+b_2 \cdot X_2+e$를 완전회귀모형으로 설정하여 두 회귀모형을 비교하는 상황을 가정한다. 위계적 회귀분석의 1단계와 2단계는 앞에서 실행한 절차(분석 → 회귀분석 → 선형 → 종속변수 박스에 학업성취도(Y), 독립변수 박스에 지능(X_1)을 입력(이것이 제한회귀모형) → 통계량으로 들어가 R제곱 변화량에 체크 → 다음 버튼을 클릭한 후 독립변수 박스에 추가할 부모경제력(X_2)을 입력)와 동일하며, 그 결과표는 아래와 같다.

Model Summary

Model	R	R Square	Adjusted R Square	Std. Error of the Estimate	Change Statistics				
					R Square Change	F Change	df1	df2	Sig. F Change
1	.550[a]	.303	.295	1.595	.303	36.083	1	83	.000
2	.637[b]	.405	.391	1.482	.102	14.100	1	82	.000

a. Predictors: (Constant), 지능

b. Predictors: (Constant), 지능, 부모경제력

ANOVA[c]

Model		Sum of Squares	df	Mean Square	F	Sig.
1	Regression	91.808	1	91.808	36.083	.000[a]
	Residual	211.180	83	2.544		
	Total	302.988	84			
2	Regression	122.794	2	61.397	27.939	.000[b]
	Residual	180.195	82	2.197		
	Total	302.988	84			

a. Predictors: (Constant), 지능

b. Predictors: (Constant), 지능, 부모경제력

c. Dependent Variable: 학업성취도

Coefficients[a]

Model		Unstandardized Coefficients		Standardized Coefficients	t	Sig.
		B	Std. Error	Beta		
1	(Constant)	-10.418	3.040		-3.427	.001
	지능	.182	.030	.550	6.007	.000
2	(Constant)	-11.650	2.844		-4.096	.000
	지능	.178	.028	.540	6.332	.000
	부모경제력	.524	.140	.320	3.755	.000

a. Dependent Variable: 학업성취도

제한회귀모형과 완전회귀모형 사이에 독립변수가 1개만 차이 나는 경우는 두 회귀모형 비교의 특수한 경우이다. 두 회귀모형 사이에 독립변수가 2개 이상 차이 나는 경우와는 달리 이 경우 굳이 2단계의 위계적 회귀분석을 실행하지 않고 완전회귀모형에 관한 분석결과만 가지고도 두 회귀모형 비교에 필요한 정보를 얻을 수 있다. 왜 그러한지 결과가 제시하는 정보를 보도록 하자.

- **Model Summary 표**
  - 두 표본 회귀모형의 결정계수 R^2은 각각 0.303과 0.405이고, 조정결정계수 $adj.R^2$는 각각 0.295와 0.391이다.
  - 모집단에서 제한회귀모형과 완전회귀모형 사이에 통계적으로 유의한 정도의 설명력 차이가 있는지 여부를 검증할 때 사용되는 검증통계치 ΔF값은 14.100(분자 자유도: 1, 분모 자유도: 82)이고, 그에 딸린 유의확률 p-값은 0.000(Sig. F change 값 참조)이다. 이 결과는 $\alpha=0.01$ 수준에서 제한회귀모형에 추가된 부모경제력(X_2)이 회귀모형의 설명력(R^2)을 높이는 데 있어서 유의미하다는 것을 말해준다.

- **ANOVA 표**
  - 앞의 경우와 같은 방식으로 결과를 해석하면 된다.

- **Coefficients 표**
  - 완전회귀모형의 표본 회귀방정식에서 추가된 부모경제력(X_2)의 회귀계수를 보자. 회귀계수는 0.524이고, 표본오차는 0.140이며, 회귀계수를 표본오차로 나누어 얻은 검증통계치 t-값은 3.755이다. 그리고 유의확률 p-값은 0.000이다. 여기에서 제시된 유의확률은 양측검증(two-tailed test)을 가정하고 계산한 값이기 때문에 이를 확률식으로 표현하면 $p=P(t\leq-3.755)+P(t\geq3.755)$이다.

- 여기에서 한 가지 중요한 점을 확인하고 넘어가자. 추가된 부모경제력(X_2)의 회귀계수에 딸린 검증통계치 t-값을 제곱한 값과 Model Summary 표에서 제한회귀모형에 비해 완전회귀모형이 추가적인 설명력을 가지고 있는지 여부를 검증하는 데 사용되는 검증통계치 ΔF값을 비교해보기 바란다. 두 값이 같을 것이다. 그리고 각각에 딸린 p-값을 비교해봐도 그 값이 같을 것이다. 이러한 사실은 기존의 제한회귀모형에 단 하나의 설명변수만을 추가할 경우에는 굳이 부분 F-검증을 하지 않아도 완전회귀모형의 결과표에서 추가된 설명변수(부모경제력 X_2)의 회귀계수에 대한 검증만으로 제한회귀모형에 비해 완전회귀모형이 추가적인 설명력을 가지고 있는지 여부를 확인할 수 있다(참고: t-분포를 따르는 확률변수를 제곱하여 만든 새로운 확률변수는 F-분포를 따른다).

연습문제

A. **다중회귀분석 문제:** 연습용 표본데이터(1)를 가지고 SPSS 내 회귀분석 기능을 사용하여 학업성취도(Y)를 종속변수에, 지능(X_1)과 부모경제력(X_2)을 독립변수에 넣고 다중회귀모형을 돌린 결과 아래와 같은 결과표를 얻었다.

Model Summary

Model	R	R Square	Adjusted R Square	Std. Error of the Estimate
1	.637[a]	.405	.391	1.482

a. Predictors: (Constant), 부모경제력, 지능

ANOVA[b]

Model		Sum of Squares	df	Mean Square	F	Sig.
1	Regression	122.794	2	61.397	27.939	.000[a]
	Residual	180.195	82	2.197		
	Total	302.988	84			

a. Predictors: (Constant), 부모경제력, 지능

b. Dependent Variable: 학업성취도

Coefficients[a]

Model		Unstandardized Coefficients		Standardized Coefficients	t	Sig.	95.0% Confidence Interval for B	
		B	Std. Error	Beta			Lower Bound	Upper Bound
1	(Constant)	-11.650	2.844		-4.096	.000	-17.307	-5.992
	지능	.178	.028	.540	6.332	.000	.122	.234
	부모경제력	.524	.140	.320	3.755	.000	.246	.802

a. Dependent Variable: 학업성취도

1. Coefficients 표에 나와있는 결과를 활용하여 아래 질문에 답하라.

1) 연구자가 "부모경제력이 학업성취도에 유의한 영향을 미칠 것이다"라는 가설을 검증하고자 한다.

(1) 모집단 회귀모형과 회귀방정식을 쓰고, 추정하려는 모집단 모수가 무엇인지 확인하라.

(2) 위 결과표를 활용하여 표본 회귀방정식을 써보라.

(3) 연구자가 추정하려는 모집단 모수의 점추정치(point estimate)는 무엇인가?

(4) 독립변수가 2개인 다중회귀분석임을 감안하여 위 점추정치가 의미하는 바를 설명하라.

(5) 위 표본 회귀계수의 표본오차(*SE*) 값을 찾아 써라. 모집단 모수에 대한 95% 신뢰구간을 찾아 써라.

(6) 연구자의 관심대상인 모집단 모수에 대한 대립가설과 귀무가설을 식으로 써라.

H_a: H_0:

(7) 위 가설검증을 위한 검증통계치 *t*-값을 찾아 써라.

(8) 유의수준 $\alpha=0.05$에서 위 귀무가설을 기각하고 대립가설을 채택할 수 있는지 여부를 판정하기 위한 기각영역 경계값(즉, $t_{0.025,82}$)을 찾아라 ([부록 2]를 활용하되, 해당되는 자유도가 확률분포표상에 나와 있지 않으면 가장 가까운 자유도를 활용하라).

(9) 검증통계치와 기각영역 경계값을 비교하여 귀무가설을 기각하고 대립가설을 채택할 수 있는지 여부를 판정하라.

(10) 유의확률(*p*-값)을 찾아 써라. *p*-값에 근거하여 유의수준 $\alpha=0.01$에서 대립가설을 채택할 수 있는지 여부를 판정하라.

2) 이번에는 연구자가 "부모경제력이 학업성취도에 유의한 정도로 정(+)의 영향을 미칠 것이다."라는 가설을 검증하려고 한다.

(1) 위 연구가설을 감안하여 모집단 모수에 대한 대립가설과 귀무가설을 써라.

H_a: H_0:

(2) 유의수준 $\alpha=0.05$에서 귀무가설을 기각하고 대립가설을 채택할 수 있는지 여부를 판정하기 위한 기각영역 경계값(즉, $t_{0.05,82}$)을 찾아라([부록 2]를 활용하되, 해당되는 자유도가 확률분포표상에 나와 있지 않으면 가장 가까운 자유도를 활용하라).

(3) 검증통계치와 기각영역 경계값을 비교하여 유의수준 $\alpha=0.05$에서 대립가설을 채택할 수 있는지 여부를 판정하라.

(4) 본 우측검증에 필요한 유의확률 *p*-값을 계산하여 구하고, 그 *p*-값에

근거하여 유의수준 $\alpha=0.05$에서 대립가설을 채택할 수 있는지 여부를 판정하라.

2. Model Summary 표에서 위 회귀모형의 결정계수(R^2) 값을 찾고, 그것이 의미하는 바를 설명하라.

3. ANOVA 표를 보고 아래 물음에 답하라.

1) 회귀제곱합(SSR), 오차제곱합(SSE), 총제곱합(SST)은 각각 얼마인가?
2) "총제곱합(SST)=회귀제곱합(SSR)+오차제곱합(SSE)"이 성립하는지 확인하라.
3) $R^2=SSR/SST$라는 공식을 적용하여 결정계수(R^2) 값을 구하고, 그것이 위 표에 나와있는 결정계수 값과 같은지 확인하라.
4) 독립변수가 2개인 점을 감안하여 회귀제곱합, 오차제곱합, 총제곱합 각각의 자유도가 맞는지 확인하라.
5) 회귀제곱합과 오차제곱합을 각각의 자유도로 나눈 값이 회귀평균제곱합(MSR) 및 오차평균제곱합(MSE)의 값과 일치하는지 확인하라.
6) "학업성취도(Y)를 예측하는 데 있어서 지능(X_1)과 부모경제력(X_2)을 설명변수로 사용한 위 회귀모형이 유의하다."고 할 수 있는지 여부를 유의수준 $\alpha=0.01$에서 검증하려고 한다. 검증에 필요한 검증통계치 F값을 찾아라. 검증통계치가 "MSR/MSE"와 같은 값인지 확인하라.
7) 분자의 자유도가 2이고, 분모의 자유도가 82인 점을 고려하여 [부록 4C]에서 기각영역 경계값을 찾아라(Excel의 FINV(0.01,2,82) 함수기능을 활용해도 좋다). 이어 검증통계치와 기각영역 경계값을 비교하여 위 회귀모형이 유의한지 여부를 판정하라.
8) 유의확률(p-값)을 찾고, 그 p-값에 근거하여 $\alpha=0.01$에서 위 회귀모형의 유의성을 판정하라. 유의확률에 근거한 판정과 검증통계치와 기각영역 경계값을 비교하여 내린 판정이 같은지 확인하라.

4. 표준화된 회귀계수(standardized coefficient)는 종속변수와 독립변수를 표준화한 후 표준화 점수를 사용하여 회귀분석을 돌린 결과로 얻은 회귀계수를 나타낸다. 위 회귀모형에서 두 개의 독립변수 각각의 표준화된 회귀계수 값이 해당 변수와 종속변수 사이의 상관계수 값과 같은지 여부를 확인해보라(* 독립변수가 2개 이상인 경우 개별 독립변수의 표준화 회귀계수가 해당 변수와 종속변수 간 상관계수와 다르다는 점을 확인하기 바란다).

B. **위계적 회귀분석 문제:** 이번에는 연습용 표본데이터(1)를 가지고 SPSS 내 회귀분석 기능을 사용하여 1단계로 학업성취도(Y)를 종속변수에, 지능(X_1)을 독립변수에 넣은 제한회귀모형을 돌리고, 이어 2단계로 부모경제력(X_2)과 성별(X_4)을 독립변수에 추가한 완전회귀모형을 돌린 결과 아래와 같은 결과표를 얻었다. 결과표를 보고 아래 물음에 답하라.

Model Summary[c]

Model	R	R Square	Adjusted R Square	Std. Error of the Estimate	Change Statistics				
					R Square Change	F Change	df1	df2	Sig. F Change
1	.550[a]	.303	.295	1.595	.303	36.083	1	83	.000
2	.637[b]	.405	.383	1.491	.102	6.979	2	81	.002

a. Predictors: (Constant), 지능X1
b. Predictors: (Constant), 지능X1, 부모경제력X2, 성별X4
c. Dependent Variable: 학업성취도Y

ANOVA[c]

Model		Sum of Squares	df	Mean Square	F	Sig.
1	Regression	91.808	1	91.808	36.083	.000[a]
	Residual	211.180	83	2.544		
	Total	302.988	84			
2	Regression	122.850	3	40.950	18.413	.000[b]
	Residual	180.138	81	2.224		
	Total	302.988	84			

a. Predictors: (Constant), 지능X1
b. Predictors: (Constant), 지능X1, 부모경제력X2, 성별X4
c. Dependent Variable: 학업성취도Y

Coefficients[a]

Model		Unstandardized Coefficients		Standardized Coefficients	t	Sig.	95.0% Confidence Interval for B	
		B	Std. Error	Beta			Lower Bound	Upper Bound
1	(Constant)	-10.418	3.040		-3.427	.001	-16.464	-4.372
	지능X1	.182	.030	.550	6.007	.000	.122	.242
2	(Constant)	-11.681	2.868		-4.073	.000	-17.387	-5.975
	지능X1	.179	.028	.541	6.276	.000	.122	.235
	부모경제력X2	.527	.142	.322	3.722	.000	.245	.809
	성별X4	-.053	.328	-.014	-.160	.873	-.706	.601

a. Dependent Variable: 학업성취도Y

1. 제한회귀모형(restricted model)에 부모경제력(X_2)과 성별(X_4)을 추가함으로써 회귀모형의 설명력(R^2)이 유의한 수준으로 높아졌는지 검증하고자 한다. 모집단에서의 제한회귀모형과 완전회귀모형을 각각 써보라.

   제한회귀모형(restricted model):

   완전회귀모형(full model):

2. "부모경제력(X_2)과 성별(X_4)을 추가함으로써 회귀모형의 설명력이 유의한 수준으로 높아질 것이다."라는 연구가설을 통계적으로 검증하기 위한 대립가설과 귀무가설을 적어보라.

   대립가설 H_a:

   귀무가설 H_0:

3. 위 경우에 사용되는 검증통계치와 그에 딸린 분자자유도와 분모자유도를 찾아 써라.

4. 위 검증통계치에 딸린 p-값은 얼마인가? 해당 p-값에 근거하여 유의수준 $\alpha=0.01$에서 귀무가설을 기각하고 대립가설을 채택할 수 있는지 여부를 판정하라.

제14장

회귀분석의 확장

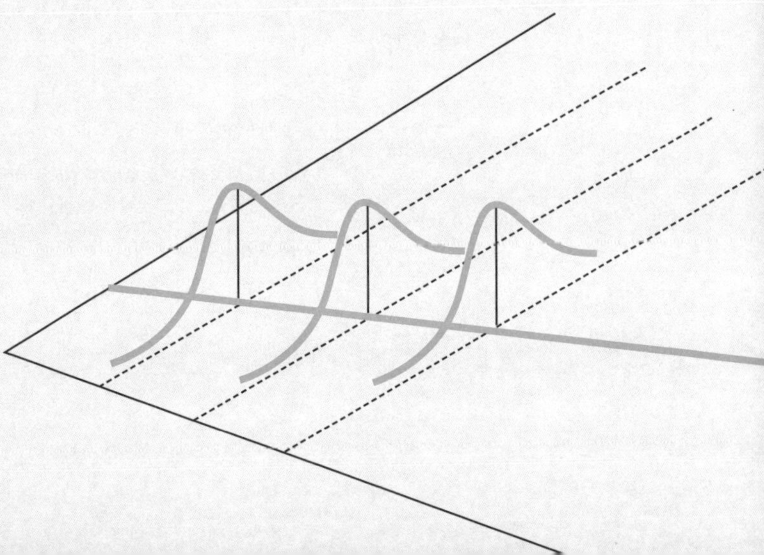

제 1 절 범주형 독립변수를 포함한 회귀모형

회귀분석에서 독립변수들은 등간척도(interval scale)나 비율척도(ratio scale)로 나타내는 변수들이 자주 사용되지만, 명목척도(nominal scale; 예, 범주형 척도)로 나타내는 변수들도 종종 사용된다. 예를 들어, 성별(남, 여)이 종속변수 Y에 미치는 효과를 검증(혹은 통제)한다든지, 산업(1차 산업, 2차 산업, 3차 산업)에 따라 종속변수 Y에 미치는 효과를 검증(혹은 통제)하는 경우 등이 이에 해당한다.

이런 범주형 변수들을 어떻게 회귀모형에 포함시켜 분석할까? 우선, 성별(남=1, 여=0)처럼 범주가 2개뿐이고 아래와 같이 0 또는 1의 값을 부여하여 개체들을 구분할 수 있는 변수를 더미변수(dummy variable)라 하는데, 이러한 더미변수는 (식 14.1.1)에서 보는 바와 같이 회귀모형에 하나의 독립변수로 포함시키면 된다.

$$\text{성별}(G)=\begin{cases}1, & \text{남성일 때}\\ 0, & \text{여성일 때}\end{cases}$$

$$\hat{Y}=b_0+b_1X_1+b_2X_2+\cdots+b_kX_k+b_pG \qquad \text{(식 14.1.1)}$$

반면, 범주가 3개 이상일 때에는 각각의 범주를 더미변수로 만들어야 하는데, 예를 들어 3개로 크게 구분되는 대분류 산업을 회귀모형에 포함시킬 경우 아래와 같이 각각의 산업을 0 혹은 1의 값을 갖는 3개의 더미변수로 만들 수 있다.

$$\text{1차 산업}(I_1)=\begin{cases}1, & \text{1차 산업에 속할 때}\\ 0, & \text{1차 산업에 속하지 않을 때}\end{cases}$$

$$\text{2차 산업}(I_2)=\begin{cases}1, & \text{2차 산업에 속할 때}\\ 0, & \text{2차 산업에 속하지 않을 때}\end{cases}$$

$$\text{3차 산업}(I_3)=\begin{cases}1, & \text{3차 산업에 속할 때}\\ 0, & \text{3차 산업에 속하지 않을 때}\end{cases}$$

그런 후 (식 14.1.2)에서 보는 바와 같이 세 개의 더미변수 중 하나를 비교집단(reference group)으로 남겨두고 나머지 두 개의 더미변수(예, I_1과 I_2)를 회귀모형에 포함시켜 분석한다. 어느 더미변수를 비교집단으로 남겨둘 것인지는 회귀분석 결과를 해석할 때의 편리함을 감안하여 연구자가 결정하면 되고, 어느 것을 비교집단으로 남겨두든 회귀분석 결과에는 영향을 미치지 않는다.

$$\hat{Y}=b_0+b_1X_1+b_2X_2+\cdots+b_kX_k+b_pI_1+b_qI_2 \quad \text{(식 14.1.2)}$$

더미변수가 포함된 회귀분석 결과가 나오면 그 결과를 어떻게 해석하는지 보도록 하자. 위 식에서는 3개의 산업 더미변수들 중 3차 산업 더미변수(I_3)를 비교집단으로 남겨두고 1차 산업 더미변수(I_1)와 2차 산업 더미변수(I_2)를 회귀모형에 포함시켰다. 각 산업에 속한 개체들의 Y값 평균을 보면 아래와 같다.

1차 산업에 속한 개체들($I_1=1,\ I_2=0$)의 Y값 평균($\hat{Y}$):

$$\hat{Y}=b_0+b_1X_1+b_2X_2+\cdots+b_kX_k+b_p \quad \text{(식 14.1.3)}$$

2차 산업에 속한 개체들($I_1=0,\ I_2=1$)의 Y값 평균($\hat{Y}$):

$$\hat{Y}=b_0+b_1X_1+b_2X_2+\cdots+b_kX_k+b_q \quad \text{(식 14.1.4)}$$

3차 산업에 속한 개체들($I_1=0,\ I_2=0$)의 Y값 평균($\hat{Y}$):

$$\hat{Y}=b_0+b_1X_1+b_2X_2+\cdots+b_kX_k \quad \text{(식 14.1.5)}$$

우선, 1차 산업에 속한 개체들의 Y값 평균을 나타내는 (식 14.1.3)과 3차 산업에 속한 개체들의 Y값 평균을 나타내는 (식 14.1.5)를 비교해보자. 두 식 사이의 차이는 독립변수 I_1의 회귀계수 b_p임을 알 수 있다. 이는 1차 산업 더미변수의 회귀계수 b_p가 1차 산업에 속한 개체들의 Y값 평균과 비교집단인 3차 산업에 속한 개체들의 Y값 평균 사이의 차이를 나타낸다는 점을 말해준다.

이번에는 2차 산업에 속한 개체들의 Y값 평균을 나타내는 (식 14.1.4)와 3차 산업에 속한 개체들의 Y값 평균을 나타내는 (식 14.1.5)를 비교해보자. 두 식 사이의 차이는 독립변수 I_2의 회귀계수 b_q임을 알 수 있을 것이다. 이는 2차 산업 더미변수의 회귀계수 b_q가 2차 산업에 속한 개체들의 Y값 평균과 비교집단인 3차 산업에 속한 개체들의 Y값 평균 사이의 차이를 나타낸다는 점을 말해준다.

이상을 정리해보면, 회귀모형에 포함된 특정 산업 더미변수의 회귀계수는 해당 산업에 속한 개체들의 Y값 평균과 비교집단으로 남겨진 3차 산업에 속한 개체들의 Y값 평균과의 차이를 나타낸다. 만약, 1차 산업 더미변수를 비교집단으로 남겨두고 회귀모형에 2차 산업 더미변수와 3차 산업 더미변수를 포함시킨다면, 이번에는 1차 산업에 속한 개체들의 Y값 평균과 2차 산업에 속한 개체들의 Y값 평균 사이의 차이는 물론 1차 산업에 속한 개체들의 Y값 평균과 3차 산업에 속한 개체들의 Y값 평균 사이의 차이를 어렵지 않게 구할 수 있을 것이다.

각 산업에 속한 개체들의 Y값 평균들 사이에 통계적으로 유의한 차이가 존재한다고 볼 수 있는지 여부를 검증하는 것은 (식 14.1.6)과 같은 모집단 회귀방정식에서 I_1과 I_2의 회귀계수인 β_p와 β_q와 관련된 가설검증이 된다.(※ 이에 대한 가설검증 절차와 방식은 307쪽 'C. 복수의 모집단 평균 차이 검증에 대한 분산분석(ANOVA)과 회귀분석의 비교'를 참조할 것)

$$\hat{Y}=\beta_0+\beta_1X_1+\beta_2X_2+\cdots+\beta_kX_k+\beta_pI_1+\beta_qI_2 \qquad \text{(식 14.1.6)}$$

그렇다면 복수의 모집단 사이에 평균 차이가 존재하는지 여부에 대한 가설을 검증하고자 할 때 제9장에서 배운 분산분석(ANOVA)을 활용하는 것과 더미변수를 투입한 회귀분석기법을 활용하는 것 사이에 어떠한 차이가 있을까? 결론부터 말하자면, 분산분석은 실험연구(experimental study)와 같은 제한된 조건하에서 유용하게 사용될 수 있는 반면, 회귀분석기법은 실험연구는 물론 관찰연구(observational study) 등에서도 유용하게 사용될 수 있을 뿐 아니라, 분산분석이 제공하는 정보 외에도 추가적인 정보들을 제공한다는 점에서 회귀분석기법이 분산분석보다 훨씬 더 유용하다고 볼 수 있다. 이에 대해 좀 더 들여다 보자.

각 장의 뒤에 제시된 "SPSS 실행하기"와 "연습문제"에서 예로 사용하고 있는 연습용 표본데이터를 활용하여 담임선생님의 학습지도력에 따라 학생들의 학업성취도에서 차이가 날 것이라는 가설을 검증하는 경우를 생각해보자.(* 이 경우 담임선생님을 매년 동일한 반 담임을 맡는 상황을 전제한 것이다.) 이를 검증하기 위해서는 학생들이 소속된 반을 기준으로 집단을 나누고 학생들의 학업성취도에 있어서 세 반 사이에 평균차가 존재하는지 여부를 검증하면 될 것이다. 이것을 일원분산분석의 가설과 더미변수를 투입한 회귀분석의 가설로 표현하면 각각 다음과 같다.

- 일원분산분석(One-way ANOVA)의 대립가설과 귀무가설

  대립가설 H_a: 세 모집단의 평균이 모두 같지는 않을 것이다.

  귀무가설 H_0: $\mu_1=\mu_2=\mu_3$

  (μ_1: 1반 모집단 평균, μ_2: 2반 모집단 평균, μ_3: 3반 모집단 평균)

- 반 더미변수를 포함한 회귀모형의 유의성에 대한 대립가설과 귀무가설

  대립가설 H_a: 회귀계수 β_1과 β_2가 모두 0은 아닐 것이다.

  귀무가설 H_0: $\beta_1=\beta_2=0$

  (모집단 회귀방정식은 $\hat{Y}=\beta_0+\beta_1\cdot C_1+\beta_2\cdot C_2$, 비교집단은 C_3임)

그럼, 분산분석의 가설과 더미변수를 포함한 회귀모형의 가설이 본질적으로 같은지 보도록 하자. 위 회귀모형에서 β_1은 1반(C_1)의 모집단 평균과 비교집단인 3반(C_3)의 모집단 평균 사이의 차이, β_2은 2반(C_2)의 모집단 평균과 비교집단인 3반(C_3)의 모집단 평균 사이의 차이를 나타낸다. 따라서 만약 귀무가설 H_0: $\beta_1=\beta_2=0$이 옳다면 1반, 2반, 3반의 모집단 평균에 차이가 없다는 의미이기 때문에 위에서 본 일원분산분석의 귀무가설 H_0: $\mu_1=\mu_2=\mu_3$과 실제 의미가 같음을 알 수 있다.

이상으로부터 알 수 있는 바는, 복수의 모집단 평균들 사이에 유의한 차이가 존재하는지 여부를 검증할 목적으로 사용되는 분산분석(ANOVA) 대신 개별 집단을 나타내는 더미변수를 만든 후 회귀분석기법을 활용하면 분산분석에서 검증하고자 하는 결과와 동일한 결과를 얻을 수 있을 뿐만 아니라, 어느 집단과 어느 집단 사이에 얼마만큼의 평균차가 존재하는지, 그 평균차가 통계적으로 유의한 수

준인지 등을 추가적으로 점검해볼 수 있기 때문에 회귀분석기법을 잘 익혀두면 매우 유용하다.

이상에서 언급한 장점 외에도 회귀분석기법을 활용하여 복수의 모집단 평균들의 차이를 분석하면 모집단을 구분하는 기준변수(예, 반) 외에 종속변수에 영향을 미칠 수 있는 다른 변수들(예, 지능, 부모경제력 등)이 복수의 모집단들 사이에 다르게 분포되어 있음으로 해서 유발될 수 있는 평균 차이 효과를 통제할 수 있다는 장점이 있다. 즉, 그러한 효과를 유발할 것으로 의심되는 변수들을 더미변수만을 포함한 원래의 회귀모형에 추가하여 다중회귀분석을 실행하면 곧 그 변수들의 효과를 통제한 결과를 얻게 된다(※ 다중회귀모형에서 얻은 특정 독립변수의 한계효과는 나머지 독립변수들의 효과를 통제한 후 얻어진 한계효과로 해석된다는 점을 상기하기 바란다).

모집단을 구분하는 기준변수 외에 종속변수에 영향을 미칠 수 있는 다른 변수들이 복수의 모집단들 사이에 다르게 분포되어 있음으로 해서 유발될 수 있는 평균 차이 효과를 통제해야 한다는 것이 무엇을 의미하는가? 예컨대, 담임선생님의 학습지도력에 따라 학생들의 학업성취도 차이가 날 것이라는 가설을 검증하기 위해 반을 기준으로 모집단을 나누고 학생들의 학업성취도에 있어서 세 반 사이에 평균 차이가 존재하는지 여부를 검증하려고 하는데, 연구자가 학생들을 무작위로 세 반에 배정할 수 있는 여건이 아닌 상황을 생각해보자. 이런 상황에서는 기존에 이미 세 반으로 배치되어 있는 학생들을 표본으로 삼아 연구를 진행해야 하는데, 당초 학생들을 반에 배정할 때 지능이 높은 학생들과 중간 수준의 학생들과 낮은 학생들을 개별 반에 불균등하게 배치했을 가능성도 배제할 수 없다.

이런 경우 분산분석의 결과나 반 더미변수들만을 독립변수에 투입한 회귀분석의 결과가 세 반 사이에 유의한 수준의 평균 차이가 존재함을 보여준다 해도 집단간 평균 차이가 담임선생님의 학습지도력 차이 때문에 나온 것이라 결론 내리기는 어렵다. 왜냐하면, 세 반 사이에는 지능 수준의 차이가 이미 존재하여 학업성취도의 반별 평균 차이 중 일정 부분은 지능수준 차이에서 기인한 것이라고 말할 수 있기 때문이다. 이런 경우 혼합효과(compound effects)가 존재한다고 말한다. 따라서 이러한 문제를 해결하려면 세 반 사이에 지능 차이 때문에 유발될 수 있는 반들 사이의 평균 차이 효과를 제거해야 하며, 그것을 위해 회귀분석 시 지능을 독립변수(이것을 통제변수라 명명함)에 함께 투입함으로써 그것이 유발하는 효과를 통제할 수 있다.

그러나 분산분석에서는 여타 다른 변수의 효과를 통제하는 데 어려움이 있다. 다만, 실험설계(experimental design)에 의해 연구자가 무작위로 학생들을 1, 2, 3반에 배치한 경우라면 그 과정을 통해 다른 변수들의 반별 차이 효과를 이미 배제했다고 볼 수 있기 때문에 굳이 회귀분석기법을 통해 다른 변수들의 효과를 통제하지 않더라도 상관없으며, 그런 경우에는 분산분석(ANOVA)의 결과와 회귀분석의 결과가 이론적으로는 동일하다고 볼 수 있다. 분산분석이 실험설계를 활용한 실증연구에 주로 사용되는 이유가 바로 여기에 있다.

SPSS로 범주형 독립변수를 포함한 회귀분석 실행하기

연습용 표본데이터(1)을 활용하여 어느 반에 속해 있는지 여부가 학업성취도에 영향을 미치는지 여부를 검증하기 위하여 학업성취도(Y)를 종속변수로, 반(X_3)을 독립변수로 한 선형 회귀모형을 실행한 경우를 생각해보자(※ 유의사항: 반(X_3)의 값 1, 2, 3은 3개 이상의 범주(category)로 나뉘어져 있는 반을 구분하기 위하여 편의상 사용한 숫자이다).

A. 잘못된 회귀분석: 범주형 변수를 더미변수로 바꾸지 않은 채 그대로 독립변수에 투입

1. 절차: 분석 → 회귀분석 → 선형을 선택하여 클릭 → 종속변수 박스에 학업성취도(Y), 독립변수 박스에 반(X_3)을 입력

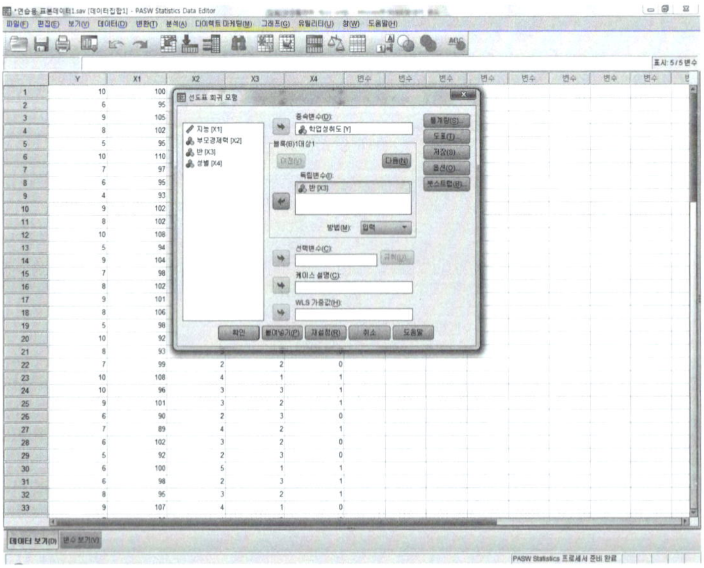

1. 회귀분석 결과표

Model Summary

Model	R	R Square	Adjusted R Square	Std. Error of the Estimate
1	.306[a]	.094	.083	1.819

a. Predictors: (Constant), 반

ANOVA[b]

Model		Sum of Squares	df	Mean Square	F	Sig.
1	Regression	28.405	1	28.405	8.586	.004[a]
	Residual	274.584	83	3.308		
	Total	302.988	84			

a. Predictors: (Constant), 반

b. Dependent Variable: 학업성취도

Coefficients[a]

Model		Unstandardized Coefficients		Standardized Coefficients	t	Sig.
		B	Std. Error	Beta		
1	(Constant)	9.197	.512		17.952	.000
	반	-.722	.247	-.306	-2.930	.004

a. Dependent Variable: 학업성취도

위 결과표에서 회귀모형의 결정계수 값이나, 회귀모형이 유의성 검증통계치 *F*-값을 눈여겨 봐두고, 이어 나오는 올바른 회귀분석의 결과표와 비교해보기 바란다.

※ **유의사항**: 3개 이상의 범주로 나뉘어져 있는 범주형 변수를 편의적으로 구분하기 위해 사용한 숫자(1반－1; 2반－2; 3반－3)를 그대로 독립변수에 투입할 경우 통계 프로그램은 그 숫자들을 구간척도(interval scale)나 비율척도(ratio scale)로 취급한다.

B. 올바른 회귀분석: 범주형 변수를 더미변수로 전환한 후 독립변수에 투입

1. 더미변수 만들기: 연습용 표본데이터(2)는 Excel을 활용하여 반(X_3)의 범주가 3개(1반, 2반, 3반)로 구분되기 때문에 1반(C_1), 2반(C_2), 3반(C_3) 등 3개의 더미변수를 만들어 포함시킨 데이터이다. 따라서 SPSS에서 연습용 표본데이터(2)를 열면 아래 화면과 같다.

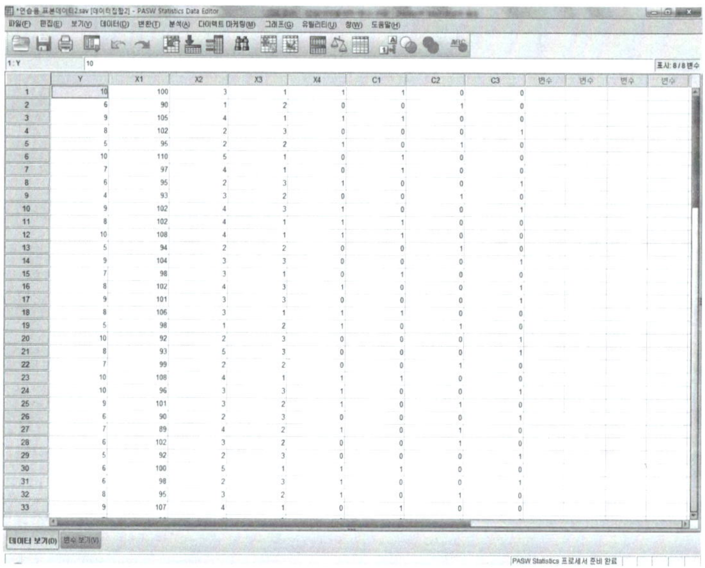

	Y	X1	X2	X3	X4	C1	C2	C3
1	10	100	3	1	1	1	0	0
2	6	90	1	2	0	0	1	0
3	9	105	4	1	1	1	0	0
4	8	102	2	3	0	0	0	1
5	5	95	2	2	1	0	1	0
6	10	110	5	1	0	1	0	0
7	7	97	4	1	0	1	0	0
8	6	95	2	3	1	0	0	1
9	4	93	3	2	0	0	1	0
10	9	102	4	3	1	0	0	1
11	8	102	4	1	1	1	0	0
12	10	108	4	1	1	1	0	0
13	5	94	2	2	0	0	1	0
14	9	104	3	3	0	0	0	1
15	7	98	3	1	0	1	0	0
16	8	102	4	3	1	0	0	1
17	9	101	3	3	0	0	0	1
18	8	106	3	1	1	1	0	0
19	5	98	1	2	1	0	1	0
20	10	92	2	3	0	0	0	1
21	8	93	5	3	0	0	0	1
22	7	99	2	2	0	0	1	0
23	10	108	4	1	1	1	0	0
24	10	96	3	3	1	0	0	1
25	9	101	3	2	1	0	1	0
26	6	90	2	3	0	0	0	1
27	7	89	4	2	1	0	1	0
28	6	102	3	2	0	0	1	0
29	5	92	2	3	0	0	0	1
30	6	100	5	1	1	1	0	0
31	6	98	2	3	1	0	0	1
32	8	95	3	2	1	0	1	0
33	9	107	4	1	0	1	0	0

※ **유의사항:** 더미변수란 0과 1로 구분되는 변수로서 반(X_3)을 3개의 더미변수로 만들면 개별 관측치의 더미변수 값들은 1반에 속한 학생은 $C_1=1$, $C_2=0$, $C_3=0$, 2반에 속한 학생은 $C_1=0$, $C_2=1$, $C_3=0$, 3반에 속한 학생은 $C_1=0$, $C_2=0$, $C_3=1$과 같다.

2. 더미변수를 투입한 회귀분석: 더미변수들을 회귀분석에 투입할 때는 반과 관련된 3개의 더미변수 중 하나는 비교집단(reference group)으로 남겨두고 나머지 두 개의 더미변수만을 독립변수에 투입한다. 이 때 어느 집단을 비교집단으로 남겨두든 분석결과에는 영향을 미치지 않는다. 아래에서는 C_3를 비교집단으로 남겨둔 경우, C_2를 비교집단으로 남겨둔 경우, C_1을 비교집단으로 남겨둔 경우 각각 어떤 결과가 나오는지, 그리고 그들 사이에 최종결과가 동일한지 여부를 보여줄 것이다.

1) C_3을 비교집단으로 남겨두고 C_1과 C_2만 투입한 회귀모형:

$$\hat{Y}=b_0+b_1\cdot C_1+b_2\cdot C_2$$

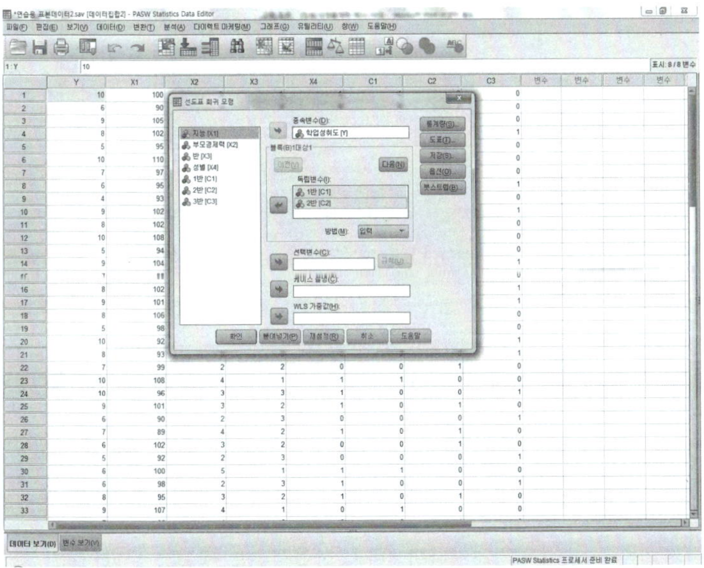

결과표

Model Summary

Model	R	R Square	Adjusted R Square	Std. Error of the Estimate
1	.341[a]	.116	.095	1.807

a. Predictors: (Constant), 2반, 1반

ANOVA[b]

Model		Sum of Squares	df	Mean Square	F	Sig.
1	Regression	35.176	2	17.588	5.385	.006[a]
	Residual	267.812	82	3.266		
	Total	302.988	84			

a. Predictors: (Constant), 2반, 1반

b. Dependent Variable: 학업성취도

Coefficients[a]

Model		Unstandardized Coefficients		Standardized Coefficients	t	Sig.
		B	Std. Error	Beta		
1	(Constant)	6.792	.369		18.411	.000
	1반	1.499	.491	.382	3.050	.003
	2반	1.342	.495	.340	2.711	.008

a. Dependent Variable: 학업성취도

- 회귀모형의 결정계수(R^2)=0.116, 회귀모형 유의성 검증통계치 F=5.385 (p-값=0.006)
- 1반의 회귀계수=1.499 (1반의 학업성취도 평균이 비교집단인 3반의 평균보다 1.499만큼 높음)
- 2반의 회귀계수=1.342 (2반의 학업성취도 평균이 비교집단인 3반의 평균보다 1.342만큼 높음)
- 상수항 계수=6.792 (비교집단인 3반의 학업성취도 평균을 나타냄)

이상으로부터 1반의 평균=8.291, 2반의 평균=8.134, 3반의 평균=6.792임을 알 수 있다.

2) C_2를 비교집단으로 남겨두고 C_1과 C_3만 투입한 회귀모형:

$$\hat{Y}=b_0+b_1\cdot C_1+b_3\cdot C_3$$

Model Summary

Model	R	R Square	Adjusted R Square	Std. Error of the Estimate
1	.341[a]	.116	.095	1.807

a. Predictors: (Constant), 3반, 1반

ANOVA[b]

Model		Sum of Squares	df	Mean Square	F	Sig.
1	Regression	35.176	2	17.588	5.385	.006[a]
	Residual	267.812	82	3.266		
	Total	302.988	84			

a. Predictors: (Constant), 3반, 1반

b. Dependent Variable: 학업성취도

Coefficients[a]

Model		Unstandardized Coefficients		Standardized Coefficients	t	Sig.
		B	Std. Error	Beta		
1	(Constant)	8.133	.330		24.650	.000
	1반	.157	.463	.040	.339	.735
	3반	-1.342	.495	-.320	-2.711	.008

a. Dependent Variable: 학업성취도

- 회귀모형의 결정계수(R^2)=0.116, 회귀모형 유의성 검증통계치 F=5.385 (p-값=0.006)
- 1반의 회귀세수=0.157 (1반의 학업성취도 평균이 비교집단인 2반의 평균보다 0.157만큼 높음)
- 3반의 회귀계수=−1.342 (3반의 학업성취도 평균이 비교집단인 2반의 평균보다 1.342만큼 낮음)
- 상수항 계수=8.133 (비교집단인 2반의 학업성취도 평균을 나타냄)

이상으로부터 1반의 평균=8.290, 2반의 평균=8.133, 3반의 평균=6.791임을 알 수 있다.

(C_3를 비교집단으로 한 이전의 회귀분석 결과와 소수점 셋째 자리 값만 반올림 관계로 차이가 있을 뿐 근본적으로는 동일함을 확인할 수 있다)

3) C_1을 비교집단으로 남겨두고 C_2와 C_3만 투입한 회귀모형:

$$\hat{Y}=b_0+b_2 \cdot C_2+b_3 \cdot C_3$$

Model Summary

Model	R	R Square	Adjusted R Square	Std. Error of the Estimate
1	.341[a]	.116	.095	1.807

a. Predictors: (Constant), 3반, 2반

ANOVA[b]

Model		Sum of Squares	df	Mean Square	F	Sig.
1	Regression	35.176	2	17.588	5.385	.006[a]
	Residual	267.812	82	3.266		
	Total	302.988	84			

a. Predictors: (Constant), 3반, 2반

b. Dependent Variable: 학업성취도

Coefficients[a]

Model		Unstandardized Coefficients		Standardized Coefficients	t	Sig.
		B	Std. Error	Beta		
1	(Constant)	8.290	.325		25.541	.000
	2반	-.157	.463	-.040	-.339	.735
	3반	-1.499	.491	-.357	-3.050	.003

a. Dependent Variable: 학업성취도

- 회귀모형의 결정계수(R^2)=0.116, 회귀모형 유의성 검증통계치 F=5.385 (p-값=0.006)
- 2반의 회귀계수=−0.157 (2반의 학업성취도 평균이 비교집단인 1반의 평균보다 0.157만큼 낮음)
- 3반의 회귀계수=−1.499 (3반의 학업성취도 평균이 비교집단인 1반의 평균보다 1.499만큼 낮음)
- 상수항 계수=8.290 (비교집단인 1반의 학업성취도 평균을 나타냄)

이상으로부터 1반의 평균=8.290, 2반의 평균=8.133, 3반의 평균=6.791임을 알 수 있다.

(C_2를 비교집단으로 한 회귀분석 결과와 동일함을 확인할 수 있다.)

위에서는 복수의 모집단 간 평균 차이를 비교하는 분석기법으로서 더미변수를 활용한 회귀분석기법을 살펴보았다. 다만, 회귀분석의 궁극적 목적은 모집단 수

준에서의 집단간 평균 차이를 추정하는 것이지만, 여기에서는 모집단에 대한 추정을 잠시 유보하고(모집단 수준에서의 평균차 추정은 연습문제에서 다루기로 한다), 표본 회귀방정식의 회귀계수들이 표본 수준에서의 집단간 평균차를 말해준다는 사실과 어느 집단을 비교집단으로 사용하든 회귀분석의 최종결과는 동일하다는 사실까지만 확인하였다.

C. 복수의 모집단 평균 차이 검증에 대한 분산분석(ANOVA)과 회귀분석의 비교: 아래에서는 복수의 모집단 간 평균 차이를 추정하는 데 활용되는 분산분석(제9장 참조)의 결과와 더미변수를 활용한 회귀분석의 결과를 비교해보도록 한다.

1. 분산분석의 결과와 더미변수 C_1과 C_2만을 포함한 회귀분석의 결과 비교하기

ANOVA

학업성취도

	Sum of Squares	df	Mean Square	F	Sig.
Between Groups	35.176	2	17.588	5.385	.006
Within Groups	267.812	82	3.266		
Total	302.988	84			

Regression

Model Summary

Model	R	R Square	Adjusted R Square	Std. Error of the Estimate
1	.341[a]	.116	.095	1.807

a. Predictors: (Constant), 2반, 1반

ANOVA[b]

Model		Sum of Squares	df	Mean Square	F	Sig.
1	Regression	35.176	2	17.588	5.385	.006[a]
	Residual	267.812	82	3.266		
	Total	302.988	84			

a. Predictors: (Constant), 2반, 1반

b. Dependent Variable: 학업성취도

Coefficients[a]

Model		Unstandardized Coefficients		Standardized Coefficients	t	Sig.
		B	Std. Error	Beta		
1	(Constant)	6.792	.369		18.411	.000
	1반	1.499	.491	.382	3.050	.003
	2반	1.342	.495	.340	2.711	.008

a. Dependent Variable: 학업성취도

주: 위 표본 회귀모형은 $\hat{Y}=b_0+b_1\cdot C_1+b_2\cdot C_2$임($C_3$는 비교집단).

위 결과표에서 일원분산분석(One-way ANOVA)의 F값 및 p-값과 회귀분석을 활용한 F값 및 p-값을 비교해보면 그 값들이 동일하다는 것을 확인할 수 있을 것이다. 이 F값들은 각각 아래의 가설에 대한 검증통계치들인 바, 아래 가설들이 본질적으로 동일한 대립가설을 검증하고 있음을 알 수 있다.

〈일원분산분석〉

대립가설 H_a: 세 반 모집단의 평균이 모두 같지는 않을 것이다.

귀무가설 H_0: $\mu_1=\mu_2=\mu_3=0$

〈더미변수를 활용한 회귀분석〉

대립가설 H_a: 모집단 회귀계수 β_1과 β_2가 모두 0은 아닐 것이다.

귀무가설 H_0: $\beta_1=\beta_2=0$

2. 일원분산분석의 결과와 지능(X_1)을 통제한 회귀분석 결과의 비교

ANOVA

학업성취도

	Sum of Squares	df	Mean Square	F	Sig.
Between Groups	35.176	2	17.588	5.385	.006
Within Groups	267.812	82	3.266		
Total	302.988	84			

Regression

Model Summary

Model	R	R Square	Adjusted R Square	Std. Error of the Estimate
1	.587[a]	.344	.320	1.566

a. Predictors: (Constant), 2반, 지능, 1반

ANOVA[b]

Model		Sum of Squares	df	Mean Square	F	Sig.
1	Regression	104.354	3	34.785	14.185	.000[a]
	Residual	198.635	81	2.452		
	Total	302.988	84			

a. Predictors: (Constant), 2반, 지능, 1반

b. Dependent Variable: 학업성취도

Coefficients[a]

Model		Unstandardized Coefficients		Standardized Coefficients	t	Sig.
		B	Std. Error	Beta		
1	(Constant)	-9.234	3.034		-3.043	.003
	지능	.164	.031	.506	5.311	.000
	1반	.720	.450	.184	1.599	.114
	2반	.847	.439	.214	1.930	.057

a. Dependent Variable: 학업성취도

위 결과표는 분산분석의 결과를 지능(X_1)과 함께 더미변수 C_1과 C_2를 독립변수에 투입한 회귀분석 결과와 비교하여 보여주고 있다. 이번에는 일원분산분석의 결과와 회귀분석의 결과 사이에 F값이나 p-값 등에서 차이가 나고, 1반과 2반의 회귀계수 역시 지능(X_1)을 독립변수에 추가하지 않고 더미변수 C_1과 C_2만을 포함한 회귀분석 결과와는 그 값에 있어서 차이가 난다. 그 이유는 변수 지능(X_1)의 효과와 소속 반의 효과가 혼합되어 나타난 결과 때문이다. 예컨대, 1, 2, 3반 사이의 학업성취도 평균 차이가 단지 다른 반에 소속되어 있다는 사실에서만 기인했다기보다는 부분적으로 지능에 있어서의 반별 차이에서 기인했을 수도 있음을 말해준다.

3. 범주형 독립변수의 통계적 유의성 검증 시 유의사항

특정 범주형 독립변수가 종속변수에 통계적으로 유의한 영향을 미치는지 여부를 검증하는 실증연구 상황을 생각해보자. 연구자의 입장에서는 본인이 이론적 논거에 따라 설정한 연구가설이 통계적으로 유의한 검증결과로 나오기를 간절히 바라며 데이터를 분석할 것이다. 아래의 가상적 예시에서는 연구자가 지능(X_1)과 부모경제력(X_2)이 학업성취도(Y)에 미치는 효과를 통제하고 학생들이 소속된 반(세 반의 더미변수: C_1, C_2, C_3)이 학생들의 학업성취도(Y)에 통계적으로 유의한 영향을 미치는지 검증하려 한다. 즉, 연구가설은 "소속된 반에 따라 학업성취도가 달라질 것이다."이다. 먼저, 귀하라면 어떻게 검증하겠는가?

대학원생들의 석·박사 논문심사에서 종종 접하는 잘못된 방식부터 보자. 이 경우 많은 석·박사 학생들이 아래 회귀방정식과 같이 지능(X_1)과 부모경제력(X_2)을 통제변수로, 반 더미변수 세 개 중에서 두 개를 설명변수로 포함시켜 회귀분석을 실행한다.

$$\hat{Y}_i = b_0 + b_1X_{1i} + b_2X_{2i} + b_3C_{1i} + b_4C_{2i}$$

그렇게 해서 얻은 것이 아래 회귀분석 결과표이다. 통상 석·박사 학생들이 아래 결과표에서 확인하는 것은 두 개의 반 더미변수 C_1과 C_2에 대한 t-검증 결과이다. 즉, 둘 중 어느 하나라도 통계적으로 유의한 결과가 나오면, 그것에 근거하여 학생들의 학업성취도에 미치는 반 효과가 통계적으로 유의하다는 결론을 내린다. 이 예시에서는 2반(C_2)의 회귀계수에 딸린 t-검증 결과(유의확률 p=0.064)가 α=0.1 수준에서 통계적으로 유의하게 나왔다. 이에 근거하여 연구자는 α=0.1 수준에서 반 효과가 존재한다는 결론을 내리고 자신이 세운 연구가설이 실증적으로 뒷받침된 데 대해 안도의 한숨을 쉴 것이다. 이 결론에 대해 귀하는 어떻게 생각하는가?

모형 요약

모형	R	R^2	수정된 R^2	추정값의 표준오차
1	.618	.382	.351	1.666

예측자: (상수), 지능(X_1), 부모경제력(X_2), 1반(C_1), 2반(C_2)

ANOVA

모형		제곱합	자유도	평균제곱	F	유의확률
1	회귀	137.280	4	34.320	12.365	.000
	잔차	222.040	80	2.776		
	전체	359.320	84			

회귀계수

모형		비표준화 계수		표준화 계수	t	유의확률
		B	표준오차	베타		
1	(상수)	−11.845	3.328		−3.560	.001
	지능(X_1)	.170	.034	.472	5.058	.000
	부모경제력(X_2)	.537	.159	.301	3.375	.001
	1반(C_1)	.302	.487	.071	.619	.538
	2반(C_2)	.883	.470	.205	1.879	.064

종속변수(Y): 학업성취도

결론부터 얘기하면 위 분석방법과 결론은 잘못되었다. 이 문제는 세 개 이상의 모집단 평균에 있어서 유의한 차이가 존재하는지를 검증하는 문제에 관한 것이다. 이러한 연구가설을 검증하기 위해서는 실험설계의 경우 9장에서 배운 분산분석(ANOVA)을, 현장연구(field study)의 경우 본 장 1절에서 배운 범주형 독립변수를 포함한 회귀모형을 활용한다. 다만, 여기에서 유의해야 할 점은 9장 4절에서 배운 '쌍대비교를 통한 검증의 문제점'이 범주형 독립변수를 포함한 회귀모형에도 그대로 적용된다는 점이다.

위 회귀분석 결과표에서 두 개의 반 더미변수 C_1과 C_2에 대한 t-검증 결과는 각각 '1반(C_1) 대 3반(비교집단 C_3)' 쌍의 모집단 평균차 검증과 '2반(C_2) 대 3반(비교집단 C_3)' 쌍의 모집단 평균차 검증에 해당한다. 그에 더하여 '1반(C_1) 대 2반(C_2)' 쌍의 모집단 평균차를 검증하려면 2반 더미변수(C_2)를 비교집단으로 두고 1반 더미변수(C_1)와 3반 더미변수(C_3)를 회귀모형에 포함시켜 회귀분석 결과표를 얻으면 가능해진다. 요컨대, 세 개 이상의 모집단 평균에서 차이가 존재하는지 여부를 검증할 때 세 개 이상의 범주를 나타내는 더미변수들에 딸린 t-검증 결과는 곧 쌍대비교를 통한 검증 결과에 해당한다는 점이다.

그렇다면 이런 경우 어떠한 분석법을 적용해야 할까? 우리는 13장 4절에서 두 회귀모형의 설명력(예측력, R^2)을 비교하는 부분 F-검증에 대해 배웠다. 제한회귀모형에 복수의 독립변수들을 추가하는 것이 회귀모형의 설명력을 통계적으로 유의한 수준으로 향상시키는지 여부를 검증할 때 활용할 수 있는 검증법이다 (※ 제한회귀모형에 한 개의 독립변수를 추가하는 것이 회귀모형의 설명력을 향상시키는지 여부는, 굳이 부분 F-검증을 실행하지 않아도, 추가된 독립변수의 회귀계수에 관한 t-검증 결과만으로 판정할 수 있다). 무작위 배치를 통해 여타 변수들의 효과를 통계적으로 통제할 수 있는 실험설계(experimental design)가 적용되지 않은 현장연구(field study)에서 세 개 이상의 범주집단 평균 사이에 통계적으로 유의한 차이가 존재하는지를 검증하려면, 통제변수들만을 포함한 제한회귀모형(restricted regression model)을 돌리고, 이어 범주들을 나타내는 더미변수들을 추가한 완전회귀모형(full regression model)을 돌려 부분 F-검증을 실행함으로써 범주형 독립변수를 추가하는 것이 회귀모형의 설명력을 유의하게 높아지게 했는지 확인해야 한다. 아래 회귀분석 결과표는 그 결과를 보여준다.

모형 요약

모형	R	R^2	수정된 R^2	추정값의 표준오차	통계량 변화량				
					R^2 변화량	F 변화량	df1	df2	유의확률
1	.593	.352	.336	1.685	.352	22.258	2	82	.000
2	.618	.382	.351	1.666	.030	1.954	2	80	.148

모형1 예측자: (상수), 지능(X_1), 부모경제력(X_2)
모형2 예측자: (상수), 지능(X_1), 부모경제력(X_2), 1반(C_1), 2반(C_2)

ANOVA

모형		제곱합	자유도	평균제곱	F	유의확률
1	회귀	126.431	2	63.216	22.258	.000
	잔차	232.888	82	2.840		
	전체	359.320	84			
2	회귀	137.280	4	34.320	12.365	.000
	잔차	222.040	80	2.776		
	전체	359.320	84			

계수

모형		비표준화 계수		표준화 계수	t	유의확률
		B	표준오차	베타		
1	(상수)	−12.384	3.233		-3.830	.000
	지능(X_1)	.179	.032	.498	5.600	.000
	부모경제력(X_2)	.545	.159	.306	3.435	.001
2	(상수)	−11.845	3.328		-3.560	.001
	지능(X_1)	.170	.034	.472	5.058	.000
	부모경제력(X_2)	.537	.159	.301	3.375	.001
	1반(C_1)	.302	.487	.071	.619	.538
	2반(C_2)	.883	.470	.205	1.879	.064

종속변수(Y): 학업성취도

위 회귀분석 결과표에서 모형1은 통제변수인 지능(X_1)과 부모경제력(X_2)을 포함한 제한회귀모형을, 모형2는 두 개의 반 더미변수들이 추가된 완전회귀모형을 나타낸다. 위 결과표에서 부분 F-검증과 직접 관련된 수치들은 '모형 요약' 테이

블이 보여주는 '통계량 변화량'이다. F변화량(=1.954)이 검증통계치이고, 그에 딸린 유의확률(=0.148)이 "반 효과는 존재하지 않을 것이다. 즉, 모든 반의 모집단 평균은 같을 것이다."라는 귀무가설을 기각할지 여부를 판정하는 데 활용된다. 여기에서 유의확률 0.148은 α=0.1 수준에서도 귀무가설을 기각할 수 없음을 말해준다. 이것은 '계수' 테이블이 보여주는 모형2에서 반2(C_2)의 회귀계수에 대한 t-검증 결과 α=0.1 수준에서 통계적으로 유의한 결과(유의확률=0.064)가 나왔다는 사실과 배치된다.

이 경우 더미변수들에 딸린 t-검증, 즉 쌍대비교를 통해 복수의 모집단들 사이에 유의미한 평균 차이가 존재하는지를 확인하려면 9장 4절에서 배운 Bonferroni 조정 α값을 기준으로 귀무가설 기각 여부를 판정할 필요가 있다. 예컨대, 세 모집단 간 평균 차이가 존재하는지 여부를 α=0.05 수준에서 검증하고자 한다면 쌍대비교 t-검증에서는 α/3 수준, 즉 α=0.017 수준에서 통계적으로 유의한지 여부를 판정해야 한다. 세 쌍 중 적어도 어느 한 쌍의 평균차 검증에서 유의확률(p-값)이 α=0.017보다 작다면, 반을 기준으로 구분한 세 모집단 사이에 학업성취도 평균에서 통계적으로 유의한 차이가 존재한다는 결론을 내릴 수 있다. 물론, Bonfferoni 조정을 α값에 적용하지 않고 회귀분석 결과표가 보여주는 쌍대비교의 p-값에 적용해도 같은 결과를 얻게 되는데, 이 경우 p-값에 3을 곱해준 p-값과 α=0.05와 비교해도 된다.

제 2 절 조절변수를 포함한 회귀모형: 상호작용효과

조절변수(moderating variable)를 포함한 회귀모형은 특정한 설명변수 X와 종속변수 Y간 관계의 방향이나 정도가 제3의 변수 Z의 값에 따라 달라지는지 여부를 검증할 때 사용되는데, 여기에서 제3의 변수 Z를 가리켜 조절변수라 한다. 설명변수 X와 종속변수 Y간 관계의 크기나 방향이 조절변수 Z의 크기에 따라 유의한 수준으로 달라질 때 해당 설명변수 X와 조절변수 Z 사이에 상호작용(혹은 교호작용) 효과가 존재한다고 말한다.

예를 들면, 우리나라 많은 회사들이 조직구성원들의 업무수행성과를 높일 목적으로 개인인센티브 제도를 사용하고 있다. 업무수행성과에 따라 개인들에게 지급하는 급여를 차등화하면 개인들의 동기가 높아지고 그 결과 그들의 업무수행성과가 전체적으로 향상되리라는 논리가 그 밑에 깔려 있다. 과연 그러한지 확인하려면 아래와 같은 연구가설을 설정하고 표본데이터를 활용하여 가설의 채택 가능 여부를 검증하게 될 것이다.

가설 1: 개인 업무성과에 따른 급여격차가 클수록 조직의 성과가 높을 것이다.

위 이론적 연구가설의 경우 분석단위는 조직이 될 것이고, 이를 실증적으로 검증하기 위한 가장 간단한 모집단과 표본의 회귀방정식은 각각 아래와 같은 형식을 띠게 될 것이다(편의상 통제변수들은 잠시 무시하자). 여기에서 X는 특정 회사 내에서 시행되고 있는 개인성과와 연동된 급여격차 정도를, Y는 회사의 조직성과를 나타낸다.

모집단 회귀방정식: $\hat{Y}=\beta_0+\beta_1X$

표본 회귀방정식: $\hat{Y}=b_0+b_1X$

따라서 통계적 검증을 위한 대립가설과 귀무가설은 각각 아래와 같다.

대립가설 H_a: $\beta_1 \neq 0$

귀무가설 H_0: $\beta_1 = 0$

여기까지는 조절변수가 포함되지 않은 회귀모형으로서 설명변수와 종속변수만을 포함하고 있다. 그런데, 연구자에게 위 가설보다 한 단계 더 나가는 연구가설이 떠올랐다. 똑같은 개인인센티브제도라 해도 개인주의 문화권에서 시행할 때와 집단주의 문화권에서 시행할 때 그것이 조직의 성과에 미치는 효과는 달라질 것이라고. 그래서 다음과 같은 논리적 연구가설을 설정했다.

가설 2: 개인 업무성과에 따른 급여격차가 조직성과에 미치는 긍정적 효과는 집단주의 문화권에서보다 개인주의 문화권에서 더 클 것이다.

위 가설은 개인 업무수행성과에 따른 급여격차가 조직성과에 미치는 효과가 문화권에 따라 달라질 것임을 예측하고 있다. 이 때 개인 업무수행성과에 따른 급여격차가 주 설명변수(X)이고 문화권—개인주의 문화권과 집단주의 문화권으로 구분한 더미변수—이 조절변수(Z)로 사용된 것이다.

그렇다면, 조절변수 Z를 포함한 회귀모형은 어떤 형식을 띠게 될까? 위에서 설정한 기본 회귀모형에 설명변수와 조절변수를 곱한 항($X \cdot Z$)과 조절변수 항(Z)이 추가되어 [표 14.2.1]과 같이 확장된다.

> X와 Z를 곱한 $X \cdot Z$항을 제12장 6절에서 설명한 것처럼 $X' = X \cdot Z$로 변환하면 아래 회귀방정식을 세 개의 독립변수를 포함한 다중회귀방정식처럼 취급할 수 있다. 통계프로그램에서 회귀분석을 실행할 때에는 원 데이터 파일에 X와 Z를 곱한 $X \cdot Z$ 열을 추가로 만든 후 종속변수에 Y값을, 독립변수에 X값과 Z값, 그리고 $X \cdot Z$값을 투입하여 돌리면 된다.

[표 14.2.1] 조절변수를 포함한 모집단 회귀방정식과 표본 회귀방정식

모집단 회귀방정식	$\hat{Y}=\beta_0+\beta_1 \cdot X+\beta_2 \cdot Z+\beta_3 \cdot XZ$
표본 회귀방정식	$\hat{Y}=b_0+b_1 \cdot X+b_2 \cdot Z+b_3 \cdot XZ$

여기에서 문화권이라는 변수(Z)의 조절효과에 대한 통계적 가설은 아래와 같다.

대립가설 H_a: $\beta_3 \neq 0$
귀무가설 H_0: $\beta_3 = 0$

여기에서 모집단 모수 β_3의 표본통계량인 b_3의 표본분포는 다중회귀모형에서 개별 독립변수의 회귀계수처럼 정규분포의 특성을 갖는다. 표본통계량을 표준화한 검증통계량은 (식 14.2.1)과 같고, 그것의 확률분포는 표준정규분포 대신 t-분포(자유도: $n-4$)의 특성을 갖는다.

$$t=\frac{b_3}{SE} \qquad \text{(식 14.2.1)}$$

여기에서 귀무가설이 기각되고 대립가설 $\beta_3 \neq 0$이 채택되면, 연구자는 문화권이 급여격차와 조직성과 간 관계의 크기를 조절한다는 결론에 도달하게 된다. 왜 그러한지 모집단 회귀방정식을 설명변수 X의 함수로 (식 14.2.2)과 같이 재정렬해 보자.

$$\hat{Y}=(\beta_0+\beta_2 \cdot Z)+(\beta_1+\beta_3 \cdot Z) \cdot X \qquad \text{(식 14.2.2)}$$

위 식을 보면 설명변수 X의 회귀계수가 $(\beta_1+\beta_3 \cdot Z)$인데, 이것은 X가 한 단위 변화하는 데 따른 $\hat{Y}$의 변화량, 즉, 한계효과(marginal effect)를 나타낸다. 초점은 X가 $\hat{Y}$에 미치는 한계효과가 특정한 값으로 정해지지 않고 Z값에 따라 변한다는 점이다. 예를 들면, Z값이 1일 때와 2일 때 X의 한계효과는 각각 $\beta_1+\beta_3$과 $\beta_1+2\beta_3$이 된다.

한편, 주 설명변수 X와 조절변수 Z, 그리고 그 둘을 곱해서 만든 상호작용항 $X \cdot Z$를 회귀모형에 독립변수로 포함시켜 상호작용항의 회귀계수 β_3이 통계적으로 유의한 수준에서 0과 다르다고 할 수 있는지 여부—즉, 조절효과가 존재하는지 여부—를 검증하고자 할 때 통계적으로 유의한 결과—귀무가설을 기각하고 대립가설을 지지하는 결과—를 얻기가 쉽지 않다.

왜냐하면, 보통 상호작용항 $X \cdot Z$가 변수 X나 Z와 높은 상관관계를 가질 가능성이 높고, 독립변수들 간 높은 상관관계를 가질 때 발생하는 다중공선성(multicollinearity) 문제로 인해 표본회귀계수 b_3의 표본오차가 커지기 때문에 그 결과 표본오차를 분모로 하는 검증통계치는 작아진다(식 14.2.1 참조). 따라서 검증통계치가 귀무가설 기각영역의 경계값을 넘어설 가능성이 그만큼 낮아진다.

이러한 문제를 완화할 수 있는 방안 중 하나는 설명변수와 조절변수를 각각 편차점수(deviation score)를 갖는 새로운 변수 $X_i - \overline{X}$와 $Z_i - \overline{Z}$로 변환하고 그것들 간 상호작용항을 만들어 회귀분석에 사용하는 것이다(기존 변수를 편차점수를 취하는 변수로 전환하여 데이터에 추가한 예: 연습용 표본데이터(4) 참조). 본 절 뒤에 나오는 "SPSS로 조절변수를 포함한 회귀분석 실행하기"에서는 원점수(raw score)를 사용한 조절회귀모형(moderated regression model)의 분석결과와 편차점수(deviation score)를 사용한 조절회귀모형의 분석결과를 비교하여 보여준다.

> 다중공선성(multicollinearity): 독립변수들 사이에 높은 상관관계가 존재할 때 발생한다. 회귀모형에 포함된 독립변수들 사이에 다중공선성이 존재하면 상관관계가 높은 개별 독립변수들의 종속변수에 미치는 영향을 분리해내기 어렵게 되고, 상관관계가 높은 독립변수들의 회귀계수 표본분포의 표본오차가 커지는 문제가 발생한다. 이는 검증통계량 공식의 분모가 커짐에 따라 검증통계치가 작아진다는 의미이고, 따라서 검증통계치가 기각영역 경계값을 벗어난 값을 가질 가능성이 낮아진다는 의미이다. 그 결과 해당 독립변수에 대한 귀무가설을 기각하고 대립가설을 채택할 가능성 또한 그만큼 낮아진다.

다중공선성 판별법: 일반적으로 한 회귀모형 안에 포함된 독립변수들 사이의 상관계수가 +0.7 이상이거나 −0.7 이하이면 다중공선성을 의심해볼 필요가 있다. 그 외에도 SPSS는 공선성 진단 지표로서 VIF(Variance inflation factor)와 VIF의 역수에 해당하는 Tolerance를 보여주는데, VIF가 10보다 크면(즉, Tolerance가 0.1보다 작으면) 다중공선성을 의심해볼 필요가 있다(본 절 뒷부분에 나오는 "SPSS로 조절변수를 포함한 회귀분석 실행하기"의 회귀분석 결과표 참조).

SPSS로 조절변수를 포함한 회귀분석 실행하기

지능(X_1)과 부모경제력(X_2) 사이에 상호작용효과가 존재하는지 여부를 검증하기 위하여 학업성취도(Y)를 종속변수로, 지능(X_1)과 부모경제력(X_2) 외에 두 변수의 상호작용항(즉, 곱셈항)을 독립변수에 투입한 조절회귀모형(moderated regression model)을 돌려보자.

A. 원점수의 상호작용항 $X_1 \cdot X_2$를 회귀모형에 투입: 연습용 표본데이터(3) 활용

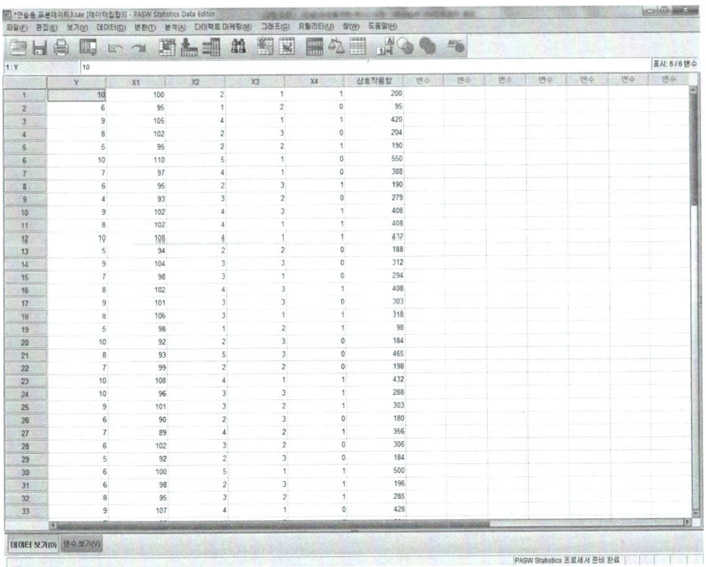

	Y	X1	X2	X3	X4	상호작용항
1	10	100	2	1	1	200
2	6	95	1	2	0	95
3	9	105	4	1	1	420
4	8	102	2	3	0	204
5	5	95	2	2	1	190
6	10	110	5	1	0	550
7	7	97	4	1	0	388
8	6	95	2	3	1	190
9	4	93	3	2	0	279
10	9	102	4	3	1	408
11	8	102	4	1	1	408
12	10	108	4	1	1	432
13	5	94	2	2	0	188
14	9	104	3	3	0	312
15	7	98	3	1	0	294
16	8	102	4	3	1	408
17	9	101	3	3	0	303
18	8	106	3	1	1	318
19	5	98	1	2	1	98
20	10	92	2	3	0	184
21	8	93	5	3	0	465
22	7	99	2	2	0	198
23	10	108	4	1	1	432
24	10	96	3	3	1	288
25	9	101	3	2	1	303
26	6	90	2	3	0	180
27	7	89	4	2	1	356
28	6	102	3	2	0	306
29	5	92	2	3	0	184
30	6	100	5	1	1	500
31	6	98	2	3	1	196
32	8	95	3	2	1	285
33	9	107	4	1	0	428

1. 절차: 분석 → 회귀분석 → 선형 → 종속변수 박스에 학업성취도(Y), 독립변수 박스에 지능(X_1). 부모경제력(X_2), 상호작용항($X_1 \cdot X_2$) 입력 → 통계량에서 공선성 진단 체크

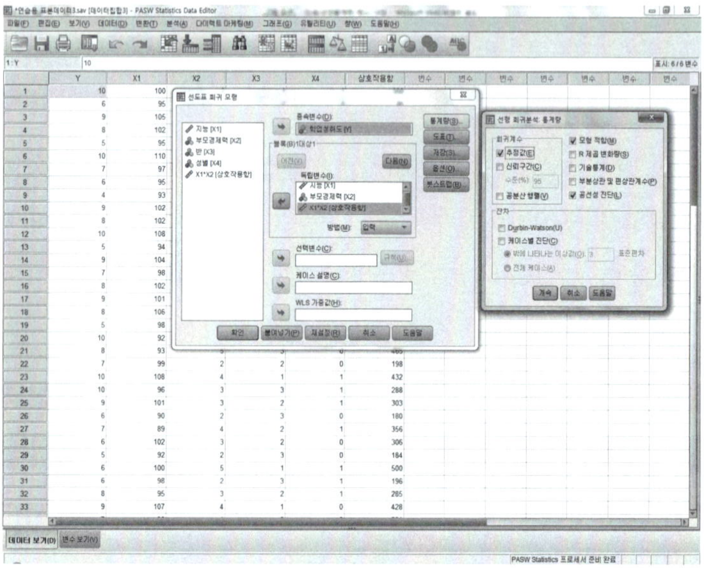

2. 조절회귀모형 분석결과표

Model Summary

Model	R	R Square	Adjusted R Square	Std. Error of the Estimate
1	.640[a]	.410	.388	1.486

a. Predictors: (Constant), X1*X2, 지능, 부모경제력

ANOVA[b]

Model		Sum of Squares	df	Mean Square	F	Sig.
1	Regression	124.127	3	41.376	18.738	.000[a]
	Residual	178.861	81	2.208		
	Total	302.988	84			

a. Predictors: (Constant), X1*X2, 지능, 부모경제력

b. Dependent Variable: 학업성취도

Coefficients[a]

Model		Unstandardized Coefficients		Standardized Coefficients	t	Sig.	Collinearity Statistics	
		B	Std. Error	Beta			Tolerance	VIF
1	(Constant)	-16.535	6.902		-2.396	.019		
	지능	.227	.069	.688	3.285	.002	.166	6.023
	부모경제력	2.366	2.374	1.444	.997	.322	.003	288.112
	X1*X2	-.018	.024	-1.141	-.777	.439	.003	295.710

a. Dependent Variable: 학업성취도

• 다중공선성 진단지표인 VIF값이 10을 넘어선 것이 2개나 존재한다. 아래와 같이 독립변수들 간 상관관계를 체크한 결과 부모경제력과 상호작용항 사이

의 상관계수는 무려 0.99인 것으로 나타난다.(아래 상관계수 결과표 참조)

Correlations

		지능	부모경제력	X1*X2
지능	Pearson Correlation	1	.034	.164
	Sig. (2-tailed)		.756	.134
	N	86	86	85
부모경제력	Pearson Correlation	.034	1	.990
	Sig. (2-tailed)	.756		.000
	N	86	86	85
X1*X2	Pearson Correlation	.164	.990	1
	Sig. (2-tailed)	.134	.000	
	N	85	85	85

B. 편차점수 $X_1-\overline{X}_1$, $X_2-\overline{X}_2$, $(X_1-\overline{X}_1)(X_2-\overline{X}_2)$ 사용: 연습용 표본데이터(4) 활용

1. 절차: 분석 → 회귀분석 → 선형 → 종속변수 박스에 학업성취도(Y), 독립변수 박스에 $X_1-\overline{X}_1$, $X_2-\overline{X}_2$, $(X_1-\overline{X}_1)(X_2-\overline{X}_2)$ 입력 → 통계량에서 공선성 진단 체크

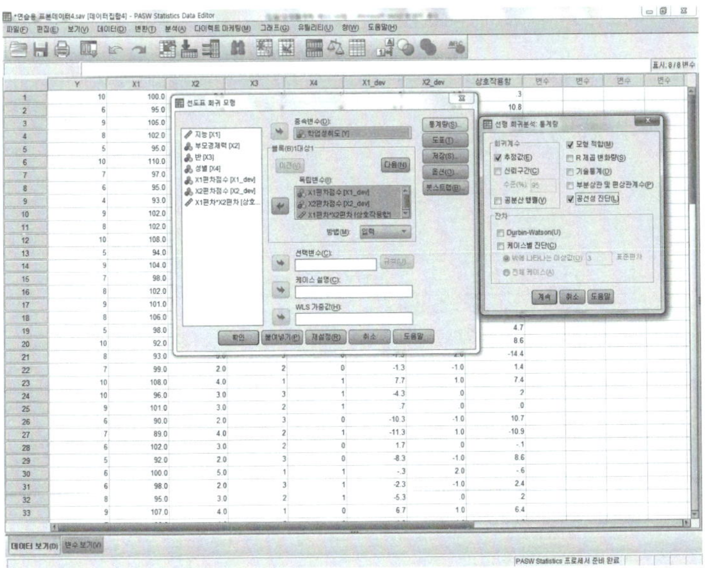

2. 조절회귀모형 분석결과표

Model Summary

Model	R	R Square	Adjusted R Square	Std. Error of the Estimate
1	.640[a]	.410	.388	1.486

a. Predictors: (Constant), X1편차*X2편차, X2편차점수, X1편차점수

ANOVA[b]

Model		Sum of Squares	df	Mean Square	F	Sig.
1	Regression	124.127	3	41.376	18.738	.000[a]
	Residual	178.861	81	2.208		
	Total	302.988	84			

a. Predictors: (Constant), X1편차*X2편차, X2편차점수, X1편차점수

b. Dependent Variable: 학업성취도

Coefficients[a]

Model		Unstandardized Coefficients		Standardized Coefficients	t	Sig.	Collinearity Statistics	
		B	Std. Error	Beta			Tolerance	VIF
1	(Constant)	7.816	.161		48.466	.000		
	X1편차점수	.171	.030	.518	5.783	.000	.907	1.103
	X2편차점수	.513	.141	.313	3.645	.000	.988	1.012
	X1편차*X2편차	-.018	.024	-.070	-.777	.439	.897	1.115

a. Dependent Variable: 학업성취도

- 다중공선성 진단지표인 VIF값이 모두 10 이하로 낮아졌으며, 편차점수로 전환한 독립변수들과 그것들의 상호작용항 사이의 상관관계를 체크한 결과 $X_2 - \overline{X}_2$와 $(X_1 - \overline{X}_1)(X_2 - \overline{X}_2)$ 사이의 상관계수는 -0.109로 낮아진 것으로 나타났다(아래 상관계수 결과표 참조).

Correlations

		X1편차점수	X2편차점수	X1편차*X2편차
X1편차점수	Pearson Correlation	1	.034	-.305
	Sig. (2-tailed)		.758	.004
	N	85	85	85
X2편차점수	Pearson Correlation	.034	1	-.109
	Sig. (2-tailed)	.758		.320
	N	85	85	85
X1편차*X2편차	Pearson Correlation	-.305	-.109	1
	Sig. (2-tailed)	.004	.320	
	N	85	85	85

제 3 절 고차항을 포함한 회귀모형

고차항을 포함한 고차회귀모형(polynomial regression model)은 종속변수 Y와 특정한 설명변수 X 사이에 고차함수로 표시될 수 있는 비선형관계가 존재하는지 여부를 검증할 때 사용된다. 예를 들어, 연구자가 "개인업무성과에 따른 급여격차가 조직의 성과에 영향을 미치되, 어느 정도까지는 사람들의 동기를 제고함으로써 긍정적인 영향을 미치지만, 그 정도가 지나치면 개인간 경쟁을 심화시키고 협력을 깨뜨림으로써 부정적인 영향을 미칠 것이다."라는 가설을 생각하고 있다면 아래와 같은 연구가설을 설정할 것이다.

가설: 조직의 성과와 개인간 급여격차 사이에 역U자형의 관계가 존재할 것이다.

위 연구가설을 검증하려면 종속변수인 조직성과 Y와 설명변수인 개인 간 급여격차 X 사이의 모집단 회귀모형과 표본 회귀모형이 각각 (식 14.3.1)과 (식 14.3.2)처럼 2차 함수로 설정될 것이다.

$$Y=\beta_0+\beta_1\cdot X+\beta_2\cdot X^2+\varepsilon \qquad \text{(식 14.3.1)}$$

$$Y=b_0+b_1\cdot X+b_2\cdot X^2+e \qquad \text{(식 14.3.2)}$$

그리고 위 모집단 회귀모형에서 연구자의 주 관심사는 Y와 X 사이에 역U자형의 관계가 모집단에서 존재하는지 여부를 검증하는 것이기 때문에 모집단 모수는 X^2항의 회귀계수 β_2가 될 것이며, 통계적 검증을 위한 대립가설과 귀무가설은 각각 다음과 같다.

대립가설 H_a: $\beta_2<0$

귀무가설 H_0: $\beta_2\geq 0$

왜냐하면 Y와 X 사이에 역U자형의 관계가 존재한다는 것은 X^2항의 회귀계수가 음(−)의 값일 때 성립되기 때문이다. 따라서 아래의 가설검증은 단측검증 중에서 좌측검증에 해당한다.

한편, 설명변수 X와 그것의 제곱항 X^2을 회귀모형에 독립변수로 포함시켜 위 가설을 검증하고자 할 때 β_2에 대해 통계적으로 유의한 결과—귀무가설을 기각하고 대립가설을 지지하는 결과—를 얻기가 쉽지 않다. 왜냐하면, 상호작용항을 포함시킨 조절회귀모형에서도 확인한 바와 같이(본 장 제2절 참조) X와 그것의 제곱항 X^2 사이에는 통상 상관관계가 매우 높을 가능성이 크고, 그로 인해 다중공선성 문제가 발생하면 표본회귀계수 b_2의 표본오차가 커지고 그 결과 b_2를 표본오차로 표준화한 검증통계치가 작아짐으로써 결국 귀무가설 기각영역의 경계값을 넘어설 가능성이 그만큼 낮아지기 때문이다.

이러한 문제를 완화할 수 있는 방안 중 하나는 설명변수 X를 편차점수(deviation score)를 갖는 새로운 변수 $X_i-\overline{X}$로 변환하고, 그것의 제곱항을 만들어 회귀분석에 사용하는 것이다. 그럴 경우 표본 회귀모형은 (식 14.3.3)과 같이 될 것이다. 그렇게 하는 이유는 $X_i-\overline{X}$와 $(X_i-\overline{X})^2$ 사이의 상관관계는 높지 않아 회귀분석을 실행할 때 다중공선성 문제를 비켜갈 수 있기 때문이다.

$$Y=b_0+b_1\cdot(X-\overline{X})+b_2\cdot(X-\overline{X})^2+e \qquad \text{(식 14.3.3)}$$

그렇다면 고차회귀모형은 어떻게 분석할까? 위 회귀모형의 회귀계수 b_0, b_1, b_2를 구하기 위해 회귀분석을 실행할 때는 $X_i'=X_i-\overline{X}$ 및 $X_i''=(X_i-\overline{X})^2$과 같이 임시적으로 변환하여 아래 (식 14.3.4)와 같이 다중선형회귀모형으로 만든 후 일반 다중회귀모형을 돌리듯이 동일한 방식으로 회귀분석을 실행하면 된다(* 이 말은 데이터 파일에 새로운 변수 $X_i'=X_i-\overline{X}$와 $X_i''=(X_i-\overline{X})^2$의 관측치 값들을 담은 열(column)을 각각 만든 후, 회귀분석 시 독립변수 박스에 X_i'과 X_i''을 투입하여 프로그램을 돌리라는 의미이다. 본 절 뒤에 나오는 "SPSS로 고차항을 포함한 회귀분석 실행하기"를 참조할 것).

$$Y=b_0+b_1\cdot X'+b_2\cdot X''+e \qquad \text{(식 14.3.4)}$$

이처럼 독립변수를 $X_i'=X_i-\overline{X}$와 $X_i''=(X_i-\overline{X})^2$로 변환하여 회귀분석을 돌리더라도 주 관심 표본회귀계수 b_2가 (식 14.3.2)의 2차항 회귀계수와 같다는 것은 변환된 변수 X_i'과 X_i''의 자리에 변환식을 대입하여 되돌린 표본 회귀방정식, 즉, (식 14.3.5)를 통해 확인할 수 있다(아래 회귀방정식을 풀어서 정렬할 때 $\overline{X}$는 값이 정해진 상수이다).

$$\begin{aligned}\hat{Y}&=b_0+b_1\cdot X'+b_2\cdot X''\\&=b_0+b_1\cdot(X-\overline{X})+b_2\cdot(X-\overline{X})^2\\&=(b_0-b_1\cdot\overline{X}+b_2\cdot\overline{X}^2)+(b_1-2b_2\overline{X})\cdot X+b_2\cdot X^2\end{aligned} \quad \text{(식 14.3.5)}$$

여기에서 표본통계량 b_2를 표준화한 검증통계량은 (식 14.3.6)과 같고, 그것의 확률분포는 t-분포(자유도: $n-3$)의 특성을 갖는다.

$$t=\frac{b_2}{SE} \quad \text{(식 14.3.6)}$$

따라서 위 검증통계치가 기각영역 경계값 $-t_{\alpha,n-3}$보다 작거나 같으면 귀무가설을 기각하고 대립가설을 채택하게 되고, 조직의 성과와 개인간 급여격차 사이에 역U자형의 관계가 존재한다는 결론에 도달하게 된다.

그럼, (식 14.3.5)로 표시된 회귀방정식에서 개인간 급여격차 X가 조직성과 Y에 미치는 한계효과(marginal effect)는 무엇일까? 제12장 6절에서 설명한 바와 같이 위 회귀방정식에서 X가 Y에 미치는 한계효과는 수학적으로 위 식의 우변을 X에 대해 1차 미분함으로써 곧바로 얻어지는 바, 미분의 결과는 (식 14.3.7)이 된다.

$$\frac{\partial\hat{Y}}{\partial X}=(b_1-2b_2\cdot\overline{X})+2b_2\cdot X \quad \text{(식 14.3.7)}$$

이것이 의미하는 바는 X가 한 단위 증가할 때 Y의 조건부 기대값 $\hat{Y}$은 $(b_1-2b_2\cdot\overline{X})+2b_2\cdot X$만큼 변한다는 것이다. 이는 X값이 얼마냐에 따라 그 한계효과의 크기가 달라진다는 의미를 담고 있는 바, 예를 들어, $X=2$인 지점에서의 한계효과는 $(b_1-2b_2\cdot\overline{X})+4b_2$가 되고, $X=3$인 지점에서의 한계효과는 $(b_1-2b_2\cdot\overline{X})+6b_2$가 된다.

SPSS로 고차항을 포함한 회귀분석 실행하기

학업성취도(Y)와 부모경제력(X_2) 사이에 2차 함수로 표시되는 비선형관계가 존재하는지 여부를 검증하기 위하여 학업성취도(Y)를 종속변수에, 부모경제력의 편차변수 $X'=X_2-\overline{X}_2$와 그것의 제곱항 $X''=(X_2-\overline{X}_2)^2$을 독립변수에 투입한 고차회귀모형(polynomial regression model)을 돌려보자.

1. 연습용 표본데이터(1)에 편차점수로 전환한 변수 X_2_dev$=X_2-\overline{X}_2$와 X_2_dev_sq$=(X_2-\overline{X}_2)^2$을 추가(* X_2_dev와 X_2_dev_sq는 별다른 뜻이 없는 변수명일 뿐이다).

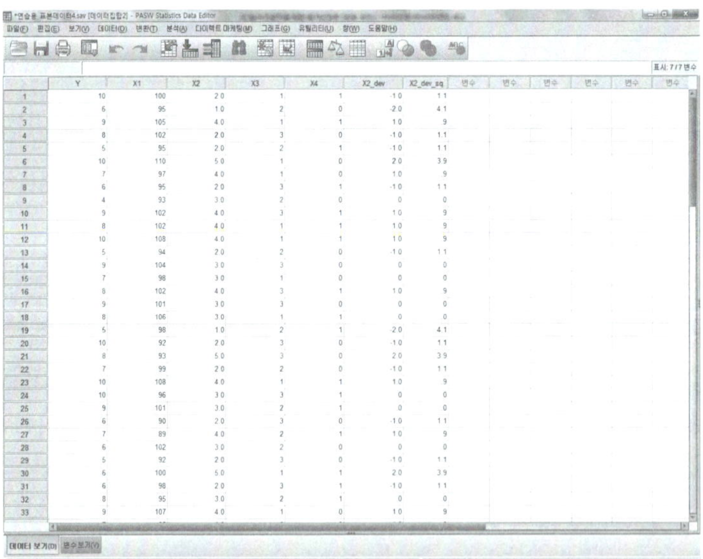

*연습용 표본데이터4.sav [데이터집합2] - PASW Statistics Data Editor

파일(F) 편집(E) 보기(V) 데이터(D) 변환(T) 분석(A) 다이렉트 마케팅(M) 그래프(G) 유틸리티(U) 창(W) 도움말(H)

표시: 7 / 7 변수

	Y	X1	X2	X3	X4	X2_dev	X2_dev_sq	변수	변수	변수	변수	변수	변수
1	10	100	2.0	1	1	-1.0	1.1						
2	6	95	1.0	2	0	-2.0	4.1						
3	9	105	4.0	1	1	1.0	.9						
4	8	102	2.0	3	0	-1.0	1.1						
5	5	95	2.0	2	1	-1.0	1.1						
6	10	110	5.0	1	0	2.0	3.9						
7	7	97	4.0	1	0	1.0	.9						
8	6	95	2.0	3	1	-1.0	1.1						
9	4	93	3.0	2	0	0	0						
10	9	102	4.0	3	1	1.0	.9						
11	8	102	4.0	1	1	1.0	.9						
12	10	108	4.0	1	1	1.0	.9						
13	5	94	2.0	2	0	-1.0	1.1						
14	9	104	3.0	3	0	0	0						
15	7	98	3.0	1	0	0	0						
16	8	102	4.0	3	1	1.0	.9						
17	9	101	3.0	3	0	0	0						
18	8	106	3.0	1	1	0	0						
19	5	98	1.0	2	1	-2.0	4.1						
20	10	92	2.0	3	0	-1.0	1.1						
21	8	93	5.0	3	0	2.0	3.9						
22	7	99	2.0	2	0	-1.0	1.1						
23	10	108	4.0	1	1	1.0	.9						
24	10	96	3.0	3	1	0	0						
25	9	101	3.0	2	1	0	0						
26	6	90	2.0	3	0	-1.0	1.1						
27	7	89	4.0	2	1	1.0	.9						
28	6	102	3.0	2	0	0	0						
29	5	92	2.0	3	0	-1.0	1.1						
30	6	100	5.0	1	1	2.0	3.9						
31	6	98	2.0	3	1	-1.0	1.1						
32	8	95	3.0	2	1	0	0						
33	9	107	4.0	1	0	1.0	.9						

데이터 보기(D) 변수보기(V)

프로세서 영역 PASW Statistics 프로세서 준비 완료

2. 절차: 분석 → 회귀분석 → 선형 → 종속변수 박스에 학업성취도(Y), 독립변수 박스에 부모경제력 편차변수 X_2_dev와 그것의 제곱항 X_2_dev_sq을 입력 → 통계량에서 공선성 진단 체크 후 계속 → 확인

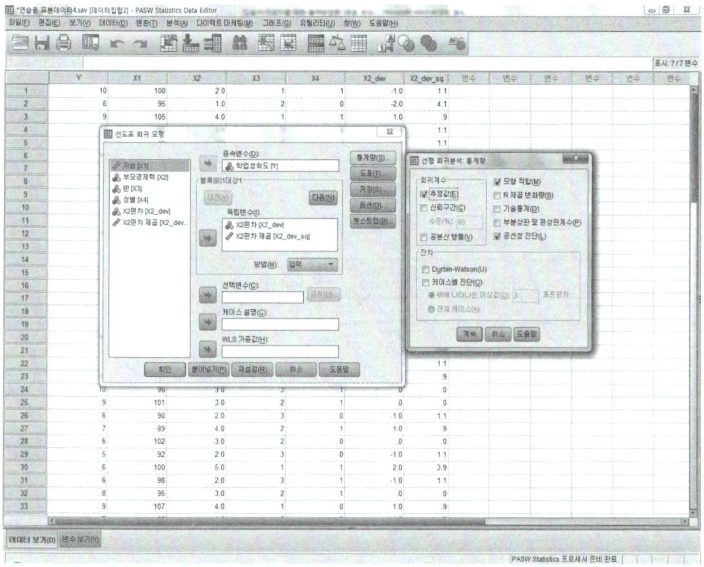

연습문제

A. 범주형 독립변수를 포함한 회귀모형: "본 교재 [부록 5]에 있는 연습용 표본 데이터(2)를 가지고 "반별 지능 차이에 기인한 효과를 통제하더라도 학업성취도에서 여전히 반별 차이가 존재할 것이다."라는 연구가설을 검증하기 위하여 학업성취도를 종속변수에, 지능(통제변수로 사용)과 반 더미변수 2개(즉, 1반과 2반)를 독립변수에 넣고 회귀분석을 돌린 결과 아래와 같은 결과표를 얻었다. Coefficients 표에 나와 있는 결과를 보고 아래 질문에 답하라.

Model Summary

Model	R	R Square	Adjusted R Square	Std. Error of the Estimate
1	.587[a]	.344	.320	1.566

a. Predictors: (Constant), 2반, 지능, 1반

ANOVA[b]

Model		Sum of Squares	df	Mean Square	F	Sig.
1	Regression	104.354	3	34.785	14.185	.000[a]
	Residual	198.635	81	2.452		
	Total	302.988	84			

a. Predictors: (Constant), 2반, 지능, 1반

b. Dependent Variable: 학업성취도

Coefficients[a]

Model		Unstandardized Coefficients		Standardized Coefficients	t	Sig.
		B	Std. Error	Beta		
1	(Constant)	-9.234	3.034		-3.043	.003
	지능	.164	.031	.506	5.311	.000
	1반	.720	.450	.184	1.599	.114
	2반	.847	.439	.214	1.930	.057

a. Dependent Variable: 학업성취도

1. 모집단 회귀모형을 식으로 적어보라.

2. 회귀분석 결과표를 보고 표본 회귀방정식을 적어보라. 비교집단은 몇 반인가?

3. 위 표본 회귀방정식에 나타나 있는 더미변수 '1반'의 회귀계수에 대해 아래 물음에 답하라.

1) 모집단 모수는 무엇이고, 모집단 모수에 대한 대립가설과 귀무가설은 무엇인지 적어보라.

검증하려는 모집단 모수:

대립가설 H_a:

귀무가설 H_0:

2) 위 '1반'과 관련한 대립가설이 의미하는 바를 연구가설의 형태로 풀어서 써보라.

3) '1반'의 회귀계수에 딸린 유의확률(p-값)은 얼마인지 찾아 적어보라.

(※ 세 개 이상의 모집단 간 평균 차이를 검증할 때에는 몇 개의 쌍이 만들어질 수 있는지를 고려하여 9장 4절에서 배운 Bonferroni adjustment를 적용해야 한다.)

4) 유의확률(p-값)을 근거로 더미변수 '1반'의 회귀계수가 통계적으로 유의하다고 할 수 있는지 판정해보라.

4. 위 표본 회귀방정식에 나타나 있는 더미변수 '2반'의 회귀계수에 대한 아래 물음에 답하라.

1) 더미변수 '2반'의 회귀계수와 그에 딸린 정보를 비탕으로 검증할 수 있는 모집단 모수는 무엇이고, 모집단 모수에 대한 대립가설과 귀무가설은 무엇인지 적어보라.

검증하려는 모집단 모수:

대립가설 H_a:

귀무가설 H_0:

2) 위 '2반'과 관련한 대립가설이 의미하는 바를 연구가설의 형태로 풀어서 써보라.

3) '2반'의 회귀계수에 딸린 유의확률(p-값)은 얼마인지 찾아 적어보라.

(※ 세 개 이상의 모집단 간 평균 차이를 검증할 때에는 몇 개의 쌍이 만들어질 수 있는지를 고려하여 9장 4절에서 배운 Bonferroni adjustment를 적용해야 한다.)

4) 유의확률(p-값)을 근거로 더미변수 '2반'의 회귀계수가 $\alpha=0.1$에서 통계적으로 유의하다고 할 수 있는지 판정하라.

5) 2반의 회귀계수 값이 의미하는 바가 무엇인지 설명해보라.

B. **두 변수 간 상호작용효과를 검증하기 위한 조절회귀모형:** 이번에는 지능이 학업성취도에 영향을 미칠 때 부모경제력과 상호작용을 하는지 여부를 검증하기 위해 두 변수 간 상호작용항(즉, 곱셈항)을 추가한 연습용 표본데이터(4)를 가지고 학업성취도를 종속변수에, 지능, 부모경제력, 지능과 부모경제력 간 상호작용항을 독립변수에 넣고 회귀분석을 돌린 결과 아래와 같은 결과표를 얻었다(단, 연습용 표본데이터(4)는 두 설명변수와 그것들의 상호작용항 간 높은 상관관계로 인해 발생할 수 있는 다중공선성을 피하기 위해 두 설명변수들의 값을 편차점수로 전환하고 그렇게 전환된 것들로 상호작용항을 만들어 추가한 것이다).

Model Summary

Model	R	R Square	Adjusted R Square	Std. Error of the Estimate
1	.640[a]	.410	.388	1.486

a. Predictors: (Constant), X1편차*X2편차, X2편차점수, X1편차점수

ANOVA[b]

Model		Sum of Squares	df	Mean Square	F	Sig.
1	Regression	124.127	3	41.376	18.738	.000[a]
	Residual	178.861	81	2.208		
	Total	302.988	84			

a. Predictors: (Constant), X1편차*X2편차, X2편차점수, X1편차점수

b. Dependent Variable: 학업성취도

Coefficients[a]

Model		Unstandardized Coefficients		Standardized Coefficients	t	Sig.	Collinearity Statistics	
		B	Std. Error	Beta			Tolerance	VIF
1	(Constant)	7.816	.161		48.466	.000		
	X1편차점수	.171	.030	.518	5.783	.000	.907	1.103
	X2편차점수	.513	.141	.313	3.645	.000	.988	1.012
	X1편차*X2편차	-.018	.024	-.070	-.777	.439	.897	1.115

a. Dependent Variable: 학업성취도

1. 상호작용항을 포함한 모집단 회귀모형을 식으로 적어보라.

2. "지능이 학업성취도에 영향을 미치는 효과의 크기를 부모경제력이 조절할 것이다."라는 연구가설을 감안할 때 위 조절회귀모형의 모집단 모수는 무엇인지 적고, 모집단 모수에 대한 대립가설과 귀무가설은 무엇인지 적어보라.

   검증하려는 모집단 모수:

   대립가설 H_a:

   귀무가설 H_0:

3. 위 표본회귀분석 결과를 근거로 표본 회귀방정식을 아래 지시에 따라 적어보라.

   1) $X_i' = X_1 - \overline{X}_1$, $X_2' = X_2 - \overline{X}_2$, $X_3' = (X_1 - \overline{X}_1)(X_2 - \overline{X}_2)$라 하고 X_1', X_2', X_3'을 사용하여 회귀방정식을 적어보라.

   2) 위 표본 회귀방정식의 X_1', X_2', X_3'을 각각 원래의 변수표기(예, $X_1 - \overline{X}_1$)로 대체하여 표본 회귀방정식을 적어보라.

   3) 위 2)의 식에서 X_1의 평균 $\overline{X}_1$과 X_2의 평균 $\overline{X}_2$는 확정되어 있는 상수이기 때문에 위 표본 회귀방정식을 X_1을 주요 변수로 취급하여 $\hat{Y}$=(상수항)+(계수)$\cdot X_1$의 형식으로 재정렬해보라.

   4) 위 3)에서 재정렬한 표본 회귀방정식에 근거하여 변수 X_1의 계수를 적어보라. X_1의 계수가 X_2의 값에 따라 변하는 계수라는 것을 확인하라.

4. 위 표본회귀분석 결과표에서 상호작용항의 회귀계수에 대한 t-값과 그에 딸린 p-값을 보고 앞에서 설정한 대립가설을 유의수준 $\alpha = 0.05$에서 채택할 수 있는지 여부를 판정하라.

5. 아래 지시대로 실행해보라.

   1) 변수 X_1과 X_2의 평균을 EXCEL이나 SPSS를 활용하여 구한 후 위 연습문제 3의 3)에서 최종 정리한 표본 회귀방정식상의 $\overline{X}_1$과 $\overline{X}_2$에 대입하라.

2) 조절변수 X_2의 표준편차(s)를 EXCEL이나 SPSS를 활용하여 구하라.

3) 위 연습문제 3의 3)에서 최종 정리한 표본 회귀방정식을 활용하되, $X_2=\overline{X}_2$일 때의 표본회귀식과 $X_2=\overline{X}_2-1\cdot s$일 때의 표본회귀식, 그리고 $X_2=\overline{X}_2+1\cdot s$일 때의 표본회귀식을 구하고 각각의 그래프를 X_1-Y좌표상에 그려보라.

C. **고차회귀모형:** 학업성취도(Y)와 부모경제력(X_2) 사이에 2차 함수로 표시되는 비선형관계가 존재하는지 여부를 검증하기 위하여 학업성취도(Y)를 종속변수에, 부모경제력의 편차변수 $X'=X_2-\overline{X}_2$와 그것의 제곱항 $X''=(X_2-\overline{X}_2)^2$을 독립변수에 투입한 고차회귀모형(polynomial regression model)을 돌린 결과표가 아래와 같다.

Model Summary

Model	R	R Square	Adjusted R Square	Std. Error of the Estimate
1	.376[a]	.141	.120	1.781

a. Predictors: (Constant), X2편차 제곱, X2편차

ANOVA[b]

Model		Sum of Squares	df	Mean Square	F	Sig.
1	Regression	42.828	2	21.414	6.749	.002[a]
	Residual	260.161	82	3.173		
	Total	302.988	84			

a. Predictors: (Constant), X2편차 제곱, X2편차

b. Dependent Variable: 학업성취도

Coefficients[a]

Model		Unstandardized Coefficients		Standardized Coefficients	t	Sig.	Collinearity Statistics	
		B	Std. Error	Beta			Tolerance	VIF
1	(Constant)	8.095	.262		30.901	.000		
	X2편차	.537	.168	.328	3.198	.002	.996	1.004
	X2편차 제곱	-.214	.133	-.164	-1.603	.113	.996	1.004

a. Dependent Variable: 학업성취도

주: X2_dev은 $X'=X_2-\overline{X}_2$을, X2_dev_sq는 $X''=(X_2-\overline{X}_2)^2$을 나타냄.

1. 모집단 회귀모형을 식으로 적어보라.

2. 위 표본 회귀방정식에 나타나 있는 X_2^2의 회귀계수를 가지고 검증할 수 있는 것들에 대해 아래 물음에 답하라.

   1) 모집단 회귀모형에서 연구자가 관심을 가지고 있는 모집단 모수는 무엇이고, 모집단 모수에 대한 대립가설과 귀무가설은 무엇인지 적어보라.

      검증하려는 모집단 모수:

      대립가설 H_a:

      귀무가설 H_0:

   2) 회귀분석 결과표를 보고 표본 회귀방정식을 적어보라.

   3) 위 X_2^2의 회귀계수에 딸린 유의확률(p-값)은 얼마인지 찾아 적어보라.

   4) 유의확률(p-값)을 근거로 X_2^2의 회귀계수가 $\alpha=0.05$에서 통계적으로 유의하다고 할 수 있는지 판정하라.

3. X_2^2의 회귀계수가 유의하다고 가정하고 표본 회귀방정식으로부터 부모경제력이 학업성취도에 미치는 한계효과(marginal effect)를 구하라.

제15장

이항종속변수 회귀모형

(로지스틱 회귀모형)

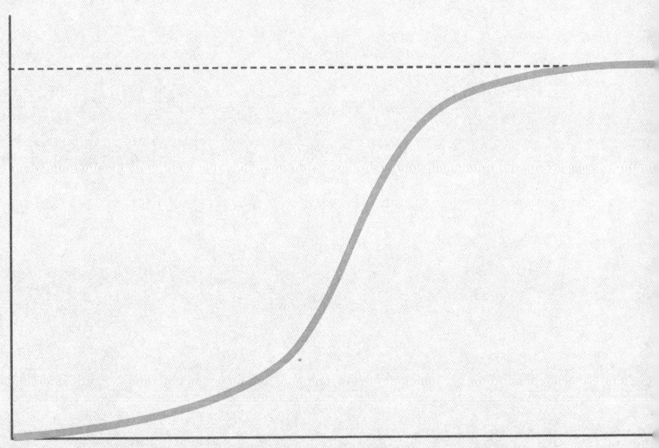

제 1 절 이항확률변수 Y의 기대값: $\hat{Y}=P(Y=1)$

본 장에서는 좀 특수한 회귀모형에 대해 생각해보자. 지금까지 배운 회귀모형은 모두 종속변수(Y)가 정규분포의 특성을 갖는 양적변수였지만, 본 장에서 배울 회귀모형은 종속변수가 두 개의 범주로 나뉘어지는 이항변수(두 범주에 각각 0과 1의 값을 부여하여 구분하면 더미변수가 됨)인 경우이다. 즉, 종속변수가 등간척도나 비율척도로 측정된 양적변수가 아니고, 명목척도로 측정된 것으로서 범주가 2개인 경우이다(종속변수의 범주가 3개 이상인 경우에는 다항종속변수 회귀모형(multinomial regression model)이라 하는데, 그것은 본서의 범위를 넘어서는 고급통계에서 다룬다). 이항종속변수를 이해하기 위해서 먼저 간단한 사실 하나 확인하고 넘어가도록 하자. 그것은 바로 이항종속변수 회귀방정식에서 $\hat{Y}$이 의미하는 바가 무엇인가 하는 것이다.

Y가 정규분포의 특성을 갖는 양적변수일 때 그것을 종속변수로 하는 회귀방정식(아래 식 15.1.1 참조)에서 $\hat{Y}$이 의미하는 바는 Y의 조건부 기대값임을 독자들은 이미 숙지하고 있을 것이다. 여기에서 Y의 조건부 기대값이라는 의미는 특정한 X값이 주어질 때 해당 X값의 조건을 충족하는 개체들의 Y의 기대값을 의미하며, $E(Y|X's)$로 표기해왔다.

$$\hat{Y}=E(Y|X's)=b_0+b_1X_{1i}+b_2X_{2i}+\cdots+b_kX_{ki} \qquad \text{(식 15.1.1)}$$

그렇다면 Y가 0이나 1의 값을 갖는 이항변수일 때 Y의 조건부 기대값 $E(Y|X)$이 의미하는 바는 무엇일까? 여기에서 잠시 확률변수 Y의 기대값을 어떻게 구하는지 생각해보자(회귀모형의 종속변수 Y가 일종의 확률변수라는 점은 제11장 5절에서 설명한 바 있음). 제3장 2절에서 일반적으로 확률변수 Y의 기대값은 (식 15.1.2)와 같이 Y가 취할 수 있는 개별 값에 해당 값이 발생할 확률을 곱한 값들을 모두 합한, 일종의 가중평균이라 설명한 바 있다(제3장 2절 참조).

$$E(Y)=\sum_{i=1}^{n} Y_i \cdot P_i \qquad \text{(식 15.1.2)}$$

그렇다면 확률변수의 기대값을 계산하는 위 원리를 적용하면 이항종속변수 Y의 기대값은 (식 15.1.3)과 같이 표시될 수 있을 것이다.

$$E(Y)=0 \cdot P(Y=0)+1 \cdot P(Y=1)=P(Y=1) \qquad \text{(식 15.1.3)}$$

왜냐하면, 이항종속변수 Y는 0과 1 두 가지 값을 취하기 때문에 0의 값에 그 값이 발생할 확률 $P(Y=0)$을 곱해주고, 또한 1의 값에 그 값이 발생할 확률 $P(Y=1)$을 곱해준 후 합하면 곧 그것이 이항종속변수 Y의 기대값이 되기 때문이다. 요컨대, 위 (식 15.1.3)이 말해주는 것은 Y가 0 혹은 1을 취하는 이항확률변수일 때 Y의 기대값은 곧 Y가 1의 값을 취할 확률을 의미한다는 점이다. 한편, Y가 (식 15.1.1)처럼 X의 함수인 점을 감안하면 위 (식 15.1.3)은 (식 15.1.4)와 같이 조건부 확률로 표현될 수 있다.

$$E(Y \mid X's)=P(Y=1 \mid X's) \qquad \text{(식 15.1.4)}$$

이제, (식 15.1.2)와 (식 15.1.4)를 결합해서 생각해보자. 그것은 곧 다음 (식 15.1.5)와 같이 표현될 수 있는 바, 아래 식이 말해주는 것은 (식 15.1.1)로 표시되는 회귀방정식이 이항종속변수 회귀모형일 때는 좌변, 즉, Y의 조건부 기대값이 곧 $Y=1$이 될 확률을 나타낸다는 점이다.

$$P(Y=1 \mid X's)=b_0+b_1X_{1i}+b_2X_{2i}+\cdots+b_kX_{ki} \qquad \text{(식 15.1.5)}$$

요약하면, 종속변수가 이항변수인 경우 회귀방정식의 좌변($\hat{Y}$)이 나타내는 바는 곧 해당 사건이 발생할 확률, 즉, Y의 값이 1일 확률이고, 그 사건이 발생할 확률은 독립변수들($X's$)에 의해 영향을 받는다는 점이다. 그리고 회귀방정식의 우변이 어떤 모양이든 상관없이 Y가 이항변수인 한 회귀방정식의 좌변($\hat{Y}$), 즉, Y의 조건부 기대값이 의미하는 바는 동일하다. 따라서 이어지는 설명에서는 이항종속변수 회귀방정식의 좌변($\hat{Y}$)이 Y가 1의 값을 취할 확률이라는 점과 그것이 일반 회귀방정식에서의 평균 개념과는 다른 '확률'이기 때문에 그것이 취할 수 있는 값의 범위는 $0 \leq \hat{Y} \leq 1$이라는 점을 염두에 두고 생각하기 바란다.

이항종속변수 회귀모형을 분석하기 위한 기법으로 두 가지 대표적인 분석모형을 생각해볼 수 있는데, 선형확률모형(linear probability model)과 로지스틱 회귀모형(logistic regression model)이 바로 그것이다. 둘 사이의 차이점은 회귀방정식의 우변을 어떤 모양의 함수로 놓느냐에 있다. 뒤에서 확인하게 되겠지만 회귀방정식의 좌변이 $Y=1$일 확률(즉, 특정한 사건이 발생할 확률, $0 \leq \hat{Y} \leq 1$)임을 감안할 때 선형확률모형보다는 로지스틱 회귀모형이 더 적합한 회귀모형이라 할 수 있다.

제 2 절 선형확률모형

선형확률모형(linear probability model)은 이항종속변수 회귀방정식의 우변을 (식 15.1.1)과 같이 일반 다중회귀방정식처럼 독립변수들($X_1, X_2, \cdots, X_k$)의 1차 함수로 표시한 모형이다. 이 모형에서 개별 독립변수의 회귀계수 $b_1, b_2, \cdots, b_k$가 의미하는 바는 관련 독립변수의 한 단위 변화가 해당 사건의 발생확률에 어느 정도의 영향을 미치는지, 즉 독립변수가 사건의 발생확률에 미치는 한계효과(marginal effect)를 나타낸다.

이러한 선형확률모형은 우리가 이미 배워 익숙한 모형이기 때문에 이해하기 쉽고 해석이 용이하다는 장점이 있다. 특정 독립변수에 딸린 회귀계수의 해석은 앞에서 언급한 바대로 해당 독립변수가 한 단위 증가할 때 $Y=1$일 확률, 즉, $P(Y=1)$의 변화량을 나타낸다. 그러나, 이항종속변수 회귀방정식의 좌변($\hat{Y}$)이 $Y=1$일 확률이라는 점을 감안할 때 매우 중대한 결함을 안고 있다.

〈그림 15.2.1〉의 산포도를 보자. 이 산포도는 특정한 독립변수 X와 Y간 산포도를 나타내고 있는데, Y가 취할 수 있는 값이 0이나 1이기 때문에 모든 관측치

그림 15.2.1 특정한 X와 이항종속변수 Y 간 산포도

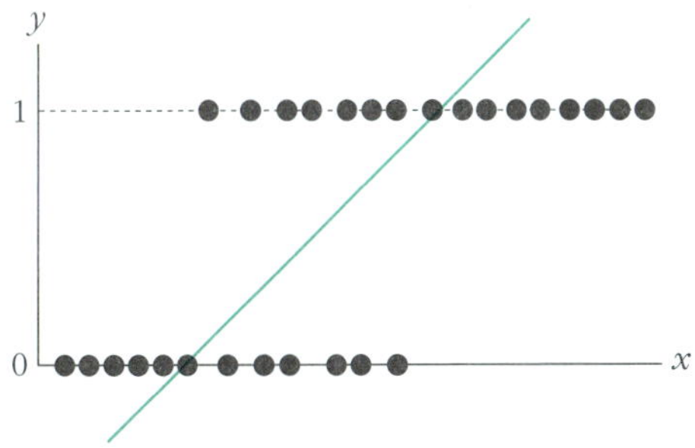

들은 $Y=0$이나 $Y=1$인 선상에 자리를 잡게 될 것이다.

위 산포도는 물론 변수 X와 Y 사이에 일정한 관계가 있음을 말해준다. X가 증가함에 따라 $Y=1$일 가능성이 더 커짐을 보여주고 있다. 그럼, 위 산포도가 보여주는 X와 Y 사이의 관계를 가장 잘 나타낼 수 있는 선형회귀선—X의 1차 함수로 표시되는 회귀선—을 그리라면 어떻게 하겠는가? 아마도 위 그림상에 있는 사선과 같은 회귀선을 그려볼 수 있을 것이다. 이것이 바로 선형확률모형이다. 선형회귀모형이라 하지 않고 선형확률모형이라 명명한 이유는 회귀방정식의 좌변이 $Y=1$일 '확률'을 나타내기 때문임을 짐작할 수 있을 것이다.

자, 이제 위 선형확률모형의 문제점에 대해 생각해보자. 첫 번째 문제점은 Y의 기대값($\hat{Y}$)이 확률임에도 불구하고 위 회귀선이 보여주듯이 0보다 작거나 1보다 큰 값을 가질 수 있다는 점이다. 이것은 이항종속변수 회귀방정식에서 $\hat{Y}$이 취할 수 있는 값의 범위가 $0 \leq \hat{Y} \leq 1$이라는 점에 위배된다.

두 번째 문제점은 일반 회귀모형이 충족해야 할 등분산 가정(제12장 5절 참조)에 위배된다는 점이다. 등분산 가정이란 X값이 달라지더라도 오차편차(즉, $Y_i-\hat{Y}$)의 제곱합으로 표현되는 분산이 동일해야 한다는 것인데, 〈그림 15.2.2〉에서 보는 바와 같이 X값이 달라짐에 따라 오차편차의 크기도 달라지고 결과적으로 등분산의 가정에 위배됨을 알 수 있다. 이처럼 X값이 달라짐에 따라 오차의 분산이 달라지는 현상을 가리켜 이분산(異分散, heteroscedasticity) 현상이라 한다. 이분

그림 15.2.2 선형확률모형의 문제점: 이분산 현상

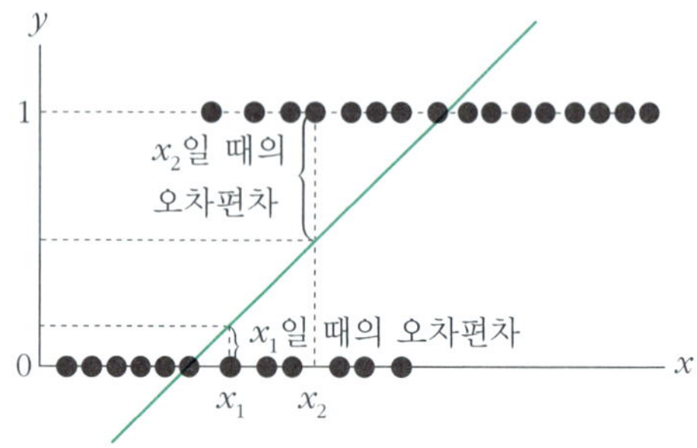

산 현상이 존재하게 되면 일반 회귀모형에서 최적의 회귀식을 찾을 때 적용되었던 최소제곱법(least square method)이 제대로 된 추정치(좋은 추정량이 갖춰야 할 특성에 대해서는 제3장 4절 참조)를 제공해줄 수 없게 된다. 이것을 비켜갈 수 있는 방법으로 가중최소제곱법(weighted least square method)이라는 분석기법을 사용하기도 하는데, 보편적으로는 다음 절에서 보게 될 로지스틱 회귀분석을 사용하기 때문에 그것에 대한 상세한 소개는 생략한다.

제 3 절 로지스틱 회귀모형

1. 로지스틱 회귀방정식

로지스틱 회귀방정식(logistic regression equation)은 이항종속변수 회귀방정식의 우변을 (식 15.3.1)과 같은 비선형함수(즉, 로지스틱 함수)로 표시한 방정식이다.

$$\hat{Y}=P(Y=1\,|\,X's)=\frac{\exp(b_0+b_1\cdot x_{1i}+b_2\cdot x_{2i}+\cdots+b_k\cdot x_{ki})}{1+\exp(b_0+b_1\cdot x_{1i}+b_2\cdot x_{2i}+\cdots+b_k\cdot x_{ki})} \quad \text{(식 15.3.1)}$$

위 로지스틱 함수가 복잡하게 보이는가? 이해를 쉽게 하기 위해 독립변수가 X 하나로 구성된 로지스틱 회귀방정식에서 회귀계수가 정해지면(예, $b_0=3$, $b_1=-2$), 이항종속변수 Y의 조건부 기대값과 독립변수 X의 관계는 (식 15.3.2)와 같다는 얘기이다. 그리고 (식 15.3.2)에서 독립변수에 포함된 변수의 값이 주어지면 그 값을 대입하여 그 조건하에서 관련 사건이 발생할 확률, 즉, $\hat{Y}$을 구할 수 있다.

$$\hat{Y}=P(Y=1\,|\,X)=\frac{e^{3-2X_i}}{1+e^{3-2X_i}} \quad \text{(식 15.3.2)}$$

왜 우변을 이런 복잡한 함수식으로 나타낼까? 그 이유는 이항종속변수 회귀방정식의 좌변($\hat{Y}$)이 $Y=1$일 확률(즉, 관련 사건이 발생할 확률)이면서 그 값의 범위가 $0\leq\hat{Y}\leq1$임을 감안할 때 〈그림 15.3.1〉과 같은 모양의 로지스틱 함수가 〈그림 15.2.1〉와 같은 산포도를 가장 잘 나타내주기 때문이다. 즉, 〈그림 15.3.1〉에서 보는 바와 같이 로지스틱 회귀방정식에서 $\hat{Y}$은 $0\leq\hat{Y}\leq1$이라는 조건을 잘 충족한다.

그림 15.3.1 특정 독립변수 X에 대한 로지스틱 함수의 그래프

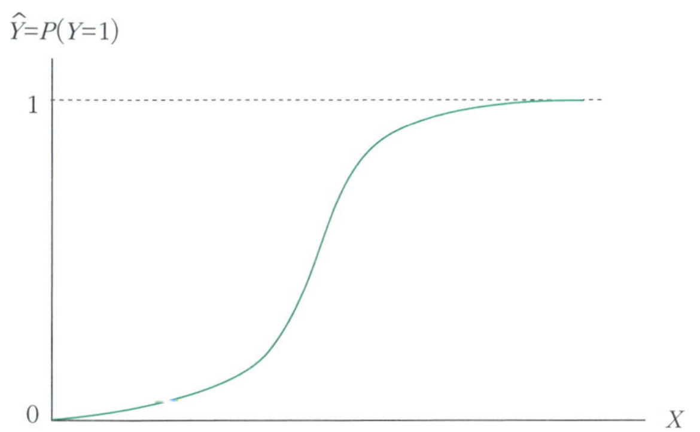

로지스틱 회귀방정식의 회귀계수를 구하는 방식은 일반 회귀분석에서 사용했던 최소제곱법(least square method)을 사용하지 않고 최대우도법(maximum likelihood method)을 사용한다. 그 구체적인 방법은 본서의 범위를 넘어서기 때문에 생략하지만, 기본원리는 현재 확보한 표본 관측치가 나올 수 있는 확률(likelihood)을 최대로 높여주는 모집단 모수(population parameters)의 추정치를 찾아 회귀계수 값으로 제공하는 원리이다.

2. 회귀계수의 해석

1) Odds Ratio에 미치는 효과

로지스틱 회귀방정식에서 특정 회귀계수가 의미하는 바를 해석하는 데 있어서 통계학자들은 특정 독립변수 X와 이항종족변수 사이의 관계에 대해 보다 의미 있는 해석을 할 수 있도록 로지스틱 회귀방정식을 재정렬하여 사용하는데, 다음 (식 15.3.3)과 같이 로지스틱 회귀방정식의 우변이 우리가 익숙한 X의 선형함수로 표시되도록 (식 15.3.1)을 재정렬하여 사용한다. (식 15.3.3)에서 좌변의 P는 $P(Y=1|X's)$을 간략하게 표시한 것이다.

$$\ln\frac{P}{1-P}=b_0+b_1X_{1i}+b_2X_{2i}+\cdots+b_kX_{ki} \qquad \text{(식 15.3.3)}$$

자, 이제 앞의 (식 15.3.3)의 좌변을 보자. 분모에는 $Y=0$일 확률(즉, 이항확률변수의 경우 $Y=0$일 확률 $P(Y=0)$은 곧 $1-P(Y=1)$일 확률과 같다)을, 분자에는 $Y=1$일 확률을 두고 둘 사이의 비율에 자연로그(ln)를 취한 것이다. 여기에서 자연로그 안에 있는 비율 $P/(1-P)$를 가리켜 odds(승률비 정도로 해석할 수 있으나 본서에서는 odds라는 용어를 그대로 사용하겠다)라 일컫는데, 이 odds가 의미하는 바는 곧 관련 사건이 발생할 확률($Y=1$일 확률)이 해당 사건이 발생하지 않을 확률($Y=0$일 확률)의 몇 배인지를 나타낸다. 만일 odds 값이 1이라면 (식 15.3.4)에서 보는 바와 같이 $Y=1$일 확률이 0.5이고 $Y=0$일 확률도 0.5가 될 것인 바, 관련 사건이 발생할 확률과 발생하지 않을 확률이 0.5로 동일하다는 의미이다.

$$\frac{P}{1-P}=1 \rightarrow P=1-P \rightarrow P=0.5 \qquad \text{(식 15.3.4)}$$

한편, 위 odds에 자연로그를 취한 (식 15.3.3)의 좌변 $\ln\frac{P}{1-P}$을 가리켜 로짓(logit)이라 일컬으며, (식 15.3.3)을 로짓 회귀방정식이라 부른다.

이번에는 로짓 회귀방정식에서 특정 독립변수의 회귀계수가 의미하는 바를 살펴보자. 가상적 예로서 특정 행사에 참가할지 여부(이항변수 Y라 하자)를 결정하는 데 영향을 미치는 설명변수로 행사장으로부터 1시간 이내 지역에 거주하는지 여부(1시간 내 거주 시 $X_1=0$, 1시간 외 거주 시 $X_1=1$)와 행사참가비(X_2, 단위 1,000원)를 설정하고 로지스틱 회귀분석을 실행한 결과 (식 15.3.5)와 같은 로지스틱 회귀방정식과 그것을 재정렬하여 (식 15.3.6)과 같은 로짓 회귀방정식을 얻었다.

$$\hat{Y}=P(Y=1|X's)=\frac{e^{5.315-1.702X_{1i}-0.184X_{2i}}}{1+e^{5.315-1.702X_{1i}-0.184X_{2i}}} \qquad \text{(식 15.3.5)}$$

$$\ln\frac{P}{1-P}=\ln(\text{odds})=5.315-1.702X_{1i}-0.184X_{2i} \qquad \text{(식 15.3.6)}$$

위 결과를 보고 우선 더미변수(X_1)의 회귀계수를 해석해보자. 로짓 회귀방정식에서 특정 설명변수의 회귀계수는 해당 설명변수가 한 단위만큼 변할 때 좌변의 ln(odds)가 얼마만큼 변하는지를 나타낸다. 따라서, 행사장으로부터의 거리 X_1의 회귀계수 -1.702가 의미하는 바는 행사참가비 X_2가 동일하다면 $X_1=0$일 때의 ln(odds) 값—$\ln(\text{odds}_0)$로 표시하자—에 비해 한 단위 증가한 $X_1=1$일 때의 ln(odds) 값—$\ln(\text{odds}_1)$로 표시하자—이 1.702만큼 작아진다는 것을 의미한다. 즉, 두 로짓의 차, $\ln(\text{odds}_1)-\ln(\text{odds}_0)$이 -1.702라는 의미이고, 로그함수의 기본특성을 활용하여 이것을 재정리하면 $\ln(\text{odds}_1/\text{odds}_0)=-1.702$라는 의미이다. 한편, $\ln(\text{odds}_1/\text{odds}_0)=-1.702$는 곧 $\text{odds}_1/\text{odds}_0=e^{-1.702}$이기 때문에 $\text{odds}_1/\text{odds}_0$의 값이 $e^{-1.702}(=0.182)$이라는 의미이다. 여기에서 두 odds의 비율 $\text{odds}_1/\text{odds}_0$을 가리켜 odds ratio라 한다. 요약하면, 행사장으로부터의 거리가 1시간 이내인 상황에서 1시간 이상인 상황으로 바뀌면 odds ratio가 0.182가 된다는 의미이다.

로그의 기본특성

로그는 밑수에 어떠한 수가 들어가느냐에 따라 그 값이 달라지는데, 통상 10이 밑수이거나(예, $\log_{10}X$), e가 밑수인 로그(예, $\log_e X$)를 많이 사용한다. 그리고 밑수가 10인 경우 보통 밑수를 생략하여 $\log X$로 표기하고, 밑수가 $e(=2.7182\cdots$인 무한소수)인 경우 자연로그라 하고 $\ln X$로 표기한다. 로그의 몇 가지 기본특성은 아래와 같다.

$$\ln X=a \text{이면 } X=e^a;\ \log X=a \text{이면 } X=10^a$$

$$\log A\cdot B=\log A+\log B$$

$$\log\frac{A}{B}=\log A-\log B$$

이번에는 연속변수 X_2의 회귀계수를 해석해보자. 이미 앞에서 확인한 바와 같이 X_2의 회귀계수 -0.184이 의미하는 바는 X_1이 동일하다고 할 때 행사참가비가 30,000원($X_2=30$)에서 한 단위(즉, 1,000원) 증가하면 그것의 ln(odds) 값, 즉, $X_2=31$일 때의 ln(odds) 값—$\ln(\text{odds}_1)$로 표시하자—은 $X_2=30$일 때의 ln(odds) 값—$\ln(\text{odds}_0)$로 표시하자—에 비해 0.184만큼 작아진다는 것이다. 그리고 ln(odds)의 값이 0.184만큼 작아진다는 것은 $\ln(\text{odds}_1)-\ln(\text{odds}_0)=-0.184$, 곧 $\text{odds}_1/\text{odds}_0=e^{-0.184}(=0.832)$이라는 의미이다. 요컨대, 행사장으로부터의 거리가 동일한 조건에서 행사참가비를 1,000원 인상하면 odds ratio가 0.832가 된다는 의미이다.

이상을 일반화하면 이항종속변수를 포함하고 있는 로지스틱 회귀모형에서 개별 설명변수 X_k의 회귀계수 b_k가 의미하는 바는 $X_k=a$일 때의 로짓값 $\ln(odds_0)$에 비해 $X_k=a+1$일 때의 로짓값 $\ln(odds_1)$이 b_k만큼 변한다는 의미이며, 그것은 또한 (식 15.3.7)이 보여주는 바와 같이 두 odds 간 비율을 나타내는 odds ratio의 값이 e^{b_k}라는 의미이기도 하다.

$$Odds\ ratio = \frac{Odds_1}{Odds_0} = e^{b_k} \qquad \text{(식 15.3.7)}$$

그렇다면 odds ratio의 값을 어떻게 활용할까? 한 가지 방식은 e^{b_k}에서 1을 뺀 뒤 그것에 100을 곱해준 값, 즉, $100(e^{b_k}-1)$을 활용하는 방식인데, 그것은 설명변수 X_k가 한 단위 증가함에 따른 odds의 변화백분율을 나타낸다. 위 행사참가비의 한 단위 변화에 따른 odds ratio를 예로 들어보면 행사참가비가 1,000원 인상될 때 odds ratio의 값이 0.832였기 때문에 그것을 odds의 변화백분율로 바꾸면 $100(0.832-1)=-16.8\%$가 된다. 결과적으로 행사참가비가 1,000원 인상되면 $odds_1$이 $odds_0$에 비해 16.8% 감소한다는 뜻이 된다.

위에서는 X_k가 한 단위 증가함에 따른 odds ratio를 살펴봤는데, 만약 X_k가 한 단위 이상 c 단위만큼 증가할 경우(예, 행사참가비가 30,000원에서 3,000원 인상될 경우 $c=33-30=3$) 그에 따른 odds ratio와 그것에 근거한 odds의 변화백분율은 어떻게 구할 수 있을까? 결론적으로 얘기하면 위 (식 15.3.7)이 (식 15.3.8)과 같이 확장된다.

$$Odds\ ratio = \frac{Odds_1}{Odds_0} = e^{c \cdot b_k} \qquad \text{(식 15.3.8)}$$

요컨대, 로지스틱 회귀방정식의 회귀계수를 해석할 때는 통상 로지스틱 회귀방정식을 로짓 회귀방정식으로 전환한 후 개별 설명변수의 변화가 odds ratio에 어떠한 변화를 가져오는지에 초점을 맞춰 해석한다. 따라서 대부분의 통계프로그램은 로지스틱 회귀분석의 결과물 중 하나로 각 독립변수의 회귀계수와 그에 딸린 odds ratio, 그리고 odds ratio의 신뢰구간을 계산해 보여주는데, 그것을 근거로 특정 설명변수의 한 단위 변화에 따른 odds의 변화백분율뿐 아니라, 한 단위 이상의 변화에 따른 odds의 변화백분율을 알 수 있게 된다.

2) 사건발생확률에 미치는 효과

또한 로지스틱 회귀방정식 (식 15.3.1)로부터 특정 설명변수(예, X_k)가 $\hat{Y}$, 즉, 관련 사건이 발생할 확률 $P(Y=1)$에 미치는 한계효과(marginal effect)를 계산할 수 있는데, 해당 로지스틱 회귀방정식을 대상으로 해당 설명변수 X_k에 대해 1차 편미분을 실행하여 순간변화율을 계산하면 된다. 그리고 곧 그것이 X_k가 $\hat{Y}$에 미치는 한계효과를 나타낸다. 로지스틱 회귀방정식을 X_k에 대해 1차 편미분을 실행하면 (식 15.3.9)와 같고, 이는 X_k가 한 단위 변함에 따른 관련 사건 발생확률 $P(Y=1)$의 변화량을 나타낸다.

$$\frac{\partial \hat{Y}}{\partial X_k} = b_k \cdot P(1-P) \qquad \text{(식 15.3.9)}$$

위 (식 15.3.9)에서 유의할 점은 순간변화율이 관련 사건이 발생할 확률 P의 함수이기 때문에 X_k의 한 단위 증가분에 따른 $P(Y=1)$의 순간변화율은 모든 구간에서 b_k로 동일한 값이 아니고, X_k의 증가분이 어느 확률(P) 수준에서 이루어지느냐에 따라 그 지점에서의 순간변화율이 달라진다는 점이다. 이 점은 〈그림 15.3.1〉에 나타난 로지스틱 회귀함수가 초기에는 완만하게 상승하다가 이어 급격하게 상승하는 구간을 지나 다시 완만하게 변하는 비선형 함수라는 점으로부터 어렵지 않게 이해할 수 있을 것이다(1차 함수일 때만 순간변화율을 나타내는 기울기가 구간에 관계없이 동일함). 따라서 설명변수가 관련 사건의 발생확률에 미치는 한계효과를 구할 때는 P값이 얼마일 때(혹은 그 P값에 영향을 미치는 X_k의 값이 얼마일 때)의 한계효과를 구할 것인지를 명확하게 해야 한다.

1차 편미분의 원리를 위 행사참가의 예에 적용하면 행사참가비 X_2가 30,000원

($X_2=30$)인 상태에서 31,000원($X_2=31$)으로 인상될 경우 인상된 행사참가비 1,000원이 행사참가 확률에 미치는 효과는 다음 (식 15.3.10)에서 확인하는 바와 같다. 즉, 행사참가비 30,000원에서(이 때의 P는 (식 15.3.5)로부터 0.449임을 알 수 있다) 1,000원을 인상하면 그로 인해 행사참가율이 0.046만큼 감소한다(단, 아래 계산에서 행사참가 확률을 계산할 때 행사장까지의 거리는 1시간 이내인 경우로 가정하였다).

$$\frac{\partial \hat{Y}}{\partial X_2} = -0.184 \times 0.449 \times 0.551 = -0.046 \qquad \text{(식 15.3.10)}$$

제 4 절 모집단 모수의 추정

1. 표본회귀계수의 표본분포 특성과 표준오차

로지스틱 회귀모형의 기본 속성에 대해 이해했으니 추리통계의 본래 목적으로 돌아와 모집단 모수에 대한 추정 및 검증에 대해 살펴보자. 로지스틱 회귀모형에서 모집단 회귀방정식과 표본 회귀방정식은 각각 [표 15.4.1]에 나타나 있는 바와 같다.

그리고 로지스틱 회귀모형에서 연구자들의 관심은 독립변수에 포함시킨 특정 설명변수가 이항종속변수(혹은 $Y=1$일 확률)에 어떠한 영향을 미치는지, 좀 더 나

[표 15.4.1] 로지스틱 회귀방정식

모집단 회귀식	$\hat{Y}=P(Y=1 \mid X's)=\dfrac{\exp(\beta_0+\beta_1 \cdot x_1+\beta_2 \cdot x_2+\cdots+\beta_k \cdot x_k)}{1+\exp(\beta_0+\beta_1 \cdot x_1+\beta_2 \cdot x_2+\cdots+\beta_k \cdot x_k)}$
표본 회귀식	$\hat{Y}=P(Y=1 \mid X's)=\dfrac{\exp(b_0+b_1 \cdot x_1+b_2 \cdot x_2+\cdots+b_k \cdot x_k)}{1+\exp(b_0+b_1 \cdot x_1+b_2 \cdot x_2+\cdots+b_k \cdot x_k)}$

아가 odds ratio에 어떠한 영향을 미치는지 보는 데 있다. 따라서 로지스틱 회귀모형에서 관심의 대상이 되는 모집단 모수는 통상 연구자가 관심을 가지고 있는 특정 설명변수 X_k의 회귀계수 β_k가 된다.

연구자가 추정 혹은 검증하고자 하는 모집단 모수가 정해지고 나면 그에 상응하는 표본통계량과 표본통계량의 표본분포 특성을 알아야 하는데, X_k의 모집단 회귀계수 β_k에 상응하는 표본통계량은 표본 회귀방정식에서 얻은 X_k의 표본회귀계수 b_k가 되고, b_k의 표본분포는 표본크기가 커질수록 정규분포의 특성을 띠게 된다. 그리고 그것의 표본오차는 로지스틱 회귀분석 기능을 탑재하고 있는 대부분의 통계프로그램들이 계산해 보여준다(※ 표본오차 계산공식은 본서의 범위를 넘어서기 때문에 여기에서 생략한다).

한편, 표본통계량을 표본오차로 나누어 표준화한 검증통계량의 확률분포는 표본의 크기가 클수록 표준정규분포의 특성을 따르기 때문에 검증통계량은 (식 15.4.1)과 같고, 이 때의 검증은 z-검증이 된다. 통상적인 가설검증 시 귀무가설로 $\beta_k=0$을 설정하기 때문에 (식 15.4.1)에서 β_k값은 0이 된다.

$$\text{검증통계량} = \frac{b_k - \beta_k}{SE} \qquad \text{(식 15.4.1)}$$

그러나 특정한 모집단 모수에 대한 검증통계량은 (식 15.4.1) 외에도 두 가지 추가적인 방식이 사용되기도 하는데, 통계프로그램에 따라서 결과물로서 이들 검증통계치 중 선택적으로 제시해주기 때문에 나머지 두 가지 방식에 대해서도 알아둘 필요가 있다.

그 중 하나가 Wald 검증통계치인데, 이 검증통계치는 위 (식 15.4.1)을 제곱한 값으로서 카이제곱분포(자유도: 1)의 특성을 따른다. SPSS와 같은 통계프로그램은 이 Wald 검증통계치와 그에 기반한 p-값을 보여준다.

마지막으로 다른 하나가 우도비 검증통계치인데, 대부분의 통계프로그램은 최대우도법(maximum likelihood method)을 사용하여 회귀모형을 분석할 때마다 해당 회귀모형에 딸린 우도비("−2 log likelihood"로 표기) 값을 제공해준다. 그 우도비

(likelihood ratio)는 일반 다중회귀모형에서 회귀모형 자체의 유의성을 검증할 때 사용한 F-값과 비슷한 개념이다. 따라서 β_k에 대한 유의성을 검증할 때 사용되는 우도비 검증통계치는 설명변수 X_k를 포함한 완전회귀모형(full regression model)의 우도비(LR_F) 값과 X_k를 포함하지 않은 제한회귀모형(restricted regression model)의 우도비(LR_R) 값의 차이가 되며(즉, 우도비 검증통계치$=LR_R-LR_F$), 그것은 카이제곱 분포(자유도: 1)의 특성을 따른다.

설명변수 X_k를 포함한 완전회귀모형(full regression model)의 우도비(LR_F) 값과 X_k를 포함하지 않은 제한회귀모형(restricted regression model)의 우도비(LR_R) 값의 차이가 없다면 그것은 곧 X_k의 회귀계수 β_k의 값이 0이라는 의미이다.

Wald 검증과 우도비 검증은 표본이 커질수록 그 결과가 일치하지만, 표본크기가 크지 않을 때는 두 검증으로부터 얻은 결과는 다를 수 있다. 둘 중 어느 한 방법이 우월하다고는 말할 수 없지만, 두 검증 결과가 일치하지 않을 경우에는 우도비 검증 결과를 따를 것을 권한다.

이처럼 로지스틱 회귀모형에서 여러 가지의 검증통계치를 사용하는 이유는 무엇일까? 로지스틱 회귀방정식이 등분산(homoscedasticity) 가정을 충족하지 못하고 이분산(heteroscedasticity)의 특성을 가지고 있기 때문에 등분산 가정이 충족될 때 사용했던 최소제곱법(least square method)을 사용할 수 없고 대신 최대우도법(maximum likelihood method)을 사용하여 모집단 회귀계수에 대한 추정치를 계산하게 된다. 그리고 그러한 조건에서 얻은 회귀계수 추정량은 최적의 추정량이 갖춰야 할 세 가지 특성, 즉, 불편성(unbiasedness)과 효율성(efficiency)과 일치성(consistency)의 특성을 동시에 갖추지 못한다. 결국, 어느 검증통계치를 사용하느냐에 따라 그 효율성(표본오차 값이 작을수록 효율성이 좋다고 볼 수 있다.) 면에서 차이가 존재하는 바, 위에 소개한 세 가지 검증통계치 중 어느 것을 사용하느냐에 따라 귀무가설 기각 여부에 있어서 약간의 차이가 발생할 수도 있다.

2. 회귀계수(β_k)에 대한 추정 및 검증

1) 양측검증

로지스틱 회귀모형에 포함된 개별 회귀계수 β_k에 대한 유의성 검증은 다중회귀모형에서 개별 회귀계수에 대한 유의성을 검증하는 방식과 유사하다. 예컨대, "변수 X_k가 사건의 발생확률(즉, Y=1일 확률)에 유의한 영향을 미칠 것이다."라는 연구가설을 검증하고자 하면 그에 대한 대립가설과 귀무가설은 다음과 같을 것이다.

대립가설 H_a: $\beta_k \neq 0$
귀무가설 H_0: $\beta_k = 0$

검증통계량은 앞에서 설명한 바와 같이 세 가지를 사용할 수 있는데, 표준정규분포상에서 적용되는 z-검증통계량, 카이제곱분포상에서 적용되는 Wald 검증통계량(자유도: 1)과 우도비 검증통계량(자유도: 1) 등이 바로 그것이다.

특정 회귀계수의 유의성 여부에 대한 판정은 각각의 표본분포상에서 α값에 연계되어 정해지는 기각영역 경계값과 검증통계치를 비교하여 검증통계치가 귀무가설 기각영역 경계값(즉, z-검증의 경우 $-z_{\alpha/2}$나 $z_{\alpha/2}$, Wald 검증이나 우도비검증의 경우 $\chi^2_{1-\alpha/2,1}$이나 $\chi^2_{\alpha/2,1}$)을 벗어나면, 혹은 p-값이 유의수준 α보다 작거나 같으면 귀무가설을 기각하고 대립가설을 채택하게 된다.

2) 단측검증

이번에는 "변수 X_k가 사건의 발생확률(즉, Y=1일 확률)에 정(+)의 영향을 미칠 것이다."라는 연구가설을 검증하고자 하면 그에 대한 대립가설과 귀무가설은 다음과 같을 것이며, 이것은 우측검증에 해당한다.

대립가설 H_a: $\beta_k > 0$
귀무가설 H_0: $\beta_k \leq 0$

검증통계량은 양측검증에서 사용한 세 가지 검증통계량을 그대로 사용할 수 있고 유의성 여부에 대한 판정은 개별 검증통계치가 귀무가설 기각영역 경계값(즉, z-검증의 경우 z_α, wald 검증이나 우도비 검증의 경우 $\chi^2_{\alpha,1}$)보다 더 크거나 같으면 귀무가설을 기각하고 대립가설을 채택한다. 물론 p-값을 유의수준 α와 비교하여 귀무가설 기각여부를 결정해도 결과는 똑같다.

제 5 절 로지스틱 회귀모형의 유의성 검증

독립변수들을 포함한 로지스틱 회귀모형 자체가 Y=1일 확률(즉, 관련 사건이 발생할 확률)을 설명하는 데 얼마나 유의한지를 검증하는 방법은 다중회귀모형의 유의성을 검증하는 방식과 유사하다. 모집단 회귀모형이 (식 15.3.1)과 같을 때 대립가설과 귀무가설은 다음과 같이 표현된다.

대립가설 H_a: 모든 독립변수의 회귀계수가 0은 아닐 것이다.
귀무가설 H_0: $\beta_1 = \beta_2 = \cdots = \beta_k = 0$

위 가설을 검증하는 데 사용되는 검증통계치는 앞에서 소개한 우도비 검증통계치(통계프로그램에 따라 G로 표시하기도 함)인데, 이 때 우도비 검증통계치의 확률분포는 카이제곱분포(자유도: 독립변수의 개수 k)의 특성을 따른다.

유의성 여부에 대한 판정은 이미 다중회귀모형의 유의성을 검증할 때 사용한 원리를 그대로 적용하면 되는바, 검증통계치가 카이제곱분포상에서 귀무가설 기각영역 경계값 $\chi^2_{1-\alpha/2,\kappa}$나 $\chi^2_{\alpha/2,\kappa}$를 벗어나면, 혹은 p-값이 유의수준 α보다 작거나 같으면 귀무가설을 기각하고 대립가설을 채택할 수 있다.

SPSS로 로지스틱 회귀분석 실행하기

앞 본문에서 예를 든 특정 행사 참가여부(이항변수 Y)에 관한 가상 연습용 표본데이터(5)를 활용하여 로지스틱 회귀분석을 실행해보자. 여기에서 설명변수는 행사장으로부터 1시간 이내 지역에 거주하는지 여부(1시간 내 거주 시 X_1=0, 1시간 외 거주 시 X_1=1)와 행사참가비(X_2, 단위 1,000원)이다.

1. 연습용 표본데이터(5) 의 형태

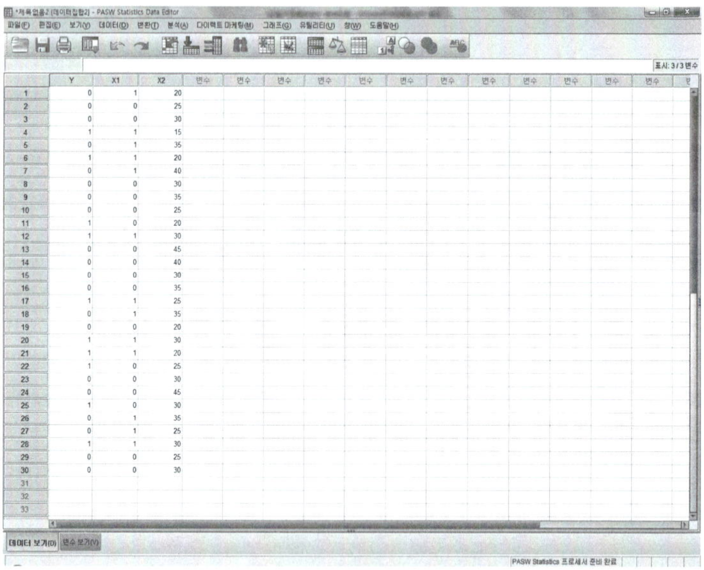

	Y	X1	X2
1	0	1	20
2	0	0	25
3	0	0	30
4	1	1	15
5	0	1	35
6	1	1	20
7	0	1	40
8	0	0	30
9	0	0	35
10	0	0	25
11	1	0	20
12	1	1	30
13	0	0	45
14	0	0	40
15	0	0	30
16	0	0	35
17	1	1	25
18	0	1	35
19	0	0	20
20	1	1	30
21	1	1	20
22	1	0	25
23	0	0	30
24	0	0	45
25	1	0	30
26	0	1	35
27	0	1	25
28	1	1	30
29	0	0	25
30	0	0	30
31			
32			
33			

2. 실행하기: 분석 → 회귀분석 → 이분형 로지스틱 → 종속변수 박스에 Y를, 공변량 박스에 X_1과 X_2를 입력 → 오른쪽 우측 범주형 버튼을 클릭한 후 범주형 공변량 박스에 더미변수인 X_1을 선택하여 입력 후 계속 → 확인

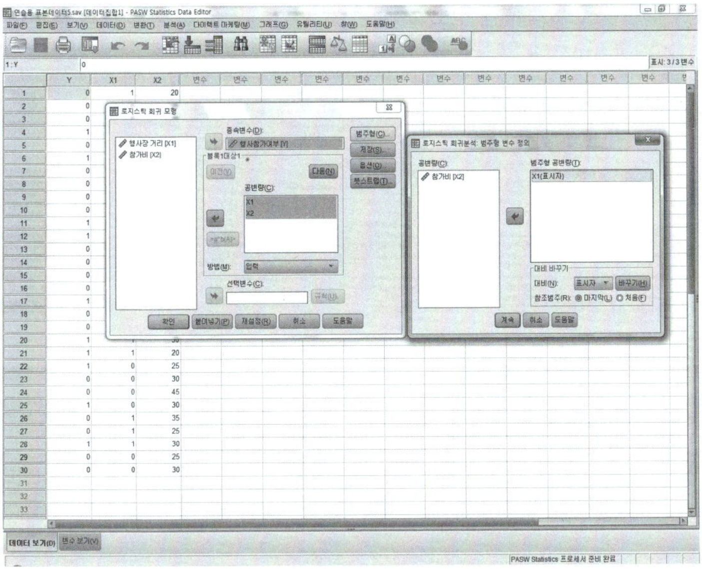

연습문제

앞 페이지 "SPSS로 로지스틱 회귀분석 실행하기"에서 예시한 분석의 결과표가 아래와 같다. 질문에 답하라.

Logistic Regression

Omnibus Tests of Model Coefficients

		Chi-square	df	Sig.
Step 1	Step	10.872	2	.004
	Block	10.872	2	.004
	Model	10.872	2	.004

Model Summary

Step	-2 Log likelihood	Cox & Snell R Square	Nagelkerke R Square
1	27.319[a]	.304	.422

a. Estimation terminated at iteration number 5 because parameter estimates changed by less than .001.

Classification Table[a]

Observed			Predicted		
			행사참가여부		Percentage Correct
			0	1	
Step 1	행사참가여부	0	18	2	90.0
		1	6	4	40.0
	Overall Percentage				73.3

a. The cut value is .500

Variables in the Equation

		B	S.E.	Wald	df	Sig.	Exp(B)
Step 1[a]	X1(1)	-1.702	.969	3.083	1	.079	.182
	X2	-.184	.086	4.560	1	.033	.832
	Constant	5.315	2.538	4.384	1	.036	203.366

a. Variable(s) entered on step 1: X1, X2.

1. 모집단 회귀방정식을 로지스틱 함수형식으로 적어보라.

2. 위 결과표에 근거하여 표본 회귀방정식을 로지스틱 함수형식으로 적어보라.

3. 연구자가 행사참가여부(Y)에 영향을 미칠 것으로 예상한 두 설명변수, 즉, 행사장까지의 거리(X_1)와 행사참가비(X_2) 각각에 대해 양측검증에 해당하는 대립가설을 쓰고 대립가설을 채택할 수 있는지 여부에 대해 Wald 검증을 활용하여 판정하라.

   1) 설명변수 X_1과 관련된 대립가설
   2) 설명변수 X_2와 관련된 대립가설

4. 로지스틱 함수형식으로 쓴 표본 회귀방정식을 로짓 회귀방정식으로 재정렬하라.

5. 설명변수 X_2가 odds ratio에 미치는 한계효과를 찾아 쓰고, 그 의미를 설명하라.

6. 위 로지스틱 회귀모형의 유의성을 검증하기 위한 대립가설과 귀무가설을 쓰고, 위 결과표에 근거하여 판정하라.

7. 설명변수 X_2와 관련된 대립가설을 채택할 수 있는지 여부를 검증하되, 위에 제시된 X_1과 X_2를 포함하고 있는 회귀모형의 결과표와 아래에 제시된 X_1만을 포함하고 있는 회귀모형의 결과표를 근거로 우도비 검증(likelihood test)을 활용하여 판정하라.

Logistic Regression

Omnibus Tests of Model Coefficients

		Chi-square	df	Sig.
Step 1	Step	4.402	1	.036
	Block	4.402	1	.036
	Model	4.402	1	.036

Model Summary

Step	-2 Log likelihood	Cox & Snell R Square	Nagelkerke R Square
1	33.789[a]	.136	.190

a. Estimation terminated at iteration number 4 because parameter estimates changed by less than .001.

Classification Table[a]

Observed			Predicted		
			행사참가여부		Percentage Correct
			0	1	
Step 1	행사참가여부	0	14	6	70.0
		1	3	7	70.0
	Overall Percentage				70.0

a. The cut value is .500

Variables in the Equation

		B	S.E.	Wald	df	Sig.	Exp(B)
Step 1[a]	X1(1)	-1.695	.845	4.020	1	.045	.184
	Constant	.154	.556	.077	1	.782	1.167

a. Variable(s) entered on step 1: X1.

연습문제 풀이

제 3 장

1. 1) 2 2) 1 3) 0 4) −1 5) −2

2. 1) 16 2) 14 3) 12 4) 10 5) 8
6) 6 7) 4

3. 수학, 국어, 과학, 사회

4. 1) 0.10 2) 0.95 3) 0.10 4) 0.90 5) 0.05

5. 1) 1.310 2) −1.310 3) 1.697 4) −1.697 5) 2.042
6) −2.042 7) 2.457 8) −2.457

6. 1) 0.10 2) 0.95 3) 0.01 4) 0.90 5) 0.95
6) 0.09

7. 1) 85.53 2) 55.33 3) 90.53 4) 51.74 5) 95.02
6) 48.76 7) 100.43 8) 45.44

8. 1) 0.025 2) 0.99 3) 0.95 4) 0.025 5) 0.04

9. 1) 3.32 2) 0.051 3) 4.18 4) 0.025 5) 5.39 6) 0.010

제 4 장

1. 1단계: 대립가설과 귀무가설 설정
2단계: 표본통계량의 표본분포 확인
3단계: 귀무가설이 옳다는 가정하에 검증통계치 계산
4단계: 귀무가설 기각영역 경계값 확정; 혹은 p-값 계산
5단계: 검증통계치와 경계값 비교 혹은 p-값과 α값 비교 통해 귀무가설 기각여부 판정

2. 기각영역 경계값

		유의수준 값			
		0.10	0.05	0.01	0.001
신뢰수준		90%	95%	99%	99.9%
p-값 범위		$0.05<p\leq 0.10$	$0.01<p\leq 0.05$	$0.001<p\leq 0.01$	$p\leq 0.001$
t-검증 (df: 30)	양측 경계	−1.70, 1.70	−2.04, 2.04	−2.75, 2.75	−3.65, 3.65
	우측 경계	1.310	1.697	2.457	3.385
χ^2-검증 (df: 80)	양측 경계	60.39, 101.9	57.15, 106.6	51.17, 116.3	44.79, 128.3
	우측 경계	96.6	101.9	112.3	124.8
F-검증 (df_1:3, df_2:120)	양측 경계	0.12, 2.68	0.07, 3.23	0.02, 4.50	0.005, 6.34
	우측 경계	2.23	2.68	3.95	5.78

3. p-값 계산과 귀무가설 기각여부 판정

	검증통계치	양측검증	H_0기각여부	단측검증	H_0기각여부
t-검증 (df: 30)	1.50	0.144	기각 못함	0.072	기각 못함
	1.90	0.067	기각 못함	0.033	기 각
	2.40	0.023	기 각	0.011	기 각
χ^2-검증 (df: 80)	85.0	0.660	기각 못함	0.330	기각 못함
	103.0	0.086	기각 못함	0.043	기 각
	110.0	0.030	기 각	0.015	기 각
F-검증 (df_1:3, df_2: 120)	2.50	0.126	기각 못함	0.063	기각 못함
	3.00	0.066	기각 못함	0.033	기 각
	4.00	0.020	기 각	0.010	기 각

주: 카이제곱과 F-검증에서 p-값은 양측검증이냐 단측검증이냐에 따라 값이 달라지지 않음. 다만, 양측검증에서는 p-값과 $\alpha/2$값을, 단측검증에서는 p-값과 α값을 비교하여 판정함.

제 6 장

A. 1. 모수: 전체 학생들의 지능 평균; 점추정치: 100.33

2. 표본오차: 0.624

3. 신뢰구간: $100.33 \pm 1.99 \times 0.624$

4. 대립가설: $\mu \neq 98$, 귀무가설: $\mu = 98$

5. 검증통계치: 3.733, p-값=0.000

6. p-값<0.001이므로 귀무가설 기각

B. 1. 0.26　　2. 0.014　　3. $0.26 \pm 1.96 \times 0.014$

4. 1) 대립가설: $P > 0.25$, 귀무가설: $P \leq 0.25$

2) 0.714

3) p-값=0.238

4) p-값>0.05이므로 귀무가설을 기각할 수 없음.

제 7 장

A. 1. 모수: $\mu_1 - \mu_2$, 점추정치: −1.263

2. 1.248

3. $-1.263 \pm 1.99 \times 1.248$

4. 대립가설: $\mu_1 - \mu_2 \neq 0$, 귀무가설: $\mu_1 - \mu_2 = 0$

5. 검증통계치: −1.012, p-값=0.314

6. 기각할 수 없음.

B. 1. 표본구성이 적절치 않음: 독립된 표본을 구성할 경우 여성직원 표본에 비해 남성직원 표본에 고직급이나 고임금 직군에서 일하는 직원들이 상대적으로 많이 포함될 경우 단지 남녀 간 임금격차 외에 직급이나 직군 차이에 따른 임금격차 요인이 반영될 수 있기 때문.

2. 독립표본 t-검증이 적절치 않음

3. 적절한 표본구성: 비슷한 근무경력을 보유하고 동일한 업무를 수행하는 남녀직원들을 대응표본(matched sample)으로 뽑아 비교하는 것이 적절함.

4. 적절한 분석법: 대응표본 t-검증(개별 짝의 임금격차를 계산한 후 그렇게 구한 임금격차의 평균을 구하여 모집단에서의 남녀 임금격차 평균을 추정 및 검증)

C. 1. 주말비율: 0.28, 주중비율: 0.25

2. $P_1 - P_2$ (P_1은 모집단 주말비율, P_2는 모집단 주중비율)

3. 점추정치: 0.03

4. 표본오차: 0.01

5. 95% 신뢰구간: $0.03 \pm 1.96 \times 0.01$

6. 1) 대립가설: $P_1 - P_2 > 0$, 귀무가설: $P_1 - P_2 \leq 0$
   2) 검증통계치: 3.0
   3) p-값=0.001
   4) p-값<0.05이므로 기각할 수 있음.

제 8 장

1. 1) $0.180 \le \sigma^2 \le 0.336$ 2) $0.424 \le \sigma \le 0.580$

   3) (1) 대립가설: $\sigma^2 > 0.20$, 귀무가설: $\sigma^2 \le 0.20$

   (2) 검증통계치: 96

   (3) 경계값: 101.9 귀무가설을 기각할 수 없음.

   (4) p-값=0.107, 귀무가설을 기각할 수 없음.

2. 1) $0.70 \times 1.6 \le \sigma_1^2/\sigma_2^2 \le 1.47 \times 1.6$

   (참고: $F_{0.05,60,120}=1.43$, $F_{0.05,120,60}=1.47$)

   2) (1) 대립가설: $\sigma_1^2/\sigma_2^2 \ne 1$, 귀무가설: $\sigma_1^2/\sigma_2^2=1$

   (2) 검증통계치 $F=1.6$

   (3) 경계값: $F_{0.025,60,120}=1.53$(귀무가설 기각)

   (4) p-값=0.015(p-값<0.025이므로 귀무가설 기각)

   3) (1) 대립가설: $\sigma_1^2/\sigma_2^2 > 1$, 귀무가설: $\sigma_1^2/\sigma_2^2 \le 1$

   (2) 검증통계치 $F=1.6$

   (3) 경계값: $F_{0.01,60,120}=1.66$ (귀무가설 기각할 수 없음)

   (4) p-값=0.015 (p-값>0.01이므로 귀무가설을 기각할 수 없음)

제 9 장

1. 연구가설: 모집단에서 학업성취도의 반별 차이가 존재할 것이다.

2. 대립가설: 세 반의 모집단 학업성취도 평균이 모두 같지는 않을 것이다.

   귀무가설: $\mu_1=\mu_2=\mu_3$

3. $SSB=35.176(df=2)$, $SSW=267.812(df=82)$, $SST=302.988(df=84)$

4. $MSB=17.588$, $MSW=3.266$

5. 검증통계치: $F=MSB/MSW=5.385$, p-값=0.006

6. p-값<0.01이므로 귀무가설 기각

7. $\mu_1 \neq \mu_3$, $\mu_2 \neq \mu_3$

제10장

1. 모수: 학업성취도와 부모경제력 간 상관계수 ρ_{xy}

2. 점추정치: 0.338

3. 대립가설: $\rho_{xy} \neq 0$, 귀무가설: $\rho_{xy}=0$

4. p-값=0.002

5. p-값<0.01이므로 귀무가설 기각

제11장

1. 1) 종속변수: 학업성취도; 독립변수(혹은 설명변수): 지능
   2) 회귀식: $\hat{Y}=-10.418+0.182X_1$
   3) 7.782
   4) 지능지수가 100인 학생들의 학업성취도 평균
   5) 0.182

2. 1) $SSR=91.808$, $SSE=211.18$, $SST=302.988$
   2) 302.988=91.808+211.18
   3) 91.808/302.988=0.303
   4) 학업성취도 변량의 30.3%는 지능에 의해 설명(예측)이 가능하다.

제12장

1. 1) (1) 모집단 회귀모형: $Y=\beta_0+\beta_1X_1+\varepsilon$
   모집단 회귀방정식: $\hat{Y}=\beta_0+\beta_1X_1$
   모집단 모수: β_1
   (2) 표본 회귀식: $\hat{Y}=-10.418+0.182X_1$
   (3) 점추정치: 0.182
   (4) 표본오차: 0.03, 신뢰구간: $0.182\pm1.99\times0.03$
   (참고: TINV(0.05,83)=1.99)
   (5) 대립가설: $\beta_1\neq0$, 귀무가설: $\beta_1=0$
   (6) 검증통계치: 6.007
   (7) 기각영역 경계값: 2.636
   (8) 6.007>2.636이므로 귀무가설 기각
   (9) p-값=0.000 (p-값<0.01이므로 귀무가설 기각)

   2) (1) 대립가설: $\beta_1>0$, 귀무가설: $\beta_1\leq0$
   (2) 기각영역 경계값: 2.372
   (3) 검증통계치: 6.007; α=0.01에서 귀무가설 기각

2. 결정계수: 0.303

3. 1) SSR=91.808, SSE=211.18, SST=302.988
   2) 성립
   3) R^2=91.808/302.988=0.303
   4) SSR, SSE, SST의 자유도: 각각 1, 83, 84
   5) MSR=91.808, MSE=2.544
   6) 검증통계치: 36.083
   7) 기각영역 경계값: 6.95 (귀무가설 기각)
   8) p-값=0.000 (p-값<0.01이므로 귀무가설 기각: 회귀모형의 유의성 입증됨)

4. 동일함

제13장

A. 1. 1) (1) 회귀모형: $Y=\beta_0+\beta_1X_1+\beta_2X_2+\varepsilon$

회귀방정식: $\hat{Y}=\beta_0+\beta_1X_1+\beta_2X_2$

모집단 모수: β_2

(2) 표본 회귀방정식: $\hat{Y}=-11.650+0.178X_1+0.524X_2$

(3) β_2의 점추정치: 0.524

(4) 0.524: 지능의 효과를 통제한 상태에서 부모경제력이 1만큼 증가하면 학업성취도는 평균 0.524만큼 증가할 것이다.

(5) β_2의 표본오차: 0.140

β_2의 95% 신뢰구간: $0.524\pm1.99\times0.140$

(참고: *TINV*(0.05,82)=1.99)

(6) H_a: $\beta_2\neq0$, H_0: $\beta_2=0$

(7) 검증통계치 t=3.755

(8) $t_{0.025,82}$= 1.99 (참고: *TINV*(0.05,82)=1.99)

(9) 검증통계치가 $t_{0.025,82}$보다 더 크므로 기무가설 기각

(10) p-값=0.000 (참고: *TDIST*(3.755,82.2)=0.0003)

α=0.01에서 대립가설 채택 가능

2) (1) H_a: $\beta_2>0$, H_0: $\beta_2\leq0$

(2) $t_{0.05,82}$=1.66 (참고: *TINV*(0.10,82)=1.66)

(3) 검증통계치가 $t_{0.05,82}$보다 크므로 대립가설 채택

(4) p-값=0.000 (참고: *TDIST*(3.755,82.1)=0.0001)

α=0.05에서 대립가설 채택 가능

2. R^2=0.405(지능과 부모경제력이 학업성취도 변량(variance)의 40.5%를 설명함)

3. 1) *SSR*=122.794, *SSE*=180.195, *SST*=302.988

2) 성립함

3) 결정계수=122.794/302.988

4) SSR, SSE, SST의 자유도: 각각 2, 82, 84

5) MSR=122.794/2=61.397, MSE=180.195/82=2.197

6) 검증통계치: F=27.939

7) $F_{0.01,2,82}$=4.874

검증통계치가 경계값보다 크므로 회귀모형이 유의함.

8) p-값(=0.000)이 α(=0.01)보다 작으므로 회귀모형이 유의함.

4. β_1의 표준화된 회귀계수: 0.540

(지능과 학업성취도 간 상관계수는 0.550)

β_2의 표준화된 회귀계수: 0.320

(부모경제력과 학업성취도 간 상관계수는 0.338)

B. 1. 제한회귀모형(restricted model): $Y=\beta_0+\beta_1X_1+\varepsilon$

완전회귀모형(full model): $Y=\beta_0+\beta_1X_1+\beta_2X_2+\beta_3X_4+\varepsilon$

2. 대립가설: β_2과 β_3 모두 0은 아닐 것이다.

귀무가설: $\beta_2=\beta_3=0$

3. 검증통계치: ΔF=6.979(분자자유도: 2, 분모자유도: 81)

4. p-값=0.002, (α=0.01에서 대립가설 채택 가능)

제14장

A. 1. 모집단 회귀모형: $Y=\beta_0+\beta_1X_1+\beta_2C_1+\beta_3C_2+\varepsilon$

2. 표본 회귀방정식: $\hat{Y}=-9.234+0.164X_1+0.720C_1+0.847C_2$

비교집단: 3반(C_3)

3. 1) 검증하려는 모집단 모수: β_2

대립가설: $\beta_2 \neq 0$, 귀무가설: $\beta_2 = 0$

2) 학업성취도에서 1반과 3반 학생들 사이에 유의한 차이가 있을 것이다.

3) α값에 적용하는 Bonnferroni 조정을 p-값에 적용하면,

p-값=0.114×3=0.342

4) p-값이 α=0.1보다도 더 크므로 귀무가설을 기각할 수 없음.

4. 1) 검증하려는 모집단 모수: β_3

대립가설: $\beta_3 \neq 0$, 귀무가설: $\beta_3 = 0$

2) 학업성취도에서 2반과 3반 학생들 사이에 유의한 차이가 있을 것이다.

3) α값에 적용하는 Bonnferroni 조정을 p-값에 적용하면,

p-값=0.057×3=0.171

4) p-값이 α=0.1보다도 더 크므로 위 귀무가설을 기각할 수 없음.

5) 90% 확신컨대, 학업성취도에서 2반 학생들은 3반 학생들에 비해 평균 0.847 정도 높다.

B. 1. 모집단 회귀모형: $Y = \beta_0 + \beta_1 X_1 + \beta_2 X_2 + \beta_3 X_1 \cdot X_2 + \varepsilon$

2. 검증하려는 모집단 모수: β_3

대립가설: $\beta_3 \neq 0$, 귀무가설: $\beta_3 = 0$

3. 1) 회귀방정식: $\hat{Y} = 7.816 + 0.171X_1' + 0.513X_2' - 0.018X_3'$

2) $\hat{Y} = 7.816 + 0.171(X_1 - \overline{X}_1) + 0.513(X_2 - \overline{X}_2)$

$- 0.018(X_1 - \overline{X}_1)(X_2 - \overline{X}_2)$

3) $\hat{Y} = \{7.816 - 0.171\overline{X}_1 + 0.513\overline{X}_2 - 0.018\overline{X}_1 \cdot \overline{X}_2$

$+ (0.513 + 0.018\overline{X}_1) \cdot X_2\} + (0.171 + 0.018\overline{X}_2 - 0.018X_2) \cdot X_1$

4) $0.171 + 0.018\overline{X}_2 - 0.018X_2$

4. p-값(=0.439)이 0.05보다 크므로 귀무가설 기각 불가

5. 1) $\hat{Y}=(230.04-84.29X_2)-(2.635-0.847X_2)\cdot X_1$

(참고: $\overline{X}_1=100.329$, $\overline{X}_2=3.035$)

2) X_2의 표준편차: 1.159

3) $X_2=3.035$일 때 $\hat{Y}=71.97-0.82X_1$

$X_2=1.876$일 때 $\hat{Y}=-25.69+0.16X_1$

$X_2=4.194$일 때 $\hat{Y}=-123.34+1.15X_1$

C. 1. 모집단 회귀모형: $Y=\beta_0+\beta_1X_2+\beta_2X_2^2+\varepsilon$

2. 1) 검증하려는 모집단 모수: β_2

대립가설: $\beta_2\neq 0$, 귀무가설: $\beta_2=0$

2) 회귀방정식:

$\hat{Y}=0.8095+0.537(X_2-\overline{X}_2)-0.214(X_2-\overline{X}_2)^2$

$=(0.8095-0.537\overline{X}_2-0.214\overline{X}_2^2)+(0.537+0.428\overline{X}_2)X_2-0.214X_2^2$

3) p-값=0.113

4) p-값이 α보다 크므로 귀무가설을 기각할 수 없음.

3. 한계효과(marginal effect): $\dfrac{\partial\hat{Y}}{\partial X_2}=(0.537+0.428\overline{X}_2)-0.428X_2$

제15장

1. 모집단 회귀방정식: $\hat{Y}=\dfrac{\exp(\beta_0+\beta_1\cdot X_1+\beta_2\cdot X_2)}{1+\exp(\beta_0+\beta_1\cdot X_1+\beta_2\cdot X_2)}$

2. 표본 회귀방정식: $\hat{Y}=\dfrac{\exp(5.315-1.702X_1-0.184X_2)}{1+\exp(5.315-1.702X_1-0.184X_2)}$

3. 1) 설명변수 X_1과 관련된 대립가설: $\beta_1\neq 0$

p-값(=0.079)이 0.10보다 작으므로 α=0.10 수준에서 대립가설을 채택할 수 있음.

2) 설명변수 X_2와 관련된 대립가설: $\beta_2 \neq 0$

p-값(=0.033)이 0.05보다 작으므로 α=0.05 수준에서 대립가설을 채택할 수 있음.

4. 로짓 회귀방정식: $\ln \dfrac{P}{1-P} = 5.315 - 1.702X_1 - 0.184X_2$

5. 설명변수 X_2가 odds ratio에 미치는 한계효과: 0.832

행사참가비가 한 단위(1,000원)인상되면 인상되기 전의 odds 대비 인상된 후의 odds 비율이 0.832로 낮아진다.

6. 대립가설 H_a: 두 독립변수의 회귀계수가 모두 0은 아닐 것이다.

귀무가설 H_0: $\beta_1 = \beta_2 = 0$

우도비(−2 log likelihood)의 값 27.319는 $\chi^2_{0.001,2}$(=10.815)보다 크므로 α=0.001 수준에서 귀무가설을 기각하고 대립가설을 채택할 수 있음.

7. 두 회귀모형의 우도비 차이는 33.789−27.319=6.47로서 $\chi^2_{0.05,1}$(=3.84)와 $\chi^2_{0.01,1}$(=6.63) 사이의 값이므로 α=0.05 수준에서 귀무가설을 기각하고 대립가설을 채택할 수 있음.

부 록

[부록 1] 표준정규분포표 (Z-분포표)

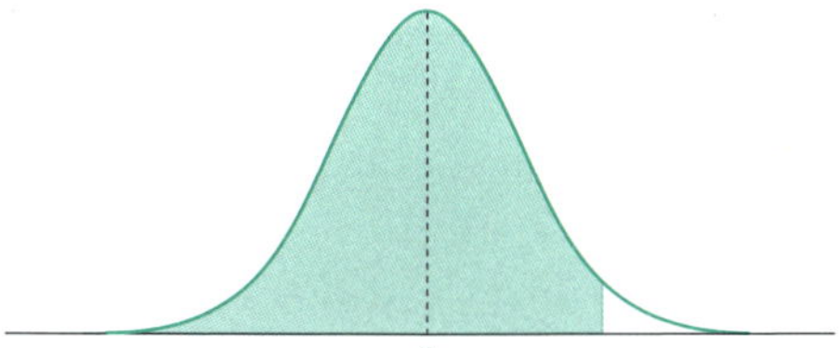

표 안의 값들은 표준정규분포의 누적 확률을 나타내며 그림의 파란색 부분을 나타낸다.

예 $P(Z \leq 1.96) = 0.975$

z	0.00	0.01	0.02	0.03	0.04	0.05	0.06	0.07	0.08	0.09
0.0	0.5000	0.5040	0.5080	0.5120	0.5160	0.5199	0.5239	0.5279	0.5319	0.5359
0.1	0.5398	0.5438	0.5478	0.5517	0.5557	0.5596	0.5636	0.5675	0.5714	0.5753
0.2	0.5793	0.5832	0.5871	0.5910	0.5948	0.5987	0.6026	0.6064	0.6103	0.6141
0.3	0.6179	0.6217	0.6255	0.6293	0.6331	0.6368	0.6406	0.6443	0.6480	0.6517
0.4	0.6554	0.6591	0.6628	0.6664	0.6700	0.6736	0.6772	0.6808	0.6844	0.6879
0.5	0.6915	0.6950	0.6985	0.7019	0.7054	0.7088	0.7123	0.7157	0.7190	0.7224
0.6	0.7257	0.7291	0.7324	0.7357	0.7389	0.7422	0.7454	0.7486	0.7517	0.7549
0.7	0.7580	0.7611	0.7642	0.7673	0.7704	0.7734	0.7764	0.7794	0.7823	0.7852
0.8	0.7881	0.7910	0.7939	0.7967	0.7995	0.8023	0.8051	0.8078	0.8106	0.8133
0.9	0.8159	0.8186	0.8212	0.8238	0.8264	0.8289	0.8315	0.8340	0.8365	0.8389
1.0	0.8413	0.8438	0.8461	0.8485	0.8508	0.8531	0.8554	0.8577	0.8599	0.8621
1.1	0.8643	0.8665	0.8686	0.8708	0.8729	0.8749	0.8770	0.8790	0.8810	0.8830
1.2	0.8849	0.8869	0.8888	0.8907	0.8925	0.8944	0.8962	0.8980	0.8997	0.9015
1.3	0.9032	0.9049	0.9066	0.9082	0.9099	0.9115	0.9131	0.9147	0.9162	0.9177
1.4	0.9192	0.9207	0.9222	0.9236	0.9251	0.9265	0.9279	0.9292	0.9306	0.9319
1.5	0.9332	0.9345	0.9357	0.9370	0.9382	0.9394	0.9406	0.9418	0.9429	0.9441
1.6	0.9452	0.9463	0.9474	0.9484	0.9495	0.9505	0.9515	0.9525	0.9535	0.9545
1.7	0.9554	0.9564	0.9573	0.9582	0.9591	0.9599	0.9608	0.9616	0.9625	0.9633
1.8	0.9641	0.9649	0.9656	0.9664	0.9671	0.9678	0.9686	0.9693	0.9699	0.9706
1.9	0.9713	0.9719	0.9726	0.9732	0.9738	0.9744	0.9750	0.9756	0.9761	0.9767
2.0	0.9772	0.9778	0.9783	0.9788	0.9793	0.9798	0.9803	0.9808	0.9812	0.9817
2.1	0.9821	0.9826	0.9830	0.9834	0.9838	0.9842	0.9846	0.9850	0.9854	0.9857
2.2	0.9861	0.9864	0.9868	0.9871	0.9875	0.9878	0.9881	0.9884	0.9887	0.9890
2.3	0.9893	0.9896	0.9898	0.9901	0.9904	0.9906	0.9909	0.9911	0.9913	0.9916
2.4	0.9918	0.9920	0.9922	0.9925	0.9927	0.9929	0.9931	0.9932	0.9934	0.9936
2.5	0.9938	0.9940	0.9941	0.9943	0.9945	0.9946	0.9948	0.9949	0.9951	0.9952
2.6	0.9953	0.9955	0.9956	0.9957	0.9959	0.9960	0.9961	0.9962	0.9963	0.9964
2.7	0.9965	0.9966	0.9967	0.9968	0.9969	0.9970	0.9971	0.9972	0.9973	0.9974
2.8	0.9974	0.9975	0.9976	0.9977	0.9977	0.9978	0.9979	0.9979	0.9980	0.9981
2.9	0.9981	0.9982	0.9982	0.9983	0.9984	0.9984	0.9985	0.9985	0.9986	0.9986
3.0	0.9987	0.9987	0.9987	0.9988	0.9988	0.9989	0.9989	0.9989	0.9990	0.9990

α	0.100	0.050	0.025	0.010	0.005
Z_α	1.282	1.645	1.960	2.326	2.576

[부록 2] t-분포표

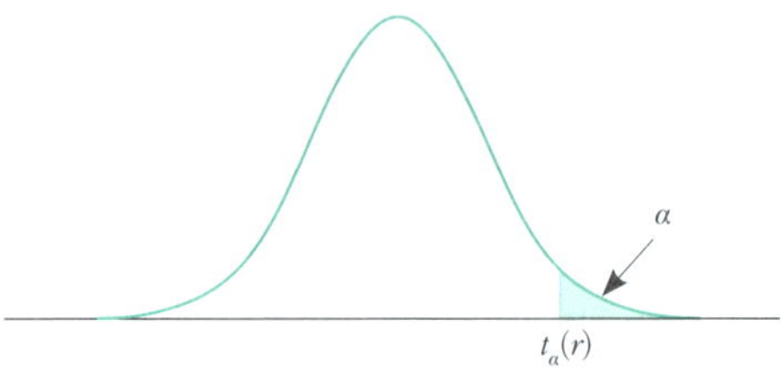

아래의 표는 자유도 r과 우측 꼬리면적이 α인 $t_\alpha(r)$을 나타낸다.

예 $t_{0.05}(10)=1.812$

$t_{0.95}(10)=-t_{0.05}(10)=-1.812$

자유도	우측 꼬리면적=α				
r	0.10	0.05	0.025	0.01	0.005
1	3.078	6.314	12.706	31.821	63.657
2	1.886	2.920	4.303	6.965	9.925
3	1.638	2.353	3.182	4.541	5.841
4	1.533	2.132	2.776	3.747	4.604
5	1.476	2.015	2.571	3.365	4.032
6	1.440	1.943	2.447	3.143	3.707
7	1.415	1.895	2.365	2.998	3.499
8	1.397	1.860	2.306	2.896	3.355
9	1.383	1.833	2.262	2.821	3.250
10	1.372	1.812	2.228	2.764	3.169
11	1.363	1.796	2.201	2.718	3.106
12	1.356	1.782	2.179	2.681	3.055
13	1.350	1.771	2.160	2.650	3.012
14	1.345	1.761	2.145	2.624	2.977
15	1.341	1.753	2.131	2.602	2.947
16	1.337	1.746	2.120	2.583	2.921
17	1.333	1.740	2.110	2.567	2.898
18	1.330	1.734	2.101	2.552	2.878
19	1.328	1.729	2.093	2.539	2.861
20	1.325	1.725	2.086	2.528	2.845
21	1.323	1.721	2.080	2.518	2.831
22	1.321	1.717	2.074	2.508	2.819
23	1.319	1.714	2.069	2.500	2.807
24	1.318	1.711	2.064	2.492	2.797
25	1.316	1.708	2.060	2.485	2.787
26	1.315	1.706	2.056	2.479	2.779
27	1.314	1.703	2.052	2.473	2.771
28	1.313	1.701	2.048	2.467	2.763
29	1.311	1.699	2.045	2.462	2.756
30	1.310	1.697	2.042	2.457	2.750
∞	1.282	1.645	1.960	2.326	2.576

[부록 3] 카이제곱분포표 (χ^2-분포표)

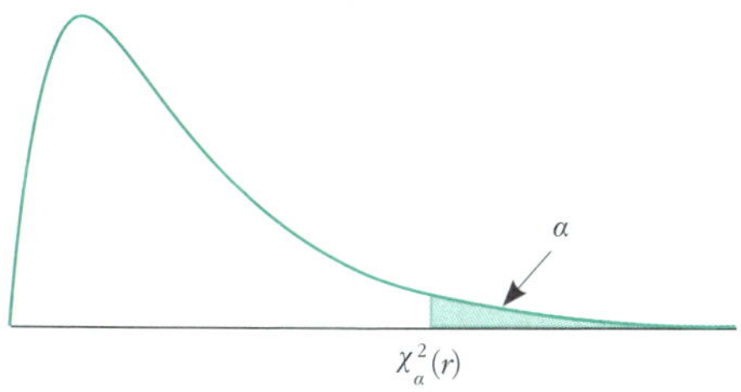

아래의 표는 자유도 r과 우측 꼬리면적이 α인 $\chi_{\alpha}^{2}(r)$을 나타낸다.

예 $\chi_{0.05}^{2}(5)=12.83$

자유도	우측 꼬리면적=α							
r	0.99	0.975	0.95	0.9	0.1	0.05	0.025	0.01
1	0.000	0.001	0.004	0.016	2.706	3.841	5.024	6.635
2	0.0201	0.0506	0.103	0.211	4.605	5.991	7.378	9.210
3	0.1148	0.216	0.352	0.584	6.251	7.815	9.348	11.345
4	0.297	0.484	0.711	1.064	7.779	9.488	11.143	13.277
5	0.554	0.831	1.145	1.610	9.236	11.070	12.833	15.086
6	0.872	1.237	1.635	2.204	10.645	12.592	14.449	16.812
7	1.239	1.690	2.167	2.833	12.017	14.067	16.013	18.475
8	1.646	2.180	2.733	3.490	13.362	15.507	17.535	20.090
9	2.088	2.700	3.325	4.168	14.684	16.919	19.023	21.666
10	2.558	3.247	3.940	4.865	15.987	18.307	20.483	23.209
11	3.053	3.816	4.575	5.578	17.275	19.675	21.920	24.725
12	3.571	4.404	5.226	6.304	18.549	21.026	23.337	26.217
13	4.107	5.009	5.892	7.042	19.812	22.362	24.736	27.688
14	4.660	5.629	6.571	7.790	21.064	23.685	26.119	29.141
15	5.229	6.262	7.261	8.547	22.307	24.996	27.488	30.578
16	5.812	6.908	7.962	9.312	23.542	26.296	28.845	32.000
17	6.408	7.564	8.672	10.085	24.769	27.587	30.191	33.409
18	7.015	8.231	9.390	10.865	25.989	28.869	31.526	34.805
19	7.633	8.907	10.117	11.651	27.204	30.144	32.852	36.191
20	8.260	9.591	10.851	12.443	28.412	31.410	34.170	37.566
21	8.897	10.283	11.591	13.240	29.615	32.671	35.479	38.932
22	9.542	10.982	12.338	14.041	30.813	33.924	36.781	40.289
23	10.196	11.689	13.091	14.848	32.007	35.172	38.076	41.638
24	10.856	12.401	13.848	15.659	33.196	36.415	39.364	42.980
25	11.524	13.120	14.611	16.473	34.382	37.652	40.646	44.314
26	12.198	13.844	15.379	17.292	35.563	38.885	41.923	45.642
27	12.879	14.573	16.151	18.114	36.741	40.113	43.195	46.963
28	13.565	15.308	16.928	18.939	37.916	41.337	44.461	48.278
29	14.256	16.047	17.708	19.768	39.087	42.557	45.722	49.588
30	14.953	16.791	18.493	20.599	40.256	43.773	46.979	50.892
40	22.164	24.433	26.509	29.051	51.805	55.758	59.342	63.691
50	29.707	32.357	34.764	37.689	63.167	67.505	71.420	76.154
60	37.485	40.482	43.188	46.459	74.397	79.082	83.298	88.379
70	45.442	48.758	51.739	55.329	85.527	90.531	95.023	100.425
80	53.540	57.153	60.391	64.278	96.578	101.879	106.629	112.329

[부록 4A] F-분포표 ($\alpha=0.05$)

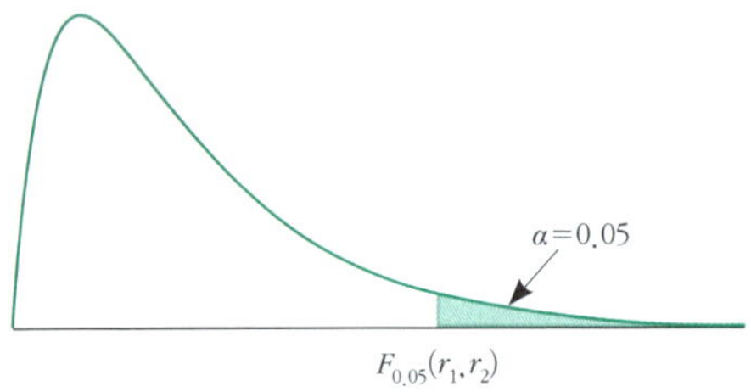

아래의 표는 자유도 r_1, r_2일 때 우측 꼬리면적이 $\alpha=0.05$인 $F_\alpha(r_1, r_2)$를 나타낸다.

예 $F_\alpha(r_1, r_2)=F_{0.05}(5, 10)=3.33$

r_2 \ r_1 (분모 자유도 \ 분자 자유도)	1	2	3	4	5	6	7	8	9
1	161.45	199.50	215.71	224.58	230.16	233.99	236.77	238.88	240.54
2	18.51	19.00	19.16	19.25	19.30	19.33	19.35	19.37	19.38
3	10.13	9.55	9.28	9.12	9.01	8.94	8.89	8.85	8.81
4	7.71	6.94	6.59	6.39	6.26	6.16	6.09	6.04	6.00
5	6.61	5.79	5.41	5.19	5.05	4.95	4.88	4.82	4.77
6	5.99	5.14	4.76	4.53	4.39	4.28	4.21	4.15	4.10
7	5.59	4.74	4.35	4.12	3.97	3.87	3.79	3.73	3.68
8	5.32	4.46	4.07	3.84	3.69	3.58	3.50	3.44	3.39
9	5.12	4.26	3.86	3.63	3.48	3.37	3.29	3.23	3.18
10	4.96	4.10	3.71	3.48	3.33	3.22	3.14	3.07	3.02
11	4.84	3.98	3.59	3.36	3.20	3.09	3.01	2.95	2.90
12	4.75	3.89	3.49	3.26	3.11	3.00	2.91	2.85	2.80
13	4.67	3.81	3.41	3.18	3.03	2.92	2.83	2.77	2.71
14	4.60	3.74	3.34	3.11	2.96	2.85	2.76	2.70	2.65
15	4.54	3.68	3.29	3.06	2.90	2.79	2.71	2.64	2.59
16	4.49	3.63	3.24	3.01	2.85	2.74	2.66	2.59	2.54
17	4.45	3.59	3.20	2.96	2.81	2.70	2.61	2.55	2.49
18	4.41	3.55	3.16	2.93	2.77	2.66	2.58	2.51	2.46
19	4.38	3.52	3.13	2.90	2.74	2.63	2.54	2.48	2.42
20	4.35	3.49	3.10	2.87	2.71	2.60	2.51	2.45	2.39
21	4.32	3.47	3.07	2.84	2.68	2.57	2.49	2.42	2.37
22	4.30	3.44	3.05	2.82	2.66	2.55	2.46	2.40	2.34
23	4.28	3.42	3.03	2.80	2.64	2.53	2.44	2.37	2.32
24	4.26	3.40	3.01	2.78	2.62	2.51	2.42	2.36	2.30
25	4.24	3.39	2.99	2.76	2.60	2.49	2.40	2.34	2.28
26	4.23	3.37	2.98	2.74	2.59	2.47	2.39	2.32	2.27
27	4.21	3.35	2.96	2.73	2.57	2.46	2.37	2.31	2.25
28	4.20	3.34	2.95	2.71	2.56	2.45	2.36	2.29	2.24
29	4.18	3.33	2.93	2.70	2.55	2.43	2.35	2.28	2.22
30	4.17	3.32	2.92	2.69	2.53	2.42	2.33	2.27	2.21
40	4.08	3.23	2.84	2.61	2.45	2.34	2.25	2.18	2.12
60	4.00	3.15	2.76	2.53	2.37	2.25	2.17	2.10	2.04
120	3.92	3.07	2.68	2.45	2.29	2.18	2.09	2.02	1.96
∞	3.84	3.00	2.60	2.37	2.21	2.10	2.01	1.94	1.88

r_2 \ r_1	분자 자유도									
	10	12	15	20	24	30	40	60	120	∞
1	241.88	243.91	245.95	248.01	249.05	250.10	251.14	252.20	253.25	254.31
2	19.40	19.41	19.43	19.45	19.45	19.46	19.47	19.48	19.49	19.50
3	8.79	8.74	8.70	8.66	8.64	8.62	8.59	8.57	8.55	8.53
4	5.96	5.91	5.86	5.80	5.77	5.75	5.72	5.69	5.66	5.63
5	4.74	4.68	4.62	4.56	4.53	4.50	4.46	4.43	4.40	4.37
6	4.06	4.00	3.94	3.87	3.84	3.81	3.77	3.74	3.70	3.67
7	3.64	3.57	3.51	3.44	3.41	3.38	3.34	3.30	3.27	3.23
8	3.35	3.28	3.22	3.15	3.12	3.08	3.04	3.01	2.97	2.93
9	3.14	3.07	3.01	2.94	2.90	2.86	2.83	2.79	2.75	2.71
10	2.98	2.91	2.85	2.77	2.74	2.70	2.66	2.62	2.58	2.54
11	2.85	2.79	2.72	2.65	2.61	2.57	2.53	2.49	2.45	2.40
12	2.75	2.69	2.62	2.54	2.51	2.47	2.43	2.38	2.34	2.30
13	2.67	2.60	2.53	2.46	2.42	2.38	2.34	2.30	2.25	2.21
14	2.60	2.53	2.46	2.39	2.35	2.31	2.27	2.22	2.18	2.13
15	2.54	2.48	2.40	2.33	2.29	2.25	2.20	2.16	2.11	2.07
분모 자유도 16	2.49	2.42	2.35	2.28	2.24	2.19	2.15	2.11	2.06	2.01
17	2.45	2.38	2.31	2.23	2.19	2.15	2.10	2.06	2.01	1.96
18	2.41	2.34	2.27	2.19	2.15	2.11	2.06	2.02	1.97	1.92
19	2.38	2.31	2.23	2.16	2.11	2.07	2.03	1.98	1.93	1.88
20	2.35	2.28	2.20	2.12	2.08	2.04	1.99	1.95	1.90	1.84
21	2.32	2.25	2.18	2.10	2.05	2.01	1.96	1.92	1.87	1.81
22	2.30	2.23	2.15	2.07	2.03	1.98	1.94	1.89	1.84	1.78
23	2.27	2.20	2.13	2.05	2.01	1.96	1.91	1.86	1.81	1.76
24	2.25	2.18	2.11	2.03	1.98	1.94	1.89	1.84	1.79	1.73
25	2.24	2.16	2.09	2.01	1.96	1.92	1.87	1.82	1.77	1.71
26	2.22	2.15	2.07	1.99	1.95	1.90	1.85	1.80	1.75	1.69
27	2.20	2.13	2.06	1.97	1.93	1.88	1.84	1.79	1.73	1.67
28	2.19	2.12	2.04	1.96	1.91	1.87	1.82	1.77	1.71	1.65
29	2.18	2.10	2.03	1.94	1.90	1.85	1.81	1.75	1.70	1.64
30	2.16	2.09	2.01	1.93	1.89	1.84	1.79	1.74	1.68	1.62
40	2.08	2.00	1.92	1.84	1.79	1.74	1.69	1.64	1.58	1.51
60	1.99	1.92	1.84	1.75	1.70	1.65	1.59	1.53	1.47	1.39
120	1.91	1.83	1.75	1.66	1.61	1.55	1.50	1.43	1.35	1.25
∞	1.83	1.75	1.67	1.57	1.52	1.46	1.39	1.32	1.22	1.00

[부록 4B] F-분포표 ($\alpha=0.025$)

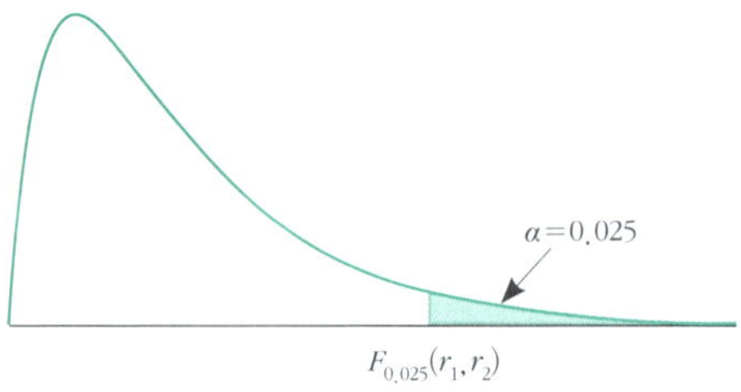

아래의 표는 자유도 r_1, r_2일 때 우측 꼬리면적이 $\alpha=0.025$인 $F_\alpha(r_1, r_2)$를 나타낸다.

예 $F_\alpha(r_1, r_2)=F_{0.025}(5, 10)=4.24$

	분자 자유도								
r_2 (분모 자유도) \ r_1	1	2	3	4	5	6	7	8	9
1	647.79	799.50	864.16	899.58	921.85	937.11	948.22	956.66	963.28
2	38.51	39.00	39.17	39.25	39.30	39.33	39.36	39.37	39.39
3	17.44	16.04	15.44	15.10	14.88	14.73	14.62	14.54	14.47
4	12.22	10.65	9.98	9.60	9.36	9.20	9.07	8.98	8.90
5	10.01	8.43	7.76	7.39	7.15	6.98	6.85	6.76	6.68
6	8.81	7.26	6.60	6.23	5.99	5.82	5.70	5.60	5.52
7	8.07	6.54	5.89	5.52	5.29	5.12	4.99	4.90	4.82
8	7.57	6.06	5.42	5.05	4.82	4.65	4.53	4.43	4.36
9	7.21	5.71	5.08	4.72	4.48	4.32	4.20	4.10	4.03
10	6.94	5.46	4.83	4.47	4.24	4.07	3.95	3.85	3.78
11	6.72	5.26	4.63	4.28	4.04	3.88	3.76	3.66	3.59
12	6.55	5.10	4.47	4.12	3.89	3.73	3.61	3.51	3.44
13	6.41	4.97	4.35	4.00	3.77	3.60	3.48	3.39	3.31
14	6.30	4.86	4.24	3.89	3.66	3.50	3.38	3.29	3.21
15	6.20	4.77	4.15	3.80	3.58	3.41	3.29	3.20	3.12
16	6.12	4.69	4.08	3.73	3.50	3.34	3.22	3.12	3.05
17	6.04	4.62	4.01	3.66	3.44	3.28	3.16	3.06	2.98
18	5.98	4.56	3.95	3.61	3.38	3.22	3.10	3.01	2.93
19	5.92	4.51	3.90	3.56	3.33	3.17	3.05	2.96	2.88
20	5.87	4.46	3.86	3.51	3.29	3.13	3.01	2.91	2.84
21	5.83	4.42	3.82	3.48	3.25	3.09	2.97	2.87	2.80
22	5.79	4.38	3.78	3.44	3.22	3.05	2.93	2.84	2.76
23	5.75	4.35	3.75	3.41	3.18	3.02	2.90	2.81	2.73
24	5.72	4.32	3.72	3.38	3.15	2.99	2.87	2.78	2.70
25	5.69	4.29	3.69	3.35	3.13	2.97	2.85	2.75	2.68
26	5.66	4.27	3.67	3.33	3.10	2.94	2.82	2.73	2.65
27	5.63	4.24	3.65	3.31	3.08	2.92	2.80	2.71	2.63
28	5.61	4.22	3.63	3.29	3.06	2.90	2.78	2.69	2.61
29	5.59	4.20	3.61	3.27	3.04	2.88	2.76	2.67	2.59
30	5.57	4.18	3.59	3.25	3.03	2.87	2.75	2.65	2.57
40	5.42	4.05	3.46	3.13	2.90	2.74	2.62	2.53	2.45
60	5.29	3.93	3.34	3.01	2.79	2.63	2.51	2.41	2.33
120	5.15	3.80	3.23	2.89	2.67	2.52	2.39	2.30	2.22
∞	5.02	3.69	3.12	2.79	2.57	2.41	2.29	2.19	2.11

r_2 \ r_1	분자 자유도 10	12	15	20	24	30	40	60	120	∞
1	968.63	976.71	984.87	993.10	997.25	1001.41	1005.60	1009.80	1014.02	1018.26
2	39.40	39.41	39.43	39.45	39.46	39.46	39.47	39.48	39.49	39.50
3	14.42	14.34	14.25	14.17	14.12	14.08	14.04	13.99	13.95	13.90
4	8.84	8.75	8.66	8.56	8.51	8.46	8.41	8.36	8.31	8.26
5	6.62	6.52	6.43	6.33	6.28	6.23	6.18	6.12	6.07	6.02
6	5.46	5.37	5.27	5.17	5.12	5.07	5.01	4.96	4.90	4.85
7	4.76	4.67	4.57	4.47	4.41	4.36	4.31	4.25	4.20	4.14
8	4.30	4.20	4.10	4.00	3.95	3.89	3.84	3.78	3.73	3.67
9	3.96	3.87	3.77	3.67	3.61	3.56	3.51	3.45	3.39	3.33
10	3.72	3.62	3.52	3.42	3.37	3.31	3.26	3.20	3.14	3.08
11	3.53	3.43	3.33	3.23	3.17	3.12	3.06	3.00	2.94	2.88
12	3.37	3.28	3.18	3.07	3.02	2.96	2.91	2.85	2.79	2.72
13	3.25	3.15	3.05	2.95	2.89	2.84	2.78	2.72	2.66	2.60
14	3.15	3.05	2.95	2.84	2.79	2.73	2.67	2.61	2.55	2.49
15	3.06	2.96	2.86	2.76	2.70	2.64	2.59	2.52	2.46	2.40
분모 자유도 16	2.99	2.89	2.79	2.68	2.63	2.57	2.51	2.45	2.38	2.32
17	2.92	2.82	2.72	2.62	2.56	2.50	2.44	2.38	2.32	2.25
18	2.87	2.77	2.67	2.56	2.50	2.44	2.38	2.32	2.26	2.19
19	2.82	2.72	2.62	2.51	2.45	2.39	2.33	2.27	2.20	2.13
20	2.77	2.68	2.57	2.46	2.41	2.35	2.29	2.22	2.16	2.09
21	2.73	2.64	2.53	2.42	2.37	2.31	2.25	2.18	2.11	2.04
22	2.70	2.60	2.50	2.39	2.33	2.27	2.21	2.14	2.08	2.00
23	2.67	2.57	2.47	2.36	2.30	2.24	2.18	2.11	2.04	1.97
24	2.64	2.54	2.44	2.33	2.27	2.21	2.15	2.08	2.01	1.94
25	2.61	2.51	2.41	2.30	2.24	2.18	2.12	2.05	1.98	1.91
26	2.59	2.49	2.39	2.28	2.22	2.16	2.09	2.03	1.95	1.88
27	2.57	2.47	2.36	2.25	2.19	2.13	2.07	2.00	1.93	1.85
28	2.55	2.45	2.34	2.23	2.17	2.11	2.05	1.98	1.91	1.83
29	2.53	2.43	2.32	2.21	2.15	2.09	2.03	1.96	1.89	1.81
30	2.51	2.41	2.31	2.20	2.14	2.07	2.01	1.94	1.87	1.79
40	2.39	2.29	2.18	2.07	2.01	1.94	1.88	1.80	1.72	1.64
60	2.27	2.17	2.06	1.94	1.88	1.82	1.74	1.67	1.58	1.48
120	2.16	2.05	1.94	1.82	1.76	1.69	1.61	1.53	1.43	1.31
∞	2.05	1.94	1.83	1.71	1.64	1.57	1.48	1.39	1.27	1.00

[부록 4C] F-분포표 $(\alpha=0.01)$

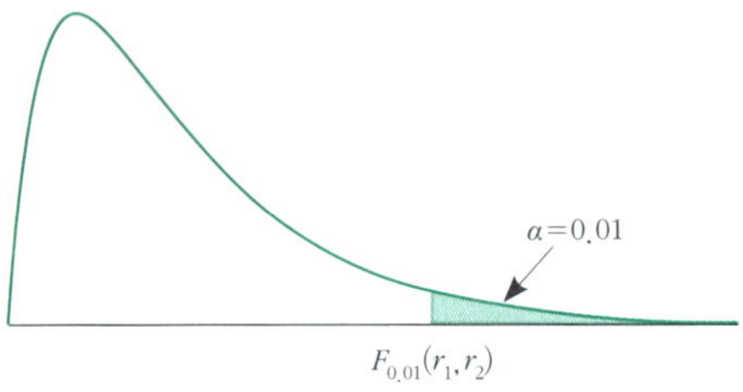

아래의 표는 자유도 r_1, r_2일 때 우측 꼬리면적이 $\alpha=0.01$인 $F_\alpha(r_1, r_2)$를 나타낸다.

예 $F_\alpha(r_1, r_2)=F_{0.01}(5, 10)=5.64$

r_2 (분모 자유도) \ r_1 (분자 자유도)	1	2	3	4	5	6	7	8	9
1	4052.18	4999.50	5403.35	5624.58	5763.65	5858.99	5928.36	5981.07	6022.47
2	98.50	99.00	99.17	99.25	99.30	99.33	99.36	99.37	99.39
3	34.12	30.82	29.46	28.71	28.24	27.91	27.67	27.49	27.35
4	21.20	18.00	16.69	15.98	15.52	15.21	14.98	14.80	14.66
5	16.26	13.27	12.06	11.39	10.97	10.67	10.46	10.29	10.16
6	13.75	10.92	9.78	9.15	8.75	8.47	8.26	8.10	7.98
7	12.25	9.55	8.45	7.85	7.46	7.19	6.99	6.84	6.72
8	11.26	8.65	7.59	7.01	6.63	6.37	6.18	6.03	5.91
9	10.56	8.02	6.99	6.42	6.06	5.80	5.61	5.47	5.35
10	10.04	7.56	6.55	5.99	5.64	5.39	5.20	5.06	4.94
11	9.65	7.21	6.22	5.67	5.32	5.07	4.89	4.74	4.63
12	9.33	6.93	5.95	5.41	5.06	4.82	4.64	4.50	4.39
13	9.07	6.70	5.74	5.21	4.86	4.62	4.44	4.30	4.19
14	8.86	6.51	5.56	5.04	4.69	4.46	4.28	4.14	4.03
15	8.68	6.36	5.42	4.89	4.56	4.32	4.14	4.00	3.89
16	8.53	6.23	5.29	4.77	4.44	4.20	4.03	3.89	3.78
17	8.40	6.11	5.18	4.67	4.34	4.10	3.93	3.79	3.68
18	8.29	6.01	5.09	4.58	4.25	4.01	3.84	3.71	3.60
19	8.18	5.93	5.01	4.50	4.17	3.94	3.77	3.63	3.52
20	8.10	5.85	4.94	4.43	4.10	3.87	3.70	3.56	3.46
21	8.02	5.78	4.87	4.37	4.04	3.81	3.64	3.51	3.40
22	7.95	5.72	4.82	4.31	3.99	3.76	3.59	3.45	3.35
23	7.88	5.66	4.76	4.26	3.94	3.71	3.54	3.41	3.30
24	7.82	5.61	4.72	4.22	3.90	3.67	3.50	3.36	3.26
25	7.77	5.57	4.68	4.18	3.85	3.63	3.46	3.32	3.22
26	7.72	5.53	4.64	4.14	3.82	3.59	3.42	3.29	3.18
27	7.68	5.49	4.60	4.11	3.78	3.56	3.39	3.26	3.15
28	7.64	5.45	4.57	4.07	3.75	3.53	3.36	3.23	3.12
29	7.60	5.42	4.54	4.04	3.73	3.50	3.33	3.20	3.09
30	7.56	5.39	4.51	4.02	3.70	3.47	3.30	3.17	3.07
40	7.31	5.18	4.31	3.83	3.51	3.29	3.12	2.99	2.89
60	7.08	4.98	4.13	3.65	3.34	3.12	2.95	2.82	2.72
120	6.85	4.79	3.95	3.48	3.17	2.96	2.79	2.66	2.56
∞	6.64	4.61	3.78	3.32	3.02	2.80	2.64	2.51	2.41

r_2 \ r_1	분자 자유도 10	12	15	20	24	30	40	60	120	∞
1	6055.85	6106.32	6157.28	6208.73	6234.63	6260.65	6286.78	6313.03	6339.39	6365.86
2	99.40	99.42	99.43	99.45	99.46	99.47	99.47	99.48	99.49	99.50
3	27.23	27.05	26.87	26.69	26.60	26.50	26.41	26.32	26.22	26.13
4	14.55	14.37	14.20	14.02	13.93	13.84	13.75	13.65	13.56	13.46
5	10.05	9.89	9.72	9.55	9.47	9.38	9.29	9.20	9.11	9.02
6	7.87	7.72	7.56	7.40	7.31	7.23	7.14	7.06	6.97	6.88
7	6.62	6.47	6.31	6.16	6.07	5.99	5.91	5.82	5.74	5.65
8	5.81	5.67	5.52	5.36	5.28	5.20	5.12	5.03	4.95	4.86
9	5.26	5.11	4.96	4.81	4.73	4.65	4.57	4.48	4.40	4.31
10	4.85	4.71	4.56	4.41	4.33	4.25	4.17	4.08	4.00	3.91
11	4.54	4.40	4.25	4.10	4.02	3.94	3.86	3.78	3.69	3.60
12	4.30	4.16	4.01	3.86	3.78	3.70	3.62	3.54	3.45	3.36
13	4.10	3.96	3.82	3.66	3.59	3.51	3.43	3.34	3.25	3.17
14	3.94	3.80	3.66	3.51	3.43	3.35	3.27	3.18	3.09	3.00
15	3.80	3.67	3.52	3.37	3.29	3.21	3.13	3.05	2.96	2.87
분모 자유도 16	3.69	3.55	3.41	3.26	3.18	3.10	3.02	2.93	2.84	2.75
17	3.59	3.46	3.31	3.16	3.08	3.00	2.92	2.83	2.75	2.65
18	3.51	3.37	3.23	3.08	3.00	2.92	2.84	2.75	2.66	2.57
19	3.43	3.30	3.15	3.00	2.92	2.84	2.76	2.67	2.58	2.49
20	3.37	3.23	3.09	2.94	2.86	2.78	2.69	2.61	2.52	2.42
21	3.31	3.17	3.03	2.88	2.80	2.72	2.64	2.55	2.46	2.36
22	3.26	3.12	2.98	2.83	2.75	2.67	2.58	2.50	2.40	2.31
23	3.21	3.07	2.93	2.78	2.70	2.62	2.54	2.45	2.35	2.26
24	3.17	3.03	2.89	2.74	2.66	2.58	2.49	2.40	2.31	2.21
25	3.13	2.99	2.85	2.70	2.62	2.54	2.45	2.36	2.27	2.17
26	3.09	2.96	2.81	2.66	2.58	2.50	2.42	2.33	2.23	2.13
27	3.06	2.93	2.78	2.63	2.55	2.47	2.38	2.29	2.20	2.10
28	3.03	2.90	2.75	2.60	2.52	2.44	2.35	2.26	2.17	2.06
29	3.00	2.87	2.73	2.57	2.49	2.41	2.33	2.23	2.14	2.03
30	2.98	2.84	2.70	2.55	2.47	2.39	2.30	2.21	2.11	2.01
40	2.80	2.66	2.52	2.37	2.29	2.20	2.11	2.02	1.92	1.80
60	2.63	2.50	2.35	2.20	2.12	2.03	1.94	1.84	1.73	1.60
120	2.47	2.34	2.19	2.03	1.95	1.86	1.76	1.66	1.53	1.38
∞	2.32	2.18	2.04	1.88	1.79	1.70	1.59	1.47	1.32	1.00

[부록 5] 연습용 표본데이터

연습용 표본데이터(1)

(통계분석에 사용할 목적으로 작성된 가상 데이터임)

Y	X_1	X_2	X_3	X_4
10	100	2	1	1
6	95	1	2	0
9	105	4	1	1
8	102	2	3	0
5	95	2	2	1
10	110	5	1	0
7	97	4	1	0
6	95	2	3	1
4	93	3	2	0
9	102	4	3	1
8	102	4	1	1
10	108	4	1	1
5	94	2	2	0
9	104	3	3	0
7	98	3	1	0
8	102	4	3	1
9	101	3	3	0
8	106	3	1	1
5	98	1	2	1
10	92	2	3	0
8	93	5	3	0
7	99	2	2	0
10	108	4	1	1
10	96	3	3	1
9	101	3	2	1
6	90	2	3	0
7	89	4	2	1
6	102	3	2	0
5	92	2	3	0
6	100	5	1	1
6	98	2	3	1
8	95	3	2	1
9	107	4	1	0
7	96	4	2	0
10	100	5	2	0
8	102	3	1	1
5	96	2	2	0
9	97	4	1	0
7	102	3	2	1
10	105	1	2	1
9	95	4	1	1
8	105	3	1	0
10	100	5	2	1
6	96	2	3	0
10	107	4	2	1
10	95	5	2	0
10	102	3	1	0
8	106	4	3	1
4	92	1	3	0
9	99	3	1	1
9	93	4	2	1
10	103	4	2	1
7	108	3	3	0
9	96	2	1	0
10	100	4	1	0
8	101	3	3	1
9	100	4	1	0
8	103	3	2	1
5	94	2	3	1
5	100	1	1	0
10	104	3	2	0
5	96	2	3	0
4	90	1	3	1
10	106	3	1	1
10	104	2	2	1
6	96	3	3	0
7	98	4	1	1
8	103	1	1	0
9	100	3	2	0
6	97	5	1	1
6	98	4	1	1
10	107	3	2	1
10	113	3	2	0
9	108	2	2	0
7	99	4	3	0
10	104	4	1	1
5	99	2	1	0
9	105	3	2	0
7	107	1	1	1
5	96	3	3	1
9	97	5	2	0
10	120	2	2	1
9	106	3	1	1
4	98	5	3	1
9	115	1	1	0

주: Y – 학업성취도, X_1 – 지능(IQ), X_2 – 부모경제력, X_3 – 반, X_4 – 성별(여학생 – 0, 남학생 – 1)

연습용 표본데이터(2)

('반' 변수를 3개의 더미변수 C1, C2, C3로 만들어 추가)

Y	X_1	X_2	X_3	X_4	C1	C2	C3
10	100	2	1	1	1	0	0
6	95	1	2	0	0	1	0
9	105	4	1	1	1	0	0
8	102	2	3	0	0	0	1
5	95	2	2	1	0	1	0
10	110	5	1	0	1	0	0
7	97	4	1	0	1	0	0
6	95	2	3	1	0	0	1
4	93	3	2	0	0	1	0
9	102	4	3	1	0	0	1
8	102	4	1	1	1	0	0
10	108	4	1	1	1	0	0
5	94	2	2	0	0	1	0
9	104	3	3	0	0	0	1
7	98	3	1	0	1	0	0
8	102	4	3	1	0	0	1
9	101	3	3	0	0	0	1
8	106	3	1	1	1	0	0
5	98	1	2	1	0	1	0
10	92	2	3	0	0	0	1
8	93	5	3	0	0	0	1
7	99	2	2	0	0	1	0
10	108	4	1	1	1	0	0
10	96	3	3	1	0	0	1
9	101	3	2	1	0	1	0
6	90	2	3	0	0	0	1
7	89	4	2	1	0	1	0
6	102	3	2	0	0	1	0
5	92	2	3	0	0	0	1
6	100	5	1	1	1	0	0
6	98	2	3	1	0	0	1
8	95	3	2	1	0	1	0
9	107	4	1	0	1	0	0
7	96	4	2	0	0	1	0
10	100	5	2	0	0	1	0
8	102	3	1	1	1	0	0
5	96	2	2	0	0	1	0
9	97	4	1	0	1	0	0
7	102	3	2	1	0	1	0
10	105	1	2	1	0	1	0
9	95	4	1	1	1	0	0
8	105	3	1	0	1	0	0
10	100	5	2	1	0	1	0
6	96	2	3	0	0	0	1
10	107	4	2	1	0	1	0
10	95	5	2	0	0	1	0
10	102	3	1	0	1	0	0
8	106	4	3	1	0	0	1
4	92	1	3	0	0	0	1
9	99	3	1	1	1	0	0
9	93	4	2	1	0	1	0
10	103	4	2	1	0	1	0
7	108	3	3	0	0	0	1
9	96	2	1	0	1	0	0
10	100	4	1	0	1	0	0
8	101	3	3	1	0	0	1
9	100	4	1	0	1	0	0
8	103	3	2	1	0	1	0
5	94	2	3	1	0	0	1
5	100	1	1	0	1	0	0
10	104	3	2	0	0	1	0
5	96	2	3	0	0	0	1
4	90	1	3	1	0	0	1
10	106	3	1	1	1	0	0
10	104	2	2	1	0	1	0
6	96	3	3	0	0	0	1
7	98	4	1	1	1	0	0
8	103	1	1	0	1	0	0
9	100	3	2	0	0	1	0
6	97	5	1	1	1	0	0
6	98	4	1	1	1	0	0
10	107	3	2	1	0	1	0
10	113	3	2	0	0	1	0
9	108	2	2	0	0	1	0
7	99	4	3	0	0	0	1
10	104	4	1	1	1	0	0
5	99	2	1	0	1	0	0
9	105	3	2	0	0	1	0
7	107	1	1	1	1	0	0
5	96	3	3	1	0	0	1
9	97	5	2	0	0	1	0
10	120	2	2	1	0	1	0
9	106	3	1	1	1	0	0
4	98	5	3	1	0	0	1
9	115	1	1	0	1	0	0

주: Y – 학업성취도, X_1 – 지능(IQ), X_2 – 부모경제력, X_3 – 반, X_4 – 성별(여학생 – 0, 남학생 – 1), C1 – 1반, C2 – 2반, C3 – 3반

연습용 표본데이터(3)

(변수 X_1과 X_2의 상호작용항, 즉, 곱셈항 추가)

Y	X_1	X_2	X_3	X_4	상호작용항
10	100	2	1	1	200
6	95	1	2	0	95
9	105	4	1	1	420
8	102	2	3	0	204
5	95	2	2	1	190
10	110	5	1	0	550
7	97	4	1	0	388
6	95	2	3	1	190
4	93	3	2	0	279
9	102	4	3	1	408
8	102	4	1	1	408
10	108	4	1	1	432
5	94	2	2	0	188
9	104	3	3	0	312
7	98	3	1	0	294
8	102	4	3	1	408
9	101	3	3	0	303
8	106	3	1	1	318
5	98	1	2	1	98
10	92	2	3	0	184
8	93	5	3	0	465
7	99	2	2	0	198
10	108	4	1	1	432
10	96	3	3	1	288
9	101	3	2	1	303
6	90	2	3	0	180
7	89	4	2	1	356
6	102	3	2	0	306
5	92	2	3	0	184
6	100	5	1	1	500
6	98	2	3	1	196
8	95	3	2	1	285
9	107	4	1	0	428
7	96	4	2	0	384
10	100	5	2	0	500
8	102	3	1	1	306
5	96	2	2	0	192
9	97	4	1	0	388
7	102	3	2	1	306
10	105	1	2	1	105
9	95	4	1	1	380
8	105	3	1	0	315
10	100	5	2	1	500
6	96	2	3	0	192
10	107	4	2	1	428
10	95	5	2	0	475
10	102	3	1	0	306
8	106	4	3	1	424
4	92	1	3	0	92
9	99	3	1	1	297
9	93	4	2	1	372
10	103	4	2	1	412
7	108	3	3	0	324
9	96	2	1	0	192
10	100	4	1	0	400
8	101	3	3	1	303
9	100	4	1	0	400
8	103	3	2	1	309
5	94	2	3	1	188
5	100	1	1	0	100
10	104	3	2	0	312
5	96	2	3	0	192
4	90	1	3	1	90
10	106	3	1	1	318
10	104	2	2	1	208
6	96	3	3	0	288
7	98	4	1	1	392
8	103	1	1	0	103
9	100	3	2	0	300
6	97	5	1	1	485
6	98	4	1	1	392
10	107	3	2	1	321
10	113	3	2	0	339
9	108	2	2	0	316
7	99	4	3	0	396
10	104	4	1	1	416
5	99	2	1	0	198
9	105	3	2	0	315
7	107	1	1	1	107
5	96	3	3	1	288
9	97	5	2	0	485
10	120	2	2	1	240
9	106	3	1	1	318
4	98	5	3	1	490
9	115	1	1	0	115

주: Y - 학업성취도, X_1 - 지능(IQ), X_2 - 부모경제력, X_3 - 반, X_4 - 성별(여학생 - 0, 남학생 - 1), 상호작용항 - $X_1 \cdot X_2$

연습용 표본데이터(4)

(X_1과 X_2 각각의 편차점수(deviation score)와 그것들의 곱셈항 추가)

Y	X_1	X_2	X_3	X_4	X_1_dev	X_2_dev	상호작용항
10	100	2	1	1	−0.3	−1.0	0.3
6	95	1	2	0	−5.3	−2.0	10.8
9	105	4	1	1	4.7	1.0	4.5
8	102	2	3	0	1.7	−1.0	−1.7
5	95	2	2	1	−5.3	−1.0	5.5
10	110	5	1	0	9.7	2.0	19.0
7	97	4	1	0	−3.3	1.0	−3.2
6	95	2	3	1	−5.3	−1.0	5.5
4	93	3	2	0	−7.3	0.0	0.3
9	102	4	3	1	1.7	1.0	1.6
8	102	4	1	1	1.7	1.0	1.6
10	108	4	1	1	7.7	1.0	7.4
5	94	2	2	0	−6.3	−1.0	6.6
9	104	3	3	0	3.7	0.0	−0.1
7	98	3	1	0	−2.3	0.0	0.1
8	102	4	3	1	1.7	1.0	1.6
9	101	3	3	0	0.7	0.0	0.0
8	106	3	1	1	5.7	0.0	−0.2
5	98	1	2	1	−2.3	−2.0	4.7
10	92	2	3	0	−8.3	−1.0	8.6
8	93	5	3	0	−7.3	2.0	−14.4
7	99	2	2	0	−1.3	−1.0	1.4
10	108	4	1	1	7.7	1.0	7.4
10	96	3	3	1	−4.3	0.0	0.2
9	101	3	2	1	0.7	0.0	0.0
6	90	2	3	0	−10.3	−1.0	10.7
7	89	4	2	1	−11.3	1.0	−10.9
6	102	3	2	0	1.7	0.0	−0.1
5	92	2	3	0	−8.3	−1.0	8.6
6	100	5	1	1	−0.3	2.0	−0.6
6	98	2	3	1	−2.3	−1.0	2.4
8	95	3	2	1	−5.3	0.0	0.2
9	107	4	1	0	6.7	1.0	6.4
7	96	4	2	0	−4.3	1.0	−4.2
10	100	5	2	0	−0.3	2.0	−0.6
8	102	3	1	1	1.7	0.0	−0.1
5	96	2	2	0	−4.3	−1.0	4.5
9	97	4	1	0	−3.3	1.0	−3.2
7	102	3	2	1	1.7	0.0	−0.1
10	105	1	2	1	4.7	−2.0	−9.5
9	95	4	1	1	−5.3	1.0	−5.1
8	105	3	1	0	4.7	0.0	−0.2
10	100	5	2	1	−0.3	2.0	−0.6
6	96	2	3	0	−4.3	−1.0	4.5
10	107	4	2	1	6.7	1.0	6.4
10	95	5	2	0	−5.3	2.0	−10.5
10	102	3	1	0	1.7	0.0	−0.1
8	106	4	3	1	5.7	1.0	5.5
4	92	1	3	0	−8.3	−2.0	17.0
9	99	3	1	1	−1.3	0.0	0.0
9	93	4	2	1	−7.3	1.0	−7.1
10	103	4	2	1	2.7	1.0	2.6
7	108	3	3	0	7.7	0.0	−0.3
9	96	2	1	0	−4.3	−1.0	4.5
10	100	4	1	0	−0.3	1.0	−0.3
8	101	3	3	1	0.7	0.0	0.0
9	100	4	1	0	−0.3	1.0	−0.3
8	103	3	2	1	2.7	0.0	−0.1
5	94	2	3	1	−6.3	−1.0	6.6
5	100	1	1	0	−0.3	−2.0	0.7
10	104	3	2	0	3.7	0.0	−0.1
5	96	2	3	0	−4.3	−1.0	4.5
4	90	1	3	1	−10.3	−2.0	21.0
10	106	3	1	1	5.7	0.0	−0.2
10	104	2	2	1	3.7	−1.0	−3.8
6	96	3	3	0	−4.3	0.0	0.2
7	98	4	1	1	−2.3	1.0	−2.2
8	103	1	1	0	2.7	−2.0	−5.4
9	100	3	2	0	−0.3	0.0	0.0
6	97	5	1	1	−3.3	2.0	−6.5
6	98	4	1	1	−2.3	1.0	−2.2
10	107	3	2	1	6.7	0.0	−0.2
10	113	3	2	0	12.7	0.0	−0.4
9	108	2	2	0	7.7	−1.0	−7.9
7	99	4	3	0	−1.3	1.0	−1.3
10	104	4	1	1	3.7	1.0	3.5
5	99	2	1	0	−1.3	−1.0	1.4
9	105	3	2	0	4.7	0.0	−0.2
7	107	1	1	1	6.7	−2.0	−13.6
5	96	3	3	1	−4.3	0.0	0.2
9	97	5	2	0	−3.3	2.0	−6.5
10	120	2	2	1	19.7	−1.0	−20.4
9	106	3	1	1	5.7	0.0	−0.2
4	98	5	3	1	−2.3	2.0	4.6
9	115	1	1	0	14.7	−2.0	−29.9

주: Y－학업성취도, X_1－지능(IQ), X_2－부모경제력, X_3－반, X_4－성별(여학생－0, 남학생－1),
X_1_dev.$=X_1-\overline{X}_1$, X_2_dev.$=X_2-\overline{X}_2$, 상호작용항－$(X_1-\overline{X}_1)(X_2-\overline{X}_2)$

연습용 표본데이터(5)

(X_2 단위: 1,000원)

Y	X_1	X_2
0	1	20
0	0	25
0	0	30
1	1	15
0	1	35
1	1	20
0	1	40
0	0	30
0	0	35
0	0	25
1	0	20
1	1	30
0	0	45
0	0	40
0	0	30
0	0	35
1	1	25
0	1	35
0	0	20
1	1	30
1	1	20
1	0	25
0	0	30
0	0	45
1	0	30
0	1	35
0	1	25
1	1	30
0	0	25
0	0	30

색인

[ㄱ]

[ㄴ]

[ㄷ]

[ㄹ]

[ㅁ]

[ㅂ]

[ㅅ]

ㅇ

[ㅋ]

[ㅌ]

[ㅍ]

ㅎ

기타

【저자 약력】

양 혁 승

서울대학교 사회복지학과 졸업
경희대학교 평화복지대학원 경영학 석사
미국 미네소타 대학교 경영대학 대학원 박사
미국 사우스캐롤라이나 대학교 경영대학 경영학과 교수 역임
미국 메릴랜드 대학교 경영대학 경영학과 방문교수 역임
현 연세대학교 경영대학 인적자원관리 전공교수

주요 저서 및 연구물

『전략적 인적자원관리』(공저), 오래 2012.
『건강한 교회, 이렇게 세운다』(공저), IVP, 2008.
『창조경영을 논하다』(공저), 연세대학교 출판부, 2008.
『21세기 매니지먼트이론의 뉴패러다임』(공저), 위즈덤 하우스, 2008.
『양혁승 교수의 전략적 인적자원관리』, 크레듀, 2006.
「사람중심경영 실현방안에 관한 연구」, 뉴패러다임센터, 2007.
「희망 한국의 구현: 지속가능사회 구현을 위한 사람중심경영」(공동연구), 사람입국일자리위원회, 2006.
『대전환 시대의 사람경영』, 클라우드나인, 2022.
『무엇이 교회를 건강하게 하는가』 (공저), IVP, 2018.
『스마트 공장 도입이 고용에 미치는 효과 연구』, 국회입법예산처, 2017.
『호모 컨버전스: 제4차 산업혁명과 미래사회』 (공저), 2016, 아시아.

비전공자를 위한 **통계방법론**

발행일 2013년 7월 15일 초판 발행
2023년 2월 20일 부분 정정판 발행

지은이 양혁승
발행인 황인욱
발행처 도서출판 오래

주 소 서울특별시 용산구 한강로 2가 156-13
전 화 02-797-8786, 8787, 070-4109-9966
팩 스 02-797-9911
이메일 orebook@naver.com
홈페이지 www.orebook.com
출판신고번호 제302-2010-000029호.(2010. 3. 17)

ISBN 978-89-94707-82-2

가 격 22,000원